YANZHAO XUESHU SIXIANGSHI

# 燕赵学术思想史

康振海　主编

## 明清卷（下）

郝晏荣　温玉春　著

河北出版传媒集团
河北人民出版社
石家庄

图书在版编目（CIP）数据

燕赵学术思想史. 明清卷. 下 / 康振海主编 ; 郝晏荣，温玉春著. -- 石家庄 : 河北人民出版社，2022.12
ISBN 978-7-202-16231-6

Ⅰ. ①燕… Ⅱ. ①康… ②郝… ③温… Ⅲ. ①学术思想－思想史－中国－明清时代 Ⅳ. ①B21

中国版本图书馆CIP数据核字(2022)第246162号

书　　名　燕赵学术思想史·明清卷（下）
著　　者　郝晏荣　温玉春

策划编辑　路殿国
责任编辑　欧阳红
美术编辑　李　欣
责任校对　付敬华

出版发行　河北出版传媒集团　河北人民出版社
（石家庄市友谊北大街330号）
印　　刷　石家庄名伦印刷有限公司
开　　本　787毫米×1092毫米　1/16
印　　张　19.75
字　　数　332 000
版　　次　2022年12月第1版　2022年12月第1次印刷
书　　号　ISBN 978-7-202-16231-6
定　　价　60.00元

# 《燕赵学术思想史》
# 编委会

# 目　录

# 绪　论

康振海　魏建震

## 一、燕赵文化与燕赵学术思想研究简要回顾

燕赵地域是中华文明最早的发祥地之一，是中华文化发生与发展的核心区域，早在春秋战国时期就形成了成熟的地域文化形态。[1] 自春秋战国时期以降，在这块波澜壮阔的土地上产生了许多英雄人物、思想先驱，他们是中华民族五千年文明史和中华文化的重要组成部分。对历史人物产生的思想源流、社会背景、文化习俗的研究，是河北省文化建设和文化研究的重要组成部分。这些研究就是我们称之为燕赵文化、燕赵文化精神、人文精神及学术传统、学术思想、学术精神等的研究。这些研究对于弘扬中华优秀文化传统，建设河北省文化强省，都将起到重要的促进作用。

燕赵作为一个地域文化概念，形成于先秦时期，其地域范围以先秦燕国和赵国国力兴盛时期的政治与文化影响所及最大地域为标准。[2] 战国时期强盛一时的中山国地处燕赵之间，被当然地包括在燕赵地域之内。战国以前，燕赵两国文化存在一定的差异。赵文化属于三晋文化的一部分，燕国的文化面貌更接近齐国文化。但由于燕赵两国共同处于华北大平原这样一个相对独立的地理空间，与北方草原民族交错分布，寒冷甘冽的北风使其民风具有慷慨悲壮的色彩。秦国在统一六国的过程中，遭到赵国、燕国的激烈抵抗，尤其是发生在易水河畔的燕太子丹送别义士荆轲前往秦国刺杀秦王事件，使燕民的慷慨悲壮之气得到了前所未有的抒发。中山国被赵灭亡时，中山人的抵抗同样充满了慷慨悲壮之气。这种勇往直前、永不回头的精神与燕赵的民俗民风融为一体，成为他们共同的文化符号。

[1] 尽管燕赵文化在先秦时期已经形成，但燕赵文化是否属于全国范围内的一种典型地域文化，在当今学术界有一个认知过程。早在二十世纪末，中华炎黄文化研究会筹划出版《中华文化通志》十典一百志，通过《光明日报》进行项目招标，《地域文化典》中没有将《燕赵文化志》列入其中。后经河北学者与相关专家沟通，将《燕赵文化志》列入《地域文化典》。《燕赵文化志》出版后，得到学术界的认可。随着燕赵文化研究相关著作不断问世，燕赵文化的价值越来越受到学术界的重视。

[2] 杨泽江在胡克夫、杜荣泉主编的丛书《燕赵文化丛书》的总序中，将燕赵的地域范围界定为“北起阴山南麓，南达黄河，西至太行山，东临大海，包含今河北省、北京市、天津市、辽宁省、内蒙古自治区的中南部以及山西省北部、山东省、河南省的部分地区”。这一界定是以春秋战国时期燕赵两国最大疆域范围以及燕赵文化重要辐射区为标准划定的。这一界定基本上涵盖了燕赵文化核心区及其重要辐射区，可以作为燕赵文化研究地域空间的重要参照。

司马迁在《史记·货殖列传》中说燕国民风民俗“大与赵、代俗相类，而民雕捍少虑”。从先秦、秦汉时期开始，共同处于华北大平原、有着相同地理风貌的燕赵区域，形成一个文化风格相近的地域文化圈。两汉以后，燕赵开始作为一个地域文化概念使用。韩愈所说“燕赵古称多感慨悲歌之士”（《送董邵南游河北序》），可以充分说明燕赵作为一个地域文化概念在唐代便已得到士人的认同。

燕赵学人在燕赵传统文化研究方面，业已取得辉煌的成就。《河北通史》《北京通史》《燕赵思想家研究》《河北文学通史》《河北宗教史》《河北经济史》等有着广泛影响的多部多卷本学术巨著均已出版，多卷本《燕赵文化史》已经出版多种。《赵国史稿》《燕史纪事编年会按》《燕国八百年》《中山国史》《中山国社会生活史》等一批有着研究深度的专史著作也已出版多部。关于燕赵一些著名学术思想家，如荀子、董仲舒等，也都有多种研究专著问世。《燕赵文化志》《燕赵文化》《燕赵历史文献研究》《燕赵纵横五千年》等对燕赵文化进行整体性宏观研究的著作也有出版。尽管如此，燕赵文化研究中的一些基本理论问题，仍有进一步探讨的必要，比如燕赵文化的概念界定问题、燕赵学术精神的抽象与概括问题，等等。

“燕赵”之名，取战国时期燕国与赵国之名合并而称。“燕赵”地域文化圈有着共同或相似的文化面貌，这一点似乎已经成为学界的共识。如果将“燕赵”作为一个地域文化概念来研究，则首先需要对其概念进行准确的界定。燕赵文化研究的空间地理范围应该如何界定？燕赵文化研究究竟是以燕赵两国边境范围内的文化为研究对象，还是以两国地域内的共同的文化面貌、文化精神、代表人物为研究对象，这一点学术界还没有做出明确的回答。燕赵两国文化的相异之点是否应该包含在研究对象之内？这更是一个至今困扰学者们的重要问题。

司马迁在《史记·货殖列传》中概括了燕赵两国文化的相似点，后人以此作为燕赵文化形成的依据。战国时期燕赵两国的文化面貌，除了文化的相同点之外，还有重要的不同之处。这便是赵国是一个内陆诸侯国，而燕国则是一个滨海诸侯国，不同的地理环境造成了两国文化面貌的差异。从滨海文化面貌看，燕齐两国属于同一文化圈，阴阳五行思想、神仙思想在这一文化圈内有着广泛影响。[1]

[1] 燕国与齐国在学术史上也曾被许多学者认定属于一个文化圈。正是燕赵文化之间所存在的差异，使当今学术界有部分学者怀疑燕赵文化作为一种地域文化是否可以成立。燕赵文化间共性突出，特点鲜明，其作为一种地域文化是历史形成的，并非今天人为的界定。燕文化与齐文化的相似之处，可以视为燕赵文化圈与相邻的齐鲁文化圈之间相互影响而产生的结果。现代地域文化圈的划分，常以今日的地理范围作为参照，如山东的齐鲁文化，齐文化与鲁文化原本也有明显的差异，但学者仍旧将其归入一个文化圈来进行研究。从这个角度考虑，燕赵地域文化的命名就更具有合理性。

如此，我们在研究燕赵文化时，便遇到了一个难以解决的难题：如果以燕赵共同的文化面貌作为研究对象，则燕文化中的阴阳五行思想就没有办法纳入研究范畴之内；如果以燕赵两国地域内的文化面貌为研究对象，则阴阳五行思想就势必要纳入燕赵文化的研究范围内。考虑到地域文化研究除了研究历史上的地域文化精神外，还承担着在一定行政区内弘扬传统文化、建设当代新文化的任务，因此，我们倾向于将燕赵文化的研究定义为以燕赵地域的文化为对象的研究。这种研究在充分重视燕赵两地文化的共同特征的同时，也对其不同面貌的文化进行关注与研究。当然，燕赵共同的文化精神，在燕赵文化研究中占据着核心地位。

燕赵文化作为一种地域文化，其文化特征是非常鲜明的。杨泽江在胡克夫、杜荣泉主编的《燕赵文化丛书》的总序中，将燕赵文化的特征概括为："其一是平原农耕文化与草原畜牧文化相互会合；其二是汉族文化与北方少数民族文化相互融合；其三是元、明、清以来，处于全国中心地位的京都文化与传统的地域文化相互结合，也是中华文化走向世界和'西学东渐'中西文化的交流中心；其四是近代以来，在中西文化激烈撞击中，燕赵成为中国现代文化的策源地，成为五四新文化运动的发祥地，成为马克思主义最早在中国传播的中心。"[1] 此概括是从历史与地理的角度进行客观性描述，没有对文化精神方面的特征进行概括，可以作为一家之说，为大家的研究提供参考。

目前学术界所使用的文化概念属于一个内涵丰富、外延宽广的概念，燕赵文化几乎可以包含与燕赵地域内一切文化现象相关的所有内容。以往的燕赵文化研究，取得成绩最为突出的属于历史学研究、考古学研究、经济史研究、文学研究、思想家研究等；关于燕赵文化精神、人文精神、学术思想的特质等方面的研究，所出成果相对比较薄弱。

关于燕赵文化的精神特质，张立文先生曾概括为以下几点：革新精神、和乐精神、包容精神、求是精神、忧患精神、创新精神。[2] 张先生对燕赵文化的精神特质的概括，是燕赵文化研究向深度发展所取得的重要成果。

2014年出版的多卷本《燕赵思想家研究》一书，其主编将燕赵精神概括为六个方面："宇宙观上的'天人合一'精神、人'最为天下贵'的人本精神、'铁肩担道义'的重道义精神、自强不息的'刚健有为'精神、有容乃大的'贵和尚中'精神和注重实用的'经世致用'精神。这六个方面的燕赵精神与我国其他地

[1] 杨泽江：《燕赵文化丛书·总序》，载《燕赵文化史稿》，河北教育出版社2013年版，第1页。

[2] 张立文：《燕赵文化的精神特质》，《光明日报》2015年4月6日（8）。

域的思想及文化，共同构成了统一的中华民族精神的基础，并最终积淀和凝结成了我中华民族优秀而伟大的以爱国主义为中心的民族精神。”[1]

燕赵，在学者的研究中常被用为河北的代称。张立文在《燕赵文化的精神特质》一文中说：“燕山万状，参差代雄。……燕赵往贤，群星璀璨。河北文脉，世代绵延。……文化特质，尽显民族风骚。”在张先生的文章中，燕赵与河北几乎成为一个可以互换的概念。

学者们曾热烈讨论的河北人文精神，其实就是燕赵文化精神。时任中共河北省委书记白克明同志在2005年建设文化大省工作会议中指出：“在当前，我们应该锻造新的河北人文精神，这是建设文化大省的灵魂所在。”河北省社会科学院组织学者对河北人文精神进行了系列探讨，其成果辑于戴长江、周振国两位先生主编的《文化自觉——河北人文精神研究》一书，由河北人民出版社于2006年11月出版。

在对河北人文精神的研究中，方伟在《河北当代人文精神的置换与构建》一文中，将河北人文精神概括为：悲情情结、英雄意识、兼纳包容、变异情势、保守朴实。[2] 魏建震曾将河北人文精神概括为：兼容并蓄、海纳百川的人文气度；大气坦诚、重信守义的人文精神；耐苦受重、勤劳朴实的人文性格；注重实践、求实创新的人文理念；以人为本、重视生命的人文价值观。[3] 经过众多学者的集体讨论，学术界对河北人文精神的经典表述为：以坚韧质朴、重信尚义、宽厚包容、求实创新为主要内容的新时期河北人文精神。白克明同志在中国共产党河北省第七次代表大会所作报告中即采用了这一表述。他指出：“在新的历史条件下，要以民族精神为根，时代精神为魂，着力弘扬以坚韧质朴、重信尚义、宽厚包容、求实创新为主要内容的新时期河北人文精神，使其成为构建和谐河北的重要支撑。要广泛宣传、大力弘扬新时期河北人文精神，让热爱河北、关心河北、建设河北成为全省人民群众的自觉行动。”或许是由于学者们对燕赵人文精神的表述存在一些缺陷（有人认为此表述不够通俗化，不利于在大众中普及宣

---

[1] 周振国、王永祥：《燕赵思想家研究·总主编序》，河北人民出版社2014年版。本书《绪论》中描述的燕赵精神为：“宇宙观上的‘天人合一’精神、高扬人本的人‘最为天下贵’的精神、重诚守信的‘铁肩担道义’的精神、倡导自强的‘刚健有为’的精神、有容乃大的‘贵和尚中’的精神和注重实用的‘经世致用’的精神。”两处表述基本内容相同，文字稍有不同。

[2] 方伟：《河北当代人文精神的置换与构建》，载戴长江、周振国《文化自觉——河北人文精神研究》，河北人民出版社2006年版，第1—17页。

[3] 魏建震：《河北人文精神的内涵及其形成》，载戴长江、周振国《文化自觉——河北人文精神研究》，河北人民出版社2006年版，第79—86页。

传），这一表述后来受到许多人的不公开批评。还有人提出以“三冀文化”来代替燕赵文化，但这并没有得到学术界的多少回应。再加上其他一些非学术的原因，学者们概括的“新时期河北人文精神”并没有在河北文化大省建设中发挥其应该发挥的作用。河北人文精神仍有继续研究的必要。

燕赵人文精神与燕赵学术传统及学术精神紧密相关。燕赵地域儒学，在清代又曾被称为“北学”，孙奇峰弟子魏一鳌编《北学编》，尹会一又作续编，对燕赵儒学的传承进行了比较系统的梳理。值得我们注意的是，带有一些门派特征的《北学编》及其《续编》，由于时代与思想的局限，并不能真正反映燕赵学术传统。燕赵儒学也不能涵盖燕赵学术思想的全部内容。

根据先秦两汉燕赵思想家们所做出的学术贡献，以及燕赵学术思想的发展状况，结合燕赵学术思想的完整发展史，我们曾认为燕赵学术精神及北学学术传统，可以概括为以下六个方面：（1）崇尚天人关系的整体研究，注重通古今之变的终极思考，注重学术思想的整体性建构；（2）崇尚正义与真理，学术思想充满理性色彩；（3）注重理论的实践与应用，注重学术的社会应用；（4）海纳百川，兼容并蓄，构建新的宏观理论体系；（5）注重传统的坚守，在复兴传统中求得时代创新；（6）以经学为纲，重视训诂之学，学风醇厚朴实。[1]

学者们对燕赵文化精神（或简称燕赵精神）、人文精神以及学术精神的概括，或从燕赵历史文化的视角进行，或从燕赵思想文化的视角进行，从燕赵学术思想的角度进行概括的却鲜有其人。学术思想是学术精神、文化精神凝练的思想文化背景。因此，欲将燕赵文化研究引向更深层次，将燕赵学术精神、文化精神凝练得更有深度、更为准确，对燕赵学术思想的系统研究成为其学理上的必由之路。

## 二、燕赵学术思想史研究对象辨析与考察

学术思想，是民族传统文化的智慧结晶。许多当代学术大师对学术以及学术思想的重要性都有过精彩论述。梁启超在《中国学术思想变迁史》一书中开宗明义地阐述说：“学术思想之在一国，犹人之有精神也；而政事、法律、风俗及历史上种种之现象，则其形质也。故欲觇其国文野强弱之程度如何，必于学术思想焉求之。”[2] 关于学术的重要性，梁氏在《论学术之势力左右世

[1] 魏建震：《先秦两汉燕赵学术精神与北学学术传统》，《中国社会科学报》2020年8月25日（5）。

[2] 梁启超：《中国学术思想变迁史》，山西人民出版社2014年版，第1页。

界》一文中说："然则天地间独一无二之大势力，何在乎？曰智慧而已矣，学术而已矣。"[1] 王国维说："国家与学术为存亡，天而未厌中国也，必不亡其学术；天不欲亡中国之学术，则于学术所寄之人必因而笃之。"[2] 钱穆说："学术明而后文化明，学术复兴而后文化可复兴。"[3]"故欲复兴国家，复兴文化，首当复兴学术。而新学术则仍当从旧学术中翻新复兴。"[4] 当代学术思想研究的代表性人物刘梦溪先生认为："学术思想是人类理性认知的系统化，是民族精神的理性之光；学术思想发达与否是一个民族文化是否发达的标志；既顺世而生又异世而立是学术思想的特点。"[5] 诸位前贤阐述的重点集中在学术、学术思想之于民族文化及国家存亡的重要性，而对于学术思想的清晰定义并没有进行界定。

燕赵学术思想史作为燕赵文化研究有待突破的重要研究领域，其研究开展之前，首先必须对研究对象进行清晰的界定。什么是学术思想？学术史、思想史、学术思想史三个概念之间的联系与区别究竟是什么？燕赵学术思想史的研究对象究竟是什么？研究应该包括哪些内容？这些都是我们必须首先进行深入讨论的基本理论问题。

**（一）学术、学术史与学术思想史**

何谓学术？梁启超云："则学也者，观察事物而发明其真理者也；术也者，取所发明之真理而致诸用者也。"[6] 梁氏所言的"学"的内容，应该属于思想属性的学术。

中国传统学术应该包括哪些内容，学者间目前还存在不同的看法。王国维《宋代之金石学》一文云："宋代学术方面最多，进步亦最著。其在哲学，始则有刘敞、欧阳修等脱汉唐旧注之桎梏，以新意说经；后乃有周敦颐、程颢、程颐、张载、邵雍、朱熹诸大家，蔚为有宋一代之哲学。其在科学，则有沈括、李诫等，于历数、物理、工艺均有发明。在史学，则有司马光、洪迈、袁枢等，各有庞大之著述。绘画则董源以降，始变唐人画工之画，而为士大夫之画。在诗歌，则兼尚技术之美，与唐人尚自然之美者蹊径迥殊。考证之学，亦至宋而

[1] 梁启超：《饮冰室合集·论学术之势力左右世界》，中华书局2015年版，第110页。
[2] 王国维：《观堂集林》（下），河北教育出版社2001年版，第721页。
[3] 钱穆：《中国学术通义》（新校本），九州出版社2012年版，"序"第6—7页。
[4] 钱穆：《中国学术通义》（新校本），九州出版社2012年版，"序"第3页。
[5] 刘梦溪：《中国现代学术要略》，生活·读书·新知三联书店2018年版，第1页。
[6] 梁启超：《饮冰室合集·学与术》，中华书局2015年版，第12页。

大盛。”[1] 王国维在这里所界定的中国传统学术，包括人文科学与自然科学。李泽厚先生在《中国现代学术要略》学术恳谈会上也说：“学术史，自然科学不说，文史哲，还有小学史、经学史、史学史、文学史，但什么是学术史，概念不清楚。自然科学不包括，理由何在？社会科学也没有包括，理由何在？”[2] 李泽厚认为，学术史研究的内容应该包括自然科学的学术思想，也应包括社会科学、人文科学的学术思想。

中国传统学术是中国传统文化的重要组成部分，因此，考察中国学术与学术史的研究对象、学术传统等，必须与中国学术与中国文化的独特性联系在一起考察。钱穆先生曾指出：“文化不能与学术相分离，欲了解中国文化传统，即不能不了解中国之学术传统。欲研治中国学术，该从中国文化着眼，庶可把捉要点。而研究学术，亦即为了解文化之基础。”[3]“中国学术之必有其独特性，亦如中国传统文化之有其独特性，两者相关，不可分割。非了解中国学术之独特性，即亦将无以了解中国文化之独特性。惟从另一面言之，亦可谓不明中国文化之独特性，即无以明中国学术之独特性。”[4]

关于中国文化的特点，学者们曾有多种不同的表述。梁漱溟先生在《中国文化要义》中，将中国文化的特殊个性概括为十四个方面。由于他的概括从学理上讲缺乏确实根据，因此，他的说法并没有在学术界产生太大的影响。[5] 在二十世纪八十年代的文化热中，张岱年先生将“刚健有为”“和与中”“崇德利用”“天人协调”四个方面概括为中国传统文化的基本精神[6]；此后，楼宇烈先生将重视人文精神、天人合一、重视礼仪道德、观念上的“和而不同”和实践中的整体会通等概括为中国文化精神[7]；李宗桂先生则将“坚韧不拔的从道精神”“人文化成的精神”“文化中国的包容意识”“崇德重义的价值追求”“守成创新的发展观念”概括为中国传统哲学的人文精神[8]。各家说法虽有不同，但天人合一、人文精神、极强的包容性、和而不同、重视道德礼仪等中华文化的特点，却得到了大多数学者的认同。

---

[1] 王国维：《宋代之金石学》，《王国维全集》第14卷，浙江教育出版社2010年版，第315页。

[2] 刘梦溪：《中国现代学术要略》附录一《〈中国现代学术要略〉学术恳谈会纪要》，生活·读书·新知三联书店2018年版，第233—234页。

[3] 钱穆：《中国学术通义》（新校本），九州出版社2012年版，第1页。

[4] 钱穆：《中国学术通义》（新校本），九州出版社2012年版，“序”第4页。

[5] 梁漱溟：《中国文化要义》，上海人民出版社2011年版，第12—26页。

[6] 张岱年：《论中国文化的基本精神》，载李存山《张岱年选集》，吉林人民出版社2005年版，第445页。

[7] 楼宇烈：《中国文化的根本精神》，中华书局2016年版，第220—246页。

[8] 李宗桂：《中国传统哲学的人文精神》，载《杰出人物与中国思想史》，江苏教育出版社2000年版，第177页。

中国传统文化的独特特征，使中国传统学术呈现出如下特点：一方面特别重视形而上的天、道、太极等学术问题的探究，同时又不忘关注形而下的生活日用之术。中国学术重视实践的特征，便是出于对“术”价值的重视。“术”在某种程度上可以看作是“学”在世间的具体运用。

王国维曾将学术分为形上之学与形下之学。元朝时，罗马教皇曾把西方希腊以来所谓“七术”（文法、修辞、名学、音乐、算数、几何、天文）介绍到中国，所介绍之书后来不传。王国维认为：“此等学术，皆形下之学，与我国思想上无丝毫之关系也。”[1] 王国维所说西方学术中的“七术”为形下之学，与思想无关，这一说法本身没有问题，只是西方学术中的天文学、算术、医学等，与中国传统学术中的天文学、数学、医学等存在很大的差异。这些在西方学术中比较偏重技术的学术，在中国传统文化中与中国传统思想体系的构建紧密相关，因此，我们不能将它们完全视为与思想无关的形下之学。

中国传统天文学与思想史关系密切。在中国传统观念中，天的运行与道密切相关。《尚书·尧典》首言钦天授时，学者认为这是“以历数为传道之表”[2]。中国思想史上的天命观和天人合一观念，以及德运的观念，也都与天的观念有关。天命观是政治思想中王权观念的形上根据。冯时先生认为，中国思想文化的核心观念皆源于天文，《周易·贲卦·象》：“刚柔交错，天文也；文明以止，人文也。观乎天文，以察时变；观乎人文，以化成天下。”人文的化成天下，是以天文为根据的。文明以止即是不变的人文传统。中国的中庸观念，与天文观测中的测天地之中有关，中国文化信的观念，也与天文有关。[3]

中国古代的数学，与中国古代的宇宙观念密切相关。《周易》象数理论奠定了中国传统思维模式的基础。

中国传统中医学，以阴阳五行理论为基础，将天地人时融合为一个整体，构建了自己的辨证治疗体系。中医哲学是中国传统哲学的重要组成部分。中医学术与传统思想密切相关。

中国古代的天文学、数学、医学等与古代思想史有着十分密切的关系，没有元气说和阴阳五行学说，就没有中国古代所谓的科学。中国古代思想与学术之关系，由此可见一斑。王渝生先生指出：“算法化、程序化和机械化的数学，精密

[1] 王国维：《论近年之学术界》，《王国维遗书》第五册之《静安文集》，上海古籍书店1983年版，第94页。
[2] 方孔炤、方以智撰，郑万耕点校：《周易时论合编》上，中华书局2019年版，“凡例”第21页。
[3] 冯时：《中国古代的天文与人文》，中国社会科学出版社2006年版，第244—272页。

的天文仪器、丰富的天象记录和观象授时的历法，自然地理、历史地理和疆域地理相结合的地方志和地图学，农牧并举和精耕细作的农业技术，辨证施治、针灸推拿和使用中草药的中医药学，不仅具有经验性和实用性的鲜明特色，而且闪烁着系统思维、整体观念、人与自然协调发展的科学精神与道理理想相结合的理性光辉。”[1]

在中国传统学术思想的道术关系中，思想被视为道，而以道为基础建立起来的中医、数学、天文学等术的意味较浓的学术，有时会被偏向于形上追求的学者所轻视。钱穆先生作为传统学术的继承者，他说：“中国自古亦即有所谓专家畴人之学，如天文、历法、算数、医药之类，此皆近代所谓属于自然科学方面者，此等诸学，每易使人隐于学，而不能以学显人。故中国古人传统，每若对此等诸学较近忽视。实非忽视，乃求矫人之专一于此等诸学，各不相通，而易起其他之流弊。”[2] 对道术中术的轻视或忽略，会使思想之道变得残缺不全。

中国传统学术史研究，应该包括自然科学与社会科学、人文科学在内。张立文先生曾对中国学术史的研究对象作出界定，他认为：“各个时期具有学术创新性的学问家、经学家、思想家、哲学家、科学家、宗教家、文学家、史学家等的学术宗旨，治学思路、方法、范围、成就、学术源流、派别，以及各个时期有代表性专门学术、学术事件、活动的记录，汇聚成的各个时期的学术思潮及其演变的总和，构成了学术史研究的对象。”[3] 遗憾的是，张先生对学术史研究对象的概括，并没有被很好地贯彻到他主编的《中国学术通史》中。《中国学术通史》的许多卷，并没有很好地反映自然科学所取得的成就，有些卷甚至缺失了这一领域。

关于学术史与学术思想史之关系，以及学术史与思想史之关系，学术界也存在不同的认识。

李泽厚先生主张，学术史即学术思想史。他说：“学术史者，是学术思想史也。思想史，如康有为、鲁迅、毛泽东，应占很大的地位。另外一种写法，通过学术本身来表现一种带有普遍性的学术思想。”[4] 刘梦溪先生认为，学术史即学术思想史，其含义与思想史没有太大区别。他在《中国现代学术要略》中说：

[1] 王渝生：《中国传统科学文化的现代价值》，载《杰出人物与中国思想史》，江苏教育出版社2000年版，第116页。

[2] 钱穆：《中国学术通义》（新校本），九州出版社2012年版，“序”第4页。

[3] 张立文：《中国学术通史》，人民出版社2004年版，“总序”第14页。

[4] 刘梦溪：《中国现代学术要略》附录一《〈中国现代学术要略〉学术恳谈会纪要》，生活·读书·新知三联书店2018年版，第233—234页。

“诸子百家之说，与其说是哲学，莫若称为思想学说更加恰当。所以中国历史学科中有思想史一门，而中国学术史实即为学术思想史也。”[1] 在刘先生的思想观念中，不仅学术史即学术思想史，思想史也是学术思想史，学术史与思想史应该没有太大的差别。马一浮先生曾说：“国家生命所系，实系于文化，而文化根本则在思想。从闻见得来的是知识，由自己体究，能将各种知识融会贯通，成立一个体系，名为思想。”[2] 刘梦溪先生认为马一浮所说的思想即指学术思想。他说：“可以视马先生之论是给学术思想下的一个极为精要的定义。主要是建构系统的思想，同时还须有创辟胜解，具备独创性的品格。既系统又独到，属于思维的精华，并具有形上之学的特点，这才是学术思想。”[3]

将学术史、思想史、学术思想史等同使用，恐怕还是存在一些问题的。在目前出版的学术史、思想史与学术思想史著作中，研究的侧重点还是有很大区别的。

目前以“学术史”命名而出版的学术著作，他们所包含的内容有着较大差别，有关于文明起源研究的，有关于历史文献和出土文献研究的，有的则将所有学术研究的内容都包含在内，也有以思想史为主的学术史，如张立文先生主编的《中国学术通史》。而学界出版的思想史著作，则包括各类专门的思想史，如哲学思想史、政治思想史、经济思想史等。从分类的角度观察，学者们似乎更倾向于将学术思想史作为思想史中的一个门类来看待。

**（二）思想史与学术思想史**

与传统学术相同，传统思想也是中国传统文化的重要组成部分，思想史则属于中古历史的组成部分。[4] 科林伍德认为：“一切历史都是思想史”，“思想史是最深层次的历史”，“思想史研究是历史研究的最后归宿”。[5]

思想史的研究，是文化史研究的延展。汪荣祖先生指出：“直至十九世纪末，史家对人文及文化之兴趣乃增，研究文化史，而逐渐开拓史学之视野，亦因启近代思想史研究之先河。”“文化史研究为近代思想史研究之先驱。”[6]“思

[1] 刘梦溪：《中国现代学术要略》，生活 · 读书 · 新知三联书店2018年版，第312页。

[2] 马一浮：《对毕业诸生讲词》，《马一浮集》第一册，浙江古籍出版社2012年版，第41—42页。

[3] 刘梦溪：《中国现代学术要略》，生活 · 读书 · 新知三联书店2018年版，第6页。

[4] 张岂之：《〈中国思想家评传丛书〉的特色与20世纪中国思想史研究回顾》，载《杰出人物与中国思想史》，江苏教育出版社2000年版，第5页。

[5] 转引自林德宏《思想史与思想家》，载《杰出人物与中国思想史》，江苏教育出版社2000年版，第51页。

[6] 汪荣祖：《思想与时代——思想史研究之范畴与方法》，载《杰出人物与中国思想史》，江苏教育出版社2000年版，第381页。

想史（Intellectual History）虽不尽同于文化史（Cultural History），然后者有为前者铺路之功。”[1] 思想史研究，以文化史为背景。汪荣祖进一步指出，思想史以“整个文化作背景，注重‘历史架构’（historical frame work）上之思想与行动之关系，以及思想与思想之关系”[2]。思想史与文化史之密切关系，由诸位前贤的论述可见一斑。

关于思想史的概念，张立文先生定义为：“中国思想史是指人对宇宙、社会、人生的事件、生活、行为的所思所想，以描述和解释的方式形式，历史地呈现出来的历程。”[3] 关于思想史的研究对象，侯外庐先生主编的《中国思想通史》界定为“综合了哲学思想、逻辑思想和社会思想”[4]，葛兆光先生将思想史的研究范围界定为“一般知识、思想与信仰世界的历史”[5]。

从思想史研究角度切入学术思想史研究的许多学者，将思想史即视为学术思想史。除了前文提到的刘梦溪先生外，匡亚明先生在主持“中国思想家研究丛书”时，将思想史等同于学术思想史使用。匡亚明的弟子蒋广学先生说：“人学、天人合一只是中国学术思想之‘体’，它在各学科发挥作用时，都有特殊的内容。研究此‘体’贯穿于经史子集中所形成的思想体系的演变过程，就是匡亚明所倡导的思想史，我们今天将之称为中国学术思想史。”[6] 匡亚明先生所言的思想史即学术思想史，其研究思想注重学术层面的探讨，其学术思想史的研究对象包括哲学、历史等人文社会科学，也包括天文学、医学、数学等自然科学。

由于学术思想史研究的对象主要是思想家的学术和思想，学者所定义的“一般知识、思想与信仰世界的历史”可以被排除在学术思想史的研究范围之外。

**（三）学术史、思想史与学术思想史**

从以上的论述可以很清晰地看出，尽管从学理上来看学术史、思想史与学术思想史三个概念存在着明显的差别，但学术界目前还存在着三个概念混用的情况。究其原因，应该是由于学术与思想内容的密不可分。匡亚明先生在《求索集》中指出：“凡是在各个不同时代不同领域和学科中取得成就者，大多是那些

[1] 汪荣祖：《思想与时代——思想史研究之范畴与方法》，载《杰出人物与中国思想史》，江苏教育出版社2000年版，第382页。

[2] 汪荣祖：《思想与时代——思想史研究之范畴与方法》，载《杰出人物与中国思想史》，江苏教育出版社2000年版，第388页。

[3] 张立文：《中国学术通史》，人民出版社2004年版，“总序”第4页。

[4] 侯外庐等：《中国思想通史》第一卷，人民出版社1957年版，第1页。

[5] 葛兆光：《中国思想史·导论·思想史的写法》，复旦大学出版社2013年版，第8页。

[6] 蒋广学：《中国学术思想史》之《中国学术思想史纲要》，南京大学出版社2014年版，第17页。

在当时历史条件下自觉或不自觉地认识和掌握了该领域事物发展规律的具有敏锐思想的人。他们取得成就的大小，取决于思想上认识和反映这些规律的程度如何。”[1] 学者学术成就的取得，关键在于具有独特的学术思想。匡亚明先生注意到了具体的学术研究者所取得的学术成就与研究者思想之间的关系，因此，他的思想家研究的范围包括了人文、社会与科学技术各个门类。其思想史研究，即学术思想史研究。

学术与思想的关系可以说是密不可分的。朱维铮先生指出：“按照逻辑，学问是思想的根底，思想是学问的花果，因而没有相当学问作功底的思想，与没有思想定取向的学问，都似乎是不可思议的。”[2] 蒋广学先生指出：“‘思想’是在一定的学术结构中存在的；离开了特定的学术结构，也就不会有清晰和系统的思想。中国传统思想有特殊的学术结构：就人们所说的三教关系来说，儒为本而佛道为末，这一结构在魏晋南北朝隋唐道或佛大发展、大进取时期虽有过‘三教论衡’的态势，但到了修《四库全书》时，居然把佛、道排到了子学部的末位；而就经学与儒之外的子学各家如艺术、小说家、农学、医家、天文算法、术数等家的关系而言，均不离易经为体、其他五经为用的格局。”[3] 学者将学术与思想的关系定义为：“没有学术的思想，是空洞的思想；没有思想的学术，是无灵魂的学术。”[4] 可谓确当。

中国传统文化注重直接体悟，这种认识世界的途径更使得学术与思想不可分割。《汉书·艺文志》云：“《乐》以和神，仁之表也；《诗》以正言，义之用也；《礼》以明体，明者著见，故无训也；《书》以广听，知之术也；《春秋》以断事，信之符也。五者，盖五常之道，相须而备，而《易》为之原。故曰‘《易》不可见，则乾坤或几乎息矣’，言与天地为终始也。至于五学，世有变改，犹五行之更用事焉。”[5]《乐》《诗》《礼》《书》《春秋》《易》等经典，无疑属于学术的范畴，而其中包含的“仁”“义”等内容，则属于思想。在中国古代，学术离不开思想，思想离不开学术，二者水乳交融地混合在一起。学术史即思想史、即学术思想史。从中国古代学术思想发展的实际来看，将三个概

[1] 转引自蒋广学《中国学术思想史》之《中国学术思想史纲要》，南京大学出版社2014年版，第12—13页。

[2] 朱维铮：《清学史：学者与思想家》，载《杰出人物与中国思想史》，江苏教育出版社2000年版，第33页。

[3] 蒋广学：《〈中国思想家评传丛书〉与中国思想史研究》，载《杰出人物与中国思想史》，江苏教育出版社2000年版，第18页。

[4] 赵培杰、莫斌、邵贤曼、崔晋：《2020年哲学研究发展报告》，《中国社会科学报》2021年1月18日（3）。

[5] 班固：《汉书·艺文志》，中华书局1962年版，第1723页。

念混同使用也未尝不可。三个概念的区别，主要存在于现代学术话语体系中。

目前学术界出版的以“学术思想史”命名的学术著作，所使用的学术思想史的概念存在较大差异。邝士元先生所著《中国学术思想史》，其使用概念“学术思想”与“学说思想”通用，在进行思想演变研究的同时，对传统学术中的经学、史学、文献学等有比较深入的研究，但对传统学术中的天文学、中医学和地理学、数学等，都没有涉及。张岂之先生主编《中国思想学说史》，鉴于学术界将不同内容的学术内容都归为学术史，直接采用了《中国思想学说史》为题，以避免学术史概念的泛化。王伯祥、周振甫合著的《中国学术思想演进史》，则将学术思想定义为“文化的精神”，认为学术思想“总离不了环境的影响，同时又总是归结到人类生活的改进”，这一定义强调了学术思想与文化的密切关系，但没能将二者有效区分开来。钱穆先生的《中国学术思想史论丛》，将有关学术史研究的内容与有关思想史研究的内容一并收入，学术思想史被定义为学术史与思想史的综合。

中国社会科学出版社出版的三十五卷《当代中国学术思想史》，对二十多个一级学科以及部分二级学科的学术思想进行了论述。其学术思想史的定义应该是“学术的思想史”，学科划分采用的是当代学科划分方法。南京大学出版社正在陆续出版“中国学术思想史”系列丛书，从已经出版的《中国哲学思想史》《中国数学思想史》看，采用的也是现代学术的学科分类方法。而其中的《中国学术思想史纲要》，则采用的是中国传统的学术话语体系。该著作也没有将传统的天文学、中医学等纳入讨论范围。

通过以上对以往相关研究成果的学术史梳理，可以清晰地看出，在进行学术思想史相关专题研究之前，研究者首先应该对学术思想史的定义和研究对象进行比较清晰的界定。

抛开学术史、思想史与学术思想史在研究中的不加分别地使用的现状，仅就“学术思想史”概念本身的诠释而言，似乎既可以解释为“学术史与思想史”的并合，也可以解读为“学术的思想史”。在综合前人学术研究成果的基础上，我们试图对学术思想史的概念进行新的界定：学术思想史应该是学术史与思想史紧密结合、互为一体的学术思想史。在如此界定的学术思想史的研究中，既注重学术发展对思想发展的影响，同时也注重思想史中的学术史论述。

如此界定的学术思想史，既没有简单采用学术史加思想史的概念，也没有采用狭义的“学术的思想史”的概念。我们之所以如此界定，是因为我们认为，在现代学术话语体系中，学术与思想两个概念虽然内涵与外延上有一定的区别，但在中国传统学术体系中，作为共同以文化为背景而形成的学术史与思想史概念，二者之间关系密不可分。在学术史研究中加强思想的关照，可以将学术史的研究提升到一个更高的层面；同时，注重思想史中的学术史研究，也可以为思想史的演变研究奠定坚实的学术史研究的基础。[1] 这样的学术思想史，可以在现代学术研究中将学术思想史的研究与一般意义上的学术史、思想史研究区分开来，也可以将学术思想史与一般意义的哲学思想史、政治思想史、社会思想史等很好地区分开来。我们的学术研究，是用现代学术思想话语体系来诠释古代学术思想。这样可以实现两种学术话语体系有效接合。

如此界定的学术思想史，其研究对象既包括学术史的内容，也包括思想史的内容。关于传统文化中学术思想史的研究对象，梁启超在《中国历史研究法（补编）》第四章《文化专史及其做法》中有一个概括。他界定的文化史包括有语言史、文字史、神话史、宗教史和学术思想史几部分。在学术思想史部分，他说："中国学术不能靠一部书包办，至少要分四部。子，道术史——即哲学史。丑，史学史。寅，自然科学史。卯，社会科学史。四部合起来，未尝不可。然性质既各不同，发展途径又异，盛衰时代又相参差，所以与其合并，不如分开。"[2] 我们对学术思想史的界定，与梁启超在文化史的分类中对学术思想史的界定有些不相同之处，这便是梁氏的界定中宗教史被排除在学术史之外。从中国传统学术思想的发展来看，道教、佛教等宗教文化也属于学术思想的一个组成部分。钱穆先生曾说："佛教虽为一宗教，而其内涵之学术意义亦特丰。佛教之中国化，则胥由中国学术传统中所赋有之独特之功。南北朝、隋、唐高僧，多兼通内外学，遂使中国学术逐渐渗透入于佛教信仰中，而佛教之在中国，乃亦随之而变。"[3] 钱穆先生的说法，是符合中国学术史的实际的。

被梁启超排除于学术思想史研究之外的文学，在我们的定义中，与学术或与思想有关的文学家的文学作品也应被纳入研究范围之内。至于与学术思想距离比较疏远的文学创作或文学艺术作品欣赏等，就应该排除在外。

---

[1] 方光华先生在《中国思想史研究的三个向度》一文中，阐述了思想史研究的三种主要方法：哲学诠释的方法、社会史的方法与学术史的方法。他说："任何思想都离不开一定的学术土壤。许多思想命题都是从当时的学术研究中酝酿出来的。例如，要了解孔子的思想，就需要研究西周鼎盛时期的'六艺'教育传统……又如，董仲舒'天人合一'的哲学思想就是在诠释《公羊春秋》过程中，为了使《公羊春秋》得到更完整、更合理的解释才提出的。""学术史的眼光能使我们看到思想背后深沉浑厚的学术土壤，帮助我们纠正许多习以为常的误解。"《学术月刊》2007年第4期。

[2] 梁启超：《饮冰室合集·专辑》第23册，中华书局2015年版，第10737页。

[3] 钱穆：《中国学术通义》（新校本），九州出版社2012年版，"序"第1—2页。

学术思想史与文化思想史也是两个相近易混的概念。强调思想中的学术内容，可以将学术思想与几近被泛化的文化思想区分开来。没有学术内涵的一般社会存在意义上的社会文化思想，不被我们列入研究范围。比如晚清天主教在燕赵地域发展很快，但是我们考虑到它本身更多的是一种思想文化的传播，在天主教中国化等学术领域，燕赵学术界并没有在这一时期作出什么突出贡献，也没有相关学术著作问世，因此，没有将这一重要文化现象纳入研究范围。

梁启超主张将学术思想史分为四部分分别研究，是因为他看到了他自己界定的传统学术思想史四部分之间的差异。如果按照我们对学术思想史概念的新的界定，学术思想史便可以作为一个对象来进行整体性研究，如此便有了将四部分内容融合在一起进行研究的可能性。在相关内容的取舍上，没有学术的思想与没有思想的学术，基本上都将被排除在研究范围之外。如此一来，也许可以减少拼盘式的拼装组合色彩。

关于学术与风俗、文化之间的关系，钱穆先生说："欲考较一国家一民族之文化，上层首当注意其'学术'，下层则当注意其'风俗'。学术为文化导先路，苟非有学术领导，则文化将无向往。非停滞不前，则迷惑失途。风俗为文化奠深基。苟非能形成为风俗，则文化理想，仅如空中楼阁，终将烟销而云散。"[1] 我们以为，文化底色为学术发展提供文化背景，文化精神的向上提升，便为学术精神。

## 三、研究的路径与方法

社会科学研究的创新，除了发掘运用新材料外，主要立足于科研路径与科研方法的创新。只有具备了好的路径与方法，才有可能产生创新性的研究结论。社会科学研究的道路是充满荆棘与陷阱的，如果研究者掉入了无法解脱的陷阱，视野便会被蒙蔽，甚至产生自害害人的自蔽现象。因此，我们在研究方法上时刻须要注意解蔽。

### （一）整体研究法

整体研究法，是运用整体的方法对研究对象进行整体性研究。进行整体性研究，需要运用整体性思维方式。我们之所以强调整体研究法，一是中国文化本身具有整体性，中国传统的思维方式是整体性思维，对它的研究，必然要运用整体性思维；二是只有运用整体性思维，才能真正解释地域文化中的特色内容；三是

[1] 钱穆：《中国学术通义》（新校本），九州出版社2012年版，"序"第1页。

只有使用整体研究法，才能彰显中华文化中和而不同的文化品格，才能真正继承燕赵学术思想综合创新的优良传统，真正实现学术研究中的综合创新；四是燕赵学术思想史作为广义历史学的一部分，其研究目标具有整体性。

中国传统学术思想体系中，最高的范畴可以说是道。道的显著特征之一，便是整体性。《庄子·天下》篇称“道术将为天下裂”，《荀子·解蔽》所说“天下无二道，圣人无两心”，都是强调道的整体性。在中国传统观念中，天地人为一个整体，人与物也是一体。整体观念，是中国传统文化的鲜明特色。张岱年先生指出：“中国传统哲学，无论儒家或道家，都强调整体观点。整体是一个现代的名词，在古代称之为‘一体’或‘统体’。所谓整体观点，就是认为世界（天体）是一个整体，人和物也都是一个整体；整体包含许多部分，各部分之间有密切的联系，因而构成一个整体；想了解各部分，必须了解整体。”[1] 对中国传统文化的研究，必须运用整体性研究法。楼宇烈先生指出：“对于中国传统文化的研究，不管是研究哪一家，哪一科，哪一学，我认为，首先是要把握住中国传统文化的整体精神之所在，否则将难入其堂奥，难得其精义。”[2] 对燕赵学术思想史的研究也是如此。

中国传统文化的整体性特征，突出表现在中国传统思维方式上。中国文化属于整体关联思维方式，楼宇烈先生称之为“整体关联，动态平衡”[3]。整体关联，强调了关联的普遍性。对普遍关联的整体文化进行研究，需要整体性研究法。

中国思维方式的另外一个特征，便是中国的逻辑是语境逻辑。[4] 这种逻辑思维方式，使语言本义与思想之间发生疏离，语言离开语境，表达思想的功能将大打折扣，如此一来，从语言诠释思想便产生了障碍与困难。从文本记载本身去解读思想，便不能解释作者的言外之意，这样或许会偏离作品作者的本意。有鉴于此，研究中国古代思想家的学术思想，只有从文本记载的整体中去尽可能恢复当时作者写作的语境，用直观体悟的方法去理解文字作者整体的学术背景和思想框架。唯有如此，才能避免只依靠文字训诂解释学术思想产生的各种弊端。用直观体悟的方法把握文本的整体思想，古人又称之为“得意忘象”“得理忘言”。竺道生说：“夫象以尽意，得意则象忘。言以诠理，入理则言息。自经典东流，

[1] 张岱年：《试论中国传统哲学的思维方式》，载李存山《张岱年选集》，吉林人民出版社2005年版，第382页。
[2] 楼宇烈：《中国文化的根本精神》，中华书局2016年版，第221页。
[3] 楼宇烈：《中国的品格》，四川人民出版社2015年版，第3页。
[4] 楼宇烈：《中国文化的根本精神》，中华书局2016年版，第35页。

译人重阻，多守滞文，鲜见圆义。若忘荃取鱼，始可与言道矣！”（《高僧传》卷七）佛教文本的汉译，需要得意忘象，今人理解古典文献，也有一个文本转换问题，也同样需要“得理忘言”。得理忘言，应该是文本诠释的最终目的。而这种诠释文本的方法，即是一种整体性思维法。

和而不同是中华文化的重要品格，它揭示了事物发生发展过程中多种因素共同发挥作用，而不是单一因素发挥作用或相同因子的简单叠加。中华文化多元一体格局的形成，以及儒释道文化的共存互融，便是这种文化品格的彰显。在学术研究中，将中华文化和而不同的文化品格落在实处，才有可能继承中外思想家一切可以继承的优秀文化遗产，运用一切可以运用的科研方法与路径，吸收一切可以吸收的各家各派的有价值的学说，构建具有创新性的学术体系，将燕赵学术思想史上综合创新的优良传统发扬光大。[1]

燕赵学术思想史作为一种广义的历史，其本身也具有整体性的目标。雅斯贝尔斯从历史的整体性出发，提出“把握历史的统一，也就是说将普世史作为整体来思考，是寻求历史最终意义的对历史知识的一种渴望”[2]。“普世史观对我们来说意味着什么？我们愿意将历史作为一个整体来理解，是为了理解我们自身。对于我们来讲历史是记忆，我们不仅要懂得记忆，并且要借助记忆而生活。如果我们不想化为虚无，而想获得‘人之存在’的话，历史是奠定了的基础，我们与这一基础紧密相连。”[3]“如果我们认识到整体，那么每个人的存在在整体之中都有其位置。”[4]只有在对整个中华文化的整体关照下，燕赵文化作为一种地域文化，才能深刻透视其地域性特征，才能在历史中找到其存在的对的位置。

离开了中华文化的整体去研究地域文化，所得结论必然是对道的割裂。从各种地域文化与中华文化的根本关系来讲，尽管各地域文化都有其特色，但都属于中国文化的有机组成部分，都符合中华文化之道。钱钟书在《谈艺录·序》中说：“东海西海，心理攸同；南学北学，道术未裂。”[5]道术未裂，中华文化的整体性也未能割裂。

总而言之，只有运用整体性研究方法，才能有效避免研究中的偏见，才能

[1]综合创新的概念是张岱年先生提出的一种创新方法。在燕赵学术思想史上，一些标志性人物如荀子、董仲舒、孔颖达、孙奇逢、张之洞等，其研究方法均运用综合创新法。综合创新可以说是燕赵学术思想的重要特征。参见梁世和《北学与燕赵文化》，《河北学刊》2004年第4期。

[2][德]卡尔·雅斯贝尔斯著，李雪涛译：《论历史的起源与目标》，华东师范大学出版社2018年版，第300页。

[3][德]卡尔·雅斯贝尔斯著，李雪涛译：《论历史的起源与目标》，华东师范大学出版社2018年版，第267页。

[4][德]卡尔·雅斯贝尔斯著，李雪涛译：《论历史的起源与目标》，华东师范大学出版社2018年版，第301页。

[5]钱钟书：《谈艺录》，中华书局1984年版，第1页。

使研究所得出的结论更具有普遍性；只有在中华文化的整体中认识燕赵学术思想史，才能突出燕赵学术思想史的鲜明特征。

**（二）分析的方法**

对文本的理解、分析与诠释，是学术研究的基础性工作。中国传统学术的发展，在文本阐释上曾有汉学宋学之争、训诂与义理之争等。“义理之学为宋儒所提倡，清儒的强项则是考据之学。当然就中国历代学术所追寻的方向而言，其运行的大势是把两者合起来，而不是要它们分离。”[1] 现代学术研究对文本的解读与诠释，应该在继承训诂与义理阐释文本的基础上，采用分析的方法。

分析的方法与整体研究法是相对而言的。分析方法从根本上来说来源于分析思维，在西方世界曾一度盛行的分析哲学，其研究方法便是分析的方法。当代著名分析哲学家冯·赖特指出：“分析在哲学中所设定的任务就是阐明语句（陈述）的意义。”[2] 分析是将整体分解后，通过认识分解的部分而认识整体。冯·赖特说：“‘分析’意味着分解，把一个总体或整体拆分为互相孤立的部分。有一种观点经常被称为部分论（meristic）……根据这种观点，整体的特性不得不根据它的部分的特性来解释。”[3] 分析哲学家魏斯曼说：“分析意味着分解和拆卸。‘逻辑分析’由此看来意味着：把一个思想拆分成它的终极逻辑构成要素。……人们大致也可以这样去设想哲学家的事情，他的任务就是揭示思想的结构，显示它的逻辑构造。”[4] 研究过程中的分析包括概念分析、语言分析、逻辑分析、“关联的”分析，等等。

概念是文本表达的基础，概念游移或模糊，便无法进行有效的论证。张岱年先生说中国传统分析方法具有模糊性，其表现之一便是“用辞多歧义，没有明确的界说”[5]。有鉴于此，我们在研究先贤作品时，特别注意对他们所使用概念的分析，以避免受概念不明或概念歧义的误导。

世界的逻辑形式，便是由语言和事物构成。分析哲学家冯·赖特说：“事物是这个世界的实体。事物在事态中的可能关系和名称在有意义语句中的可能关

[1] 刘梦溪：《中国现代学术要略》，生活·读书·新知三联书店2018年版，第49页。

[2] [芬]冯·赖特：《分析哲学：一个批判的历史概述》，载陈波、江怡《分析哲学——回顾与反省》（第二版）上卷，中国人民大学出版社2018年版，第8页。

[3] [芬]冯·赖特：《分析哲学：一个批判的历史概述》，载陈波、江怡《分析哲学——回顾与反省》（第二版）上卷，中国人民大学出版社2018年版，第21页。

[4] [德]魏斯曼：《什么是逻辑分析》，转引自冯·赖特《分析哲学：一个批判的历史概述》，载陈波、江怡《分析哲学——回顾与反省》（第二版）上卷，中国人民大学出版社2018年版，第8—9页。

[5] 张岱年：《试论中国传统哲学的思维方式》，载李存山《张岱年选集》，吉林人民出版社2005年版，第385页。

系构成世界的逻辑形式，即本质。于是语言的本质和世界的本质是同样的。”[1]认识世界的本质，就是认识语言的本质。对语言进行逻辑的分析，是认识语言本质的根本方法。英国当代分析哲学家达米特认为，分析思想的唯一专门办法就在于分析语言。[2]传统训诂学中的词语与义理的训释也具有语言分析的内容。在现代学术研究中进行语言分析时，还应该与概念分析、逻辑分析、“关联”分析等综合运用。

中国古代思维方式比较缺乏形式逻辑思维，但这并不妨碍我们对古人学术与思想用现代形式逻辑分析的方法来加以审视。

事物的普遍联系是事物存在的根本状态。中国传统文化中的“天人合一”“民胞物与”等，都是对关联普遍性的表达。对事物相关关联的分析，是认识事物存在状态、变化规律的重要途径。对相关关联的分析，无论是研究学术史还是思想史，都是非常重要的方法。

在中国古代传统学术思想中，分析方法很少使用。张岱年先生指出：“在中国传统哲学中，分析方法不甚发达，但亦非完全没有。”“由于中国传统哲学中分析方法不发达，于是表现了一定程度的模糊性。”[3]分析思维与分析方法是中国传统学术的短板。我们在这里强调使用这一行之有效的方法，一方面意在补足我们文化中的短板，另一方面也想使我们的研究工作与现代学术研究接轨，从而使我们的研究从方法上具有现代学术气息。

分析方法的运用需要研究者创造性地诠释文本。傅伟勋提出“创造的诠释学”，对诠释的步骤、环节、要旨等作了说明：“作为一般方法论的创造的诠释学共分五个辩证的层次，不得随意越等跳级。这五个层次是：（1）‘实谓’层次——‘原思想家（或原典）实际上说了什么’；（2）‘意谓’层次——‘原思想家要表达什么’或‘他所说的意思到底是什么；（3）‘蕴谓’层次——‘原思想家可能要说什么’或‘原思想家所说的可能蕴涵是什么’；（4）‘当谓’层次——‘原思想家（本来）应当说什么’或‘创造的诠释学者应当为原思想家说出什么’；（5）‘必谓’层次——‘原思想家现在必须说出什么’或‘为了解决原思想家未能完成的思想课题，创造的诠释学者现在必须践行什

[1]［芬］冯·赖特：《分析哲学：一个批判的历史概述》，载陈波、江怡《分析哲学——回顾与反省》（第二版）上卷，中国人民大学出版社2018年版，第10页。

[2]转引自［英］P. M. S.哈克《分析哲学：内容、历史与走向》，载陈波、江怡《分析哲学——回顾与反省》（第二版）上卷，中国人民大学出版社2018年版，第35页。

[3]张岱年：《试论中国传统哲学的思维方式》，载李存山《张岱年选集》，吉林人民出版社2005年版，第385页。

么’。”[1] 我们的研究中对文本的创造性诠释，也将按照傅伟勋先生“创造的诠释学”的步骤与方法进行。

**（三）比较研究法**

燕赵学术思想史研究作为广义的燕赵地域文化研究的重要组成部分，其研究除了要揭示燕赵学术思想史在中华学术思想史研究上的重要学术价值外，无疑还需要特别地突出燕赵地域的学术思想特色。为此，我们在研究中一方面要将燕赵学术思想史放在中华学术思想史的大框架下进行研究，同时也要进行燕赵学术思想史与其他地域文化的学术思想史的对比研究，如与齐鲁学术思想史、岭南学术思想史、闽学、关学以及中原学术思想史等的对比研究，在对比研究中彰显燕赵地域特色。当然，这种比较研究并非为比较而比较，也不是每一历史时段都要与其他地域的学术思想史进行比较，而是在不同的历史时期，与当时最具特点的其他地域文化的学术思想史发展状况进行比较。这样的比较，更容易从整体上把握燕赵地域的学术思想史的地域特色。

**（四）研究方法的解蔽**

中国传统学术在其发展的历史长河中，因研究者视域或研究方法问题而产生一些弊病。《荀子 · 解蔽》篇说：“私其所积，唯恐闻其恶也；倚其所私，以观异术，唯恐闻其美也。”以私心私见观察事物，便会产生遮蔽。《汉书 · 艺文志》云：“后世经传既已乖离，博学者又不思多闻阙疑之义，而务碎义逃难，便辞巧说，破坏形体；说五字之文，至于二三万言。后进弥以驰逐，故幼童而守一艺，白首而后能言；安其所习，毁所不见，终以自蔽。此学者之大患也。”[2] 不思多闻阙疑，安其所习，是学术研究之蔽产生的重要原因。《荀子 · 解蔽》篇提出，从认识道的整体性出发以解学者认识之弊。现代学术史的研究中，学者也在试图克服研究中所生之蔽。刘梦溪先生曾提出破除现代学术研究中的四种障蔽：“但中国现代学术的发展仍然困难重重。就学者的主观认知而言，有四重障蔽应予以破除：第一，学术是手段还是目的；第二，‘有用之学’与‘无用之学’；第三，中学和西学之争；第四，新旧古今之辨。”[3] 除了刘先生所列举的四种障蔽，我们在研究中还试图避免以下障蔽：

[1] 傅伟勋：《创造的诠释学及其应用》，《时代与思潮》1990年第二辑，转引自陈波等《分析哲学——批评与建构》下卷，中国人民大学出版社2018年版，第752页。

[2] 班固：《汉书 · 艺文志》，中华书局1962年版，第1723页。

[3] 刘梦溪：《中国现代学术要略》附录二《“文化托命”与中国现代学术传统》，生活 · 读书 · 新知三联书店2018年版，第243页。

1.所知障。所知障意即是所认知的事物与理论成为新的认识的障碍，从已知推未知中产生错误的结论。博学如章太炎者，蔽于自己对文献的熟知，而认出土的甲骨文为伪物，是为所知障之一例。《荀子·解蔽》篇曾提出“不以所已臧害所将受”“不以夫一害此一”，是为解所知障之良方。《荀子》所言的方法虽然很好，但在人的认识过程中却存在着实际上的困难。人的认知，包括研究工作，是运用自己所储存的知识去判断解析新的问题。雅斯贝尔斯说：“‘个人看到的是他内心中具有的东西。’理解的根源是我们的当下性，亦即此时此地我们唯一的现实。”[1] 可以说，所知是认知的基础。研究者所储备的知识越丰富，其解决新问题的能力越强，其认知所得结论越接近真理。但是，如果研究者不能正确运用所知，将所知固化机械地运用，就会形成所知障。杜维明先生曾指出：“人文学与一般所谓社会科学（被具体量化了的）、自然科学等，在方法和所处理的问题上有很多不同，可以说更困难。比如旁观者与参与者的复杂互动。我们读文本，不管是中国的诗词、小说还是哲学经典，都有一个我们与文本之间进行互动的问题。我们总是要把自己的一些偏见调动起来，进入文本阅读和研究中，没有办法避免，但我们又尽量想减少自己的偏见，尽量使我们的私我（ego）的坏的影响力减少，使我们的自我及其所展现的视野得以扩展。这就是私我和自我之间的复杂互动。”[2] 我们在研究中一方面要运用我们的所知，发挥我们的能动性，另一方面又要按照孔子所言，“毋意，毋必，毋固，毋我”（《论语·子罕》），尽可能减少研究中因所知障而造成的结论错误。

2.情感之蔽。作为中华文化的研究者与传承弘扬者，作为燕赵儿女研究燕赵学术思想史，必会将我们热爱祖国传统文化、热爱家乡文化的深厚情感融入研究过程之中，以期自己的研究能够继承先人的文化精神，并传至后代，留存后世；希望自己的研究成果能够对美丽家乡的现代化建设贡献力量。唯其如此，我们的研究工作才会产生无比强大的内在动力，促使我们不计名利，不计得失，全身心投入研究工作中。研究者在研究中强烈情感的投入，固可以使研究的深度得到深化，但同时也会带来《荀子·解蔽》篇所说“私其所积”“倚其所私”的情感之蔽。情感会遮蔽我们理性的双眼，使研究结论失去客观性、公正性，或沦为迎合时世的“政论作品”。如此的作品能否达到作者们预期的效果，实在是不可预知的。

[1]［德］卡尔·雅斯贝尔斯著，李雪涛译：《论历史的起源与目标》，华东师范大学出版社2018年版，第17页。

[2] 杜维明：《关于儒家人文精神的再认识》，载《杰出人物与中国思想史》，江苏教育出版社2000年版，第66页。

在进行燕赵学术思想史的研究中，我们将对弘扬优秀传统文化的情感与学术理性进行适度调适，力争从文化自觉的角度，对研究对象进行深入的研究，继承燕赵学术精神中实事求是的品格，不虚美，不掩恶，在深入研究的基础上弘扬优秀传统文化；通过理性而深入的研究，对传统燕赵文化精神作出关照与反思，以便实现优秀传统文化在当代社会的创造性转化。

忧患意识是中国传统文化的优秀精神品质，有了忧患意识，才能进行文化反思与自觉。张世英先生曾说："我们不要老是片面地自满于中华传统文化的优点，而应该多一点忧患意识，多想想自己的缺点。"[1]燕赵地域现实社会与文化的发展状况，正是我们对传统学术开展反思的基础。只有认识了传统燕赵学术思想中存在的不足，才能为当今文化发展提供更好的方向和助力；只有以宽广的学术视野，面对当代世界各种思想观念对燕赵传统学术思想的冲击，才能使燕赵学术精神走出区域性窠臼，才能使燕赵未来的学术走向全国、走向世界!

### 四、需要说明的几个具体问题

（一）燕赵学术思想史的研究对象是燕赵传统学术思想，因此，其话语体系构建采用的是传统学术话语体系的构建方法，其论述话语也基本上采用传统学术话语论述方法。至于现代学术话语，只有在进行传统学术思想的现代解读时才会按需使用。

（二）燕赵学术思想史课题研究，为了能够在前贤研究的基础上有所创新，我们设计的研究重点不拟对著名思想家的思想本身进行独立静态考察，而是主要将每一时代学术思想演变的社会背景、学术思想演变历程及其内在逻辑、学术流派的发展源流、思想家们思想的来源、学术思想创新和重要贡献，以及其对后世学术思想的影响等，作为重点考察对象。我们认为，这样处理可以突出学术思想史之"史"的特征，可以避免一些较为静态的描述，进而将学术思想史写得更全面，也更灵动一些。

（三）在燕赵学术思想史研究中，我们克服重重困难，将天文历算、中医学、数学等与中国古代宇宙观、人生观密切相关的科学技术类的学术思想纳入我们的论述范围。对这些专门之学进行研究，实现突破非常困难。我们在研究设计中，不拟将这些学科本身的研究作为突破方向，而是想在充分吸收前人研究成果的基础上，将这些学科的研究发展对燕赵学术思想发展的整体影响作为考察的目

[1] 张世英：《觉醒的历程——中华精神现象学大纲·自序》，中华书局2013年版，第2页。

标。把天文历算、中医学、数学等纳入学术思想史研究的范畴，既可以更好地从整体上对燕赵学术思想史的发展进行研究，又可以完整地展现燕赵地域的学术思想史发展的全貌。为了避免我们的燕赵学术思想史研究出现支离破碎、残缺不全之憾，我们将对与思想有关的学术研究领域进行较为全面的论述。

（四）元明清时期，北京成为京都所在地，燕赵作为京畿重地，其学术思想的发展也因此具有了京畿文化特色。全国士人任职京城，这些士人若与燕赵本籍士人交际密切，或对燕赵学术思想发展产生过影响，或有与燕赵学术思想相关的著作流传，那么他的相关学术思想便纳入我们的研究范围。若仅为京城官员学者，则不纳入燕赵学术思想史的研究范围。

在燕赵学术思想家的选取对象上，我们基本上遵循了如下原则：

第一，生于燕赵地域之内的学术思想家，列入研究范围。

第二，生于其他地域文化圈，但其主要学术活动在燕赵地域开展的学术思想家，列入研究范围；其主要学术活动虽不在燕赵地域，但曾活动于燕赵地域，而且在此期间有相关作品流传的，其与燕赵学术思想有关的活动、作品等列入研究范围。此类作者的其他学术活动、作品与学术思想等则不在研究范围之内。

第三，祖籍燕赵的思想家，其作品与思想具有燕赵文化传统，且其外迁在三世之内的，列入研究范围；其外迁超过三世的，则不列入研究范围。

（五）本研究的创新之处。燕赵学术思想史的研究，是对燕赵地域文化研究的进一步深入，在学术史研究的意义上说具有初创性。与以往燕赵思想家研究的成果相较，该研究具有以下创新之处：（1）填补系统研究燕赵学术思想史的学术空白；（2）对一些学术界较少关注的燕赵思想家的学术思想进行了比较深入的发掘研究；（3）对燕赵学术思想史的发展脉络进行梳理，对燕赵学术传统与思想特点进行总结与概括；（4）在充分总结、吸收、继承前人研究成果的基础上，提出了一些新的观点，以期实现相关研究领域的突破。

梁启超在其所著《清代学术概论》结尾处，写了一段足以自勉的文字。他说："将现在学风与前辈学风相比照，令吾曹可以发现自己种种缺点。知现代学问上笼统影响凌乱肤浅等等恶现象，实我辈所造成。此等现象，非彻底改造，则学问永无独立之望，且生心害政，其流且及于学问社会以外。吾辈欲为将来之学术界造福耶？抑造罪耶？不可不取鉴前代得失以自策厉。"[1] 我们的

[1] 梁启超：《清代学术概论》，载刘梦溪主编《中国现代学术经典·梁启超卷》，河北教育出版社1996年版，第212页。

《燕赵学术思想史》的著述，对将来之学术界，也不知是福是祸。聊借梁氏语以为吾辈自勉。

在课题申请与研究过程中，中国社会科学院历史所的王震中先生、张海晏先生，中国人民大学曹峰先生，大连大学葛志毅先生，南开大学张荣明先生，河北师范大学沈长云先生、秦进才先生，河北大学李振纲先生、程志华先生，燕山大学惠吉星先生等，都给予了很大的帮助与支持，我们对他们的无私帮助表示衷心的感谢！

# 第一章　晚清燕赵社会转型与学术思想变迁

近代中国，命运艰辛，多灾多难；外患与内忧，天灾加人祸，使国家与人民一再陷入无助的悲惨境地。这是一段空前绝望的历史，也是一个充满希望的时代。一方面是堕落与无耻，愚昧与颟顸；另一方面是奋斗与清醒，高尚与牺牲。历史是一个舞台，近代历史更是一个包罗万象的大剧场。在此上演的不仅有正剧，还有闹剧；不仅有喜剧，还有悲剧；不仅有个人的独幕戏，集团、群体的连续剧，还有依托于地域传统与文化的地方戏。从文化的发生与演进来看，中国文化不仅是生生不息的延续过程，同时也是一个五光十色的大拼盘。从其纵切面来看，是先秦、两汉、唐、宋、元、明、清等时代与王朝的更迭与积累；从其横切面来看，则是齐鲁、燕赵、岭南、两湖、江浙、秦陇、巴蜀、关东等地域文化的争竞与呈现。中国传统文化，作为一个成熟的形态，形成于春秋战国时期。这是中国思想与学术的“轴心时期”，也是各地域文化竞相进步、辉煌发达的时期。所谓的齐、鲁、燕、韩、赵、魏、秦、楚、越等不仅是春秋战国各个国家的名称，也是中国地域文化的胎坯和标志。在此后的历史中，有的地域文化消失了，有的地域文化被融解了，而燕赵文化作为其中最卓越的一支，绵延流长不绝如缕，不仅保存了自己的特色，而且不断被充实发展。其慷慨悲歌的任侠精神、厚重质朴的生命意识和亲情浓烈的乡土观念，在先秦时期，在中古历史，都有生动卓越的表现。但是到了晚清，在中国文化面临重大历史转型的关键时刻，燕赵思想与学术却有疲惫与断层之势。河北没有山西、安徽那样骄人的金融业绩，没有江浙繁荣的经济和人文景象，没有两湖激烈的革命斗争，没有广东的对外抗争，甚至山东人开发东北的伟大事迹，也少有河北人的参与。作为晚清中国的两大主题——民主与富强，近代河北未做出应有的奉献。

那么，在近代中国社会转型时期，河北学术思想呈现出什么样的特征呢？河北学术思想在这一段历史中所表现出的优势与缺失又是什么呢？

第一，国家行为与民间活动的对照。晚清中国由于地理位置及人文精神状况的差异，各省的发展程度差别很大。从工业化的角度讲，直隶在整个近代史上一直是全国最先进的省份之一。1867年，三口通商大臣崇厚在天津兴办兵工企业，是为天津机器局。1870年，李鸿章接替曾国藩担任直隶总督，这成为晚清直隶社会转型的一个重要契机。在李鸿章督直的二十多年，直隶建起多家近代化的企业，而且无论其规模、技术等，在当时的中国都居于领先地位。1875年，李鸿章在河北南部兴建磁州煤铁矿；1878年，李鸿章在今天的唐山建起开平矿务局。开平矿务局最初日产煤炭三百吨，后来日产量达到两千吨，是当时中国最现代化的煤炭企业。由于开平煤矿的需要，中国第一条铁路——唐胥铁路建起。1891年北洋铁路局设立，唐胥铁路延伸到了山海关，和津榆铁路、京津铁路连接。开平煤矿带动了河北一系列工矿企业的开采，包括临城煤矿、井陉煤矿，以及其他铁矿、铜矿、金矿、银矿等十几家企业。

另外一个带动河北发展，推动河北工业化进程的重要因素是铁路的兴建。首先是京广铁路建成，它穿越了大半个河北，直接刺激了近代城市石家庄、邢台、邯郸的诞生和周边地区工业、农业的发展；其次是京张铁路的修建，它使张家口成为中国北方著名的集贸中心。这是当时全国最重要的两条铁路，它的修建使河北成为当时全国铁路资源最丰富的省份。两大铁路主干线加上多条支线，不仅是河北工业化的标志，同时成为河北工业化的一个新的推动力和增长点。

第三个带动河北发展，推动河北工业化进程的重要因素，是周学熙资本集团投资唐山、天津、秦皇岛等地，建立启新洋灰公司、华新纺织公司、秦皇岛耀华玻璃公司，以及中国实业银行、华新银行久安信托投资公司等。它们大都经营完善，效益可观，成为河北乃至整个中国新式企业的楷模。经过上述三个刺激因素为主要内容的投资高潮，到二十世纪初期，河北已成为近代中国工业化最发达的省份。

但是，河北所有的这些工业化成就，基本上都是一种政府行为。无论是建造工厂、修建铁路，还是筹建银行，都是在政府领导人的倡导、出资、规划和聘请人管理之下才次第展开的。在所有这些显要的工业化成就中，不仅没有河北人的筹资规划，也没有河北人的领导管理。这些工业企业的管理和领导者如唐廷枢、冯俊光、徐润、盛宣怀、朱其诏等，都是外省人士。在近代历史初期的半个多世纪，河北人虽然身处工业化的包围之中，但自身对此却没有任何感觉。河北的工业化成就似乎并非河北人的成就，而是发生在河北大地上的外省事件。河北人不仅没有积极主动地参与，甚至对此视而不见，听而不闻。为了改变河北商民对此的麻木状态，河北政府启动的带动河北发展、推动河北工业化进程的重要措施，除兴办各种现代工业企业之外，还举办过多种现代科技和工业成就展览，以期开阔百姓眼界，开发商民之智，甚至责令各级州、县官员，上任之初，必须“自备斧资”，到日本考察数月，有了一定的近代化知识后，才能正式就职。但是，由于河北的积习太深，传统意识太强，所有这些努力并没有收到多大的效果。1915年，河北曾经举办过一个出席巴拿马赛会的博展会，在政府的多方督促下，各州县各行业送来了数以万计的展品，大部分都是传统的药材、农畜产品和其他土特产，现代工业产品为数极少。尽管河北已经有了多年的工业化积累，但在民间并没有激起多少反响，也没有取得多少成就。

第二，大众信仰与时代主题的异趣。整个明清时期，直隶作为帝国王朝的“首善之区”，许多方面都得到中央政府的格外垂青。由统治中心延伸出来的信仰、教化和理念，直接敷设于直隶民众的心灵。从元到清末，七百多年沉重的教化，会对人的心理精神留下多么深刻的烙印。我们可以想象出，直隶人作为中央集权的专制帝国治下的“首善”“子民”，他们是应该何等的温良，何等的驯服，何等的懂得等级的尊严、臣民的义务。但事实并不完全如此。在王朝的体制逐渐松动、统治者的威严有所褪色的时候，直隶人开始显露他们本来的精神面貌。代表这种精神特质的事件，首先是白莲教起义，接着是义和团事件，然后有各地此起彼伏反抗新政改革的抗税运动，最后是蜂拥而起的地痞、土匪、会道门等，它们活跃在各县各乡，直到中华人民共和国成立后才被彻底荡涤。所以，认识并充分理解这些历史现象，才能真正地全面了解河北人的精神和信仰。对于这一系列不相连贯的事件，一些历史学家曾给予不同的解释。比如，他们认为义和团事件表现了中国人民的反帝爱国精神和敢与帝国主义血战到底的英雄气概；反“新政”运动是以抗捐抗税为形式的反帝反封建斗争；对于二十世纪二十年代开始在河北各地大量出现的各种会道门，有的被认为是“农民为了反军阀、反官府、抗捐税、保家乡的民众性团体”，有的被认为是“带有封建迷信色彩的农民团体”，等等。但在这些事件的背后，有一个明显的共性：从历史上讲，它们都与早期的白莲教有一定的渊源；从表现上看，它们都带有强烈的原始神秘主义特征。河北的会道门有成百上千种，比较著名的有天道会、真武道、六离会、天门会、红枪会、白吉会、大刀会，等等。林林总总的会道门，都讲究练武、运气、画符、念咒，相信诸神保佑，信奉刀枪不入。会道门在河北县县都有组织，村村都有人参加，动辄上千人一哄而起，又一哄而散。白莲教曾经与清政府奋战过几十年，极大消耗了清王朝的实力；义和团在北方中国与八国联军抗争，让列强各国为之气馁。但会道门没有这样轰轰烈烈的表现。它们只想保一乡一村一己之身家性命，时而依附这家，时而又投靠那家，既没有政治主张，也没有文化标榜，在整个近代史上不会构成一股独立的政治势力；但如果把它们联系在一起，你不由得会惊叹，这样一种非常原始非常粗疏的迷信，在河北大地流行上百年，这一家消失那一家又起，成千上万人为之着迷为之献身，这不是一种非常重要的文化现象吗？这种文化一直被深深地压制在传统社会的主流文化之下。当义和团打着“扶清灭洋”的大旗风行河北的时候，张之洞提醒朝廷“从来邪教不可救国，乱民不可御敌”，要求对义和团坚决镇压。这是基于整个儒家文化和统治者的政治观念而产生的对此的态度。为什么在京畿首善之地，会潜伏这样一个与主流儒家文化完全对立的巫魅文化。更重要的是，这样一种巫魅文化是完全与近代中国发展大势和历史主题相违背的。近代中国的历史主题是民主、科学与富强，这是一个思想文化领域内的世俗化、理性化和文化祛魅的过程。正是在这一过程中，河北却反激出一波高过一波的巫魅文化。在这些历史事件中，凶悍的背后是麻木，勇敢的支撑是迷信，河北人用最原始的信仰和力量，支撑起反帝与革命这一历史主题，由此造成的时代扭曲和错位是我们不难想象的。

第三，卓越的个体与荒漠的社会。大约从明末开始，河北知识阶层的作为，逐渐与河北的现实脱节，成为孤独的个体现象。从清初到清末，卓越的思想和学术活动在河北始终没有断绝，但他们都是局限为一时一事的成就，很少形成一个文化群落现象。明末清初，是中国文化的又一个黄金时代，此时河北为时代贡献的历史人物是颜元和李塨。清中期，流行汉学及反理学思潮，河北相应出现的著名学者是纪昀和崔述。晚清时期洋务思潮盛行，河北出现一个著名的洋务官员及思想家张之洞。在每一个时代的重要历史阶段，河北都留下了自己显耀的足迹。这些历史人物的思想和社会贡献，不仅符合时代的节拍，同时具有鲜明的河北特色。更重要的是，他们在河北都是极为孤立的、前无古人后无来者的文化现象。比如颜元，清初博野人，出身普通农家，一生生活艰辛，“生于穷乡，育于异姓，饱更忧患，艰苦卓绝”[1]。他一边靠浇园种菜、行医卖卦、教授生徒维持生计，一边躬行实践，勤奋著述，形成了自己独特的批判理学的思想体系。颜元的思想没有家传，没有师承，带有特别强烈的个人体验色彩。尽管他一生教授生徒，甚至有李塨这样的弟子传播他的观念，但在他之后，他的思想在河北仍然是一绝学，仅对江南的一些汉学家如戴震等人产生过影响。再如崔述，魏县人，清中叶著名学者，乾隆年间举人，做过两任知县。其居官，“不美食，不华服，不

[1] 朱维铮：《梁启超论清学史二种》，复旦大学出版社1985年版，第17页。

优伶宴会，卯起亥休，事皆亲理，日与士民接见”[1]；其为学，“勇于自信”，“考据详明如汉儒，而未尝墨守旧说而不求其心之安；辨析精微如宋儒，而未尝空谈虚理而不核乎事之实”[2]。崔述的学问，在当时也是空谷足音，既没有任何师承，也没有得到他人承认，百年之后人们才理解他伟大的学术探索和成就。这种艰苦卓绝、特立独行的思想和学术行为，是只有燕赵学人才有的品格。这种品格，从清中叶一直延续到近现代。比如，张之洞的洋务思想催生了近代化的武汉和湖北的经济发展，却没有给河北带来相应的影响；严复在天津办《国闻报》，传播启蒙思想，却并没有带动河北思想学术的转变；李大钊转变为马克思主义者和共产党的领袖，是以北京乃至整个中国的先进文化为依托，却不能代表整个河北的思想境界。与此不同的是，在江浙、两湖、岭南等地，从急进到保守，从改革到革命，思想文化的探究与争论，搅动了当地社会的大小群体各个阶层。一方面是卓绝的个人思想和成就，另一方面是麻木蒙昧的社会和大众，这就是近代河北文化的现状。河北文化就这样被极端两极化。近代历史是中国文化由传统走向现代的一个转折时期。在经历了枪与炮的冲击、血与火的洗礼后，河北文化表现出既有丰富的蕴含，又带有许多不成熟的品格，同时呈现觉醒与蒙昧，推动力与破坏性两种截然对立的形态。在这上百年的历史激荡中，我们可以看到燕赵社会蕴藏着的激扬的生命意识和冲动。这种意识和冲动，时而涌现为集体的反抗行为，时而表现为个体的智慧与探究。它带有从远古传承下来的坚毅、厚重、奋不顾身、舍生忘死的战斗力，也熔铸了千千万万先进的中国人在近代历史汇集的思想启蒙和历史进步观念。但是，近代史上的河北，没有推动人的主体意识走向成熟，没有完成历史自觉意识与社会理性观念的建构。尽管它在社会物质领域向近代化迈出了一大步，尽管它内在蕴藏的生命力令世界震惊，但它并没有实现自身由传统向现代文明的根本转化。这一课题，只有留给后人去完成。

[1] 崔述撰，顾颉刚编订：《崔东壁遗书》，上海古籍出版社1983年版，第941页。
[2] 赵尔巽：《清史稿》，中华书局1977年版，第13271页。

# 第二章　燕赵近代化的思想与实践

## 第一节　燕赵近代化的社会背景

近代化的核心与实质是工业化。从十七世纪开始，工业化的浪潮自英国爆发，历经约一个世纪的时间，工业化在西欧诸国迅速普及，之后便向全球范围内扩展。最早的工业化国家是英国、法国、荷兰等西欧国家。此后是位居中欧的德国、奥地利等。德国之后，工业化的浪潮继续向东方的东欧和俄罗斯传播。在十九世纪六十年代，工业化的浪潮传到了亚洲，印度、日本、中国、土耳其等国都先后感受到了工业化的影响。由经济领域的工业化开导，次及文化和政治领域，整个亚洲的各个国家由此开始迈出了中世纪的帷幕，走进了现代化国家的序列。对于西欧的英、法等国来说，所谓的现代化实际上是一个简单的自然过程。所有的一切革命性的变化，其实就源于它们的社会细胞之中。这些国家从中世纪走向现代化，就像一个人从童年走向青春期一样。那些所谓的现代化的生产方式、思想观念、政治结构等，其实都可以在它们的历史初期找到萌芽性的因子。那些现代化的结构性的变革，在西欧那几个国家其实就是一个简单的、自然的瓜熟蒂落的过程。但是，对于西欧之外的国家来说，现代化就完全是一个被迫接受的外来之物了。如果说英、法等国是现代化的原生之国，那么其他国家则都是现代化的被动的接受之国，也叫后起的现代化国家。甚至德国这样发达又位于欧洲的国家，其实也是后起的现代化国家。所有后起的现代化国家在其刚走上现代化之路的时候，都面临一个共同的困难或者说是课题，即如何处理本国的历史传统与外来的现代化潮流的关系。这是一个极伤脑筋又必须解决的问题。现代化潮流的涌入，在所有这些后起的国家都激起了接受与抵制两种完全对抗性的观念和派别，从政治上到文化上到经济上都被划分为进步与保守两大领域。前者主张接受现代化这一外来之物，后者则全力抵制反对这一潮流。两种观念、派别、阵营的对抗、激辩和你死我活的斗争，成为十九世纪到二十世纪中期大半个世界的历史主题，由此产生了蔚为壮观的政治革命、文化思潮、哲学观念。当我们中国人为是保留自己的传统还是接受外来的观念和体制而大伤脑筋的时候，全世界各地，从欧洲到亚洲到非洲，各国也都正在经历或者已经经历了这样的困扰。比如德国，尽管它是一个欧洲国家，但它一开始对来自英法的现代化思潮也是有支持的，也有极力反对的。支持的人物如康德、黑格尔等，反对的人物如赫德尔、费希特等。现代化的思潮传到了俄国，尽管彼得大帝是一个激烈的西化分子，但西化运动的深入，在俄国仍然引发了长达一个多世纪的斯拉夫派与西化派的争论。在日本，这一争论更多地反应在政治斗争上，这就是尊王攘夷派与保幕派的冲突。在中国，这一冲突从晚清的曾国藩、李鸿章开始，一直持续到五四新文化运动时期。历史的事实表明，对这一问题争论得越少，现代化的步子迈得越快，经历的挫折越少。在这一方面，日本是一个正面的成功的例子，而中国的清政府则是一个反面的失败的典型。虽然如此，我们却不能否认，晚清政府在其垮台之前的半个多世纪的时间，尽管步履蹒跚摇摇摆摆，但也确实为中国的现代化作出了一系列努力，并取得了重要的成果。

## 一、中国早期的工业化之路

许多历史学家把中国工业化的萌芽追溯到中国的明代中期。他们从明代江南的一些民间纺织作坊中，看到了一些所谓的资本主义初始阶段的生产关系的点点滴滴。在他们看来，如果没有后来的王朝更迭和欧美列强的入侵等等类似的破坏中国原有生产关系和生产力的行为，中国也会像西欧一样走上现代化的工业化之路。这样的假设是不是可以成立？现在的学者对这个问题大多数已经不感兴趣了。因为不管中国的明代是否存在早期工业化萌芽的现象，今天中国的工业化却是一个地地道道的外来之物，它与中国明代的以及其后的所谓的资本主义工业化的萌芽没有任何关系。同世界上大多数国家的现代化之路一样，中国的工业化也是一个完全彻底的外来现象，是欧美资本主义列强各国用炮舰强迫中国在各个方面就范，然后走向这条世界共同的现代化之路的。

历史地看，当时有三种力量推动了中国的工业化进程，一是西方强权国家政府和现代资本力量，二是清政府内部的一部分开明的官僚，三是中国的民族资本家阶层。这三种力量结合在一起，促使中国早期的现代化一步步走上世界历史舞台。

从第一次鸦片战争到中日甲午战争的五十余年间，外国商人对中国近代工业的投资总额达二千八百万元，创办工厂一百多家，投资种类有船舶修造业、制糖业、制茶业、缫丝业，以及面粉、制药、制冰、家具、酿酒、砖瓦、木材、玻璃、造纸、火柴等。

清政府对近代工业的投资，是在外国列强强大的现代化的军舰枪炮的威力刺激下开始的。因此，清政府的投资主要集中在军事工业上，十九世纪七十年代后，才开始投资民用工业。1861年，担任两江总督、正与太平天国拼命作战的曾国藩，在安庆创办了安庆内军械所，聘请李善兰、华蘅芳、徐寿等中国科学家，模仿制造轮船枪炮。这是中国人兴办的最早的近代工业。一开始，这些工厂主要依靠手工生产，不使用机械动力。军械所后来真的造出了几艘现代化的小火轮，虽然速度和灵活性不太令人满意，但其成果还是非常鼓舞人心的。继曾国藩之后，1866年，时任闽浙总督的左宗棠与江西巡抚沈葆桢在福建马尾创办了马尾船政局，聘用法国人士日意格任监督，从初建到1897年，共制造了大小轮船三十多艘。但是，这个造船厂所造的船只却派不上大的用场，只能供地方当局“巡防”和“缉私”使用。就在建造马尾船政局的同时，北洋三口通商大臣崇厚在天津创办了天津机械局，制造枪支弹药。1870年，这个工厂被另一个洋务派首领李鸿章接管，此后该厂规模不断扩大，很快成为供应清政府北方军队的军火的主要基地。

在清政府所兴建的军事工业中，最重要的当数江南制造总局。它是在1864年由曾国藩创办的，名为江南制造所。后来，李鸿章接管该企业，更名为江南制造总局，下设机器厂、木工厂、轮船厂、铸铜厂、枪厂等，还设有翻译馆、学校等，形成了一个庞大的企业集团。到甲午战争前夕，已拥有十几家工厂和一个中型的船坞，雇用工人两千多人。它不仅为清政府生产毛瑟枪、快利新枪等，制造官轮、广艇、炮船和驳船，也制造各种子弹、炮弹、火药等，同时还兼营船坞、码头、厂房、道路、水闸、桥梁等。该厂的技术设备先进，管理也比较完善，规模不断扩大，随着企业的逐步发展，源源不断地培养出大量中国近代的工程、技术、管理人员和工人。江南制造总局成为名副其实的中国近代工业的摇篮。

除上述企业之外，1895年，湖广总督张之洞在汉阳创办的湖北枪炮厂也非常有名。该企业制造新型的枪炮、火药、子弹，它是当时世界上技术最先进的军工企业，规模大、设备全。

从十九世纪七十年代开始，清政府中的一部分官僚开始认识到民用工业的重要性，或者自己独办，或者与商人合办，兴建了很多近代民用工业。这些近代民用工业主要分布在采煤业、炼铁业、纺织业和交通运输业等，带有工业化早期发展模式的共同特点，即以开发能源为龙头，依托传统手工业发展现代纺织工业，充分利用原有交通运输资源大力开发现代交通运输业。

在推动中国早期工业化的三股力量中，民族资本家是发挥作用最小的一个。这一点，与欧洲国家的工业化的过程正好相反。在欧洲，工业化纯粹是一个经济形态的转化，是由商人、资本家、发明家等结合在一起所造就的历史，其他人如政治家、学者等，有人参与支持了这一进程，有的人还一直反对工业化进程。在中国则不是这样。像工业化这样的经济事件，在中国实际上是一个政治事件或者说是一个文化事件。真正的经济人在这一历史进程中发挥的作用并不大。从鸦片战争到中日甲午战争的五十余年间，纯粹商办的企业只有五十多家，资本总额不到五十万元，而且企业规模小，设备简陋，技术相对落后，生产效率和经营效益都很低。与政府创办的和外商开办的企业相比，无论数量还是质量，都是微不足道的。在这五十余年间，民族资本家一开始投资的企业类型，主要集中在机器缫丝、轧花、棉纺织上。在十九世纪七十年代之后，开始投资于面粉、造纸、火柴、印刷和其他轻工业；也有的参与了机器制造、采矿等重工业，但是由于技术和资金都跟不上市场的需求，经营大都以失败告终。

1894年爆发的中日甲午战争，不仅是近代中国政治史和文化史的一大转折点，也是中国近代工业发展史的一个转折点。在此之前，政府是中国工业化的一个主导力量；在此之后，政府开始退居到了幕后，不再居于投资和兴办企业的前沿位置，而外商和中国本土商人的投资开始占主导地位。据不完全统计，在甲午战争之前，政府投资的企业，工厂数目占总数的29%，工人占总数的56%，而资金占总数的96%[1]；在此之后，从1895年到1913年间，政府主办或参与主办的企业，在企业个数上只占总数的17%，而资金只占总数的23.7%[2]。在此之前，中国的工业化还是一个强制的、被动的、被外力推动的过程；在此之后，中国的工业化开始成为一个主动的、积极的、有着自身内在动力的过程。总的说来，从1894年到1919年的二十多年间，中国的工业化进程加快了许多。首先，原来由政府创办的一系列大型企业，这些年有了很大的扩展。比如江南制造局，1906年被一分为二，其中的江南造船所到1918年已经成为一个世界著名的造船厂，大量承接世界各国和各公司的订货。其他几个大型的国有企业如天津机器制造局、湖北枪炮厂（后改名为汉阳兵工厂）等都有不同程度的发展。除了这些旧的大型企业外，政府还开办了一些新企业。

[1] 陈真、姚洛：《中国近代工业史资料》第一辑，生活·读书·新知三联书店1957年版，第54页。
[2] 汪敬虞：《中国近代工业史资料》第二辑（下），科学出版社1957年版，第896页。

但是与外商和中国本土商人所兴办的企业相比，政府的力量已经退居其次了。中日甲午战争之后，外商在中国获得了更优厚的兴办企业的条件，各国商人和资本家蜂拥而上，来中国寻找投资获利的机会。中国商人也不甘落后，利用政府提供的优惠政策，纷纷兴办新式的工业企业，行业越来越广，品种越来越多，资本越来越雄厚。以火柴厂为例，甲午战争之前，中国本土的厂家有九家。甲午战争之后，到1913年，新设厂家六十四家，资本总计三百六十万元。此中可见中国本土商人投资新式企业的势头。如果说在甲午战争之前，发展新式企业还面临传统文化观念的歧视和闭关锁国意识形态压力的话，那么，现在这一切都不复存在了。发展新式企业、走工业化之路，是中国富民强国的唯一可选之策，这一点已成为当时中国人的普遍信念。在这一新的信念的鼓舞之下，再加上政府的多方支持，中国开始涌现一批新兴的工业家、商人，由此，中国近代化和工业化真正开始起步了。

## 二、燕赵之地：自上而下展开的近代工业化

就地理和政治位置来讲，自明清以来，作为京畿之地，燕赵一直是居于全国的政治、经济和文化的中心。而就中国近代历史的主题和进程来讲，燕赵则是一位旁观者和边缘者。这除了由于中国近代化是从沿海的广东等地开始的这一基本事实之外，还有燕赵自身的一些特殊经济、政治和文化原因。

在经济上，经过清初兵匪的大肆掠夺，王公贵族跑马圈地，大量民田被掠为官庄旗地。这使直隶农民大都沦为贫困脆弱的小农。进入近代之后，直隶一带战乱迭起，天灾不断，义和团被镇压之后，又横遭八国联军的蹂躏，还要筹集对教民的赔款，系天灾人祸不断和割地赔款的受灾重区。天灾人祸把一个原本就很贫困的直隶搞得“官民交困”“物力弥艰”，经济元气大受损伤。由于小农经济的凋敝，带有近代性质的新兴经济在直隶无法出现。尽管近代中国经历了结构性的变动，但直隶并没有孕育出新的经济成分。

在政治上，直隶地处清王朝的统治中心，被清统治者视为“首善”地区。高度专制的统治政策，在直隶尤为严厉。历代直隶督抚，多为满族亲贵，他们把统治者的意志完全强加于直隶地方，禁锢了所有的地方活力。及至近代中央政权衰落之后，各地纷纷出现带有地方特色的维新、自治等政治活动，直隶的政治气氛也没有发生多大的变化，仍然忠实地执行清政府最保守的统治政策。

在文化上，直隶的一些文人士子直到二十世纪仍然沉醉于天朝帝国的美梦，

奔走于括帖八股的事业，不但没有积极参与近代中国的文化思想变革，甚至没有意识到他们所处的时代和整个社会环境即将发生的变化。

由于以上种种因素，在近代中国大变革的浪潮中，直隶无法培育出代表地方利益的社会变革力量，不能像广东、湖南等省那样，依靠官僚、士绅和知识阶层，冲破中央政权的种种限制，独立迈开近代化的步子。从十九世纪中叶到二十世纪初这段时间，在某种程度上，直隶的变革不仅落后于广东、湖南这样先进的省份，也落后于全国的形势。

但是，近代直隶并非不具备社会变革的条件。比如，十九世纪末二十世纪初，直隶社会环境相对安静，有一个具备一定的理性能力、能够忠实地理解并执行上级意图的官僚队伍，同时也有了一定的经济条件。近代中国所经历的一系列社会变迁：清政府的无能、传统封建制度的腐败以及外国先进文化的传播，对于作为全国政治中心的直隶地方无不构成一定的冲击，唤起一种潜在的对社会和思想变革的要求。所以，尽管近代以来直隶相对落后，甚至无法从自身中造就出社会变革的力量，但是，当李鸿章、袁世凯等掌握相当实权的地方官僚任职直隶，自上而下地推行工业化和新政改革时，他们的举措不但吸引了全国许多有维新变革倾向的人才，同时也激发了燕赵地区内在的变革意向和潜力，使直隶在晚清最后的历史、在近代工业化的道路上迈出了巨大的步伐，成为全国瞩目和仿效的对象。

## 第二节　李鸿章的努力及其工业化实践

李鸿章，安徽合肥人，1823年出生，1847年中进士，1851年被擢为翰林院编修。此际，正是晚清帝国面临历史巨变的前夜。在中国的东南沿海一带，许多人早已意识到这一点，并开始在思想上做好了应付这种历史转折的准备。但是，坐在京城中的李鸿章对此浑然不觉。和大多数朝廷中的官员一样，他准备通过结交关系、磨炼品性、精炼个人的文章和见解，一步步地在仕途中得到提升。李鸿章是一个充满才气而且信心十足的人，也是一个对功名利禄非常渴求的人。他相信大清帝国为千万读书人铺好的道路，对他个人同样是有效的；他也相信，沿着这条读书明理、修身养性的道路，自己会获得那些最幸运的前辈们在个人功名方面所取得的成就。但是，历史就在他的身边发生了戏剧性的转折。1851年，一支号称“太平天国”的农民起义军，从广西杀出，一路过关斩将，穿越湖南、湖北、江西、江苏，最后定都在南京。仅两年的时间，江南小半个中国落入其手，大清帝国在其猛烈的进攻之下，摇摇欲坠。李鸿章就在这个时候，和许多读书人一起，被迫响应朝廷的呼吁，投笔从戎，回到他的家乡，组织地方部队与太平天国的军队对抗。经过数年的周折，1862年，他被提拔为江苏巡抚，1865年代理两江总督，1870年8月调补直隶总督，由此开始了他长达数十年在畿辅之地的封疆大吏生涯；因此，李鸿章的大部分成就，都与燕赵大地密不可分。燕赵大地成就了李鸿章的伟业，把李鸿章的大名推向了世界；李鸿章以总督之任，在燕赵之地辛勤劳作，给燕赵历史的各个方面都带来了巨大的改观。

## 一、李鸿章的改革理念和设计

正是在十几年的军旅生涯中，李鸿章做官的观念发生了巨大的变化，他开始从实际的角度，关注大清帝国的命运。他意识到自己正处于一个与前人完全不同的历史时刻，用他自己的话叫作“数千年来未有之大变局”[1]。处在这样一个重要的历史时刻，个人“自应建数千年未有之大功业”。从这一观念出发，他把传统上朝廷官员终生所热衷所磨炼的什么汉宋之争、心性之理、诗词文章等等一概抛在了脑后，代之以一种面向现实、面向世界、面向未来的理性主义的观念。从这种观念出发，他开始向朝廷提出系统的使中国走上工业化的具体设想。

应该指出的是，鸦片战争之后晚清政府的几代大臣和学者中，在李鸿章之前已经有人从现实的角度关注过大清帝国的命运了。在这样的人当中，第一个应当提出来的人是魏源，他是清朝道光年间的进士，一生在官场行走，却没有做到督抚这样的高位。在辅佐林则徐抗击英国人对中国东南沿海骚扰的时候，他编写了一本书，叫《海国图志》。在这本书里，魏源提出，面对列强各国对中国的侵略，清政府应该向西方各国学习制造先进的炮舰、火枪的技术，中国人自己应该创办现代化的工厂，发展现代化的工业，以使国家强，以使百姓富。在他的思想中，有一句很著名的话，一直在后世流传，这句话就是“师夷长技以制夷”。这句话可以作为对他的全部思想的最为精炼的概括。另一位和他具有同样历史地位的人是冯桂芬，他也是道光年间的进士，做过翰林院编修，舆论界曾把他与林则徐等人放在一起，称其为“四大名官”。但他一生并没有多少时间做官，大部分时间是在教书、做幕僚，特别是在李鸿章手下做幕僚。冯桂芬留给世人的最有名

[1] 李鸿章：《筹议海防折》，转引自《中国近代史资料丛刊·洋务运动》（一），上海人民出版社1961年版，第42页。

的著作叫《校邠庐抗议》，其中的思想和魏源差不多，也是主张“采西学”“制洋器”，使中国走上学习西方的工业化之路。这两个人在中国思想史上都被称作是经世派思想家，从另一个角度讲，他们是中国走工业化之路的先驱者，都对李鸿章产生了深远的影响。

另外，在晚清政府的官僚群体中，李鸿章也不是完全孤立的。在镇压太平天国起义过程中，兴起了一大批汉族地方官僚，他们都有较强的行政能力，头脑也都比较清醒，和李鸿章有较多的共同语言。这些人当中，为首的是曾国藩。曾国藩是李鸿章的老师，在李鸿章的成长过程中，曾多次帮助李。曾国藩和李鸿章一样，很早就萌发了推动中国走上工业化道路的思想。在镇压太平天国起义的过程中，曾国藩结识了容闳。在容闳的开导下，曾国藩开始尝试兴办近代化的兵器工业，还费尽周折，选派了中国第一批赴美国学习的留学生。曾国藩虽然思想很深刻，眼光也很远大，但他去世较早，所以未能为中国的工业化作出更多的规划和建树。而在李鸿章的同僚之中，许多人赞成李鸿章的观点，但他们没有李鸿章那样出色的行政能力，充其量只能充当李鸿章的助手。朝野之间还有许多学者，他们的思想见解很深刻，但不在其位不谋其政，因此很难在实际活动中发挥主持筹划的作用。经过种种遴选，历史的使命就这样落在李鸿章的身上。

李鸿章的工业化思想系统地形成是在十九世纪七十年代。此时，他身为直隶总督兼北洋通商大臣，是地方督抚的首领，也是朝廷行政和决策的主要依靠者之一。在此之前，他曾经创办过金陵制造局、江南制造局等军事工业。任职直隶后，他的近代化观念已发展成熟，开始通过多种渠道向朝廷建议，试图把他的思想融会到朝廷的决策之中。

李鸿章的近代化思想，概括起来说就是八个字：“内须变法”“外须和戎”。其中，对内的主张主要有改革科举制度，改革用人制度，改革军事体制，筹建现代化的工业、交通等。他的建议在朝廷中引起了两种反应：一种人听了他的话后顿时瞠目结舌，不知所措；另一种人则义愤填膺，对李鸿章的建议痛加驳斥。当时已实际掌握朝廷权柄的慈禧太后，对于国家未来的发展问题知识甚少，对现代化、工业化这样的问题并不关心。另外一些在朝廷中具有决策影响力的人，比如恭亲王奕䜣、军机大臣兼总理衙门大臣文祥等，尽管赞成李鸿章的意见，但势单力薄，慑于朝廷内外众多的反对力量，对于李鸿章的建议或“目笑存之”，或缄默不语，竟然不敢公开支持李鸿章的建议。最初，李鸿章并不气馁，仍然通过各种方式把自己的观点上达朝廷。后经朝廷大臣的一再“痛诋”，他放慢了步伐，期待年幼的同治皇帝亲政之后，朝廷中的这种混沌不清的局面能有所改变，国家的政治气象或许能有所振作。但是，李鸿章的期望不久就完全落空了。同治皇帝继位十来年，一直生活在他的母亲慈禧太后的阴影之下，亲政不久就早逝了。新即位的光绪皇帝是慈禧太后妹妹的儿子，登基之时才四岁，国家的权力继续掌握在慈禧太后的手里，大清帝国的政治局面仍然混沌不清，徘徊不进。

失望之余，李鸿章开始通过另外一种方式来实现自己的思想。他一方面在朝廷的权贵中做工作，设法取得他们的理解和支持。这一方面他居然取得了成功。虽然慈禧太后对他的观念并不理解，但在她之下，先是恭亲王奕䜣从个人的角度支持他的行为；恭亲王下台之后，继承其权力的醇亲王奕譞也从个人的角度支持他。这使他的行为以一种变通的方式，能够在朝廷通过，实际上是获得了朝廷的支持。另外一方面，他在一些重要的地方督抚之中做工作，设法取得他们的理解和支持。这一方面他也获得了部分成功，像两江总督沈葆桢、福建巡抚丁日昌、台湾巡抚刘铭传等人都是他的同志和支持者。在获得了上述支持之后，李鸿章不再提改革朝廷制度的事，而是开始在自己的权力范围之内，尽可能的多干实事。诸如办学校、办工厂、编报纸、搞翻译，还举办多种考试，鼓励、奖励新兴的人才。

那么，李鸿章的工业化方案的具体内容是什么呢？这个问题很难简单地回答。因为一方面，对于这个问题，李鸿章个人从来都没有全面阐述过；另一方面，由于受到种种阻力，李鸿章的思想也从来没有在现实中完全实现。李鸿章本人认为，他的追求是为了实现国家的自强，而且，他还一直认为，他所提出的每一个目标都是自强的核心内容甚至是全部内容。最初，在与太平天国作战的时候，他认为，西方的强大仅仅是因为西人有轮船和开花弹而已，中国人只要有了制作轮船和开花弹这两个本事，打败西方就不在话下。也就是说，那时，他是把轮船和开花弹作为自强的全部内容的。为了实现这一目标，他开始积极筹办兵器工业。之后李鸿章又认识到，中国的一系列灾难的根源不仅在弱，更重要的是在贫，贫不仅是指国家贫，更重要的是指百姓贫，于是李鸿章又开始兴办纺织、航运等民用实业。这个时候，李鸿章是把兴办实业视为自强的主要内容。1898年，中国兴起了以政治和文化变革为主要目标的维新变法运动，李鸿章在当时作为一个半退休的官僚，也积极要求参加。虽然他的要求当时没有被康有为等维新党人接纳，但从中却可以看到，他对维新变法运动是理解并支持的。甚至在戊戌变法遭到镇压之后，他还公开承认，他的思想和多年的追求，与康、梁等人要实现的变法目标是完全一致的。也就是说，到这个时候，自强对于李鸿章来说，已经不仅仅是一个军事目标、一个经济目标，而是一个政治和文化目标了。

尽管存在这种随时间的推移而在内容和目标上不断调整的变化，李鸿章在历史上还是有一个确定的思想形象的，人们一般都认为，李鸿章就是一个领导了洋务运动的政治活动家。从十九世纪五十年代到八十年代，这三十年是他事业的高峰时期。举凡中国重大的军事、政治、经济、教育等事件的决策和处理过程，大都有他的参与和主持，虽然在这一历史时期，他的实际职务仍然只是一个地方官员。正像后人为他所惋惜的那样，中国近代历史为他提供的活动空间太小，有很多东西他想到了，但是没有对朝廷表达出来；还有很多东西，他说出来了，但是没有做成。由此客观评价说，李鸿章在历史上的最大功绩，并不在于其修建了多少铁路，盖了多少工厂，建了多少学校，而在于他联络了一班志同道合的人，为中国历史开辟了一个新的方向，后来者就是在批评他或肯定他的功业基础上往前迈进的。

## 二、李鸿章在直隶的近代化成就

### （一）李鸿章对直隶的治理

在著名的太平天国运动失败之后，1870年，发生了两件非常偶然但对此后晚清半个多世纪的历史产生非常重要影响的事件。第一件事是“马新贻事件”。马新贻是山东菏泽人，回族，道光年间进士，参加了镇压太平天国起义。1868年被清政府任命为两江总督兼南洋通商大臣。1870年8月参加了一次军事演习之后，在回署路上，被一个叫张汶祥的马军军官刺死。这件事一下子轰动了朝野。经查明，这纯属一个私人复仇事件，并没有什么大的背景，也没有隐藏什么政治阴谋。但是，马新贻的死，使晚清政治舞台形成了一个新的政治构架。原来，在镇压太平天国起义中崛起的新的官僚群体中，马新贻是唯一既不属于湘军阵营也不属于淮军阵营的重要的地方督抚。清政府多次破格重用马新贻，目的是想用他来牵制以曾国藩为首的湘军和以李鸿章为首的淮军官僚群体。马新贻一死，在清政府的地方政治舞台上，就再也没有与湘军、淮军阵营相抗衡的人了，这就给以曾国藩为首的洋务官僚在晚清政治舞台上的活动留下了很大的权力空间。同时，由于马新贻死前占据着两江总督的位置，其他地盘也有其他人占据，李鸿章一直没有合适的位置可安排。马新贻一死，空出了两江总督的位置，清政府在没有更适当的人选的情况下，就把这个职位给了曾国藩，而直隶总督的位置就空了出来，这给李鸿章提供了机遇，有了施展个人抱负的地盘。第二件事是1870年6月发生的“天津教案”，当时曾国藩正担任直隶总督，他对这件事的处理，引起朝野内外一片谴责。曾国藩自己也深感惶恐，自称是“外愧清议，内疚神明”。正在这时，南京发生了“刺马”案，朝廷乘机把曾国藩调到两江总督的任上，而把直隶总督的位置留给了李鸿章。这两件偶然发生的事件紧连在一起，很快就注定了清政府此后许多年的政治格局，对洋务运动和晚清政治走向产生了重要影响。在这两件事中受益的首先是湘军集团和洋务官僚群体，其次则是李鸿章本人。通过这两件事，李鸿章由一个普通的地方官员，跃升为督抚之首，他所兼任的职务同时还包括钦差大臣、北洋通商大臣和文华殿大学士等。从此，整个清王朝的重要的地方督抚几乎都为湘淮官僚集团占据。这些人有着大体相同的出身、背景和观念，他们同声相求，一呼百应，在晚清政坛构成一股强大的势力。这为李鸿章这样一位一心要做大官、办大事的雄心勃勃的官员施展自己的抱负提供了重要的条件。由此，李鸿章的权力不仅开始直接支配直隶，并且能够影响全国。由于李鸿章权力的转移，在江南起步的中国工业化的这场大戏，终于移向了北方，燕赵大地由此开始了它的第一个阶段的工业化进程。

清代，直隶督抚的官衙大部分时间设在今天的保定。但是，李鸿章移署直隶后，受朝廷的命令，把他的官邸安置在天津。这样做，主要是为了突出其作为钦差大臣保卫京师的职责。的确，李鸿章在直隶的那些年，其主要职责和精力都用于朝廷交办的全国性的事务上去了。一年中只有冬季的几个月，李鸿章才待在保定总督府处理公务，其他时间则待在天津。有关直隶地方的日常事务，主要由藩司负责处理，一些特别重要的事情才禀报他在天津的衙署。这样说并不是贬低李鸿章在直隶的权力和影响。事实上，自十九世纪七十年代之后，燕赵所有的与现代化和工业化等有关的事业，都是由李鸿章一人主持。但同时也必须看到，所有这些直隶的地方事务，都是作为全国性的事务的一部分而被规划和筹建的。

这个时候的燕赵，刚刚经历了几个重大的历史事件。先是太平天国的北伐军在直隶一带与清军激战一通。其后，捻军在直隶与僧格林沁的精锐骑兵经历了数场激战，不但消灭了僧氏精锐的蒙古军队，把僧格林沁本人也给干掉了。这场战役结束不久，捻军在直隶一带又开始与曾国藩的湘军决战，直到曾国藩离开直隶。最后，李鸿章带领他的淮军来到直隶，付出了很大的精力才把捻军问题彻底解决。

除了连年的战乱给燕赵人民带来了深重的灾难之外，近代历史上的燕赵还是一个灾荒重地。旱灾、涝灾、蝗灾、河灾频繁降临，使燕赵人民饱受饥饿与逃亡之苦。当李鸿章来到直隶之时，他首先要着手处理的是这些现实问题。1871年，李鸿章上任之初，直隶北部就发生一场大的水灾。其后于1876年、1877年、1878年又连续三年发生旱灾，人民四散逃亡，甚至京师重地都挤满了来自直隶的灾民。筹款赈济、疏散灾民、恢复受灾地区的农业生产，都是他的当务之急。史料记载，李鸿章对处理这一方面的紧急事务是颇为老道的。他不仅发动京师中央政府的力量来支援直隶，甚至把江南的一些大商人的力量也动员起来搞捐助。救灾之外，李鸿章在直隶的另一个重要的任务是治河。自古以来，治河与兴修水利，一直是畿辅之地的一项非常重要的课题。远的不说，就在清代，直隶境内的大小河流就有六十多条，有许多河流例如永定河、子牙河等，就像黄河一样，是高居地面之上的天河。一到夏季，雨水稍微多一些，河水就冲破堤岸，漫向田野农庄，河流的两岸就陷入一片汪洋之中。来到直隶任职之后，有好多年，李鸿章一直把治河当作他职责内的主要任务。为此，他甚至把在对捻军作战之后所剩的淮军都投入到治河工程之中。他的这些努力，并没有完全根治河北的水患，但毕竟使灾情得到大大缓解，在以后的许多年里，这样的灾害确实少了许多。

**（二）李鸿章对直隶工业化的安排和推进**

晚清燕赵的工业化，在李鸿章任职直隶之前，在局部地区已经有所展开。1867年，当曾国藩、李鸿章等人在上海、南京等地兴建了几个兵工厂之后，恭亲王奕䜣指使他的满族亲信、三口通商大臣崇厚在天津也兴办了一个兵工厂，是为天津机器制造局（简称“天津机器局”）。这个兵工厂于1867年开始筹办，崇厚从英国购买了机器，并委任当时的顺天府尹德椿为第一任总办。这个工厂后来造出了大炮和火药。崇厚这个人在当时那一帮满族权贵当中，还是一个头脑比较清楚的，但是经营现代化的企业，却并非其长项。在他的手里，这个兵工厂虽然建起来了，但一直没有大的发展。不仅如此，工厂后来还失了一场大火，烧毁了工厂、弹药库和周围的居民区，在天津一带造成了很恶劣的影响。

李鸿章来到直隶之后，立刻接管了天津机器局，随后从上海调来沈保靖做天津机器局的总办。在李鸿章的经营下，工厂不断扩建厂房购置机器，先后建成了一厂、二厂、三厂、四厂，企业的规模逐渐扩大，生产能力不断提高，产品的种类也花样翻新，从火药、铜帽、炮弹直到炮车、火枪、水雷等，甚至还能修造一些轮船。李鸿章经营天津机器局是很上心的。一开始，由于中国人不懂管理不懂技术，工厂里的主要职位大都为洋人所占据，但中国人不断学习，慢慢掌握这一套现代化的生产和管理技术，所以没过几年，工厂里的洋人逐渐都被李鸿章辞退，而交由中国人自主经营和管理。这标志着中国现代化工厂的生产和营销日益成熟。

建造兵工厂仅仅是中国工业化的一个序幕，在这之后的下一步就是兴办民用工业。从军用到民用，是李鸿章工业化观念的一大进步。李鸿章在直隶试办的第一个民用企业是磁州煤铁矿。磁州在今河北邯郸的磁山脚下。这个地方产煤产铁已有相当长的历史了。当地的老百姓用土法开采煤铁已经多年，以此维持生计。1874年，李鸿章托人在磁州开采了几块矿石，拿到京师同文馆请人做化验，结果是该矿的煤铁含量不错，值得开采。李鸿章非常高兴。奏明朝廷之后，李鸿章分别从江南制造局和天津机器局各拨出十万两白银。1875年，这个煤铁矿正式开始兴建。

但是这个煤铁矿在兴办之初就遇到许多问题。先是当地的老百姓对在这里建矿很不满意，想方设法极力阻挠。后来，管理阶层内部又出现意见分歧，以致许多事项都不能得到及时的安排。更令人头疼的是，经过初步的开采，工程师发现这里的矿石品位不高，煤铁含量较低，开采的难度较大，再加上资金紧张、运输困难等问题，促使李鸿章决定，放弃这个煤铁矿。1882年，在经营开平煤矿获得成功之后，李鸿章决定再把磁州煤铁矿办起来。正在此时，上海发生了中国近代历史上的第一次金融风暴，李鸿章拿着股票市场的磁州煤铁矿的股票，却筹集不到足够的资金，续办磁州煤铁矿的计划随之又一次告吹。李鸿章在燕赵兴办近代企业的第一次努力，就这样失败了。

从1876年开始，李鸿章把兴办现代化企业的目标放在开平煤矿上。开平地处今河北省唐山市附近，煤矿资源非常丰富。当地人用土法采煤已有好几百年的历史。1876年，李鸿章把在上海经营轮船招商局颇为成功的总办唐廷枢调到了直隶，委任他调查开平的煤矿资源。唐廷枢带着一个英国人在开平考察了几天，马上就写出了一份调查报告，提出了三点意见：一是开平这一带的煤矿资源非常丰富；二是应该用现代化的手段开采；三是把运输条件搞好。

这个调查报告虽然是为开平煤矿写的，却充满了现代化的世界眼光，处处把中国的开平与当时世界上最发达的现代工业化国家英国相对比。报告认为，中国开平的煤矿资源和品质，相当于英国的一个中等煤矿（这一点实际大大低估了开平的煤炭资源）。英国人用现代化的手段开采煤铁，全国每人年均获利十两白银。仅此一项就使英国成为世界上最富有的国家。而中国的面积和人口是英国的十倍，不但没有这一项收入，每年还需要支付六七百万两白银用以从国外购买煤铁，这对中国来说是一个很大的损失。开平当地的老百姓在此挖煤已有好几百年的历史了，但他们一直用传统落后的生产方式人工开采，所以，产量低、利润更低。唐廷枢进一步作了对比，开平的老百姓用土法开采煤矿，每人每天最多开采四五百市斤煤，在市场上的卖价最多是一吨卖二两七钱白银。这个价格个人获利非常微薄。可是在英国，一口煤井一天能出600吨煤，在市场上一吨仅卖一两白银。可见英国人的获利非常丰厚。其中的差别就在于生产效率的巨大不同。如果在开平建一个煤矿，用现代化的办法去开采，并且在运输上也使用那些现代化的手段，比如铁路、航运等，那么，开平出产的煤在市场上就可以和洋人的煤展开竞争。唐廷枢算计了一番后认为，开平的煤，经过开采和运输的改进之后，运到上海一吨仅合四两白银。这个成本是低于日本和英国在上海市场上所销售的煤价的。照这个成本，开平的煤在上海市场上一吨可获利五钱。如果开平每年产煤15万吨，那么，每年就可获利七万五千两。当然，这个计算结果是比较保守的。

经过唐廷枢这么一番细致生动的分析，李鸿章非常高兴，马上上报朝廷，不久，朝廷即批准了他的规划。1877年9月，李鸿章委派唐廷枢为开平煤矿总办，并指派天津一带的几个地方官做会办，协助唐廷枢开展工作。1878年7月25日，开平矿务局正式挂牌成立。

照今天的观点看，开平矿务局应该是直隶有史以来第一家规范化的现代股份制企业。它的资金除一部分是由官方所出之外，其余大部分是通过发行股票从市场募集而来。公司的管理阶层由董事会和经理人员组成。董事会由大股东组成，决定公司的大政方针。官府每年从公司的利润中提成若干，但并不直接干预公司的生产经营。公司每年的收益，一部分被官府提走，一部分留作发展基金，一部分作为办事人员的“花红”，再有一部分作为股息分给股民。

开平矿务局投产之后，1881年年产煤量为1600吨，1882年增至3800吨，1884年增至12.6万吨，1885年为18.7万吨，1887年为22.4万吨，1889年又增至24.7万吨。一开始，开平的股票在股市上非常低迷，不被人们看好。随着开平矿务局的产量和效益的提高，开平股票的知名度也飞速增长。原来面值一百元的股票，最高的时候涨到二百五十元。在中国现代化的初期，开平矿务局生产和经营的成功，大大鼓舞了人们对经营现代化企业的欲望和信心，推动了中国民族资产阶级的发展。

开平煤矿投产后的头十年，一直未向股民发放股息。直到1885年才公开宣布第一次向股民发放股息。是年七月，董事会在天津召开股东大会，公布公司的经营状况，让股东代表查阅公司的生产和经营账目。最后董事会宣布，本年度的股息为6%，即每股可获股息六两白银。从这一年开始，公司每年都向股民发放股息。其中1893年的股息是按10.5%发放的，每股可获利十两五钱。

作为一个民族资产阶级的企业，开平矿务局投产之初，就开始和外国企业展开激烈的竞争。在天津和上海的煤市上，开平的煤和进口的洋煤竞相压价，洋人企图通过价格战把开平的煤从市场上挤走。双方你争我夺，最后，开平矿务局顶住了压力，在国内市场上站稳了脚跟，反而把洋煤占据中国的一大部分市场争夺了过来。据当时的资料记载，1881年，通过天津进口洋煤1.7万吨，1882年减为5400吨，1884年为1200吨，1885年为560吨，1886年已减到300吨。此时，洋煤实际上已被挤出了天津市场。由于条件的限制，特别是由于运输成本问题，开平矿务局的煤在上海还无法与洋煤展开竞争，实为一大遗憾。

作为晚清燕赵的第一大现代化企业，开平矿务局给燕赵带来了什么呢？在原来的开平，当地人曾经长期在那里用土法挖煤。围绕这些土煤窑，当地人还建了许多小工厂，有砖窑、炭窑、石灰窑、缸窑等。这些小工厂的发展断断续续，时好时坏。主要原因是他们所使用的煤炭是用土法开采的，数量少、价格贵，搞得那些用煤炭做原料的小工厂也很难发展下去。开平矿务局投产之后，有了可靠的煤炭供应，且价格低，数量大，使周围的那些小工业群体都有了旺盛的生命力。一个开平矿务局的崛起，带动了周围的一大片企业的兴盛。

其实，在近代燕赵的大地上，在一片萧瑟荒凉的自然经济环境中，像开平矿务局这样一个成功的现代化企业的产生，应该在思想观念上给人以更大的冲击。从这一例企业经营的成功上，人们应该从中感受到工业化和近代企业的伟力所在，当时，燕赵大地应该掀起一个投资兴办近代化企业的热潮。可是，事实并非如此。开平矿务局的成功和发展，对燕赵的生产方式和经济环境并没有发生任何影响。近代燕赵人士对开平的崛起熟视无睹、麻木不仁，没有任何反应。开平矿务局的成功，成为近代燕赵的一个孤立现象，成为近代化与中古社会的一个鲜明的对照。不仅如此，在河北以后的历史中，这一奇怪的现象继续得到强化。虽然燕赵大地的自然资源非常丰富，虽然燕赵大地上也出现了几个成功的现代化的企业和现代化的都市，但是，这些推动燕赵的现代化发展的人基本上都不是燕赵人士，而是一些外来的官僚和富商。为什么近代河北人没有参加燕赵的现代化的事业？为什么近代燕赵人士只是对义和团这样一哄而起、一哄众散的群氓行为十分感兴趣，而对于能够推动燕赵社会的实质性进步的经济和文化的现代化，却麻木不仁，一点儿也不感兴趣呢？是由于近代直隶连年战乱，经济上过于贫困，还是由于长期处在皇城根儿前天子脚下，思想观念过于保守呢？或者是由于李鸿章这样的官吏在思想和方法上有些问题，特别是没有像张之洞在湖北那样对近代燕赵文化社会的进步着意经营呢？

从李鸿章任职直隶开始，到开平矿务局开办成功，这是近代燕赵工业化的第一个高潮。在这一段时间，直隶有了一个成功的现代化企业，这在全国既是一个最早的现代化企业，也是一个规模最大、经营最成功的现代化企业，它与上海的轮船招商公司一起，一南一北，构成当时中国现代化企业的两个典范。开平的成功，和在上海的轮船招商公司的成功一样，也是得力于李鸿章的策划、扶持和鼓励。

## 第三节　张之洞近代化思想及其实践

在中国近代史上，张之洞与李鸿章有着一脉相承的历史关联，他们一前一后被称作洋务运动的两面旗帜。洋务运动先由李鸿章发起，后被张之洞发扬光大，所以，人们习惯上称张之洞是洋务运动的后起之秀。但实际上并非这么简单。

### 一、张之洞登上历史舞台

张之洞是直隶南皮人，家世累出官宦。咸丰二年（1852年），年仅十六岁的张之洞在直隶乡试中获得第一名，成为轰动一时的少年进士。十一年后，在京试中他又登进士。殿试对策，他直陈时政得失，不拘守行墨常式，被阅卷大臣置为末等。但是两宫皇太后特别是慈禧太后喜欢他的文章，结果在进呈御览之后被特置为一甲三名，也就是俗话所说的探花。殿试之后，张之洞被授予翰林院编修。这是他在仕途上第一次走运。

自清同治二年到光绪七年（1863—1881），张之洞在朝廷做了十几年清贫的京官。虽然清贫，但不寂寞。相反，在这一段时间里，他和几位有共同语言的同僚结合在一起，以“清流”自居，通过语言犀利的奏章，高扬道德意识和忠君爱国观念，向朝廷内外各个角落的颟顸、渎职和腐败行为开战。在有名的四川东乡案中，他维护四川乡民的利益，力主重新调查，结果使贪污腐败的县令被治以重典；在中俄伊犁谈判中，中方大臣崇厚与俄国擅定条约十八条，被张之洞议为“十不可”，认为签订此条约的崇厚“可谓至谬至愚”，而“崇厚者，改议宜诛，不改议亦宜诛”，结果崇厚被撤职流放。在任京官的那几年，李鸿章领导的洋务运动也是他多次激烈批评的对象。张之洞批评洋务运动，不是因为洋务运动搞改革搞工业化，也不是因为洋务运动违背了朝廷传统保守的意识形态观念，而是因为洋务运动多年来徘徊不前，靡费很多钱财却没有给国家带来应有的进步。

光绪七年（1881年）十一月，四十五岁的张之洞被任命为山西巡抚，这是他在仕途上的第二次走运，也是他生命历程的又一次重大转折。以往在京城任言官时，他常常放言无忌，批评他人在实际岗位上工作做得不好，现在，他也被放到了地方官的位置，他做的能像他说的一样漂亮吗？从光绪七年到光绪三十四年（1881—1908），张之洞一直在地方督抚的职位上待了二十七个春秋，从山西到两广到湖广到两江又回到湖广，从管辖一省到管辖数省，从影响仅限地方一隅到影响遍及全国，张之洞在他的职位上，对中国的历史刻写下深刻的个人印记。张之洞在中国晚清政治舞台的崛起，是中国近代工业化的又一个里程碑。他在地方督抚这一职位上的个人努力，不仅造就了湖北一省经济、文化的全面发展，规划限定了近代中国的改革之路，同时对远在北方的近代燕赵的工业化，也产生了极为深刻的影响。

## 二、一个新的工业化方案从湖北走向全国

首先，我们检视一下张之洞的工业化方案所形成的背景。

从踏上政坛的第一天起，张之洞就与“清流”为伍，站在洋务运动的对立面，不断批评李鸿章在内政、外交上的种种失误。1879年12月，借中俄外交上的危机，张之洞上书朝廷，对洋务运动大加挞伐。他写道：“窃念自咸丰以来，无年不办洋务，无日不讲自强，因洋务而进用者数百人，因洋务而糜耗者数千万，冠盖之使，交错于海邦，市舶之司，日增于腹地……事阅三朝，积弱如故。”[1]与其他“清流”派官员攻击洋务运动的观点不同，他不是批评李鸿章的行为偏离了清王朝的文化意识形态观念，而是批评李鸿章在经历了那么多的时间、花费了那么多的财物之后，仍然没有使国家实现自强的目标。“积弱如故”这一提法表明，张之洞对清王朝的现实有着清醒的认识，对洋务运动也有超乎一般人的洞

[1] 苑书义等：《张之洞全集》第一册，河北人民出版社1998年版，第41页。

见。

1881年，张之洞走出言官阵营，步入疆臣行列，获得了实现他个人抱负的机会。他先是任山西巡抚，后升任两广总督。无论任职那里，他都把注意力集中在解决现实问题上。他曾经沿袭传统的治国之道，整顿吏治，裁减差役，清丈土地，奖励开垦，救济民生；他也曾步洋务运动的后尘，兴办国有企业，堵塞商战漏卮。经过十年的摸索和试验，他终于走出前人的治国之道，突破洋务运动的思想框框，形成个人独特的、通过运用国家的政治行为，调动社会力量，推动经济进步的发展思路。其治国之道首先体现在他兴办国有企业的方针上。1889年他在《拟设织布官局折》中提出，“臣……在广东省城开设织布官局，官为商倡，先行筹款垫办，以应急需，俟办有规模，再陆续招集商股”[1]。之后，在《筹设炼铁厂》中，他又提出，“今日自强之端，首在开辟利源、杜绝外耗……惟有先筹官款垫支开办，俟其效成利见，商民必然歆羡，然后招集商股，归还官本，付之商人经理，则事可速举”。他把这种“官举其事，商享其成”的做法称之为“官倡民办”，并进一步认为，“大率中国创办大事，必须官倡民办，始克有成”。[2]

此后，在长达二十多年的总督生涯中，张之洞始终坚持这一经济观念，并在现实的运用中不断开拓深化。比如在1897年，为了推动湖北的茶叶生产，鼓励茶叶外销海外，他制定的方针是“官为之倡，商为之继”[3]；同年六月十七日，在商讨办理银行的章程时，他提出的方针是银行“俱归商办，而官为扶持保护”[4]；1898年，在讨论湖北农业发展时，他认为，农民“向多朴拙，其于地学、化学、制器、利用素未通晓……非官为提倡，断不能开发民智，日起有功”[5]；1907年，在《商办大冶水泥厂请暂免税厘片》中，他仍然认为，发展近代工业，“费多本重，正恐商情疑沮，非赖国家提倡维持，不足以鼓舞商情”[6]等。在1901年之前，“官倡民办”不过是张之洞在湖北一省的行政措施和目标，1901年之后，随着张之洞成为一个全国性的官员，他又把“官倡民办”这一经济思想纳入到全国性的新政的条款中，使之成为在整个国家范围内推行的变法措施

[1] 张之洞：《张文襄公全集》第一册，中国书店1990年版，第501页。

[2] 张之洞：《张文襄公全集》第一册，中国书店1990年版，第514—515页。

[3] 张之洞：《张文襄公全集》第一册，中国书店1990年版，第813页。

[4] 张之洞：《张文襄公全集》第一册，中国书店1990年版，第826页。

[5] 张之洞：《张文襄公全集》第一册，中国书店1990年版，第840页。

[6] 张之洞：《张文襄公全集》第二册，中国书店1990年版，第177页。

和内容。在《请专筹巨款举行要政片》中，张之洞奏请朝廷："讲求农工商本为富国起见，然当其创新法、开新阜之初，必先官设学堂以为教，官创机厂以为式，官助资本以为扶持，然后农工商之利可开。"[1]这里的所谓"为教""为式""为扶持"等，仍然是张之洞一贯坚持的"官倡"的内容。上述这些言论，一方面呈现出"官倡民办"这一观念的提出、发展和深化的过程，另一方面也表明张之洞对这一思想是何等重视，并坚持不懈地在现实中推行。

作为一项纲领性的经济方针，"官倡民办"在实际实施过程中被分解成许多具体的内容，这些内容包括：

**（一）建立国有企业：为社会开风气，为商民集资本**

创办国有企业是张之洞领导下的湖北政府的一项最主要的经济行为，也是"官倡民办"之中"官倡"的主要内容之一。在湖北的十几年里，张之洞共兴建大大小小的国有企业十一个。这些企业正如张之洞本人所说，首先是为了"开辟利源，杜绝外耗"，"收外洋之利以归华"，从商战的角度捍卫国家的主权。其次是为了"开风气"，即通过国有企业在技术、利润等方面的示范作用，为那些仍然沉醉于中古生产方式的商民，展示近代企业的魅力，吸引他们对投资近代企业产生兴趣。这是一个以先觉觉后觉的过程，没有张之洞在这一方面的启发诱导，湖北的商民还不知道近代经济、近代生产方式是怎么回事呢，更不会投资兴建近代企业。此外，以政府的名义办经济、办企业，很容易使政府官员被企业的利润所吸引，使政府公司化。而那些参与这一行为的政府官员，更是热衷于把经营国有企业视为捞取个人好处的手段，使国有企业为政府官员个人生产利润。张之洞认为，国家兴办企业，主要目的是追求其社会效果，而不是追求什么经济利润。因此，他既不把自己费尽心血兴办的国有企业视为政府的私产，更没有借此捞取个人好处。当这些企业规模完备经营成熟的时候，他便把它们优惠地转让给商民所有。如国有企业汉阳铁厂1894年开工，1908年转为商办，成为当时中国最大的钢铁联合企业；国有企业布、麻、丝、纱四局1893年开工，1902年转为商办，成为内地著名的资本集团"裕大华"的发家之地。张之洞认为，这些企业其"开风气"的使命已经完成，国家无须再把这些企业据为己产，把它们转交社会，将会产生更好的经济效益，于国于民都更为有益。通过上述筹资、开办、经营、转让等一系列连贯的行为，张之洞使湖北的国有企业成为当地民族资本主义发展的阶梯，国家的经济行为成为民族资本主义发展的动力，国家的资本转化为

[1] 张之洞：《张文襄公全集》第一册，中国书店1990年版，第951页。

民族资本主义的原始积累，从而为民族资本主义的发展创造了优越的条件。

**（二）转变政府行为：围绕讲商、护商、兴商的作为**

受中国传统重义轻利观念的影响，商人一直被置于社会的末位，士大夫阶层都瞧不起商人的经营活动。张之洞对此很不以为然。他认为中国“官商之气太隔”，“上下之势太隔”，“士大夫于商务尤不考究，但有征商之政，而少护商之法”。为此，围绕“官倡民办”这一主旨，从讲商、护商、兴商等角度，张之洞在他所领导的湖北，从政府体制、领导观念等方面，进行了一系列改革。最初这一方面主要集中在整顿吏治、肃清贪污、开革昏庸不职人员，以及改革厘制、裁减厘卡、保护商民收入等措施上。1894年中日之间爆发甲午战争，中国战败，这更刺激了张之洞利用政府行为，推动民族工商业发展的愿望。1902年8月，张之洞率先在汉口设立商务局，办报纸、办商学、组织商会，专门负责启发、领导、保护、体恤、奖励民族工商业的发展。他制定措施，对湖北境内的民族工商业给予特别优惠；他认为，华商与洋商竞争，没有资金、技术等方面的优势，唯有利用政府方面的权力，从税收等方面给予特别优惠，以增强华商与洋商竞争的能力。在这一方面，张之洞提出了一个处理国家利益与商民利益、眼前利益与长远利益的关系的原则。他认为在制定经济法规、工商政策时，最基本的原则是要保证“将来地利大兴，穷民有养，百货日通”。他认为“农工商贾利益交资，此乃经国久大之远谋，岂在目前区区之利税”，“今日自强要政，区区税项为末，民生实业为先”[1]，因此，宁肯在目前财政上遭受损失，也要为华商的长久发展打下基础。为适应兴商、护商这一“今日之要政”，张之洞还着力改变官僚理念，培养官僚素质，“令守道之儒兼为识时之俊”，使那些由科举制艺走上仕宦之途的政府官员了解掌握各种兴商、护商的知识和本领。在他领导湖北的最后几年，他特别制定了一项政策，要求新进、新补的州、县级官员，上任之前必须“自备斧资”“出洋游历”，考察学习日本、欧美“学校、警察、监狱、道路、水利、财政、军备以及一切农工商海等实业”，“以破愚陋腐败之词，鼓励精图治之心”，“以为兴利除弊之助”[2]。这些措施作为“官倡”的重要内容，大大优化了湖北一省的政治环境，为湖北工商业的发展发挥了深远的积极影响。

**（三）推动农业进步：在生产、经营、耕作等方面的示范和改革**

中国是一个农业大国，在农业生产和经营方面有许多优势。但是近代以后，

[1] 张之洞：《张文襄公全集》第二册，中国书店1990年版，第142页。

[2] 张之洞：《张文襄公全集》第三册，中国书店1990年版，第124页。

在列强各国的竞争和掠夺之下，传统农业的优势也丧失殆尽。棉花的产量、质量不如欧美，蚕丝市场被日本夺取，茶叶市场被印度和锡兰占领。随着这些传统农产品丧失国际市场，不仅国家财政日益紧张，农民的生计也越来越困难。对此，张之洞感慨万分。他认为中国农业之所以陷入如此艰难的境地，一方面在于“农家率皆谨愿愚拙、不读书识字之人”；另一方面则在于“士大夫多不措意于此”，也就是说是由于国家的漠不关心和农民自身的素质低下，才使中国的农业在竞争激烈的国际市场日益没落。要改变这一现状，挽救中国农业的颓势，必须循着“官倡民办”的思路，首先下工夫做好对农家启发、倡导和组织工作。为此，张之洞在他所领导的湖北，从政府的角度做了如下建议或部署：第一，建议朝廷专门设立一个“农政大臣”，“掌考求督课农务之事宜”，从全国范围的角度，领导规划农业的发展。第二，为了改变湖北棉花质量差、产量低的现状，他通过外交人员，用公款从美国购进优质棉种，分发各地农民试种。第三，湖北在历史上是产茶大省，但近代以后，由于生产技术落后，营销手段低劣，以致信誉丧失，销路日少。为此，张之洞多次札饬地方官员，晓谕商民讲究制茶工艺，号召商民组织公司，集股购机制茶。为了推动茶叶出口，他用官款购买数十箱茶叶，通过外交途径运到俄罗斯销售，以政府的行为扩大中国产品的声誉，打开中国商民的生产和营销思路。第四，为了改变传统农业的耕作方式，张之洞通过各种方式，劝导农民种地要讲究科学，讲“养土膏、办谷种、储肥料、留水泽”，讲究“取水、杀虫、耕耘、磨砻”，以及“新法利器”“精选农具”等。他组织人员翻译了西方的许多农学著述，分发到各府、州、县，让地方官员引导当地农家一一实行。如何才能让那些“惰陋自甘”“不读书识字”的农民接受这些先进经济思想和耕作技术呢？张之洞主张发挥各地乡绅的作用，号召乡绅在政府的指导下，“首先试办以为倡，行而有效，民自从之”。其方法仍然是沿袭“官倡民办”的思路。

**（四）培养经济人才：在发展职业教育方面的努力**

在张之洞所有的政绩中，教育方面的成就是最突出的。在湖北任职的二十来年，他建立了完备的高等教育、中等教育、初等教育、职业教育、师范教育、军事教育等体系。张之洞认为，教育上的投入，是国家支持经济发展的最重要的形式之一。为了直接通过教育投入推动经济进步，他特别重视发展职业教育。他认为，普通教育是为国家培养人才的，而职业教育则是直接解决民生问题的。前者为国家服务，后者为民生服务。而在直接为现实经济发展服务这一点上，后者实际上占有更重要的地位，所能发挥的作用也更大。当然，发展职业教育不能仅仅停留在理论上的分疏，停留在口头上的提倡，重要的是把它落实到实际行动上。在湖北的十几年间，其尽管一直面临资金紧张的困难，但仍然筹措大量经费，兴办了十几所职业技术学校。其中包括农学、畜牧、纺织、建筑、铁路、语言、商务等多种学科，为湖北的经济发展培养了大量人才。

为什么必须是“官倡民办”？为什么“自强”的任务不能由国家独立承担？这除了由于张之洞在现实上目睹了洋务运动裹足不前，难以取得重大的社会效果这一原因之外，还有其他观念与认识方面的因素。

作为一种个人的观念，张之洞很早就对国家兴办经济实体的能力产生怀疑。光绪十三年（1887年），张之洞初任两广总督，有一雷琼道的地方官，秉请在海南用官款创设官市，并陈述了这一做法的种种好处。对此，张之洞批复道：“吾闻因民之利而利，不闻夺民之利以为利也。据禀创设官市建立廛舍，收买货物转售而又取约券权，子母是直，夺商利而敛之官，甚非政体。”[1] 政府参与经济，不仅以自己的经济行为为资本，还以自己的政治特权为资本，赚取超额利润，这种参与经济的方式，在张之洞看来就是“夺商利而敛之官”，根本不会对经济发展产生积极的作用。更何况，还有与此相关的更重要的问题，即这些官办的经济实体能否经营好，能否真正赚钱呢？张之洞接着论述道：“且利之所在，经理一不得人，赔折则累及官帑，获利则徒饱私囊，必然之势。古来官办商务，除刘晏一人外，有利无弊者更无所闻。”[2] 对官办企业的论述，还有比这更清楚的吗？所有的洋务企业以及所有的官办经济，事后不都是在重复这些历史的覆辙吗？张之洞的这些论述，不仅是对历史的总结，更是对现实的深刻批判。

此外，作为一种社会观念，在张之洞之前，林则徐、左宗棠等人也曾提出过类似的意见。林则徐在任云贵总督时即反对云南铜矿由官府垄断经营。他主张打破康乾时期制定的禁令，放手让商民经营开采这些铜矿。左宗棠任陕甘总督的时候，曾经追随李鸿章，在西北地区兴办了许多洋务企业。但数年后，他便对这种经营方式产生了怀疑，认为这些官办企业最终都不会实现其预期的目的，对李鸿章国富民强这一近代化的目标不会有任何帮助，不如把它们转让给商民，于国于民都有好处。上述这些观念和论述，作为前人的经验和认识，毫无疑问，对张之洞的思想观念产生了一定的影响。

[1] 张之洞：《张文襄公全集》第三册，中国书店1990年版，第7页。

[2] 张之洞：《张文襄公全集》第三册，中国书店1990年版，第7页。

如果说国家不能独立承担起发展经济、搞现代化建设的课题，那么，这个任务交给商民自己办可以吗？早期的资产阶级思想家大都持这种观点。他们认为，在经济这一领域，对社会发展这一课题，政府管的是越少越好。政府的责任是做好自己分内的事情，搞好政府自身的工作，不要把手伸进经济领域，不要随便干涉经济工作。比如亚当·斯密认为，只要政府提供了法律、诚实、和平和税率，经济的发展就会随之而来；嗣后，约翰·穆勒在这几项之外，又加上了人民智力的提高和外国先进技术的引进这两项。总之，在这些思想家看来，政府对于经济，可以干预的事情是少之又少的。这一观念对于英国，对于大多数早发的资本主义国家来说，无疑是完全正确的。但是对于中国这样的后发工业化国度的半殖民地国家来说，这一理论就不能说是有效的了。首先，在依靠先进的技术、优厚的资本和强横无理的国家武力为后盾的外国经济势力的包围下，中国的商民完全是软弱无力的，根本不具备与之竞争的能力；其次，也是最重要的，直到十九世纪八十年代，中国的商民仍然处于中世纪的蒙昧状态，对于近代以来的世界大势，对于西方先进的经济方式和工业技术，既无知也无兴趣。他们满足于已有的利益和经营方式，对于西方资本主义生产方式的先进性和这种生产方式对自身经济利益的威胁还没有一点儿感觉。当年，李鸿章在兴办轮船招商局的时候曾经遇到过这样的阻力，后来张之洞在湖北引进一系列先进的生产方式的时候，也遇到了同样的阻力。在这样的社会条件下，政府如果仍然保持清静无为的立场，以期达到垂拱而治的结果，是完全不可能的。基于对这种既必须介入又不能介入的两难处境的思考，张之洞设计出了“官倡民办”这一全新的现代化企业和社会发展模式。

## 三、张之洞近代化观念的延伸

一个新思维的提出是一个艰难的过程，把这一思想在现实中贯彻落实则是一个更为艰难的过程。尽管如此，由于有正确的指导思想，再加上苦心孤诣的经营，张之洞在湖北的工业化事业取得了空前成功。对此，可以通过两个对比加以说明。

### （一）关于武昌发展前后的对比

武昌在有清一代，与朱仙镇、景德镇、佛山镇并列，号称中国四大名镇之一，主要以地理位置及水陆转运贸易著称于世。鸦片战争之后到张之洞上任之前，任湖广总督之职的人有周天爵、裕泰、官文、李翰章、裕禄等人。他们没有兴办过一个工厂，没有兴办过一所学校，没有扶持过一家民间企业。此时的武昌，主要是一个军事重镇，在经济和文化上没有任何特色。其经济和文化地位不仅不能与大上海相比，也不能与金陵、广州、天津、福州、杭州等城市相比。经过张之洞十几年的经营，武汉发展成为仅次于上海的工商业大都市，被西方人誉为“东方的芝加哥”。直到抗日战争时期，大武汉还一直保持了与大上海平行角逐的地位。后者主要显示的是西方殖民地国家在中国的文化和经济成就，而武汉则集中代表了中国民族工商业的发展成就和发展道路。

**（二）关于湖北与直隶的对比**

与张之洞长期担任湖广总督相比，李鸿章担任直隶总督二十多年。与张之洞的做法相同，李鸿章在直隶也是办工厂、建学校、修铁路。尽管李鸿章的地位高于张之洞，尽管李鸿章经营直隶的时间超过张之洞经营湖北的时间，但李鸿章对直隶的影响，远不如张之洞在湖北的成就。究其原因，李鸿章在直隶以“官督商办”为宗旨，建立的是一个封闭的经济体系，谋利仅及官僚和买办，对直隶社会并没有什么更大的影响；而张之洞在湖北，以“官倡民办”为宗旨，建立的是一个开放的文化和经济体系，不仅要为政府谋利，更重要的是“专意培养两湖商民生计”，“官办则全力经营，商办则多方保护”，通过政体的改革、新思想的传播、新风气的倡导，大大激发了湖北一省的社会活力。近代中国在十九世纪九十年代之前，直隶与湖北无论是政治、经济还是文化都不可同日而语，其根本的原因，正在于此。

需要指出的是，张之洞的经济思想以“官倡民办”为核心，但其中也包含了一些其他观念。义和团运动之后，清政府日益衰败。新兴的民族资产阶级羽毛尚未丰满，力量还很薄弱，就开始急于公开向清政府施加压力。原来张之洞一直把民富视为国强的基础，现实却表明，民富不仅可以使国强，同时也可以使国乱。这一点却是张之洞未曾预料到的。围绕粤汉铁路的争吵，使晚年的张之洞烦恼不已。一方面，在中外之争中，张之洞全力支持商民的权利和要求，支持中国商民从洋人手里收回主办粤汉铁路之权。另一方面，在清政府与商民的分歧中，张之洞又站在清政府的一边，打击压制商民的行为和愿望，甚至认为“惟华商之于地方民生，洋商之于中国主权，均需从严”，把华商与洋商一并视为清王朝的不安定因素。他批评华商修建粤汉铁路的成效：“争回粤汉铁路，鄙人竭一年半之力，三省用千余万之款收回，造成之路只此三水枝路及存粤材料地产而已。今粤估材产尚不足百万元，其余全在三水枝路。价值之巨殆不可思议。”[1] 可笑的是，此时的张之洞又举起了“官督商办”这面旧旗，认为商民只应问利不应争权，对新兴的工商阶层的戒备与怀疑之意溢于言表。比如，关于粤汉铁路管理权问题，张之洞是这样说的：“粤汉铁路粤地一系段归商办，久经周知，此次特派督办大臣专为通筹全局，督促工程所主持者，乃路务大端……至于用人理财各节，责成仍在各总理，本不至稍有掣肘。然铁路乃国家大政，此事三省利害相关，必须联络贯通，其间如有各存意见，不顾公益阻碍全局之处，国家岂能全不过问？”[2] 过去张之洞理财一向提倡赔钱主义，用国家财政为民族工商业输血，而在粤汉铁路问题上，张之洞却斤斤计较与商民争权争利：“商办一层，鄙人系直隶人，岂有不愿？特借约既系官订，押款又由官筹，责任全系官担，何以能归商办？”[3]“盖铁路为全国利权所关，不甘让利于商，更不肯让权于商。”[4] 实际上，在粤汉铁路问题上，张之洞扮演的是清政府与粤汉湘商民冲突的调停人的角色，与清政府的态度、与两广总督岑春煊等人的做法相比，张之洞还是比较开明比较理智的，但这与其一向大力支持民族工商业的立场相比，已经发生了微妙的变化。

**（三）从湖北新政到《江楚会奏变法三折》**

这样一整套发展经济、推动工业化进程的思想和规划，在山西萌芽、在湖北成熟之后，张之洞就想把它推向全国，但他一直没有这样的机会。1898年戊戌变法正在高潮的时候，朝廷曾有意调他至北京中央机枢任职，领导规划全国的维新变法运动。张之洞欣然从命，抑制不住内心的喜悦，以为多年的抱负终于一朝可以实现，从此整个国家有可能像他领导下的湖北一样，走上自强之路。但张之洞的希望很快就落空了。前面朝廷发布了对他的任命，随后慈禧太后身边马上有人对这项任命提出异议。张之洞赴京上任刚走到半道，即接到朝廷对他改任的谕旨。这一下，生性自傲的张之洞真是心灰意懒，很长时间愤世嫉俗。

1900年，清王朝统治下的中国再次陷入动乱之中，这又给张之洞再一次提供了领导、参与全国事务的机会。他在武昌一隅，联络全国许多省份的督抚和将军，搞起了“东南互保”，终于使江南大多省份免遭战火的蹂躏。这次义和团和八国联军事件给中国带来了深重的灾难。清政府终于痛心疾首，有了改弦易辙的

[1] 张之洞：《张文襄公全集》第四册，中国书店1990年版，第473页。
[2] 张之洞：《张文襄公全集》第四册，中国书店1990年版，第527页。
[3] 张之洞：《张文襄公全集》第四册，中国书店1990年版，第514页。
[4] 张之洞：《张文襄公全集》第一册，中国书店1990年版，第769页。

念头。1901年，清政府在逃亡之中发布上谕，要求各级官员“各就现在情弊，参酌中西政治，举凡朝章国故、吏治民生、学校科举、军制财政，当因当革，当存当并”在两个月内条陈朝廷，由此拉开晚清“新政”的序幕。

4月2日，清政府设督办政务处，作为力行新政的办事机构，并请刘坤一、张之洞、袁世凯等人遥为参与。

为响应清政府的号召，北洋大臣、直隶总督袁世凯率先上奏，就“言之宜行、行之宜效者”列举十条：慎号令，教官吏，学实学，增实科，开民智，重游历，定使例，辨名实，裕度支，修武备等。

次月，军机大臣瞿鸿禨条陈四条：整顿吏治，培植人才，变通军制，开设财源。而影响最大的则是刘坤一、张之洞联合上奏的《江楚会奏变法三折》。第一折提出“兴学育才”办法四条：设立文武学堂，酌改文科，停罢武科，奖励游学。第二折提出中法应行整顿变通者十二条：崇节俭，破常格，停捐纳，课官重禄，去书吏，去差役，恤刑狱，改选法，筹八旗生计，裁屯卫，裁绿营，简文法。第三折提出西法应当兼采并用者十一事：广派游历，练外国操，广军实，修农政，劝工艺，定矿律、路律、商律、交涉刑律，用银元，行印花税，推行邮政，官收洋药，多译东西各国书籍，等等。

虽然说是江楚联合会奏，实际上，这三折都是张之洞一人搞出来的，从4月一直搞到了8月。在夏天炎热无比的武昌，张之洞一边挥汗如雨，一边斟字酌句地推敲他的奏折。所条陈的内容，并非张之洞一时的杜撰，而是他多年思考并在武昌已实行多年的改革举措。面对中外压力，不得不施行新政的西太后看后认为：“事多可行，即当按照所陈随时设法，择要举办。”同年9月，清政府下诏批准了张、刘的奏折，命令各省督抚，“也应一律统筹，切实举行”。刘、张二人的江楚会奏之折，成为风靡一时的“新政”范本。

5月28日，清政府下令裁撤各部书吏，命令各部员亲自办理部务。

29日，清政府下令停止武生童考试及武科举会试，明年乡试、会试，均试策略，不准用八股程式。

9月11日，清政府下令各省建立武备学堂，停止纳捐实官。

16日，下令各省选派留学生出国，学成回国者，给予举人、进士头衔。

10月，政府特颁懿旨，责令中外臣工，将应行变通兴革诸事，力任其难，破除积习，以期补救时艰，并将刘、张二人会奏内容，随时择要举办。

12月5日，清政府颁布《学堂选举鼓励章程》，鼓励各省设立大中学堂，根据张之洞的奏折，分别给予奖励、擢用和出身。

1902年2月，清政府命令各省兴办农工诸务，并先设农务工艺学堂。

1902年3月，清政府下诏督促各省详奏报开办学堂、激励农工诸事，不得观望敷衍，等等。

大清政府在其垮台之前的十来年，在吵吵闹闹之中，集中精力干了两件事，一是新政，二是宪政。前者其实质是寻求实现工业化，后者其实质是开始酝酿推行民主化。1901年至1906年是新政时期，1906年之后是宪政时期。后者是由袁世凯唱主角，前者则是张之洞唱主角，他的《江楚会奏变法三折》，就是这次新政的范本。其核心内容共有三点：一是“官倡民办”；二是优先发展重工业，以重工业为主，以轻工业为辅；三是以改革为动力，力求实现政治、经济、教育协调发展。他的这一套思想，经清政府接受，以新政改革的名义，通过中央政府的一条条政令，开始向全国推广。而近代燕赵的工业化，也是随着这一条思路逐步展开，进而由物质文化方式的变革，引发制度文化的变迁。

## 第四节　袁世凯督直时期的近代化观念和成就

### 一、袁世凯的传奇经历

对于现代大多数中国人来说，袁世凯不是一个陌生的历史人物。从袁世凯走上政坛的第一天开始，他的名字就与各种各样的评价和传说联系在一起。人们对他既充满好奇，又满心疑惑；有人视其为近代中国的不二人才，救国救民唯一人选；有人视其为窃国大盗，魔鬼的化身。袁世凯是河南项城人，生于咸丰九年八月二十日（1859年9月16日）。袁家在项城是世代出官宦的大家族，但袁世凯既不是像曾国藩、李鸿章那样，依靠军功爬上高位；也不是像张之洞那样，依靠科举和文章取得功名。袁世凯从小志向远大，但不喜科举。他依靠家族的关系，进入军界，在淮军名将吴长庆幕下做文案。吴长庆和袁世凯的养父袁保庆“订兄弟之好”，袁在吴长庆的手下很快就取得立足之本。1882年，朝鲜发生“壬午兵变”，中国政府派吴长庆率军入朝平叛，袁世凯亲率士卒，冲锋在前，迅速平息了兵变，逮捕了叛军首领、兴宣大院君李昰应。事后，吴长庆在给朝廷的呈报中称赞袁世凯“治军严肃，调度有方，争先攻剿，尤为奋勇”。这次事变使袁世凯在整个清廷上下崭露头角，二十三岁的他升任帮办朝鲜军务，协助朝鲜训练新军并控制税务。日本为了独霸对朝鲜的政治权力，于1884年策动开化党发动政变，劫持了国王。此时吴长庆已经回国，在朝鲜负责军务的是记名提督吴兆有和营务处总理、朝鲜事务会办袁世凯。事态紧急，来不及请示国内，袁世凯毫不犹豫，果断决策，一面上书李鸿章，请示对策，一面亲自率军袭击日本人的营地，抢出朝鲜国王大院君。整个行动快速、准确，打得日军措手不及，保住了中国政府对朝鲜的控制权。日本驻朝公使及朝鲜亲日派人员，均逃回日本。这次事件再次显示了袁世凯临危不惊、遇事不乱的超强的处事能力，他的行为甚至引起了李鸿章等朝廷大员的关注和称赞。1895年，袁世凯受命在天津与塘沽之间的小站练兵；1897年，擢直隶按察使，仍主持练兵；1899年，署理山东巡抚，年仅四十就进入封疆大吏的行列。

## 二、袁世凯在直隶的“新政”

1901年11月7日，为签订《辛丑条约》一事，李鸿章心力交瘁，死在任上。时任山东巡抚的袁世凯被调来接替李鸿章的位置，成为新的直隶总督兼北洋大臣。第一年为署理，翌年即改实授。

袁世凯的到来，开启了燕赵新的历史一页。

从1901年到1907年，袁世凯在直隶一共待了七年。这七年正是清政府励精图治、发奋图强、极力谋求中国的政治改革和经济现代化的时候。而响应清政府号召最卖力的一个是湖广总督张之洞，再一个就是直隶总督袁世凯。湖广总督张之洞的改革，早在中日甲午战争刚刚结束时就已经开始。其内容前面已经叙述过。义和团运动之后，张之洞又联合刘坤一，发起推动全国的改革。直隶的这次改革或者说是“新政”，就是在湖广改革和整个国家制度变革的背景下展开的。

直隶的“新政”大致有以下一些内容：

### （一）整饬吏治

直隶之地受中央政府的影响，官僚风气之败坏、素质之低下等问题极为严重。为此，袁世凯在“新政”之始，首先，以贪劣不职为名，上报惩处了一批州、县级官吏。此后，为整饬吏治培植新人，进行了一系列制度化的建设：设官吏考验处和官吏调查处。官吏考验处负责对新选、新补官吏的甄别，主要从五个方面对官吏进行查验：一是阅历；二是文字能力和学识；三是中外法律知识；四是品行；五是口才。官吏调查处负责监督现任官吏，包括比较政绩、采访舆论、处理官吏之间的参奏等内容。其次，对官吏进行系统的新政教育，设课吏馆（后改为直隶政法学堂），候补官吏在此学习两年，内容有政治学、经济学、法学、统计学、语言学等科目。后来又规定，新选的州、县一级官吏上任之前必须先到日本考察三个月，了解日本的行政司法制度、教育实业成绩，之后才能赴任。通过以上措施，在一定程度上整顿了官场风气，提高了行政官员的素质，为下一步改革创造了条件。

**（二）创办近代实业，发展新式经济**

创办近代工业企业，是这次直隶新政改革最主要的内容。改革之前，直隶近代企业除开平矿务局之外，几乎是一片空白，没有人才，没有资金，社会各界也缺乏对近代实业的了解。为此，直隶地方政府于1903年在天津成立直隶工艺总局，作为政府方面领导和创办近代实业的总机关。工艺总局成立之后，积极宣传近代工业的重要意义，倡导直隶绅民投资兴办工厂企业。为了培养工业技术和管理人才，工艺总局领导成立了高等工业学堂、劝工陈列所、实习工场、铁工厂、纸厂、工商演说会、工商研究所，培养化学、机械、绘图等人才；工艺总局还派人带领工徒到全国各地学习，到日本考察，学习其先进的工艺技术。在工艺总局的倡导和资助下，直隶的近代企业得以产生并迅速发展，短时期内兴起官民合作投资兴办工厂企业的热潮。从1903年到1907年，在天津、唐山、保定等地兴办的企业有机器制造有限公司、电灯有限公司、济安自来水公司、启新洋灰公司等，其中启新洋灰公司资金达一百多万元，年产水泥二十多万桶，是全国最大的建材企业。

除了工业成就外，直隶地方政府还于1906年成立了全国第一个农务总会，目的是“志在联络官绅，讲求农务，使农产日形发达，以收裕国富民之效”。他们编农报、译农书、开办农业试验场、举办农产品评展会，兴修水利，劝种森林，还对农民提供咨询服务。在直隶农务总会的带动下，各州、县纷纷成立农务分会，全国各地也争相效仿，对近代中国农业经济的发展起了相当重要的推动作用。

**（三）新式教育的兴办**

戊戌维新之后，全国各地对教育改革普遍关切。直隶新式教育由于是在一整套改革措施的配合下进行的，除了在深度、广度上远胜其他各省外，它还具有下列特色：首先，在政府中设立了主抓新式教育的学校司，下设专门教育、普通教育和编译处，负责推广新式学校，安排其编制、教学内容，考察各地办学经验，组织地方官吏学习近代教育知识。其次，直隶为发展新式教育，多方筹集经费。

近代直隶由于多次遭受外国列强的掠夺，经济非常贫弱，这对教育改革造成许多困难。为此，直隶政府大力动员官绅捐款，袁世凯带头捐二万元，张之洞为他的家乡南皮县捐一万七千元。在他们的带动下，直隶的大小官绅甚至到普通百姓纷纷解囊，为教育出资。除捐款之外，政府又为教育增收亩捐和杂税，这当然加重了商民的经济负担，但也确实为教育的发展提供了充足的资金。最后，直隶为解决人才问题，多方延请外国专家担任教习和顾问。新式教育所面临的另一个困难是缺乏近代教育的人才，为此，直隶政府不惜重金聘请外国专家帮助管理学校，担任教习。高等教育中的地理、理化、外国史、教育学等课程基本上由外国人担任，所聘外国教习（其中以日本人为主）在全国首屈一指。为了发挥他们的专业知识，又不至于滋生事端，政府一方面给他们优厚的待遇，使他们领取高于中国教员十至二十倍的薪金；另一方面又制定严格的纪律，使他们能够服务于所在学校，传播近代科学知识。

近代燕赵在二十世纪初期取得新式教育的成功，主要是由于以下两个因素：其一是政府把教育改革视为近代化的中心和起点，而且肯花钱下工夫。不仅袁世凯时直隶地方政府这样认为，袁世凯之后的历届地方政府都坚持这一政策，使新式教育每年都有一定的发展。直到三十年代日本侵占华北之后，这一进程才被迫中断。其二是发展教育系直隶官商农工的共识，得到政府之外各个阶层的广泛支持。那时的天津《大公报》，经常可以看到直隶农村的贫苦农民卖地卖财产，资助本村发展教育的报道。这可以说是近代燕赵教育获得长足发展的基本动力。

**（四）主修京张铁路**

修建京张铁路是袁世凯督直时期对近代燕赵工业化影响深远的另一项巨大历史成就。

今河北省西北端的城市张家口，从近代开始，一直是由内地通向蒙古的重要交通枢纽和货物集散地，无论在经济上还是在军事上，都具有极其重要的意义。当时从内地到张家口，只有简陋的土路可以行走，这与张家口重要的地理位置是很不相称的。1903年，清政府《铁路简明章程》颁布后，很多人看中了修建一条直通北京至张家口的铁路的价值，纷纷呈请要求修建京张铁路。不过，时任直隶总督的袁世凯对这个问题看得更清楚。他向清政府建议，由直隶政府来兴办这条铁路，并把这一重任交给当时已崭露头角的詹天佑。

詹天佑（1861—1919），是中国政府派往美国的第一批留学生中的一员，1881年毕业于著名的耶鲁大学，主修土木工程。回国后，他大部分时间在福州船政学堂和广州水师学堂当教员。当中国政府开始修建铁路的时候，他的才能开始发挥作用。詹天佑最早曾在修建关东铁路时担任工程师。1901年9月，袁世凯为了方便慈禧太后拜谒西陵，决定从京广铁路的高碑店站修建一条通往清西陵良各庄的铁路支线，使慈禧太后可以从北京永定门车站乘车直达西陵。这条铁路长42公里，一路地势平坦，无太大障碍，因此，争着要修这条铁路的人很多，但袁世凯把这个任务交给了年轻的中国工程师詹天佑。詹天佑接受这个任务后，亲自勘探、亲自设计并亲自参加施工。这条铁路于1901年11月动工，翌年2月22日完工，使慈禧太后拜谒西陵的专车得以及时开行。这一成功为初露头角的詹天佑赢得了声誉，使他有资格去争取更大的工程。

1905年，袁世凯根据英国人金达对京张线路的勘察，向朝廷上报了他的京张铁路的修建计划：从北京丰台到张家口共201公里，用四年时间完成。每年政府从关内外铁路的收益中提取一百万银两，四年共提取四百万银两用于建造这条铁路。同时，袁世凯保奏詹天佑担任京张铁路会办兼总工程师。实际上是由袁世凯和詹天佑共同承担修建京张铁路的责任。

修建这条铁路的难度非常大，因为沿途到处都是崇山峻岭、河流沟壑，很多地方都需要开洞架桥，有些地方因为落差太大，即使两台大马力的机车也无法拖动车辆。这些困难是当时很多著名的外国铁路工程师都没有见过的。他们非常怀疑詹天佑修建这条铁路的能力。但是詹天佑在袁世凯的支持下，经过艰难的勘探、设计和施工，克服了种种难以想象的困难，许多地方依靠他们出色的想象力和技术造诣，圆满地完成了各项任务。工程于1905年10月开始动工，到1909年9月全线完工，10月2日在南口举行了通车典礼。从那时起，人们就把这条铁路视为中国人的荣誉和才能的象征，认为外国人能办到的事，中国人也能办到，外国人不能办到的事，中国人也能办到。这条铁路的成功，人们通常把它记到詹天佑的名下。但是，袁世凯在其中所发挥的巨大作用，也是应客观予以评价的。

## 第五节　三个不同的近代化理念和风格

近代中国的三位有名的总督，其中有两位在直隶任职，这不能不说是近代直隶的一大幸运。另一位著名的总督张之洞虽然没在直隶任职，但他本人就是燕赵人士。他虽然长期任职于湖北武昌，但他时刻关心着直隶的变化，并从他的职位上不断地制造出各种各样的对直隶直接或间接的影响。早在任职京师的时候，张之洞就密切关注着在直隶任职的各级官吏的品行、能力和施政情况。其后，他出任地方官员，成为国家封疆大吏，有了向朝廷推荐和陟否地方官员的权力。这时候，在张之洞写给朝廷的奏折和议论中，经常可以看到有关直隶的内容，比如，有关直隶的某某官员的任命是否合适，有关直隶的某某事件的处理是否得当，在直隶任职的某某官员贤否，某某官员廉否，等等。义和团运动之后，直隶成为重灾区，不但经济损失巨大，还要承当沉重的赔款责任。许多地方还被勒令停止科举考试多年。这一处理结果让张之洞深为不满。他到处呼吁，为直隶辩解，请求朝廷减免对直隶的处罚，尽可能减轻直隶的灾难。清末新政改革之后，张之洞积极关心家乡的文化和教育建设，多次给南皮县捐输银两，帮助家乡兴办新式教育。但是，张之洞对直隶的最大贡献，是在其工业化思路和实践模式上。

## 一、李鸿章、张之洞、袁世凯不同的近代化理念和风格

李鸿章、张之洞、袁世凯这三位既务实又极其能干的督抚，在推动中国工业化的实践中手段各异，风格也大不相同。

当初李鸿章接受西方工业化的概念，完全是从军事战争的需要出发的。李鸿章在战场上的对手是太平军。太平军很早就采用了外国的先进武器。使用这些武器，太平军战士把清军的八旗兵、绿营兵打得一路败退。李鸿章很聪明，他一眼就看出了太平军在战场上的优势所在，马上扔掉了中国人已经使用了几千年的大刀、长矛、弓箭等冷兵器，组织他的队伍学习使用火药枪、开花炮等武器，与太平军对战。一开始，曾国藩对李鸿章此举意见很大，批评他不应该轻易放弃祖宗流传多年的宝贝，而采用洋人的乱七八糟的玩意儿，认为那是弃自家之长，用他人之短。但李鸿章不管这些，在他的头脑中，没有固定的学理和教条的框框，什么在现实中有效，他就学习什么、采用什么，而且看到一点儿就学习一点儿，决不拖延，决不犹豫。从火炮到轮船到铁路到电报，李鸿章看到一点儿就竭尽全力地引进一点儿。早年李鸿章花很大力气学习诗词、性理、八股和文章，但出任封疆大吏之后，他就再也不摆弄这些玩意儿了，而是下大力气学习方程式、抛物线、化学反应之类的西方科学技术和知识。为什么清政府在后来越来越离不开李鸿章呢？因为清政府要与外国打交道，而李鸿章对外国的东西基本上什么都知道，只有李鸿章才能承担起对外交涉和对内组织工业化建设的责任。

在搞工业化建设这一点上，李鸿章的一个非常引人注目的特点是，作为一

个政府的高级官员，他对民间企业家非常信任。在需要他们和使用他们的时候，他能够及时把他们召到自己的身边。对于委任给他们的任务，企业家和商人都极力去办理。更重要的是，李鸿章尽量为他们创造条件，使他们扩展自己的事业，而决不随便干涉他们的经营。在李鸿章所经营的企业中，无论是轮船公司还是煤矿企业，企业经理都在其中发挥着决定性的作用，无论人事上还是经营上，李鸿章都不过问其中的具体事务。在李鸿章看来，企业就是企业，没有什么更重要的责任和地位。发展经济也好，搞企业也好，都是企业家自己的事情，政府官员不应过多地干预。这也难免带来一些负面的影响，比如，在他的公司里，经常发生企业主管挪用公款、贪污腐败的事例。单在轮船招商公司，就发生过好几起公司主管由于上述事件而被迫离职的丑闻。但在另外一方面，他的宽松政策和管理理念，又确实为企业的发展创造了良好的经营环境。在晚清那样一个诸事衰落的大环境下，独有在他的庇护下的几个现代化企业，呈现出良好的发展势头。

与李鸿章的经营理念完全不同，张之洞把经营企业看作是他个人的宏大抱负和追求的、非常严肃重大的事业的一部分。在张之洞的官僚生涯中，他为自己树立了一个非常宏大的目标。他要在有生之年，振兴中国，把一个君权、儒教、数千年文化积淀的中国，一并带入到富强、现代化的先进国家的行列，使传统与现代完美地结合起来，而经办新式企业就是实现他这一目标的重要步骤之一。张之洞正直严肃，勤奋刻苦，廉正无私，一丝不苟，为实现他的目标上下奔波，费尽了心血。张之洞经营企业可不像李鸿章那样轻松，大小事都是他亲自操心。从勘址、选矿、购买机器到具体的经营策略，张之洞都一一过问，一一做主，呕心沥血。应该说，张之洞的努力也是有成效的。像近代湖北武汉那几个现代化的大型企业，在当时的条件下，除了张之洞这样的人，谁也办不起来。但是，由于他把一种与企业不相干的原则、目标和精神注入到企业之中，使企业不是为着一个简单的经济目标，不是遵循一个简单的经济规律运行，而是为经济之外的政治的、文化的等等其他目标而运行，这使企业的发展受到了很大的压制。对于当时为数不多的能够经营现代化企业的经理人员来说，能到李鸿章手下任职，是他们很向往的事；而对于张之洞，他们都没有这种热望。

与李鸿章、张之洞不同，袁世凯在直隶发展工业又是另外一种风格。袁世凯这个人作风干练，手段老辣，功利心和事业心都很强。在搞经济建设、搞工业化这方面，他一面跟张之洞一样把发展经济视为他人生追求的重要目标之一，也是事必躬亲，大小事都要过问，同时，他也像李鸿章那样，尽量为经济发展创造一个良好的政治和社会环境。我们可以看到，袁世凯在直隶采取的那些措施，例如整顿吏治、发展教育、选派人员出国等，和张之洞在湖北所采用的方法非常相似。袁世凯还有一个重要的特点，就是他很有办法笼络下人，使他们在感情上、关系上都对他非常依赖。因此，袁世凯的手下，名义上是国家的官员，实际上是他私人的属下，只对他个人忠诚，只对他个人负责。中国北方著名的实业家周学熙和袁世凯就是这种关系。周学熙在直隶的实业，大部分都是在袁世凯的支持下发展起来的；同时，周学熙的成就又给袁世凯以极大的回报。

李鸿章、袁世凯和张之洞他们三位督抚都对近代燕赵的工业化建设产生了重要的影响。由于他们的个性、理念和任职的不同，对燕赵的影响大不相同。在李鸿章，他是燕赵工业化的开山鼻祖，唐山、开平、启新等成就都是和他联系在一起的；袁世凯紧接着李鸿章的事业而来，天津的工业化、京张铁路等都是和他联系在一起的；在张之洞，著名的京汉铁路是他一手规划并亲自指挥修建起来的，但是，他对燕赵工业化的影响主要还不在这些硬件的建设上，而在软件建设即工业化的思路和理念上。他的"官倡民办"的经济思想，他的政治、经济、教育协调发展的系统观念，他在新政中所力主改革的新兴举措，或多或少，或早或晚，实际上已成为燕赵早期工业化过程的一条内在的主线。我们要研究燕赵的工业化历史，就不能不关注张之洞的工业化理念在燕赵河北留下的深刻印记；就不能不关注由制度层面引发的社会经济转型，对近代燕赵社会变迁带来的巨大影响。张之洞对中国近代化的作用非李鸿章和袁世凯所能相比，他的开放思想，他的民族精神和爱国主义情怀都是值得特别肯定的。

## 二、京汉铁路的修建与燕赵工业化的进程

社会经济的发展，常常受交通等基础产业的影响和制约。近代工业文明和现代科技催生了铁路、汽车、轮船和航空运输业的兴起，由此极大地促进了不同地域的经济和文化繁荣进步。

### （一）李鸿章与唐胥铁路

工业化在世界各地的兴起，是通过几个行业的率先发展而展开的，一个成功的行业，往往可以带动起许多个领域。比如，在英国，它的工业化是通过近代化的纺织工业而发展起来的。在德国，近代化的化学工业的兴起对德国的发展起了决定性的推动作用。在美国，钢铁和石油工业对它的发展产生了决定性的影响。当晚清中国政府开始它的近代工业化之路的时候，世界上先进国家的工业化已经

发展成熟，在它们那里的成功的产业，对近代的中国发展都是有效的。在前面我们已经看到了晚清中国政府汲汲于举办冶金、煤矿、航运、军工等产业，而对近代化能够发挥最重要影响的铁路工业反而没有提到，这是怎么回事儿呢？

我们知道，世界上第一条钢轨铁路是英国在1825年铺设的。紧接着，美国于1830年开始铺设铁路。其他的国家，法国在1832年，德国在1835年，俄国在1837年，意大利在1839年，西班牙在1848年，埃及在1855年，日本在1872年都纷纷开始铺设铁路。到十九世纪末，全世界的铁路已经发展到65万公里。在中国，最早认识到铁路的重要性的是李鸿章，他在光绪三年（1877年）就曾与恭亲王谈过这个问题。恭亲王及军机大臣中少数人虽然支持他的提议，但是慑于朝廷中众多的反对意见，未公开提出来。

但是，修建铁路的意义和效益太重大、太吸引人了，面对中国丰富的待开发的经济资源，已经在中国扎下根的西方列强各国无论如何也不愿意放弃就在眼前的大好赚钱机会。早在1863年，大清的军队还没有攻下被太平军占领的苏州时，几十位外国商家就联合向当时的江苏巡抚李鸿章建议，修建一条从上海到苏州的铁路。驻上海的英、美、法三国领事，也附和支持这一建议。但当时的李鸿章还处于蒙昧状态，根本不知道铁路是什么玩意儿，很不客气地拒绝了他们的提议。此后不久，有一位在印度负责修建铁路的英国专家来到中国，考察了一番中国的情形之后，给清政府提出了一个宏大的建议：把武汉作为中国铁路航运的中心，从武汉开始，把铁路向东修建到上海，从上海修建到宁波和杭州；从武汉向西，经过四川和云南，一直修到缅甸和印度；从武汉向南，经过湖南把铁路修到广州；从武汉向北，经过镇江、天津，把铁路修到北京。这是一个很了不起、对中国很有实用价值的计划。这个计划如果能够在当时着手进行的话，中国的现代化可能会提早一个世纪实现。可惜的是，大清王朝在当时根本不具备对这一宏伟计划的理解力，所以，这个计划递上去后，根本没人理睬。此后，许多外国人向中国的朝廷和官员陈说他们的修路计划，但都没有被采纳。

真正由中国人自己修建的铁路，是1879年由李鸿章经办的唐胥铁路。1876年，朝廷批准兴办开平煤矿之后，修建铁路的计划也随之被列入议事日程中。早在唐廷枢为开平煤矿造计划的时候，他就把修建铁路的问题考虑进去了。当时他就认为，如果开平用传统的人工办法采煤，它的煤价还抵不过进口的英国煤和日本煤；如果开平能够用现代化的办法采煤，它的价格比起英国和日本来，略有优势；如果开平用现代化的办法采煤，再加上用现代化的办法如火车和轮船运煤，那么，开平的煤炭价格与进口外国煤价相比，就会有很大的优势。李鸿章完全同意唐廷枢的设想和规划，开平的煤矿一投产，他就托人向朝廷打报告，要求修建一条从唐山到附近的出海口北塘的铁路。朝廷把这个计划拿出来让官员们讨论，结果被一口否定了。李鸿章很知趣，他没有再去碰这个钉子，转而找到了醇亲王，让他在朝廷的高层做沟通工作，竟然获得朝廷内部高层的默许，李鸿章就让唐廷枢大胆地干起来。在设计上，这条铁路一头接着唐山，另一头通到胥各庄，从胥各庄开始挖运河，直到与现有的蓟运河相通，利用运河通到北塘海口，然后通过海运，把煤炭运到天津和上海。

这条铁路长10公里，1881年年初始动工修建，同年11月正式建成。负责修建这条铁路的工程师是英国人金达。他非常尽心负责，将铁路的轨距设计为1.435米的标准轨距，之后在中国其他地方修建的铁路，全都仿照这个做法，唐胥铁路由此成为中国近代铁路建设的样板。此外，在安排铁路工程的时候，金达还利用公司现有的钢铁和锅炉等材料，组装了一台机车。这样，中国不仅有了自己的第一条铁路，还有了第一台机车。翌年，随着煤炭运输要求的提高，公司又从英国购买了两辆机车，三辆机车一同奔驰在唐胥铁路上，把开平的煤炭源源不断地运到全国各地。

**（二）张之洞与卢汉铁路**

唐胥铁路的修建，拉开了近代中国修建铁路的序幕。几辆轻便机车在唐胥铁路上运行，使人们亲眼看到了这一钢铁动力的巨大效力。但是，修建铁路还是面临着巨大的阻力——来自传统思想观念和意识形态方面的影响。这一阻力不仅制约着铁路的建设，也阻碍着其他工业化项目的落实。从曾国藩、李鸿章到张之洞，其工业化的一系列安排无不受到传统观念和意识形态的制约。那么，这些传统观念和意识形态都是什么内容呢？它们又是怎么阻挡中国工业化的进程呢？

清政府在其统治的历史中非常重视意识形态的建构，作为政治统治的工具和国家的思想观念，清王朝的意识形态有两大特色：在哲学上以程朱理学为骨干，在思想上以“君尊臣卑”和“华夷之辨”为核心。在康、雍、乾等数代君王的统治下，统治者通过发布上谕、甄别官吏、编纂文献、科举考试、文字狱等方式，把意识形态观念编织得完备而沉重。到了近代，意识形态观念成为历史进步的巨大阻力，其具体表现就是在晚清自强运动中一部分保守落后的官僚，以清王朝的意识形态观念为依据，极力阻挠改革，公开反对在中国搞现代化。

“自强”一词最早在1860年出现，至六十年代后期成为朝廷上下普遍关注的话题。早期的自强是对朝廷要求重振意识形态观念的具体回应，自强的内容无非是正纲纪、严人心、练兵筹款以及其他循名责实的内容。1864年之后，一批在镇压太平天国起义中起家的军事将领曾国藩、李鸿章、左宗棠、沈葆桢、刘坤一等人，占据大江南北重要督抚的职位。他们对现实问题的关注大大高于对意识形态问题的兴趣，这批地方实力派人物与朝廷中的总理衙门相配合，逐渐把自强引出原来的思路，进入了所谓洋务的轨道，也就是“内须变法，外须和戎”的“借法自强”之路。七十年代后期，曾国藩、左宗棠等人相继退出历史舞台，李鸿章遂成为自强运动的核心人物。他以有远见的现实眼光、熟练的行政手段和对清王朝的忠诚，对上博得了慈禧、奕䜣、奕譞等最高统治集团的信赖，中间得到沈葆桢、丁日昌、刘铭传、张树声、郭嵩焘等人的支持，下面则吸收了冯桂芬、薛福成、王涛、郑观应、马建中等人为其幕僚。在这样一批遍布朝野的力量的推动和支持下，自强运动或者说洋务运动从军事到经济、由教育至外交，在各个领域内渐次展开。

尽管洋务运动的基本目标是增强清王朝的生存力量，扩大清王朝的生存基础，举办洋务的官员从没有对朝廷意识形态提出过任何怀疑，有的人（如曾国藩）甚至为复兴朝廷的意识形态的影响做过许多努力，但由于指导思想完全超出了大清王朝的意识形态的框架，这使其合法性受到了强烈的怀疑。担负着维护朝廷意识形态职责的官员在保持了一段克制的沉默之后，终于开始表达自己的看法。事情首先是由设置京师同文馆问题引起的。同治五年（1866年）十二月，在李鸿章的建议下，恭亲王奕䜣上奏朝廷，要求在同文馆已有的三馆之外，另增设一馆，“咨取进士、举人、恩、拔、副、岁、优贡生，并翰林院庶吉士、编修、检讨及由前项出身之京、外各官，考试录取留学……”，“聘请洋教习，教授天文、算术、格致、制器”。奕䜣等人自信地认为：“诚以取进之途一经推广，必有奇技异能之士出乎其中，华人之智巧聪明不在西人以下，举凡推算、格致之理，制器、尚象之法……倘能专精务实，尽得其妙，则中国自强之道在此矣。”[1] 奕䜣的提法受到朝廷的赞许，但在交廷臣讨论的时候，御史张盛藻却提出不同意见。他认为“若以自强而论，则朝廷之强莫如整纪纲、明政刑、严赏罚……臣民之强则惟气节一端耳”，而“气节”又是朝廷“数百年深仁厚泽以尧、舜、孔、孟之道为教育以培养之也”。据此，张盛藻提出，学习西洋天文算

[1] 中国科学院近代史研究所、中央档案馆明清档案部、中国史学会：《中国近代史资料丛刊 · 洋务运动》（二），上海人民出版社1961年版，第23页。

数，应由钦天监、工部从社会上招收学员，不应该“令正途科甲人员习为机巧之事”，此乃“重名利而轻气节”，是对国家伦理原则的严重偏离，“无气节安望其有事功哉”[1]？此奏意思是说自强应在儒家伦理道德与国家的意识形态框架之内规划，不能偏离国家的意识形态方向。张盛藻的批评在朝廷中引起反响，二十多天之后，大学士倭仁从意识形态的立场更加郑重其事地提出自己的批评。他的奏折开篇即写道：“立国之道，尚礼义不尚权谋；根本之图，在人心不在技艺。”他批评奕䜣“今求之一技之末，而又奉夷人为师……古今来未闻有恃术数而能起衰振弱者也”[2]。此奏折不长，却把批评上升到关乎性命之理与华夷之辨的意识形态的高度，从立国之道和根本之图的角度，简明扼要地提示出洋务指导方针与儒家伦理原则的对立，提示出洋务运动对清王朝意识形态的背离。

围绕着同文馆的交锋发生不久，同治十三年（1874年），日本悍然以武力威胁台湾，引发清政府上下关于海防问题的大讨论。在这场讨论中，李鸿章向朝廷上奏了著名的《筹议海防折》，公开宣布了洋务派对时局的观点和对自强的全面主张。此时倭仁已故，但面对洋务派的公开宣言，仍有许多大臣站出来，不顾朝廷对李鸿章等人的支持，再一次从意识形态的角度对洋务方针提出批评。这些人中包括通政司参议于凌臣、顺天府丞王家璧等，他们承接了倭仁的论理方式，把洋务立论之基与意识形态立国之道胪列对立，称前者的根本在“机器”、在“寡廉鲜耻”，称后者的根本在“人心”、在“数十年礼义廉耻之维”，认为自强之道必须以维护朝廷的意识形态的完整性为前提，尧舜周孔之道、君臣父子之伦、礼义廉耻、华夷之辨，既是立国之本、御敌之本，也是自强之本，而李鸿章、丁日昌的造船论和变科举论，是“直欲用夷变夏”，如此则“礼义廉耻纲常伦纪，必然失而勿守”，批评李鸿章、丁日昌“直欲用夷变夏不止”[3]。另一位反对者王家璧，没有像这些同行那样空谈儒家伦理道德，却以洋务内行的口吻，讨论了督抚官员热衷的海防、塞防、水师、炮台、兵饷、西征等话题，称赞许多洋务官员“老谋深识，有裨国家远图”，重点却是批评丁日昌的造船论和李鸿章的变科举论。他从卫道的立场出发，捍卫以纲常名教为核心的儒家伦理道德的完整性，

[1] 中国科学院近代史研究所、中央档案馆明清档案部、中国史学会：《中国近代史资料丛刊·洋务运动》（二），上海人民出版社1961年版，第29页。

[2] 中国科学院近代史研究所、中央档案馆明清档案部、中国史学会：《中国近代史资料丛刊·洋务运动》（二），上海人民出版社1961年版，第30页。

[3] 中国科学院近代史研究所、中央档案馆明清档案部、中国史学会：《中国近代史资料丛刊·洋务运动》（一），上海人民出版社1961年版，第121页。

再次重申民心可用、道义可恃，对李鸿章、丁日昌的变科举、改章句的做法深为愤慨，认为这样将动摇儒家观念在文化意识形态中的地位。[1]

第三次也是持续时间最长的一次争论，是围绕铁路问题展开的。早在光绪三年（1877年），李鸿章就已经认识到铁路在国家自强中的地位，有意把修铁路列为自强的内容，他预料此议必然会招致众多的反对，故迟迟不敢提出。光绪六年十一月，前直隶提督刘铭传在李鸿章的授意下，正式向朝廷递交了修建铁路的奏折，并详陈了铁路在国防、交通等国家自强方面的重要作用。此建议一出，首先引起侍读学士张家骧的反对。紧接着，顺天府丞王家璧、翰林院侍读周德润、通政司参议刘锡鸿等纷纷上书反对。由于铁路具有较为广泛的社会关联，反对派也陈议颇宽，搜集了各种各样的反对理由，中心却依然是围绕着儒家的政治伦理和华夷之辨这一意识形态的核心观念展开，认为修铁路不符合朝廷的意识形态原则。如周德润说："铁路……行之外夷则可，行之中国则不可。何者？外夷以经商为主，君与民共谋其利者也；中国以养民为主，君以利利民而君不言利者也"，铁路之议一出，"聚敛之臣纷纷言利，殊失圣天子爱育黎首之本怀"。[2]更有人散布这样的威胁："若铁路一行……冠裳化为鳞介，礼义必至消亡。"[3]光绪七年四月，李鸿章在奕䜣的支持下，不通过朝廷讨论即修筑了从唐山到胥各庄的铁路；光绪十四年，经朝廷同意，这条铁路经大沽扩展到了天津；是年十一月，奕䜣奏请把这条铁路由天津扩修到北京通州。此议再次在朝廷中引起轩然大波，先是大学士恩承、吏部尚书徐桐联名上书反对，紧接着，数十名京官以"资敌""扰民""夺民生计"为理由，纷纷上书，阻修这条铁路。争论持续到次年十一月，在朝廷的干预下，修铁路的决策才最终确定下来。

整个洋务运动期间，大大小小的决策如遣使、议和、电报、造船、举办民用企业、改革科举制度等，无一不受到朝廷中相当一部分人的攻击，以上所举不过是其中影响较大的几项。过去学术界提到这些争论，常称之为地主阶级顽固派或文化保守派的表现，还有人认为这是朝廷内部的权力斗争；但是，无论权力斗争还是文化分歧，都不足以解释这场争论的性质。首先，反对派的行为并没有任何

[1] 中国科学院近代史研究所、中央档案馆明清档案部、中国史学会：《中国近代史资料丛刊·洋务运动》（一），上海人民出版社1961年版，第124—125页。

[2] 中国科学院近代史研究所、中央档案馆明清档案部、中国史学会：《中国近代史资料丛刊·洋务运动》（六），上海人民出版社1961年版，第152—154页。

[3] 中国科学院近代史研究所、中央档案馆明清档案部、中国史学会：《中国近代史资料丛刊·洋务运动》（六），上海人民出版社1961年版，第206页。

权力斗争的含义，也并没有为哪一个权力人物所利用。其次，从文化角度看，反对派与其说是代表儒家文化的立场，倒不如说是体现着在康、雍、乾年代形成的朝廷的文化观点。实际上，从争论的内容到语言到影响可以看到，反对派真正所要维护的是在十八世纪朝廷通过发布上谕、编纂文献、文字狱等文化和政治手段所形成的并一直延续下来的朝廷的观念要求。因此，洋务派与其反对派之间的这场漫长而尖锐的分歧和批评，既不是什么权力之争，也不是什么文化观念之争，而是一场地地道道的意识形态之争。反对派所要维护的是正统的思想观念，亦即国家意识形态的完整性和权威性，这就必须对洋务运动的一系列做法提出批评。

面对反对派来势汹汹的进攻，洋务派并没有沉默。早在围绕同文馆的争论进行之时，奕䜣就向朝廷递交了长篇奏折，陈述洋务行为的正当性，讽刺倭仁的高论是“空言塞责”，是“以忠信为甲胄，以礼义为干橹”，对解决现实的灾难毫无裨益；在围绕铁路问题的争论中，刘铭传等人奋起反击，他在奏折中详细陈述铁路的种种益处，剖析了反对派强加于铁路之上的所谓“资敌”“扰民”等等罪名的不实，并进一步为洋务官员的自强方针辩解称：“外洋以商务为国本，自强在经商；中国以民生为国本，自强在爱民。不知商即民也，商务即民业也，经商即爱民之实政……故欲自强必致富，欲致富必先经商。西国官与商合，在下无不达之情；中国官与商分，在下多难言之隐……臣以为当此改弦易辙、发愤为雄之际，亟宜讲求商政……行之数十年，物阜民康，无敌于天下，此所谓商战从容坐镇而屈人者也。”[1]

但是，无论洋务派如何申诉，他们只能从现实的层面解释其行为的合理性，他们既无法把自己的行为同“华夷之辨”这样的意识形态观念衔接起来，也就无法从意识形态的高度解释自己行为的正当性。因此，在反对派一再高唱的“华夷之辨”“尊卑之分”“名器之重”“忠义之言”“廉耻之道”“士林之节”“圣贤大道”“根本之图”等意识形态高调之下，洋务行为是没有任何立足之地的。

这是问题的一个方面。另一问题是，十九世纪末期的中国，同康乾时代的中国相比，生存的环境已完全不同，锁国的大门已被打开，列强的渗透已深入内地，王朝的生存已完全建立在洋务派的“和戎”和“借法自强”之策上，不论朝廷愿意与否，都要在一定程度上与洋务派合作，依靠洋务官员的努力来维持自己的生存。

[1] 中国科学院近代史研究所、中央档案馆明清档案部、中国史学会：《中国近代史资料丛刊·洋务运动》（六），上海人民出版社1961年版，第249页。

尽管如此，朝廷在意识形态上并没有任何松动，在科举、上谕、用人、决策等公开的政治、文化行为中依然保持原来的体制和观念，“君尊臣卑”和“华夷之辨”等依然是国家意识形态的核心。事实上，这些思想观念与清王朝的生存有着更为深刻的关联，朝廷既无力也不想触动它。

于是，十九世纪六十年代之后，清王朝内部出现了一种奇特的扭曲现象：在现实中是正当合理的洋务运动，在观念领域即为离经叛道的行为。一方面在现实中，洋务运动的各种决策次第推行；另一方面，反对洋务运动、重申十八世纪闭关锁国思想的观念大畅其行；一方面洋务官员感到自己的行为受到来自文化思想领域中的阻力，这使奕䜣“为之心灰而气沮”，李鸿章抱怨“三十年来日在谣琢之中”，奕譞感叹“外敌之窥伺易防，局外之浮嚣难靖”；另一方面，自觉承担卫道责任的官员又深感言论不被重视，意识形态的合理性受到压制，称“偶有陈奏，辄蒙严旨谴责，公义未申，先蹈徇私之咎。千古钳制言路，莫此为甚”[1]。整个洋务运动的二十多年间，大清王朝内部一直充满了这种观念的合理性与现实的合理性的冲突和对抗。

多年来，张之洞一直冷眼旁观大清王朝内部这两种力量、两个阵营、两种观念、两种合理性的对抗、冲突和争吵。本来，入仕之初，张之洞是言官阵营中的一员猛将，曾经挥动他犀利的文笔，多次把洋务阵营批评得狼狈不堪。可是，一转眼，张之洞从一个坐而论道的言官，变为一个手中掌握实权的封疆大吏，先是出任山西巡抚，接着又转为两广总督。随着身份地位的变化，他的观念和思维方式也开始发生变化。其中之一是他逐渐认识到，这两个长期对抗的阵营中各自都包含着一定的合理性和现实性，为了大清王朝的利益，双方应该互相理解，承认对方的合理性和合法性。基于这种认识，他不再像为言官时那样，认为洋务官员是“聚敛之臣”“寡廉鲜耻”；他也不再像洋务官员那样，认为言官阵营是“局外浮嚣”“空言塞责”。经过多年的酝酿和思考，他的这种认识终于在借着表达他个人对修建铁路这一问题的看法的时候，完整地陈说出来。

正像前文所叙述的那样，清王朝内部关于铁路问题的争论已经延续了许多年。光绪十五年（1889年）二月初六日，军机处发布朝廷懿旨，就修建津通铁路这一问题，征询张之洞、曾国荃、刘铭传、王文韶等主要疆臣的看法。三月初三日，张之洞向朝廷递上他的那份著名的《请缓造津通铁路改建腹省干路折》，全

[1] 中国科学院近代史研究所、中央档案馆明清档案部、中国史学会：《中国近代史资料丛刊·洋务运动》（六），上海人民出版社1961年版，第232页。

面陈述了他对修建铁路问题的看法。这本奏折应该说是中国近代史上少有的几篇伟大的文献之一，其重要地位可以和黄爵滋在1838年上奏的《请严塞漏卮以培国本》、曾国藩在1852年所写的《讨粤匪檄文》、李鸿章在1868年所上奏的《筹议海防折》相媲美。它们都是在历史的关键时刻出现，在纷纷扰扰在议论中突兀而出，以高瞻远瞩的见识和观念使众人耳目一新，历史由此被引入一个新的方向，被带入新的轨道。

首先，张之洞把修建铁路与儒家的伦理道德联系在一起。在张之洞看来，修建铁路这样的事不仅是现实的需要，更重要的是捍卫和发扬光大儒家的思想观念的要求。对此，张之洞在他的奏折中一再申明，修建铁路乃“王道养民立国之本源，并非西商争利会计之小数”[1]，修建铁路这样的事，是完全符合儒家的伦理道德观念的。他的这一论述，彻底堵住了长期以来来自言路阵营的、以儒家伦理道德观念为依据的对洋务行为的喋喋不休的攻击，使洋务运动不仅有了现实的依据，同时也有了儒家文化和意识形态的依据。

其次，张之洞把修建铁路问题放在一个更广阔的现代化的背景上去看待，极大地提升了铁路对中国工业化的重要意义。事实证明，他的这一认识不仅是深刻的，也是符合历史实际的。

第三，他建言先放弃修建那些短小而又不太重要的铁路，转而在中国腹地修建一条具有重要的战略意义和现代化意义的铁路。这也反映出他对这一问题的见解大大超出了常人的一般观念。由于他的论述周详，计算精细，基本上完全勾画出未来的京汉铁路的全部轮廓，这不能不给人留下一个深刻而又无法反驳的印象。

张之洞的这一番论述，首先打动了慈禧太后。她在张之洞的奏折上批复道：“张之洞所议，自卢沟桥起经行河南达于湖北之汉口镇，划入四段分作八年造办等语，尤为详尽。此事为自强要策，必应统筹天下全局。”[2] 经过朝廷上下的反复议论，张之洞的意见终于获得了大多数人的认可。从此，朝廷不仅决心要修建铁路，而且要修建一条重要的、纵贯中国南北、有着伟大的现代化意义的铁路。此决定一下，近代中国特别是燕赵的现代化事业因此而受到至为深刻的影响。

[1] 苑书义等：《张之洞全集》第一册，河北人民出版社1998年版，第662页。
[2] 苑书义等：《张之洞全集》第一册，河北人民出版社1998年版，第667页。

### （三）京汉铁路塑造燕赵社会新面貌

京汉铁路纵贯中国南北要地，所经过的几个省都是人口繁密、经济发达之地，货运、客运都十分繁忙，赢利也十分可观。据说在1907年，纯赢利就达二百二十一万元。在当时的财政收入非常紧张的情况下，这笔经济来源对维持清政府的生存无疑起到了极其重要的作用。清政府当然也意识到了这一点。铁路建成的第二年，清政府就设法还清了比利时的贷款，把路权完全收回（这一点，由于中比的贷款合同早有说明，比利时对此也无可奈何）。紧接着就酝酿修建粤汉铁路，以期进一步扩大铁路带来的收益。不过，这一次与上一次有所不同。上一次中国人对修建铁路大都持观望态度，这一次知道了修造铁路的好处，南北商民一窝蜂地挤上来，都要求参与，结果搞得清政府几乎无法下台。当然，这些都是后话了。

就京汉铁路所带来的收益而言，燕赵地域可以说是受益最大的一个。燕赵地理形势是南北长、东西窄，京汉铁路纵贯南北，使燕赵的大部分地区都可以利用这条铁路。在修建京汉铁路的时候，在直隶这一带还修建了几条支路，更扩大了燕赵地域的受益面积。如果说李鸿章任职直隶时是近代燕赵的第一个工业化高潮，袁世凯任职直隶时是近代燕赵的第二个工业化高潮，那么，京汉铁路的修建则带动起近代燕赵的第三个工业化高潮。随着京汉铁路干线的建成，在燕赵境内、京汉铁路的两旁，同时修建有好几道支线：其一是坨里煤矿支线，它由直隶的良乡站通到坨里石子山，全长共16.3公里；其二是保定南关支线，由省府保定至保定南关；其三是临城煤矿支线，是由邢台的鸭鸽营站至临城煤矿，全长16.7公里；其四是周口店支线，从琉璃河站至周口店煤矿石灰矿区，全长15.2公里；其五是新易支线，从高碑店站至易县梁各庄清西陵，全长42.5公里。这五条支线中，除了新易支线是袁世凯专门为慈禧太后祭祀西陵和修建慈禧太后的陵墓而特地铺设之外，其余全是为了开发周围的经济资源而修建的。这些煤矿企业与京广铁路以及京广铁路的支线接合成为一个休戚相关的整体，没有京广铁路的修建，就根本不可能有这些煤矿的开发。除了上述小煤矿得利于铁路之外，近代燕赵的其他煤矿企业也都极大地受益于京广铁路的修建，比如位于磁县的六河沟煤矿、邯郸市的峰峰煤矿、石家庄市的井陉煤矿等，都是在京广铁路的带动下发展起来的。

1.飞速发展的交通运输业推动了燕赵近代城市的发展

燕赵的工业化得力于京广铁路，燕赵的城市化也得力于京广铁路。随着京广铁路及其各条支线的修建，直隶成为中国交通条件最优越的省份。交通的便利，为整个工业化的发展，既提供了必要的条件，又起到了强大的刺激和推动的作用。铁路打破了原来封闭的自然经济的大门，使现代文化观念输入到落后地区。京汉铁路所到之处，给古老燕赵的城市化和现代化带来了许多极富戏剧性的变化，一些古老的城镇如大名府、广平府等，在京汉铁路兴建之前，都是州府所在地，又位于交通要道，是方圆数百里的政治、经济和文化中心，有着上千年的锦绣繁华历史。但京汉铁路修建之后，这些古老的城镇由于远离现代化的交通要道，它们的地位一下子就跌落下来，不但未能像其他城镇那样得到发展，反而一步步地衰落。而一些原来并不太重要的城镇和村庄，如邯郸、邢台、石家庄等，因位于京汉铁路沿线，在现代化的巨大动力推动下，获得了新的生命力。而今河北省最大的城市石家庄，原来仅仅是获鹿县（今鹿泉区）属下的一个默默无闻的小村庄，清光绪二十九年（1903年），京汉铁路从这里经过，光绪三十三年，正太铁路从这里经过，随之，这个小小的村落成为四通八达的铁路车站枢纽必经之地，而日益飞跃发展。此前，于1898年，创建了井陉矿务局，下属三个矿。此后，石家庄车站开始迅速发展。围绕着车站的需要，1905年，建立了石家庄车辆厂；1908年，交通银行在此设立支行，现代化的金融开始在这里发展；1909年，建立正太铁路医院；1919年，这里有了发电厂，电力工业开始发展；同年，新式的邮政也在这里落户；1922年，一个现代化棉纺厂，也就是后来的石家庄第七棉纺厂在这里建立，拉开了石家庄现代轻工业的序幕。在经济发展的同时，交通也开始快速发展：1909年修建了新井铁路支线，从井陉南河头通至井陉煤矿；1919年又修建了凤山煤矿到井陉南张村的凤张铁路支线；1941年，石家庄至德州的石德线通车。石家庄作为一个交通枢纽的地位越来越重要。1925年，经中华民国临时政府批准，石家庄由一个普通的村庄成为一个车站，正式成为建制市，同时将附近的几个村庄如休门等划归石家庄。到1949年，石家庄已成为全国客货运行的一等站，日均办理车数一千二百辆；1954年成为特等站；现在，石家庄是全国三大编组站之一，每天接发客车五十多对，货车二百多对，石家庄铁路分局年运输量占全国总量的十七分之一。正是因为京广铁路经过这里，石家庄得以发展成为一个工业化的城市，继而又成为今日河北省省会。如果没有京广铁路，石家庄今天可能仍然是一个实实在在的无名小村庄。

邯郸也是这样。在明清时期，它是隶属广平府的一个县治，由于京汉铁路经过这里，在这里设置了一个车站，围绕着这个车站，各种金融、商业、工业和服务业也随之建立，它的经济、政治和社会地位迅速上升，现已成为以煤炭、电力、钢铁、纺织为主，机械、轻工、化工、电子、建材等工业全面发展的重要的工业基地，是河北省重要的省辖市。而原来的广平府治所在地，即今天的永年县城，反而成为它的治下。

2.铁路运输刺激了近代燕赵传统农业与现代国际市场接轨

京广铁路的修建，刺激推动了燕赵的工业化和城市化建设，而工业化和城市化的发展，又给燕赵的农业带来了惊人的变化。根据对二十世纪三十年代天津海关进出口贸易的统计，在此之前，天津海关的进出口贸易一直是进口大于出口，但是，到了三十年代，天津海关的出口开始超过进口。其原因在于，京广铁路深入燕赵内地，使燕赵农村古老的自然经济与现代化的世界经济发生了直接的关联，燕赵农村经济已经与世界农业和现代市场接轨。燕赵农村根据世界市场的需求，相当一部分地方已经不再像传统的自然经济那样，只种植粮食作物，而是根据国际市场的需要，主要种植花生、棉花等经济作物，在国际市场的需求下，各种养殖业也逐渐兴起，并开辟了新的国际市场。此时，燕赵农村是世界市场中经济作物的生产地，邯郸、邢台、石家庄等是这些经济作物的中等收购地，而天津则是这些经济作物的大型收购地和出口地。正是因为有燕赵农村大量的农副产品的大量出口，才使天津海关的出口贸易开始超过进口贸易。这正是，小农经济和世界贸易结合在一起，偏远的农村和全球经济有紧密的联系。如果说走向世界，当时的燕赵农村就已经走向世界了；如果说全球化，那时候的燕赵农村已经成为全球化的一部分。就这样，京广铁路以惊人的物质文明力量，推动了燕赵的工业化、城市化和农村现代化的发展。而这一切结果，又都起源于张之洞当年的那一个惊人的提议和规划。中华人民共和国成立之初，毛泽东在与黄炎培等人的谈话中提到中国民族工业发展道路时说："讲到重工业，不能忘记张之洞。"[1]这是对整个国家来说的。那么，对直隶来说，不仅重工业，整个工业化和现代化的历史都有张之洞的一份功劳。虽然他一生一直在远离燕赵的他乡任职，但他始终没有忘记作为燕赵儿女对家乡应负的那份责任。他的许多观念和行为都直接或间接地影响了近代燕赵的历史进程。

[1] 转引自丁守和《关于近代史人物研究和评价问题》，《近代史研究》1983年第4期。

# 第三章　晚清中国的改革与启蒙思潮

## 第一节　开眼看世界观念的兴起

历史的变革，思想往往走在社会现实的前列。当欧洲尚在中世纪的黑暗之中，意大利率先在思想观念上冒出了人文主义的思想火花，开始用文学艺术的手段，对基督教神权思想展开冷嘲热讽。中国在鸦片战争中的战败，也很快就在思想界引发回响，一个开眼看世界的思潮成为此后数代学人和官员的共识，在1840年以后的几十年，从沿海地区开始，慢慢地向内地延伸，由观念汇集为著述，由个别人汇集为群体，逐渐形成了一个共识：认识世界，变革自我。虽然在内地，甚至在沿海，大部分学人仍然热衷于中世纪的问题和话语，什么汉宋之争、心性之辩、佛儒之别等，但已经有相当多的一部分人开始把注意力聚集于介绍海外知识、批评国内弊政、宣传思想启蒙上。如果说欧洲的启蒙观念集中在反抗神学、追求人性等方面，那么中国的启蒙观念则主要表现为开眼看世界思潮。有几部最重要的著述可以做这个时代启蒙思想的代表作，其一是魏源的《海国图志》和徐继畬的《瀛环志略》，其二是冯桂芬的《校邠庐抗议》。前者是睁眼看世界的代表作，后者是批评国内弊政、呼吁改革的代表作。我们对早期启蒙思想的概述，就从这几部著述开始。

晚清中国在遭遇列强侵略的初期，面临的最大困境并不是中外力量的差别，而是清帝国长期的闭关锁国所造成的思想的极端愚昧和无知状态。我们的对手大英帝国为了开辟商源、殖民世界，对清王朝觊觎很久，对这个外强中干的大帝国的实情早已研究得很透彻。但是，清帝国对外界的状况基本是一无所知，不仅对欧洲近一百年来的经济社会变化毫无所闻，对英国的国家、民众、文化更是茫然无知。虽然广州负责承担对外贸易的“十三行”了解一些外部世界的信息，但他们的知识对整个帝国当政者的观念没有任何影响。当英帝国的兵舰突然降临中国沿海的时候，整个帝国几乎全都突然惊呆了，从朝廷到地方，从民众到官员，没有任何对目前困境的正面建言，反而是流言蜚语四起。理性地看待英夷的入侵，还是在魏源推出《海国图志》这部著述之后才开始的。

魏源是湖南邵阳人，1794年出生，1844年进士及第。其后长期在地方任中下级官员，一生郁郁不得志。但是，魏源不是一个庸庸碌碌的官员，恰恰相反，他是一位志存高远、为国分忧的思想家。夏剑钦的《魏源传》，称魏源的一生，曾经由理学家转而为汉学家，由幕友转而为亲民官，从解经笺诗的通儒转而为关心水利盐漕的实干家，从忧时忧民的学者转而为放眼世界的先驱。1841年，魏源当时在江苏任知县，与林则徐相识，受其嘱托，开始编纂《海国图志》。1842年，五十二卷的《海国图志》完成，翌年出版。严格说来，《海国图志》就是简要的世界百科全书，全书可分为六个部分。第一部分为《筹海》篇，是讲海防问题的。魏源根据中英鸦片战争的经过，从议守、议战、论款三个方面，总结了鸦片战争失败的经验教训；提出了很多战败之后所应该采取的措施，外交上的对策，军事上的对策，经济上的对策。著名的“师夷长技以制夷”的口号就是在这里提出的。第二部分，主要是世界地图及各国分地图。通过这样一个很感性的手段，让世人知道，中国仅仅是世界的一部分，中国的周围，存在着很多与中国一样的国家，中国不是世界的中心，更不是世界的全部。其实，中国历史上本来有一个很完整的世界概念，中国与周边的国家，有着几千年争夺生存空间的历史，中国人走出国门、走向世界的历史也很悠久，“中国是天下的中心”的陈腐观念，是清王朝灌输给国人的。魏源的新观念，使国人重新回到简单、平实的世界观之中。第三部分，详细介绍世界各国的地理位置、历史沿革、政治制度、物产矿藏、宗教信仰、风土人情、中西历法、中西纪年对照通表。这一部分可以说是对上一部分内容的补充和扩展，使人更详尽地认识到中国之外的世界各国的概况。第四部分，主要是林则徐原来所留下的有关鸦片战争的资料和林则徐当时组织翻译和搜集的国外的情报资料。林则徐在世时把这些材料交给魏源，嘱托他完成剩余的内容。第五部分是魏源尽可能凑集到的有关西洋机械制造方面的内容，比如船、炮、枪、水雷等武器的制造图样、西洋技艺、远镜做法资料、用炮测量方法及测量工具等等。第六部分，是《地球天文合论》，实际上是当时的天文学知识介绍，内容包括地球形状、运行规律，昼夜的出没，四季的运行，哥白尼太阳中心说等自然科学知识。

除了上述科学范围内的知识，《海国图志》另外一个突出的价值是它向世人传达的一个崭新的观点：向作为敌国的夷狄学习。在魏源的心目中，并没有后来人所谓的文明、野蛮的观念，也没有所谓的进步、落后的观念。魏源一直称大清的敌人为夷狄，没有肯定他们在文化、种族、道德上的任何优势，但是魏源却认为这些夷狄在战守、攻取、谈判、后勤、器械、枪炮等方面，都有大清须要学习的地方。因此，魏源提出一个大胆的命题："师夷长技以制夷。"其实，这一命题，放在久远的中国历史和文化中，并没有任何新鲜之处，中国在历史上，长期处于周边夷狄的包围之中，与周边国家和部族争夺生存空间，是中国历代王朝最紧迫的任务。从赵武灵王开"胡服骑射"的先例之后，中国历朝历代都有向周边国家学习的实例。尽管中国的整体文明水平远远高于周边部族，但这并不妨碍中国向周边国家和部族学习其他项目。只是在清王朝统治期间，国家刻意取闭关锁国的政策，与外界隔断一切往来，精神上故步自封，文化上不思进取，愚蠢傲慢，把学习外部的先进东西视为大逆不道。尽管魏源在《海国图志》中所罗列的夷人之长技，不过是"一战舰，二火器，三养兵练兵之法"，以及量天尺、千里镜、龙尾车、风锯、火轮机、自来火、自转碓、千金秤之类，并没有触及清王朝的思想观念和意识形态，但这样的列举，也不被社会所理解和接受。《海国图志》印出之后，很多年在中国卖不出几本，长期处于无人理睬被冷落的地位。这本书偶尔传到了日本，立刻引起日本维新志士的关注，在日本广受欢迎，成为日本变法革新的启蒙读物。一本书的不同命运，预示了它所在的两个国家的不同前程。

《瀛环志略》的作者是徐继畬。他是山西五台县人，出生于1795年，1873年去世。与前面的魏源不同，徐继畬的科举和仕宦都颇为顺利。他幼承家学，十九岁中举，三十一岁进士及第，先是任职于翰林院，后分发到福建担任地方官。就在魏源刚考中进士的1842年，徐继畬已经任广东巡按，1846年升任福建巡抚，官居二品。由于长期任职于东南沿海，徐继畬对鸦片战争的经历非常熟悉。他没有像其他官员那样，或者对这次战争麻木不仁毫不关心，或者激于义愤感情冲动；他心平气和地认真分析这次战争，细心剖析其中缘故。出于对国家、对历史的责任感，徐继畬开始认真研究西洋国家的真实情况，并开始写作《瀛环志略》这本书。与魏源不同，徐继畬的写作，大部分来自第一手资料。他长期在东南沿海任职，结识了很多外国人，包括传教士、军官商人等。徐继畬不耻下问，与各种各样的外国人交朋友，一有机会就向外国人请教国外的知识。

从知识论的角度看，徐继畬的《瀛环志略》与魏源的《海国图志》，这两本书并无太大区别，它们都是地理与社会知识著述，其目的是帮助当时的国人建立一个完整的世界概念，并针对西方列强入侵中国这一数千年未有之大变局，提出多种回应方法。但如果从内容与主旨上细读之，这两本书还是有着很多细微的差别。在《海国图志》中贯穿着一条特别明显的服务于国家政治目的的意图，即要了解西方列强、学习西方列强、战胜西方列强，用原书的话来说就是“为以夷攻夷而作，为以夷款夷而作，为师夷长技以制夷而作”。

相比之下，徐继畬《瀛环志略》的写作虽然也有强烈的现实目的，也是为当时的中国人睁眼看世界而作，但具体的政治与军事需要却并没有在该书中占有什么地位。相反，该书却有一个超出当时现实急需的军事和政治目标的文化观念目标贯穿在其中，在写作该书的现实需求的背后，还有一个更高的文化的、精神的需求隐藏在该书之内。这一点正是《海国图志》所没有的。《瀛环志略》中有一段话是对美国总统华盛顿的评语：“华盛顿，异人也，起事勇于胜、广，割据雄于曹、刘，既已提三尺剑，开疆万里，乃不僭位号，不传子孙，而创为推举之法，几于天下为公，骎骎乎三代之遗意。其治国崇让善俗，不尚武功，亦迥与诸国异。余尝见其画像，气貌雄毅绝伦。呜呼，可不谓人杰矣哉！”熊月之在记述徐继畬的这些话的后面，追加了下面一段文字：“在这段按语的手稿上，作者加以浓圈密点，特别是‘几于天下为公’六字，可以看得出，是写了圈、圈了再写的。可能在写这几个字时，颇费思索，考虑再三，最后才决定写上的。”通过此种记述，我们可以感觉到，作者在写作这些文字时，已经把这本本意是在介绍世界地理知识的著述，变成了一本传达文化理想与精神憧憬之情的思想启蒙著述了。作者肯定知道书中传达的这种观念与世俗的成见有多大的差距，但他更知道这些文字的分量之重，故权衡再三，还是要把自己内心的真正想法表达出来。

正是这一深层的理念，使《瀛环志略》与《海国图志》这两本书的主旨有了根本的不同：前者着重在文化取向，后者着重在现实取向；后者看重的是西方的船坚炮利等硬件设施，前者更看重西方的文化精神等软件优势；后者学习西方是着眼于现实生存，是为了在与西方列强对抗中获得军事优势，前者则把文化精神的共同之处放在更重要的地位，是为了求得思想文化的公理。尤为重要的还是两本书贯穿着完全不同的主题，亦即向西方学习的出发点不同：在《海国图志》那里，学习西方是基于一种生存的必需，学习西方是为了战胜西方，中国与西方，不论有多少共同之处，永远是生存的竞争对手。魏源开口闭口称西方列强为“夷”，这并非简单的是对西方的蔑称，更重要的是在表示中国与西方之间的敌对关系。

《海国图志》中包含的这种对西方列强的深刻敌意，使很多来自西方国家的外国读者甚为反感，而中国的东邻日本却对之非常赞赏，他们不仅接受了该书传播的知识，同时接受了该书包含的理念；而日本学习西方的最重要的动机，就是基于生存的竞争需要，并且排除了其他所有干扰。把所有一切力量都汇集到一个目标，这是近代日本成功的一个重要因素。

相比之下，《瀛环志略》包含的思想远没有这么简单。从动机来讲，徐继畬与魏源本来没有什么差别，都是基于现实的需求，基于中国睁眼看世界的愿望，但落脚点却大相径庭。《海国图志》是从现实出发，最后仍归结到现实；《瀛环志略》也是从现实出发，落脚点却归到思想观念与文化理想之中，由与西方的竞争与敌对关系，最后回到了共同的文化理念之中。从这一层转折之中折射出的观念就是：西方列强不仅是我们的对手，更是中国文化与精神的导师，是思想的膜拜对象；中国与西方在表面的敌对关系背后，是更重要的文化同构关系。在这种文化同构关系之下，作者一时忘却了中国与西方列强之间的生存竞争关系，把学习西方上升为一种纯粹的文化需求，而不再包含现实的功利目标，而西方的优势，在作者的诠释之下，由原来的船坚炮利这些纯粹的物质主义和武器力量，变成一种道德与理想的精神力量。

晚清知识界对西方列强入侵给予了充分的关注和应对，但清王朝最高统治者却极为麻木，既不关心知识界的反应，也不主动应对西方列强的侵略，错失了一次又一次的历史机遇。直到中英《南京条约》签订之后二十年，经历了两次鸦片战争的挫折与太平天国运动的惨痛，晚清政府才在曾国藩、李鸿章、奕䜣、文祥等官员的推动下，开始了自强运动。对于这一运动，后代学者称其主旨为“内须变法，外须和戎”，还有人称之为“中学为体，西学为用”，其实这都是不准确的。晚清自强运动的主旨和追求，其实就是魏源在《海国图志》一书中提出的“师夷长技以制夷”，也就是说，要以实际行动学习西方，强大自我，以实现与西方列强各国的平等相处。全面表达自强运动理念与规划的是冯桂芬的《校邠庐抗议》。在该书中，冯氏把魏源在《海国图志》一书中提出的要求作了全面发挥，对中国须要向夷狄学习的紧迫性、必要性作了充分陈述。他提出的自强之策有采西学、制洋器、善驭夷、改科举、改会试、广取士等十几项措施，较为完整而深刻地道出了中西各方面差别，认为中国“人无弃才不如夷，地无遗利不如夷，君民不隔不如夷，名实必符不如夷……至于军旅之事，船坚炮利不如夷，有进无退不如夷”。对学习西方的哲学依据，冯桂芬作了非常实用主义的解释：“法苟不善，虽古先吾斥之；法苟善，虽蛮貊吾师之。”那么，学习西方的目标是什么呢？冯桂芬的回答是：“始则师而法之，继则比而齐之，终则驾而上之。

自强之道，实在乎是。”此中所透露的信息，与魏源的观念如出一辙，都是把大清帝国的现实生存需要作为学习西方的唯一依据与目标，学习西方就是为了与西方列强争夺生存空间，争夺生存资源，争夺生存地位，始则学习西方，终则战胜西方，这就是他们划定之目标。在自强运动的四十年，在大清帝国许多人的头脑中，都存在这一庄严肃穆的气氛，他们舍弃帝国的傲气，忘却中华的尊严，屈尊与他们心目中的蛮夷周旋。在对帝国体制与孔孟文化充满自负感觉的同时，学习西方列强的各种技术与文化。晚清自强运动虽然没有实现其应有目标，但领袖所执着的精神与怀抱的理念却具有永久的历史价值。这种精神与理念在今天可以概括为以下几点：

第一，以我为主的取舍态度。清王朝在与西方列强遭遇的过程中，最初以天朝大国自居，鄙视对手。但在一连串的交锋之后，军事、商战、外交均居下风，于是开始放下天朝大国的架子去学习西方，却仍然保持自尊，用他们的话来说就是“以中国之伦常名教为原本，辅以诸国富强之术”，或者是“中学其体也，西学其末也；主以中学，辅以西学”，等等。总之，在他们看来，西方列强之强，只是强在船坚炮利这些微末技艺上，中华伦常文明的优势则是西方列强无法相比的。今人批评这样的观念时，认为这是对西方文明的无知。殊不知，这正是晚清提倡自强的思想家和先行者的高明之处。在西方的军事、经济、文化大举压境的局势中，他们仍然保持了对中华传统和文明的一份自信与尊严，保持了自己在与西方列强交往中以我为主的信心，在学习西方的同时，仍然怀有对西方的藐视态度，即学习西方而绝不崇拜西方。面对西方列强的种种优势，他们只选择对自强有用的东西，对其他文化毫不理会。这就是他们的以我为主、唯我所用的态度。

第二，清醒的现实主义眼光。后世人们评价自强运动的领袖人物，认为他们“知有兵事而不知有民政，知有外交而不知有内治，知有朝廷而不知有国民”，又称他们“不识国民之原理，不通世界之大势，不知政治之本源……仅摭拾泰西皮毛，汲流忘源，遂乃自足”。这种评价是对自强理念的极大误解。实际情况是，自强运动的领导人既懂得兵事，也懂得民政；既懂得外交，也懂得内治，而且对于当时的世界大势也颇有自己的一定见解和主张。以李鸿章为例，他不仅了解当时世界上最先进的大炮、军舰的结构与功能，了解当时最先进的数学、化学和物理学知识，对当时西方的议会民主、三权分立等体制也无不通晓。他甚至多次给当时中国最先进的科学学校上海格致书院出题，题目包括化学元素名称的翻译问题、中国的《周髀算经》与西方算术关于平弧三角研究的比较问题等等。由此可见，自强运动的领袖人物对西学的理解自有其深度、广度和分寸的。之所以没有如后世所期望的那样搞文化革新、政治革新之类，是因为限于当时对外部世界认识的有限性，认为在与西方进行生存竞争的环节，这样的改革不仅难以成功，也是没有必要的。当时的中国急需充实生存竞争的力量，急需在船坚炮利与物竞商战上下功夫，没有必要设置其他改革的环节。虽然清末自强运动有许多失误，但他们清醒的现实主义眼光和与西方列强从现实生存角度进行竞争的选择，应该说是当时中国社会条件下唯一的出路。

如果说自强运动是对魏源《海国图志》理念的发挥，那么五四新文化运动则是对徐继畬《瀛环志略》核心理念的承续。五四新文化运动提出了浩浩荡荡的文化革新课题，在五四新文化运动的领袖们看来，近代中国的一系列失败根源在于还没有找到中国衰弱的根由。他们认为，自鸦片战争以来，中国人致力于船坚炮利，致力于铁路、电话、电报，致力于煤炭、纺织、化工等所谓的近代化事业，稍后又致力于政治体制的改革，但这些动作都没有收到应有的效果，中国衰弱依旧、混乱依旧、无望依旧。检讨这一系列失败的历程，“五四”思想者们认为，中国落后的根源不在于没有坚船利炮，不在政治体制，而在中国人的文化精神与民族性格，因此提出了“改造国民性，启发国民意识，重塑国民品格的选择”。这无疑是五四新文化运动领袖们给自己提出的空前绝后的文化革命课题。这一课题的思想与文化目标，究其来源，显然是西方文化思想与社会风俗观念在中国普及乃至对中国的占领。“西方有多少主义，中国就有多少市场。”五四新文化运动领袖，有的是法国思想的崇拜者，有的是美国思想的崇拜者，有的是俄国思想的崇拜者；有的师从叔本华，有的师从尼采，有的师从杜威，有的师从罗素，有的师从克鲁泡特金，还有的师从易卜生。这些与中华文化观念迥异的外来者，在五四新文化运动领袖眼中代表了全人类的共同观念和标准，是人类的普遍的公理，不会因为各国文化传统不同而有所差异，完全可以充当中国的思想导师，教导中国人的所有行为。如果说近代中国思想家徐继畬首次注意到人类思想观念的共同性问题，五四新文化运动领袖则再次关注并最大化地放大了这一问题。徐继畬认为，人类思想的统一性在于中国的古老观念，就是天下为公。新文化思想领袖认为，人类思想的统一性在于西方的观念，就是民主、科学、自由、个性、进化等等。中国要学习西方，并不仅仅因为西方在军事上、经济上是强大的，而是因为西方的观念与准则就是真理，是人类共同的方向和目标。与徐继畬一样，五四新文化运动领袖的文化反思与革命的起源也是来自对中国现状的忧虑，来源于中国现实生存的困境，比如国内的政局混乱、巴黎和会中国外交的失败，等等。他们也如同徐继畬一样，把现实的问题追究到思想文化的深层次，从而得出与前人及世人完全不同的结论，开出了与前人及世人完全不同的药方。

如果说自强运动学习西方是为了求得生存求得富强，那么五四新文化运动学习西方的一大主旨就是为了求得一个所谓的公理，因为只有得到了世界公理，才能换来中国的富强。这是中国近代思想史的一个根本性的转折。在自强运动那里，政府与知识阶层同心合力，一同关注民族与国家的命运与生存；但从五四新文化运动开始，政府与知识阶层开始分道扬镳，前者依然把国家的现实生存作为关注的主要问题，后者则主要关注西方思想在中国的传播和发扬，关注西方思想在中国的命运，从而把中国当作西方各种观念的试验田，处处以西方的标准看待、衡量中国，于是处处都感到中国如此多的“不合理”现象。由此，他们成为中国现实的职业批判者与革命者。五四新文化运动领袖认为，他们所领导的文化革命是对近代中国进步的巨大推动，因为在他们看来，文化问题才是中国的核心问题。而在此之前，国人只认识到船坚炮利这些物质文化的重要性，只认识到议会民主、三权分立这些政治文化的重要性，而真正决定中国命运的是文化观念，只有从根本上改变中国人的文化观念，才能改变中国的现实状况，或者说，只有用西方的公理观念指导、改造中国，中国才“庶几有救”。

既然把纷繁复杂的现实问题的根源归结为文化思想，既然要“借文化思想以解决问题”（林毓生语），那就避免不了把现实问题与观念问题都简约化、意识形态化的倾向。五四新文化运动领袖把复杂的西方文化历史简约化了，把复杂的世界局势简约化了，把丰富复杂的中国传统也给简约化了。像第一次世界大战这样的重大世界历史活动，在他们看来只是公理战胜强权的一次演习。而丰富多变的中国历史文化也被他们概括为“蒙昧”“吃人”“纲常礼教”等。冯友兰在《新事论》一书中曾经总结清末自强运动与民初五四新文化运动的八大不同是：第一，清末人讲文化的共同性，民初人讲文化的特殊性。第二，清末人认为，西洋人专信弱肉强食；民初人认为，西洋人专信自由平等。第三，清末人重视西洋的物质文明，民初人重视西洋的精神文明。第四，清末人注重实业，民初人注重玄谈。第五，清末人是体用两厥，民初人是体用倒置。第六，清末人看不起西洋人，民初人崇拜西洋人。第七，清末人只是空洞地谈论男女平等、妇女解放；民初人则教女人自动地反抗礼教，学习娜拉离家出走。第八，照清末人的思路走下去，中国可以立于不败之地；照民初人的思路走下去，中国注定要吃大亏。事实上，五四新文化运动的最大功绩在于开创了以人类公理观念改造中国现实的历史进程。尽管五四新文化运动领导者年轻、幼稚，认识可能还不能全面，也没有深刻地了解中国现实问题，但五四新文化运动的“思想刀光剑影、锋芒毕露，以横扫一切的力量与气势，很快建立一个思想与社会的新天地”。正是借着这种简约化的、意识形态化的方式，五四新文化运动所揭橥的公理观念深入人心，普照中华大地。民主、科学、自由、平等等理想观念，照亮了中国人的心灵，指明了中国未来的道路，成为后世中国人前赴后继追求和奋斗的目标。

## 第二节　改革思想的萌动

仅从时间的角度看，改革的观念要早于睁眼看世界的观念。早在鸦片战争失败之前，大清王朝的体制之内，就有人透过帝国宏大庄严的外表，深深看出其内在的溃烂破败之象。这个敏锐的、具有先知先觉思维的人，就是龚自珍。龚自珍，浙江杭州人，1792年出生，1829年进士及第，官至礼部主事，后辞官回乡，在浙江多地书院任教，1841年突然病故。龚自珍在世之时，正是中国即将发生历史性巨变的前夜，大清的盛世还在散发耀眼的光芒，从朝廷到地方，处处都安详平和，百姓安居乐业，王公贵族、大小官员都浑浑噩噩乐陶其中。龚自珍长期在朝廷任职，结识权贵，出入王公贵族家院，对官场、贵族的生活及观念了解甚详。但是，龚自珍不像大多数官员那样，沉湎于糜烂的官场和贵族生活。他以一个诗人的敏感，透过盛世的外貌，看出其内在的种种不祥之兆。龚自珍操笔为文，在文章中不无刻薄地讽刺这个天朝大国“文类治世，名类治世，声音笑貌类治世”[1]，但在治世的包装下，却是彻底的糜烂的内核。他说：“（大清朝）承乾隆六十载太平之盛，人心惯于泰侈，风俗习于游荡，京师其尤甚者。自京师始，概乎四方，大抵富户变贫户，贫户变饿者，四民之首，奔走下贱，各省大局，岌岌乎皆不可以支月日，奚暇问年岁？”[2] 今天我们都知道，所谓的康乾盛世，本来就是一个自欺欺人的谎言。统治者在这一段历史中，好大喜功，征战不休，劳民伤财，国家早就到了破产的边缘。受制于朝廷的高压政策，官吏文士虽然有人明白就里，但是谁也不敢说破，只有龚自珍奋不顾身，大声说出了国

[1] 龚自珍：《乙丙之际著议第九》，《龚自珍全集》，上海人民出版社1975年版，第6页。

[2] 龚自珍：《西域置行省议》，《龚自珍全集》，上海人民出版社1975年版，第106页。

家的事实。他从揭露京师高官的状况开始，说他们都是“丑类窳呰，诈伪不材，是辇是任，是以为生资”[1]。对各省督抚，州、县官员，龚自珍称他们是“豺踞而鸮视，蔓引而蝇孳”[2]。整个官僚群体，龚自珍把他们比喻为一个奄奄一息的病躯：“人有疥癣之疾，则终日抑搔之，其疮痏，则日夜抚摩之，犹惧未艾，手欲勿动不可得，而乃卧之以独木，缚之以长绳，俾四肢不可以屈伸。”[3]他认为，这个貌似强大的大清，实际上是“左无才相，右无才史，阃无才将，庠序无才士，陇无才民，廛无才工，衢无才商”[4]。龚自珍对衰败的大清虽然非常轻蔑，但是他还是提出了大量的改革建议，希望它能够重新振作。龚自珍的改革思想，最重要的一点是，他在哲学的高度，提出了改革的合理性，这就是有名的“法无不改”的思想。他说：“自古及今，法无不改，势无不积，事例无不变迁，风气无不移易。”[5]自从董仲舒提出“天不变，道亦不变”的著名论断以后，理与道就成为万古不可更易的准则，法作为理与道的下延概念，也承载了这种万世不可更改的神圣特性，“祖宗之法不可变”成为历代历朝的第一信条，所以改革就成为在意识形态上、在学理上没有任何依据的行为。宋代王安石领导改革，他的政治对手就以“祖宗之法不可变”的祖训为依据，阻挠王安石的改革；康有为推动戊戌变法，在朝廷上也遇到这样的反对意见。可见法之不可变的观念，在历朝历代都是不可怀疑不可动摇的原则。龚自珍反对这种传统的观念，大胆提出了“法无不改”的思想，为以后的变法改革提出一条响亮的法理依据。在具体的改革措施上，龚自珍首推土地制度的改革。龚自珍认为，大清帝国的土地兼并已经到了非常严重的地步，由于土地过于集中于豪门权贵，造成严重的贫富悬殊，并暗藏了很多严重的社会问题。豪门对土地的过分兼并，导致耕地集中于少数权贵，导致大多数农民沦为豪门贵族的奴仆，导致国家在经济上被架空。这是中国历代王朝都很头疼的问题。清代的土地兼并，一开始是由于国家的纵容造成的。大明被推翻之后，入关的清朝八旗王公，在新占领的国土上，依然保持其游牧的习惯，在华北和中原一带跑马圈地，原来的土地所有者被屠杀或被赶走，大量优质农田变成了草场。这是清代土地垄断的起因。到了清中叶，土地兼并的现象更加严重，“贫者日愈倾，富者日愈壅”，已经到了危害国家稳定的地步。

[1]龚自珍：《尊隐》，《龚自珍全集》，上海人民出版社1975年版，第87页。

[2]龚自珍：《乙丙之际塾议三》，《龚自珍全集》，上海人民出版社1975年版，第3页。

[3]龚自珍：《明良论四》，《龚自珍全集》，上海人民出版社1975年版，第34页。

[4]龚自珍：《乙丙之际著议第九》，《龚自珍全集》，上海人民出版社1975年版，第6页。

[5]龚自珍：《上大学士书》，《龚自珍全集》，上海人民出版社1975年版，第319页。

为此，龚自珍设计了一套平均土地的改革设想，他参照传说中上古的井田制，按照家族宗法的规矩，设计了一套授田式的土地分配方案。这个方案把家族分为大宗、小宗、群宗、闲民四个类型，按照不同的类型，分配不同的土地数目。所有的宗族群，不论大小，都有土地，这样，第一使国家没有闲田，第二让百姓没有闲民。龚自珍想用这一套土地分配方案，解决当时日益严重的土地过分垄断问题，同时也为国家增加赋税。不过，他的解决之道还是从古代传说的井田制中抄袭过来的，空想的价值远远大于实际的意义。龚自珍的另一个改革设想是关于科举制的。他认为科举制并不是选拔人才的好的方法，恰恰相反，科举制担负的是压制人才、禁锢思想的职能。作为一个深受科举之害的知识分子，龚自珍对科举的那一套选拔人才的制度深恶痛绝。他具体指出了两点：其一，现行的科举考试过于严苛，格式规定太细，内容过于狭窄，考试过于繁复。一个人从参加县级考试开始，通过县试、乡试、会试，中进士之后，已经三十多岁，再经过官场的历练，等到有了一定经验和资历的积累，已经齿落发白，早已过了发愤图强，为国家效力的年龄。其二，他认为，科举制所考核的内容，都是背诵、应付，内容空洞，程序死板，根本考试不出一个人的真正能力。繁重的科举考试让人意气涣散、心智低落，对培养人才、选拔人才都起不到好的作用。因此，龚自珍建议朝廷减轻科举难度，取消八股文，考试以策论为主。龚自珍改革思想的第三个关注点是关于清王朝的官僚体制的。在龚自珍看来，大清的官僚体制过于集权，大事小事都集中于朝廷，督抚、军机等要员，对朝廷大小事体都没有独立决策权限，都是皇帝的备用随员，只起到文案参议的作用，这大大压制了各级官员的办事积极性。因此，龚自珍建议朝廷设法改善君臣关系，参照汉、唐体制，提高内阁的权力，特别是要赋予地方督抚一定的独立权限，有一定的处理地方政务的自主权。龚自珍的改革思想还有很多内容，但是在当时的社会条件下，他的思想几乎毫无影响。直到清末戊戌变法时期，经过梁启超等人的宣传，他的思想才被人们重新认识，这个超越时代很多的天才诗人，他的价值才被世人所承认。

如果说龚自珍的改革思想，大多数还是空想，还是把古代的观念翻出来重新应用到现实社会，那么，著名改革家冯桂芬的思想则已经真正接触到了社会矛盾的关键点，他提出的改革思想，虽然也像龚自珍一样由于过于超前，没有得到当时的社会人士的认可，但二者的性质和价值还是有极大区别的。冯桂芬，江苏吴县（今苏州）人，1840年中进士，其后在京城担任翰林院编修、詹事府右春坊右中允等官职。虽然没有担任什么重要职位，但据说他的官声很好，口碑甚佳，当时有“天下四大名官”之说，其中有林则徐，还有一人就是冯桂芬。他在京师所担任的那些看起来闲散的职务，其实是通向高级官位的必经途径。但是奇怪的是，冯桂芬对自己的官场生涯很不满意，总觉得自己并非官场中人。1859年，他辞职回家，从此离别京师，在江南的苏州、扬州一带书院讲学，其间也曾受曾国藩、李鸿章等人的邀约，在这些督抚大员的身边担任幕僚，不过时间都不太长。冯桂芬的主要著述是《校邠庐抗议》，这是他集多年对朝廷和国家大事的思考而写就的一部改革建议汇集。有人说，冯桂芬生活的时代，是一个百弊丛生、呼唤变法而又难以变法的时代。当时的清政府，官场被理学主宰，高级官员所热衷的不是国计民生，而是理学的派别和观念之争，由李棠阶、倭仁等人倡导的理学观念，主宰了朝廷的意识形态，而冯桂芬所关心的不是上述什么性理之辨、心性之辨、儒佛之辨等，而是漕运、物价、边疆、列强、鸦片、税收等现实问题。对这些现实问题的思考，促使他形成了一个全面的改革规划，这就是《校邠庐抗议》这本书的内容。该书写作于第二次鸦片战争期间，1862年左右成书，自费刊印。全书分上下两册，上册的内容为：公黜陟、汰冗员、免回避、厚养廉、许自陈、复乡职、省则例、易吏胥、折南漕、利淮鹾、改土贡、罢关征、节经费、筹国用、杜亏空、复陈诗、变科举、改会试、广取士、停武试、减兵额、严盗课、制洋器，共二十三篇。下册的内容为：善驭夷、采西学、重专对、变捐例、绘地图、兴水利、均赋税、稽旱潦、改河道、重酒酤、收贫民、劝树桑、壹权量、稽户口、崇节俭、复宗法、重儒官、裁屯田、寓兵于工、通道大江运米运盐、垦荒、上海设立同文馆、用钱不废银、以工巧为币，共二十四篇。从篇目就可以看出，该书的每一篇都是在谈论一个紧迫的现实问题，有些问题已经积累好多年，有些问题则是新近出现的。从今天的角度看，全书的大部分内容，那些针对紧迫的现实问题所提出的解救办法，都是在重复古人的答案，是从古代文献中翻抄出来的陈旧思想。如果全书都是这样的主题，那么这本书在历史上价值就不会那么高。实际上，该书不仅要人们回头学习古人，同时也要人们开眼学习外国，后者才是这一书的最闪亮的思想。在这一方面冯桂芬向世人展示了他前所未有的惊世骇俗的开放观念。他的核心观念就是，列强各国的社会治理，在方方面面都显示出比中华体制传统的优越性，洋人不仅练兵好，制器先进，对国家的管理，方方面面都极有条理。因此，全书把中华与夷狄在社会管理的各个方面做了对比之后，概括出六句极为震撼人心的话语。他说：“以今论之，约有数端，人无弃材不如夷，地无遗利不如夷，君民不隔不如夷，名实必符不如夷……船坚炮利不如夷，有进无退不如夷。”[1] 在确立了这一新的中西对比观之后，冯桂芬向世人展示了他的改革观：“法苟不善，虽古先吾斥之；法苟善，虽蛮貊吾师之。”[2] 他认为，改革就是向他人学习，向他人学习是没有边界的、没有限制的，只要对中国社会有益，只要对解决现实的难题有帮助，不论是来自哪里的方案，不论是来自哪里的技术，都可以拿来学习借鉴。他的这种全方位开放的观念，开启并代表了中国近代史上最现实主义的、最积极向上的改革开放思想。在冯桂芬之后，很多人都举起了这一全面开放的大旗，欲把他的观念继续下去。比如李鸿章认为“处今日，喜洋务乃圣之时”[3]，张之洞认为“如其心圣人之心，行圣人之行……虽朝运汽机，夕驰铁路，无害为圣人之徒也”[4]。针对反维新派的文化观，严复认为“继自今，凡可以愈愚者……不暇问其中若西也，不必计其新若故也。有一道于此，致吾于愚矣……虽出于父祖之亲，君师之严，犹将弃之……有一道于此，足以愈愚矣……虽出于夷狄禽兽，犹将师之……何则？神州之陆沈诚可哀，而四万万之沦胥甚可痛也”[5]。针对复古主义沉渣的泛起，鲁迅提出：“我们目下的当务之急，是：一要生存，二要温饱，三要发展。苟有阻碍这前途者，无论是古是今，是人是鬼，是《三坟》《五典》，百宋千元，天球河图，金人玉佛，祖传丸散，秘制膏丹，全都踏倒他。”[6] 从冯桂芬、李鸿章、张之洞到严复、鲁迅，他们所处的时代不同，立场不同，但在其观念取舍上，却表达了一种共同的、以现实为本位的倾向，把时代的需求、民族的利益视为衡量文化取舍的主要依据。

不过，尽管冯桂芬的观念非常开放，但他毕竟处于晚清洋务运动的早期，在当时的条件下，整个国家的改革开放观念还处于蒙昧无知的状态，冯桂芬虽然表达了一个完全开放的思想境界，但对于具体的改革规划，他的认识还是很肤浅的。对于大清王朝积累的重重弊端，他所开出的药方，大部分都是经验性的，是借鉴古人的。最重要的是，他所关注的问题，很多都不是前沿性的问题，都是陈年旧账。因此，他拿出来的措施，与其说是改革，倒不如说是整顿或者说是清

[1] 冯桂芬著，[德]冯凯Kai Vogelsang整理，熊明心校对：《校邠庐抗议汇校》，上海社会科学院出版社2015年版，第109—110页。

[2] 冯桂芬著，[德]冯凯Kai Vogelsang整理，熊明心校对：《校邠庐抗议汇校》，上海社会科学院出版社2015年版，第76页。

[3] 李鸿章：《李文忠公全书·朋僚函稿》卷十六，第30页。

[4]《劝学篇·会通》。

[5] 王栻：《严复集》第三册，中华书局1986年版，第560页。

[6]《鲁迅全集》第三卷，人民文学出版社2005年北京第1版，第47页。

理，也就是让旧的体制和程序运行得稍微流畅一些，让这个旧的政权变得完善强健，使其不至于马上发生脑瘫或者心梗。在《校邠庐抗议》的四十七篇中，大部分内容，诸如："公黜陟议""汰冗员议""免回避议""厚养廉议""许自陈议""复乡职议""省则例议""易吏胥议""折南漕议""利淮鹾议""改土贡议""罢关征议""节经费议""筹国用议""杜亏空议""复陈诗议""变科举议""改会试议""广取士议""停武试议""减兵额议""严盗课议""重专对议""变捐例议""绘地图议""兴水利议""均赋税议""稽旱潦议""改河道议""重酒酤议""收贫民议""劝树桑议""壹权量议""稽户口议""崇节俭议""复宗法议""重儒官议""裁屯田议""寓兵于工议""通道大江运米运盐议""垦荒议""用钱不废银议"，都是关于朝政中议论多年而未能解决的问题。其中有些问题不仅在大清朝存在，在前朝已经存在好多年了。这些问题的一个共同特征是，它们看起来很重要，其实都是无足轻重的小问题，对政权的稳定，对于国计民生，基本上没有什么太大的影响。比如武举考试这个问题，在前朝就已有人提出，因为大兵团作战，个人武艺的高低早已不是决定性的因素了。军事首领早在明代都已属于文官的职位，武举考试在国家的军事体制中已经意义不大了。但是保存武举考试仍然有很多重要意义，其一，对国家的尚武精神有所助益；其二，对保存、光大中国的武术传统有很重要的意义。所以，国家一直保留武举考试，并不是没有一点儿意义的。再比如变捐例议，国家取士，以科举考试为主要途径，通过科举考试进入仕途的官员，都很讨厌、蔑视通过捐纳门路进入仕途的人，因此，科举士子一有机会就发文攻击捐纳制度。其实他们完全错了。国家保留捐例，给那些有钱的人提供一个政治出路，这是一个极有意义的制度。科举出身的官员，自以为只有他们才是圣人之徒，才堪为国家栋梁，其实他们是大错特错。自古以来，伟大的将相之才就是从各个不同的渠道涌现出来的，科举考试自隋唐才出现，到宋代才成为国家选材的主要途径。在两宋之前，中国没有普遍推行科举制度，但国家各方面依然人才辈出。明清官员一直攻击国家保留捐纳制度，致使官员队伍素质降低，那些通过捐纳途径走上仕途之人的道德品格低下，人文素养不高，不足以承担国家的管理职责。其实这些言论全都是凭空捏造的借口。国家保留捐例，一方面增加了国库收入；另一方面为那些有志于进入国家官僚群体且确实有这方面才能的人，提供一个另类的途径，其实是一个两全其美的办法，于国于民都很有益。对此的批评攻击，在冯桂芬之前就有很多，多少年来，他们一直重复同一个论调，但朝廷自有定见，牢牢守住这一制度。

冯桂芬的改革建议还有很多类似的内容，比如改河道的问题。黄河改道是中国国家政权多少世纪的难题，难就难在当时的人力和技术水平是完全无法克服这一困难的。历朝历代都有人为治理黄河出谋划策，但很少有实用价值的，冯桂芬所提建议也不外乎那些老生常谈，说起来可能头头是道，但执行起来就完全不是那么回事了。这是中国古代知识分子的通病，他们对于自己熟知的事情要谈，对于并不熟知的，仅仅从书本上了解了一点儿皮毛的专业，也要大谈特谈。在这一方面，我们也不能苛责前人。另外一个有关胥吏的问题，在冯桂芬的改革策中也占据很重要的位置。“易吏胥”这一话题并不是起源于冯桂芬，从宋代就有人提到，在正统的官僚群体中，有一个边缘的吏胥群体，在国家治理体系中居于很重要的地位。在其后的学者、官员的议论中，不断有关于胥吏问题的讨论。这个问题在宋代之前没有出现，在宋代之后则越来越严重，归根结底，这是由科举取才带来的边际效用。但是，历朝历代的学者、官员，对此问题反复讨论，都没有看出这一点。科举考试，主要考察士子作文的能力，考察士子对“四书五经”的熟悉程度、理解程度。笔者要问了，难道一个人会作诗，会写文章，熟读“四书五经”，就一定会处理政务吗？就一定适应官场上的待人接物之道吗？行政管理是一门技术性很强的学问，尽管古代的行政管理没有今天那么专业那么复杂，但也涉及很多领域，比如土地、司法、税收、文教、治安、钱粮、河道等，这些都包含很多专门的知识和技能。一个多少年把全部精力用于读书作文的士子，相对于上述专门职业要求，完全是外行。他的知识结构，他的心理性格，与他的职位是完全不相匹配的。有极个别的人，比如清代的张之洞，出身于仕宦之家，在考中进士之前，就在督抚衙门做过幕僚，熟悉官场的很多规矩、行情，也熟知地方政务的大致内容，特别是经过高级官员的点拨，了解官场的很多潜规则，在知识上、心理性格上已经与官场的那一套大致可以接轨。但是，大多数士子是没有这样的机会的，他们在进入官场之前，对官僚体制的内在结构、规则、知识、技能等，基本上是一窍不通。考试一通过，他们就被分配到州县衙门，进入官场的第一线，直接入手处理地方政务。我们可以替他们想一下，他们凭什么接手处理那些有些是很棘手的地方政务呢？他们平时练就的作诗的本领没有什么用处，作八股文的本领也没有什么用处，“四书五经”里的高深哲理也没有什么用处，唯一可以依靠的就是衙门里的胥吏。后者在官场混迹多年，熟知官场的送往迎来，熟知公文的格式规矩，熟知地方钱粮、河道、民情等政务，官员的一切政务活动，都必须依靠这些胥吏才能运转。尽管这些胥吏不在国家官僚体制之内，但他们却担负着全部的行政管理职能。正是因为有这样一个群体的存在，首先保证了国家政务的正常运转；其次，使那些身在其位的官员可以有很多精力作诗词文章。当然，胥吏群体素质不一，确实有些人利用自己的专业技能，形成权力垄断，架空长官，欺下瞒上，鱼肉乡民，但这样的人毕竟是极少数。由于没有通过正式科举考试，不属于官僚群体的正式员工，他们都是官场打工仔，其地位极其脆弱；长官如果不高兴、不需要，一句话就可以把他们打发走。从这一角度看，文献流传的关于胥吏的种种祸国殃民的说法，大部分都是不实之词。其他还有漕运问题，也被冯桂芬列为主要的改革内容，原因很简单，就是因为漕运的代价很高，浪费也很大，社会上所谓的有识之士对此议论很久，批评之声早已一浪高过一浪，但国家迟迟未予改革，并不是不知道其中之弊端，而是考虑到千万人的生计系于此；而且，那些依靠漕运生存的，都是社会最底层的人，几世几代人都依靠这一行业为生，离开此道，基本上没有别的生路。真所谓是牵一发而动全身，废除漕运容易，但是给那些多少年来一直靠此为生的人们提供新的出路很难。这是国家迟迟未对漕运改革的主要原因。把胥吏、武备、漕运等事项列为改革的主要内容，说明冯桂芬的思想很大部分还停留在近代之前，对当时社会的主要矛盾认识不清，他对晚清社会的观察有很多是从书本得来的，并不是直接得之于个人的经验。

冯桂芬及其《校邠庐抗议》，在晚清改革史上获得的评价非常高。后世一致认为，他上承龚自珍、魏源的改革观念，下启康有为的改革理想，把中国的改革思想提高到一个新的高度。较之于前人如龚自珍、魏源的改革思想，冯桂芬思想的第一个显著特征是，他的改革思想更加接近现实，更加切合社会的需要，其空想的内容已经越来越减少了。我个人认为，冯桂芬在近代中国改革史的独特地位，在于他既是旧世界的从业者、修补者，又是新世界的开创者和设计者。他的所有理念都集中于这两者。从他表达的改革的意向来看，他对西方文化有着极为深切的洞察力，对中国历史的未来走向有着明确判断，都是出奇地符合历史发展的大趋势。

## 第三节　知识分子的两难选择

本文在这里试图提出这样一个问题：鸦片战争后中国近代化的失败不仅是历

史必然性的结果，虽然当时历史的必然性因素，经济的政治的条件更容易和近代历史的一系列挫折联系在一起，但历史作为历史人物创造和活动的舞台，其主观的因素起着不容忽视的作用。对于大批推动近代历史前进、站在近代前沿的近代人物来说，中国从一个封闭的传统社会走向近代世界是无论如何也不能回避的，这一点，他们同现代人的观念几乎没有差别，但对于近代化是什么，如何走向近代化，从冯桂芬到康有为直到孙中山每个人都有不同的回答。从历史主体性的角度看，这些不同的回答不是简单的被动的反应，而是积极的、能动的选择，而许多不同的选择结合在一起，构成近代历史的方向。在这一层意义上，我们认为中国近代历史的一切成功与挫折不仅存在于新旧力量的斗争中，更存在于先进历史人物的探索和进取中，所谓近代化的失败，应该从近代先进历史人物的思想行为中探讨。从中国近代知识阶层对近代的选择中，可以更深刻地看到现代化在中国的命运。

首先要解决这一问题：在近代这一极为复杂的历史时期，选择的承担者是哪一种社会力量？为此，我们要细细剖析晚清各个政治群体。先看士绅阶层。士绅在中国封建社会曾长期充当联系统治者与下层农民的中间环节。科举取士之后，士绅又是统治集团政治力量产生的源泉，最集中地体现了传统社会政治、经济和文化的性质。具体到清末这一段历史，士绅阶层有下列几个特征：其一，由于明末江南士绅极力与清统治者为敌，清建立全国政权后，长期执行严厉打击士绅的政策。自顺治之始，清统治者不断制造政治理由，动辄屠杀士人，大大抑制了士绅的政治地位，造成士绅与统治者的疏离。其二，清末的太平天国农民运动，其最终目标指向清统治者，而直接的打击对象却是士绅阶层。虽然地主士绅在曾国藩、李鸿章领导下组织湘军、淮军与太平天国对抗，努力保存自身，但太平天国运动持续十几年，所到之处无疑极大削弱了士绅的力量。由于这些历史因素，清末的士绅阶层与历史上的其他王朝相比，处于前所未有的萎缩地位，面对近代西方国家的挑战，既无心也无力作出反应。

另一种社会力量是统治集团，包括最高统治者在内，由满汉共同组成的、作为政治决策力量的高级官员。他们中间曾经出现过几个匡时济世的有力人物，如对外的林则徐、对内的曾国藩和李鸿章等，但这是统治集团中的极少数。由于封建政治结构的败落、风气的腐败，特别是作为清代政治支柱的专制、八股、祖训被推向极端，对传统政治官僚的思想起了极大的禁锢作用，处于决策地位的高级政治群体，在清末内外交困的局面中，完全没有积极的回应能力，种种愚俗陋见，使国家失去了一个个有利的选择时机，最终被拖进半殖民地的深渊。

在以上两种传统力量没落之际，新兴的工商阶层尚未充分发展。虽然经过通商、自强、洋务等内外因素的刺激，新兴经济也仅在沿海几个通商口岸有所萌芽，广大内地并没有改变以小农经济为主要内容的基本经济性质。经济力量的薄弱使新兴的工商阶层无法孕育出自己的政治代言人。虽然辛亥革命时，以张謇为首的江浙工商阶层对时局的发展起了一定的作用，但仍然没有发展出一支独立的政治力量，无法对中国的近代化做出积极的贡献。

通过以上的掠视，我们可以引出下面的一个结论，即晚清历史是一个“政治真空”时期，个别人物固然无法挽救这一“数千年未有之大变局”，各个社会阶层也无法收拾这一残山败水。实际上，从被迫对外开放到近代历史的结束，古老庞大的帝国是凭其剩余的惯性，保守地延缓其统治时间。但是，这种“政治真空”却为知识阶层的勃兴提供了极好时机。中国传统的知识阶层，无论其自身有多少弱点，无论在传统政治结构中地位如何卑微，每遇历史的转换，却总是以悲剧的角色，自觉承担历史的使命。相比之下，在近代这一时期，他们做出的贡献最大，付出的牺牲最多。在推动历史前进的过程中，同时完成了由传统的“士”向近代知识分子的过渡。因此，考察中国近代历史对近代化的选择，无疑应以知识阶层的政治表演为视觉焦点。

以近代化这一历史的最终目的作为参照，检讨近代历史的基本活动，我们可以看到，知识阶层作为晚清历史变化的主要推动者，在思想上行为上有下列特征：

1.思维方式：价值理性多于工具理性。所谓价值理性是指追求一种特定的价值，而不计实现这一目标应有的条件和手段的思维方式；所谓工具理性是指追求一种现实的功利，同时考虑实现其目标的手段、条件、效率等因素。在马克斯 · 韦伯看来，西方近代文明的一切成就，都是工具理性的直接结果，尽管西方近代文化包括许多思想潮流，如浪漫主义、批判现实主义等，但与近代化有直接关联的则只有工具理性。而与工具理性相对应的价值理性，作为在传统社会占统治地位的思维方式，在近代之后转换为批判现代化的思想根源。

中国传统知识阶层多信奉儒学，儒学作为一种文化形式既包含价值理性也包含工具理性。历史上，价值理性曾塑造出许多有光彩的道德人格典范，而工具理性则使知识阶层在现实社会多有作为。

虽然近代知识阶层与历史上任何所承担的社会责任都不相同，但在推动中国走向世界的过程中，仍然把传统文化作为思想手段和精神动力。在传统工具理性的驱使下，他们很快认识到富国与强兵乃是当务之急。在整个社会的各个阶层还在为传统的礼仪文化自豪，企图以此与西方的坚船利炮对抗的时候，他们则不遗余力地宣传西方物质文明的优越性，宣传自强、改制的迫切性。在知识阶层推动下，社会思潮逐渐转移到现实的、功利的追求上，开始了自强、洋务、维新变法的历史活动，从而开启了中国近代化的进程。

与此同时，传统的价值理性也在知识阶层发挥影响力，具体表现就是，面对西方物质文化、精神文化的冲击，在西学东渐、西风压倒东风的历史潮流中，他们坚持对传统文化的信念，竭力维持风雨飘摇中的传统文化的地位，随着自身知识结构的变换，不断重新阐发传统文化的意义，使传统文化保持对现实社会的“亲和性”。在两种不同的思维方式中，知识阶层中引导出对立的思想行为：关心文化者，对近代化的变革产生抵触；关心近代化者，对传统文化有强烈的不适应感。两种不同的思维方式，不但引起知识阶层的分裂，也使每个近代知识分子产生内在的紧张，形成如列文森所说的历史与价值的矛盾，理智与感情的冲突；甚至近代历史结束后，这个冲突也没有解决。

2.奋斗目标：大同理想高于近代化目标。伴随着对外开放的变化，知识阶层对近代化的认识不断加深，由最初的“以商制夷”“以民制夷”“以夷制夷”这些对近代化社会的对抗性认识，转变为提倡洋务、宣扬维新，达到对近代化社会的完全认同；到戊戌变法时，知识阶层已获得一个明确而深刻的近代化目标，并将这一目标化约为国家政体、法律、教育、经济等一系列具体的改革措施。虽然变法失败，但变法的思想和纲领却成为近代历史的最终方向，无论晚清政府的改革还是袁世凯的新政，都包含了对维新变法目标的具体贯彻。

但是，具体的近代化方向在知识阶层中，却遇到另一个思想——大同理想的干扰。近代知识阶层的领袖康有为，最珍惜最引为自豪的创造并不是他领导的维新变法，而是其大同理想：一个没有阶级没有国家甚至没有家庭的人类社会的终极目标。今天人们都承认，《大同书》有丰富的启蒙思想与反封建意识，和康有为维新变法有积极的关联，但人们很少注意到《大同书》中非理性的乌托邦思想与知识阶层对近代化的选择有何关系。这种关系我们只能从这个角度去认识：大同理想对人类终极的、乌托邦社会的肯定和向往，实质上包含着对现实的近代化目标超越性的否定。它通过对空想的绝对东西的肯定而形成对现实的相对东西的否定。奇怪的是，康有为的变法思想、孔子改制观念受到知识阶层中保守派的激烈攻击，而《大同书》尽管“秘不示人”却畅通无阻地传播，这无形中更阻碍了对近代化目标的努力。

3.社会制度：对资本主义制度认可的同时，也有对资本主义的批判。在整个世界范围中，近代化是由资本主义社会制度首先引进的。在当时的条件下，只有资本主义制度与近代化共存，因此，中国近代历史向近代化的努力就是向资本主义制度的努力。这一点，由于认识上的限制，当时知识阶层并没有明确宣布。但是，从他们对欧洲社会制度各种极其向往的介绍中可以看出，先进的知识阶层对资本主义制度有一致的选择。

这是问题的一面，问题的另一面是，他们一方面在现实上选择了资本主义制度，另一方面在价值层面上对其有强烈的怀疑。这种怀疑既来源于中国传统文化中和平主义、人文主义的教养，也来源于资本主义制度自身的局限。如晚清著名外交家、思想家、诗人黄遵宪在美国任旧金山总领事时，既看到资本主义制度促进社会进步，也注意到种族歧视、政风污浊和党派斗争的暴乱，这使他由对民主的乐观希望变为悲观失望。事实上，不仅黄遵宪，严复、梁启超等知识分子领袖都经历了这种思想认识的变化。晚清知识阶层一个普遍特征是，当他们最初进行中西比较时，对西方文化和政治制度极其向往，由此激起他们改造现实的动力和希望；当他们加深对资本主义的认识，在一定程度上窥见到资本主义制度本质时，便对资本主义制度的价值产生怀疑，进而怀疑中国现实改革及近代化。这种认识的深刻，反而引起行为保守消极以及对中国变革的期望与对资本主义制度失望的对照，很深刻地表现出近代知识阶层对近代化选择的矛盾。

4.思想成分：经世思想与个人超越思想同时膨胀。近代知识阶层的思想来源非常复杂。除传统文化儒、释、道、墨诸家在不同程度上表现出极大活力外，西方各种文化思潮也深入到知识阶层之中。如达尔文主义之于严复，无政府主义之于刘师培，叔本华思想之于王国维、章炳麟，基督教之于康有为、谭嗣同。各种中外文化意识的糅合，经过知识阶层自我意识的转换，被还原为两种基本思想：其一是经世思想，其二是个人超越思想。前者表现为对国家富强的强烈要求，后者表现为对人类生命的价值和道德的意义的探索；前者使知识阶层关心近代化、对近代化产生具体切实的推动力，后者则使知识阶层对一切积极的有意义的社会行为逃避和懈怠。有意味的是，在近代早期，当知识阶层对社会的作用尚不显著时，经世思想是其主要观念；随着知识阶层作用的增强，超越的、对社会现实漠不关心的态度越来越显著，以致使知识阶层终于放弃了对现实的直接关注，而专力思考文化和价值问题。

5.行为类型：社会批判多于社会建设。近代知识阶层对社会的推动，主要方式是鼓吹新的文化思想观念。无论是维新派知识分子还是革命派知识分子，他们的贡献主要集中于开创一个新的文化环境、知识天地，批判旧的社会秩序、价值观念，其激进的社会活动主要表现为文化观念上的批判行为。这不仅掩盖了晚清历史许多具体切实的社会进步，也同促进这些进步的社会力量（主要成分是政府官僚和地方士绅）发生冲突。知识阶层不仅攻击保守腐败的政府和观念，也攻击那些谨慎而具有实干能力的现实改革者。后者企图在现有的社会秩序、观念系统之内引进近代化的诸因素，他们改造军队、兴办工厂、修铁路、办报纸、建学校，为知识阶层的活动提供经费。但作为社会变革中坚力量的知识阶层拒不理解这些行为的意义，拒不承认建设强大的政治和经济乃是近代化的根本内容，反视其为改革的阻力。由于批判和建设的对立，知识阶层的社会批判成为一种超前行为，不可能创造现实的成就。

综上所述，在近代知识阶层对近代历史积极推动和变革的思想行为中，包含着对近代化截然不同的两种选择。其一是对近代化积极认同的倾向，包括新的工具理性、经世思想的滥觞，具体的近代化目标的制定，对近代资本主义制度热切的向往，对发展新兴经济、新式文化的关注，以及对传统官僚制度和价值观念的批判。通过这些活动，知识阶层构造了一个朦胧的、初具形态的近代化模式，从其中特别指出建立近代国家政权体制与发展近代化经济的重要性来看，这个模式是完整的，中国近代的自强运动、洋务运动以及戊戌变法都是构造与物化这个思想模式的具体的历史行为。在这个选择的支配下，通过各个阶层的努力，传统社会向着近代化迈出可喜的、实质性的步子。例如政治体制上工、商、邮电各部以及地方诸议局的建立，经济上造船、煤矿、航运等新兴实业的发展，教育上科举的废除、新式学堂的兴办，以及大量留学生出国，等等。由于中央政府的衰败，总体的规划陷于瘫痪，这些进步由关心近代化的政府官僚促成，先进的知识阶层围绕着这些官僚，为这些进步付出了艰难的努力。其二是对近代化超越性的否定，它包括在传统价值理性、批判意识支配下，在价值层面上对近代化的怀疑和指责，在民族主义的口号下对自身无知、落后的自信，对欧美先进文化的敌视以及各种乌托邦理想对近代化的干扰。持这种想法的人渴望传统社会的变革，但对近代化却充满怀疑。作为一种个人的观点，它表现为对人类道德和生命价值的关怀；作为一种社会思想，它认为近代化并不是人类完美的社会，它的唯物质主义、阶级压迫、对外侵略等特征是丑陋的，不符合人类天性。他们想绕开近代化，达到一个超越近代化的社会，这个社会可以吸收近代化的许多优点，同时必须避免近代化的诸多缺点。如果说在近代史的早期，在冯桂芬、郑观应等人那里，一种理智的、现实的、对近代化的热切的追求占上风的话，那么经过自强、洋务，特别是戊戌变法的失败，知识阶层中浪漫的、非理性的、超越近代化的要求日益上升。与早期知识阶层的选择相比，在对近代化超越性的选择那里，完全缺乏对近代化及近代中国国情的认识，也没有提出过实现近代化的切实可行的、远近结合的步骤，但这种超越性的选择却明显地代表了当时社会的感性认识和情绪。从当时留日学生激进的思想行为中，从革命派知识分子战胜维新派知识分子的辩论中，我们可以看到，在对未来社会历史的选择这一问题上，知识阶层已经以价值的选择代替了现实的、功利的选择；以个人的超越性的要求代替了民族的社会现实性的要求。近代早期知识分子追求富国的要求，强兵的要求，兴办近代工业、学校的要求，提高商人地位的要求，以及改革关税贸易制度、建立近代集权国家政体的要求等等，一概被遗弃，代之以笼统的排满和革命。一旦革命成功排满成功，知识阶层立刻失去领导历史前进的目标和动力，被迫退居于宁静的书斋，研究古书、古文字。此时的历史已经成为职业革命家、军阀、党棍、政客活动的舞台。

那么晚清知识阶层对近代化双重的、包含深刻内在矛盾的选择，是如何影响中国近代化进程的呢？首先，这种选择使近代中国在应付剧变的国际形势时反应迟缓，缺乏主动的应变能力与积极的进取精神。作为领导和推动近代历史前进的中坚力量，知识阶层始终未能作出资本主义文化和制度优越于传统的判断，未能超越中西文化的差别，在涵盖两种文化的基础上提出更高的文化观念。即使认识最深刻者如严复，也仅停留在两种文化的简单对比上。实际上，中国近代历史的对外开放及向近代化的迈进，一直是在西方国家步步“进逼”的形势下“逼”出来的。知识阶层表面上激烈地要求变革，内在中却为这种变革感到愤慨、急躁、焦虑，在感叹和呼吁中，为“变”和“不变”的选择伤透了脑筋。除此之外，很少有人致力于对近代化的实质性的努力。在近代历史的晚期，知识阶层干脆放弃了对近代化的关注，而致力于意识形态的纷争。这与日本近代知识分子不顾一切地、狂热地学习西方文化特别是科学技术形成了鲜明的对比。排除晚清历史社会结构的松散，政府官僚特别是身居高位的满族亲贵的愚昧、颟顸等因素，近代知识阶层对近代化双重的选择，乃是中国近代历史遭受一系列挫折、变革迟缓的重要原因。其次，近代知识阶层的选择，影响了现代历史的进程。单就现代化这一历史目标来说，在中国现代思想文化进程中对此的认识仍然充满矛盾：一方面渴望现代化，另一方面对现代化持强烈的批判态度。不同的是，这种批判不再指向现代化本身，而是指向实现现代化的方法和途径，即：一方面认为现代化是不可回避的历史目标，另一方面又把现代化放在政治民主、文化自由等理想的背景下。对现代化的这种选择，使中国无法走英、美的道路，也无法走德、日的道路。……使现代化带有王朝复辟法西斯的性质。一旦这种性质暴露，这些政权就很快被历史遗弃。同时，这种选择也产生了巨大的推动力量，使二十世纪之初社会主义思想深入人心，大批有识之士认识到了只有社会主义才能救中国的真理，把现代化纳入到社会主义目标之下，从而开创了实现中国现代化的新道路。这样近代知识阶层的作为，不仅仅是一种失败的选择，作为历史的潜流和暗示与中国现代历史的进程也有不可分割的联系。

## 第四节　晚清中国的思想启蒙：理想与现实的悖论

中国近代史是一部文化碰撞史，一方面是学习借鉴西方文化，另一方面是从各个角度批判中国传统文化。这种文化领域内的批判与借鉴，既是历史进步的动力，也是历史进步的表现。这种所谓的进步，就是我们通常所谓的思想启蒙。但是，在古老的中国大地上，这种进步是如此艰难，以至于每一步都要付出沉重的代价。如果把文化思想的进步与历史的进程相对照，我们不难发现一个严酷的规律：一百多年来，先进的思想家一再在价值观念领域宣判中国传统文化的死刑，但传统文化却一再产生强有力的代表人物，把先进思想和人物打入现实的地狱。1840年之后，中国历史的每一次文化冲突，都带有这种血腥的结局。这究竟是为什么？其中原因不能不令人深思。

近代史上第一次企图用西方文化改造中国社会的运动是太平天国运动。太平天国的领袖洪秀全本来是读“四书五经”的书生，因为多次应试失败，思想极为失望。一个偶然的机会，他接触到了西方基督教，在这里，他找到了解决个人与社会苦闷的双重答案。于是，他全身心地投入到这一宗教信仰之中。他在非常偏僻的广西组织太平军，于1851年从广西金田村杀出，很快占领了两湖、江浙，一直杀向北京。在军事胜利的同时，洪秀全还宣布用对天主的信仰代替对孔孟之道的信仰，太平军所到之处，杀掉举人秀才，烧毁“四书五经”，在政治上对清廷宣战，在文化上则对儒教宣战。但是，就在太平天国节节胜利，几乎要把清朝统治掀翻的时候，在湖南出现一支地方武装，从背后杀向太平天国，这就是曾国藩、胡林翼的湘军。太平军与湘军的战斗，不仅是地主阶级与农民阶级的搏斗，也是西方文化与中国儒教的斗争。无论洪秀全的《天朝田亩制度》，还是洪仁玕的《资政新篇》，都代表了当时中国人学习西方文化的最新成果。太平军的对立面、湘军的领袖曾国藩、胡林翼、罗泽南、左宗棠都是清一色的科举士子、孔孟之道的卫道士，他们高举的旗帜不仅要捍卫清廷的统治，同时，更重要的是要保卫儒教的文化地位，既是为政治而战，也是为信仰而战。斗争的结果是太平天国遭到湘军残酷的镇压，文化思想领域中的反儒教大旗，也被埋葬在军事失败的血泊之中。为什么洪秀全败在曾国藩的手下？为什么对上帝的信仰不敌对儒教的信仰？这是中国近代史上第一次两种文化交锋的后果。

近代史上第二次大规模向西方学习的运动是戊戌变法。这场运动政治上的领导人是康有为，而思想文化领域的领袖是严复、梁启超。今天，人们已经确切证实，这场运动政治改革的色彩并不突出。在百日维新期间，虽然改革的诏令一个接一个出台，但确实带有资产阶级政治制度改革意味的内容并不多，更没有提到开议院这样尖锐的问题。但是，在思想文化领域，却出现了一套全盘西化、全盘反传统文化的观念。

如果说，太平天国的领袖们仅仅攻击了儒教，仅仅把“四书五经”宣布为妖书邪说的话，戊戌启蒙思想家则把批判的矛头指向整个传统文化本身。在戊戌启蒙思想家中间，梁启超、谭嗣同集中攻击封建专制主义，宣传西方民权观念，而严复的批判要比他们深远的多。严复不仅批判封建专制政治，揭露几千年专制政治的恶果乃是“上以奴虏待民，民也以奴虏自待”，更重要的是，他把整个传统文化都列为批判的对象，什么“周、程、张、朱、关、闽、濂、洛”，什么“归、方、刘、姚、恽、魏、方、龚”，都是腐朽无聊的东西。整个传统文化，无论哲学观念、文化流派还是艺术成就，在严复眼里，用一句话概括就是“无用”，再用一句话概括就是“无实”。

这种激进的反传统观念，在保守派阵营中几乎引起了歇斯底里的反抗。他们咒骂维新派是“志在谋逆”，“专以无父无君之邪说教人”，是“得罪名教之乱臣贼子”等等。保守派不能在文化思想领域战胜维新派的西化思想、反传统思想，他们发动宫廷政变，逮捕杀害维新志士，用政治手段解决思想斗争。于是，第二次反传统、学西方的文化思潮再次败下阵来。

第三次向西方学习的运动是辛亥革命。辛亥革命主要是一场政治斗争、军事斗争，但不能排除其中文化革命的因素。革命的一方从孙中山、黄兴，到武昌首义的新军军官，他们或是在西方文化环境中成长的华侨，或是留学归国的洋学生，或是接受大量西方文化影响的青年军人。辛亥革命除了政治上反清的追求之外，还包括文化上反专制反传统的追求。辛亥革命在政治上、军事上取得了胜利，它推翻了清朝统治，结束了两千多年的封建帝制，但是，在文化上它却败给了代表传统文化的袁世凯。如果说在前两次文化交锋中，传统文化是通过军事手段、政治手段取得胜利的话，这一次则是通过权谋手段取得成功。袁世凯一则把自己扮演成维新的支持者、共和的赞同者；再则把自己扮演成天纵英武的政治强人；三则在清政府与南京民国政府之间大搞力量平衡，对清政府和民国政府都互相欺骗互相利用，自己从中坐收渔人之利。结果，他的这一套手段蒙骗了全国人民，蒙骗了革命党人和立宪人士，蒙骗了孙中山，终于篡夺了辛亥革命的成果，使中国文化的走向再次向传统倾斜。

第四次大规模地向西方学习的运动是1919年的五四新文化运动。这次运动在文化思想领域提出了更激进的反传统文化的口号，也表达了更强烈的学习西方文化的意愿。它的反传统观念不仅在文化学术领域，更重要的是传向整个社会，走向每个先进青年的心中。经过五四新文化运动，传统文化中的孔孟之道，纲常名教，从人心信仰的庙堂中被彻底赶走，取而代之的则是民主与科学这样的西方文化观念。

但是，思想领域胜利的果实同样在现实领域不能确保。不久，北洋政府、国民党政权组织文化反攻，传统文化的历史人物、思想观念、古礼古乐等等，经过这些政治领袖的大力鼓吹，再次在社会得到复活，又被请进神圣的现实社会的庙堂。而那些鼓吹民主科学、鼓吹自由主义、鼓吹好人政府的学者教授们，则被蒋介石、阎锡山这些代表传统文化的政治领袖玩弄于股掌之上。鼓吹西化的学者教授们被请出来制定宪法、参加竞选总统、参议国政等，实质是被用于装点政治门面，发挥了一点儿政治遮羞布的功能，而中西文化的较量，实质上又一次重复了历史上的那些结局。

为什么近百年来一次又一次的文化冲突一直重复着同样的结局？为什么先进的外来文化在观念领域战胜旧文化，而旧的传统文化在社会现实领域总是战胜外来文化。对此，人们可以从政治、经济、历史机遇等不同角度给予解释，但是，应该提请注意的是文化冲突的后果必然有文化自身的原因，不从这个角度探索，近代文化史的这一历史之谜就永远难以解开。

试问，当年曾国藩与洪秀全进行生死较量的时候，洪秀全什么没有表现出比曾国藩更多的坚毅、理智和牺牲精神？孙中山与袁世凯在一起为民国的前途谈判较量时，孙中山为什么没有表现出更深刻的政治内敛力，为什么他没有把袁世凯战胜，反而让袁世凯把他欺骗？论经验、论素质，洪秀全、孙中山全都不低于他们的对手，更重要的是，他们不都曾受惠于先进的西方文化吗？那些先进的文化观念难道在他们身上没有发挥任何力量？用先进文化思想武装起来的政治领袖，为什么不敌传统教育培训出来的人物？为什么传统文化一再推出强有力的代表来捍卫自身的存在，而先进的外来文化为什么不能孕育出更强有力的人物为自己在现实领域开辟道路呢？

历史的事实是，先进的西方文化和观念，在思想领域一直是强大的，但是一碰到现实它们就软弱无力了。以戊戌变法为例，康有为作为传统教育培养出来的科举士子，对西方历史和文化仅有一点儿粗浅的了解，他的改革的思想观念，大都是受传统文化的激发而产生，但是康有为却利用这一点儿粗浅的西学知识，勇敢地发动了一场向西方学习的政治改革。而另一位维新人物严复，受到过系统的西方文化教育，在文化批判领域中有极为出色的表现，但是，当光绪皇帝向他垂询改革的大政方针时，严复却茫然无措，对改革毫无实质性的建议，而且，在私下里他对改革还频有微词，担心一变甲就需变乙，一变乙就需变丙，一变丙又需变丁，整个社会一环扣一环，所谓改革根本无从下手，结果他只好把中国的希望和出路寄托在教育上。类似的软弱无力与迷惘也同样曾发生于洪秀全、洪仁玕、孙中山、胡适等人身上。

这就是说，这些先进的西方文化，当它们被这些先进的历史人物移植过来时，没有转化为精神的动力与智慧的源泉，没有通过这些先进历史人物转化为改造现实的动力。它们在课堂上被讲授、在报刊上被宣传，但在现实社会中却是僵化的体系、思想的包袱和行为的阻力；它们悬挂在半空中，找不到现实的落脚点。所以，洪秀全用基督教教义组织了一个太平天国，后来又被这些宗教思想引入精神的迷宫。严复掌握了一套完整的西方文化价值和社会政治观念，却无力把这些理想与中国现实对接；而孙中山、黄兴在南京建立了中华民国，却又处处感到民主体制的羁绊，对议会的举措恼怒不已。这些在中国近代史上常见的事例，人们都不以为有什么奇怪，但对比同样历史背景的国家，我们不能不承认，这些都是中国特有的现象。

中外历史上，像中国这样用西方文化观念改造本国现实的例子很多，在东正教文化圈中的有俄罗斯，在伊斯兰文明中的有土耳其，在儒教文化圈的有日本、韩国、新加坡等。这些成功国家的文明形态不一，文化冲突的起因也不相同，但他们有一个共同的特征，那就是在两种文化冲突的过程中，在保守与变革的较量中，先进的外国文化总是能够适时地在这个国家推出可以为自己开辟出一条现实通道的、强有力的政治人物，比如俄罗斯的彼得大帝、土耳其的基马尔、日本的明治维新志士。

这些领袖人物都怀抱艰巨的使命，面对强大的保守势力的抵制和反扑。可以说，他们是在用个人的力量同整个民族的意愿和历史宣战。在这场同反对阵营的较量中，他们几乎无所凭依，只能依靠个人的勇气、信念和政治智慧。他们的每一步都必须既要谨慎又要大胆，一不小心，整个民族就会同他们一起坠入深渊，但是他们都成功了。闯过了这一难关，这些民族以后的发展就会步步顺利，再也没有什么困难可以战胜他们。

那么，这些领袖人物，他们战胜保守势力取得成功的秘诀是什么呢？从文化碰撞这一角度看，这些领袖人物都肩负着双重的文化使命，他们既要为新的外来文化开辟一片发展的环境，又要捍卫本国文化信仰的尊严和地位。他们本人都有深厚的本国文化的素养，同时又精通所要引进的外国文化，他们把文化碰撞改写为文化融合，不论这两种文化在本质上是如何不协调，也要把它们结合在一起，坚决避免产生有此无彼的结果。在这一文化碰撞或叫文化融合的过程中，日本明治维新志士的口号是和魂洋才，即日本的文化精神加上西方的科学技术；土耳其纳米克·基马尔的口号是自由与祖国，前者是法国的民主精神，后者是伊斯兰教的文化传统。初看起来，这是一种多么不协调的模式，在学理上很难讲通。但这种文化衔接的模式却既指明了发展的方向，又包含了存在的动力。这种双重的文化使命，不但极大地丰富了他们的精神素质，而且大大孤立了反对阵营的力量，使自己在政治上、文化上都无懈可击。这可以说是这些领袖人物成功的文化秘诀。反观中国历史，与此大不相同。那些先进的历史人物，他们在引进西方文化时，总是以一种非此即彼、有他无我的简单方法处理这种文化碰撞，他们把西方文化奉为神圣，却以轻蔑、厌恶的观点看待传统文化，视其为僵死、无用的历史陈迹。在他们看来，两种文化既然本质上是不同的，就完全没有共存的可能。为了引入西方文化，他们首先把中国传统视为前进道路上的障碍，用极其简单、粗暴的方式宣判传统文化的死刑。他们认为，只有这样，西方文化才能获得传播的条件，中国历史才能发生实质性的进步。

但是，历史的进程却并非如此简单。合理的不一定就是现实的，有理想价值的文化不一定就有现实价值。民族文化是民族生存的内在依据，它同这个民族的关系是血脉相通水乳交融不可分割的，任何一个民族都不会轻易把自己的文化宣布为无用的弃物。更重要的是，传统文化在其漫长的进化演变过程中，经历了无数灾难和挫折，培养出强大的生命力和适应力，它能够存在到今天就证明它包含有强大的力量。因此，在近代中国历史上，每一次传统文化受到简单的否定之后，它都要以更强大的力量进行反扑。所以，当太平天国兴起，洪秀全宣布孔孟之道、“四书五经”为妖书邪说时，马上就有一批一批被激怒的士人挺身而出，以捍卫圣教的名义，组织地方武装与太平天国对抗，直到把它彻底绞杀。戊戌变法初起时，青年维新人士们以爱国御敌的名义，办报纸、组学会，呼吁改革，他们赢得了社会各阶层的同情和支持。但是，当他们后来粗暴地批判传统纲常名教时，马上招来强大的反对力量的围攻，而其中的许多人本来是同情支持变法的。慈禧太后之所以敢于发动宫廷政变，不经任何法律程序就逮捕杀害“戊戌六君子”，实际上也是仗着背后强大的支持者的力量。至于五四新文化运动，反传统的干将如胡适、陈序经等人，谁能否认他们对中国现代文化的贡献？但是在现实中，他们一个个都像庄严的小丑，处处受到社会的排挤。他们既然无情地嘲弄了传统文化，传统文化必然动以社会的力量，反过来对他们加以嘲弄。

对照世界历史，我们不难发现，公开的、激烈的、全盘反传统的思潮，是只有中国历史才有的一个独特现象。从近代以来西方文化一直处于不可遏制的扩张过程。西方社会之外的各个民族和国家，都在适应这一此消彼长的趋势，所不同的是，在其他各国，这种趋势表现为两种文化无声无息的自然的融合与较量，只有中国在这个过程中，企图通过人为的努力，通过公开的、激烈的、彻底的反传统，为西方文化的传播开辟道路。事实证明，这种办法是很难行得通的。尽管先进的西方文化有其理想的价值和理论上的合理性，但在现实中却因此而一再遭受挫折。这种企图促进两种文化的对抗、加速传统文化灭亡的努力，反而进一步刺激了传统文化的生命力，促使传统文化以理性的、非理性的、文明的、野蛮的等各种方式反抗外来文化。所以历史的事实是，一方面先进的外来文化一再在思想价值领域宣判传统文化的死刑；另一方面传统文化不断推出强有力的代表人物，把西方文化打入冷宫。从鸦片战争到五四运动，西方文化的各种哲学思想都曾在中国热闹一时，但它们都在现实中打了败仗，没有结出现实之果。

# 第四章　张之洞与晚清思想大变革

在晚清三大直隶名臣中，张之洞扮演一个与众不同的角色：他不仅是晚清近代化的设计者和推动者，他还是晚清文化和意识形态的主持人。在近代这一政治与文化观念急剧转化的历史节点上，张之洞以儒臣自居，自觉地承担起文化与意识形态观念转化的责任，这是李鸿章、袁世凯等人没有做到的。本章就把张之洞在近代中国思想与意识形态的大变革的观念与作为作一详细考查。

## 第一节　张之洞与戊戌变法

戊戌变法是中国近代史上一件惊天动地的大事件，对中国的思想史、政治史具有划时代的影响。戊戌变法虽然是康有为、谭嗣同、梁启超等人推动光绪皇帝在北京发起的变革，但远在湖北的张之洞对此极为关注，而且发挥了极大的遥控作用。这一时期的张之洞，不仅要做变法的实际操纵者，还要扮演维新运动的思想领袖。张之洞最有代表性的言论，就体现在他的《劝学篇》之中。

写于戊戌变法关键时刻的《劝学篇》，是张之洞表达个人政治、文化观念的代表作。后人多从消极、负面的角度看待此书与戊戌变法的关系，有人称此书是“洋务派反对维新派的宣言书”[1]，有人称此书是张之洞“抵制维新思想的有力武器，是戊戌变法时期的一股逆流”[2]。实际上，这些评价既不符合张之洞对待戊戌变法的基本态度，也误解了《劝学篇》的主旨。笔者认为，张之洞写作的《劝学篇》既非简单反对维新运动，也非简单支持维新运动，而是表达了一种企图整合维新变法运动的立场。

从封疆两广之始，张之洞就成为继曾、李之后推行主持自强运动的代表人物，甲午战败之后，张之洞更是不遗余力地推动湖北和全国的改革，是支持维新运动最有力的地方督抚。此后，康有为、梁启超踏上政治舞台，成为维新运动的

[1]《四川大学学报》（哲学社会科学版）1985年第4期。

[2]《江汉论坛》1987年第1期。

中坚力量。对于康、梁等人的维新活动，张之洞是全力支持的。维新派在北京、上海创办强学会，他都解囊相助。对于维新派的《时务报》，因其宣传变法、介绍西学，常载慷慨激烈之言论，张之洞公开表彰，称其“识见远大，议论切要，足以增广见闻，激发士气”，是中国“第一有益之报”[1]，他札饬两湖大小衙门、书院，都要以公费购读。对于康有为，张之洞倾心相交，尽管他不喜欢康所热衷的“孔子改制”的说法，但对于变法维新，却与康有为“达成协议”[2]，并“驿通朝政”，“引为声援”。1895年11月，张之洞置理两江总督，康有为来到南京，在督署住了二十多天；张之洞与他“隔日张宴，申旦高谈”，大有英雄识英雄之慨。对于宣传维新、鼓吹启蒙最力的梁启超，张之洞也特别关照。1897年1月，梁启超在汉口停留，时值张之洞侄儿娶亲，“贺客盈门”，张之洞撇下诸客延见梁启超，当晚设宴招待。对此，梁启超感激得“恐惶不安”，称“宁唯知己之感，实怀得师之幸”[3]。

但是，这些支持仅仅是张之洞对维新派态度的一个方面，另一方面，张之洞又经常表露对维新人士某些行为的不满。比如，对《时务报》，他一方面公开支持，一方面不断托人转达他对该报某些文字，特别是揭露专制弊端、宣传民权观念的不满，认为“文犯时忌”，以后“千万不可动笔”。对于梁启超、谭嗣同、唐才常、毕永年等人在湖南的变法维新活动，他一面称赞“进学极猛”“风气大开”，一面指责其“人才好奇”“间有疏弊”[4]；对于这些维新人士所办的《湘报》《湘学报》，他指责其中“或推尊摩西，或主张民权，或以公法比《春秋》”等文字，并表示“学术既不敢苟同，士论亦不敢强拂”，“以后实不敢代为传播”[5]等。

可见，张之洞对维新变法活动，对年轻的维新人士，持两种不同态度：其一，他同陈宝箴、李端棻等人一样，是倾心支持维新活动的朝廷官员；其二，他与某些保守人士一样，对维新派的激进的观念和立场持强烈批评态度。在张之洞那里，这两种不同的倾向都有清楚的、公开的表达，并没有以一种态度掩盖另一种态度。对此，我们应当公平以待，不能抓住一点不及其余，作出简单片面的结论。

[1]《饬行全省管销〈时务报〉札》，《时务报》第六册。
[2]《中华民国革命秘史》，转引自《北京大学学报》1989年第2期。
[3]《上南皮张尚书书》，《饮冰室合集》。
[4]张之洞：《张文襄公全集》第三册，中国书店1990年版，第136页。
[5]张之洞：《张文襄公全集》第三册，中国书店1990年版，第136页。

张之洞这种矛盾的观念，在《劝学篇》中被更进一步表达，其具体表现是：

其一，在对待维新派的态度上，批评与包容之意同在。批评维新派激进的文化批判和启蒙观念，是《劝学篇》的主要内容之一。在该书上篇，张之洞集中攻击作为启蒙思想之一的民权观念。他以牵强附会的逻辑，批评“民权之说无一益而有百害”，批评维新派“民权之说一倡，愚民必喜，乱民必作，纲纪不行，大乱四起”。进而，《劝学篇》又以威胁的语气讲道，随着民权思想的传播，中国局面必将大乱，“外洋各国必借保护为名，兵船陆军深入占据，全局拱手而属之他人，是民权之说，固敌人所愿闻者矣”，企图把亡国的责任推到维新人士身上。《劝学篇》还把张之洞有限的世界史知识发挥一番，称民权之说出自法国，因为“法国承暴君虐政之后，举国怨愤，上下相攻，始改为民主之国”，清政府没有那样的暴政，提倡民权自然就毫无道理了。经过这么一番东拼西凑的指责，最后，《劝学篇》把启蒙观念概括为“中无此政，西无此教，所谓非驴非马，吾恐地球万国，将众恶而弃之也”，给启蒙思想下了一个可怕的结论。

虽然如此，《劝学篇》并没有完全站在维新派的对立面，像许多保守人士那样，对维新人士恨之入骨，称其是“名教罪人”“心迹悖乱”“无异叛逆”，恨不得置之死地而后快。相反，《劝学篇》一方面激烈批评启蒙观念，一方面又对维新人士暗含包容之意。《劝学篇》批评民权观念，批评议会观念，批评维新派的文化立场，却隐瞒了维新派许多更激进的“叛逆”行为，把维新人士称之为深怀报效国家之心的“忧时之士”“愤世嫉俗之士”，认为他们之所以有强烈的批判观念，是由于“恨外人之欺凌也，将士之不能战也，大臣之不变法也”，是出于对国家腐败现状的不满和对未来富强的渴望而发出的激愤的呐喊，是“感慨发愤，竭智尽忠”的行为和表现，是不可容忍之中又应当宽容的行为。这样，《劝学篇》通过对维新人士思想动机的分析，在批判之中又建立起对维新人士的沟通和谅解，从而使张之洞与维新派的关系，同其他顽固派、洋务派与维新派的关系明显区别开来。

其二，在对待变法的态度上，改革与保守之心俱存。《劝学篇》序言中开宗明义讲道，中国目前正处于面临两种不同命运选择的关键时刻，或是通过变法改制走上日本、土耳其那一独立自强的道路，或是拒绝变法使中国重蹈波兰、朝鲜、越南、埃及那一民族沦亡、国体丧失的结局。《劝学篇》严厉批评了拒绝改革、拒绝向西方学习的“士大夫”，他们“懵然罔觉，五十年来屡鉴不悛，守其傲惰，安其偷苟，情见势绌而外侮亟矣”，对于西方文化“不惟不信不学，且垢病焉”，尽管中国局势日益危急，“而士大夫之茫昧如故……天自牖之，人自塞之”。

面对这样严峻的形势，张之洞并没有像维新人士那样，引发出强烈的政治变革意识。《劝学篇》一面声称“耻不如日本”“耻不如土耳其”，一面绝口不提日本、土耳其那样激进有力的政治改革，既承认“不变其习，不能变法；不变其法，不能变器”，也承认在向西方学习时，“西艺非要，西政为要”，但在具体的改革内容上，却只提到了“变科学”一项。《劝学篇》甚至认为“今日时局，惟以激发忠爱、讲求富强、尊朝廷、卫社稷为第一义”，实际是把改革等同于复古。在《劝学篇·下篇》中，张之洞以行家的口气，大谈如何办学、出游、练兵、修路、开矿，如何推动农、工、商业的发展，如何与外国争夺茶业市场、丝业市场，但讲到时下最关键的政治改革问题时，却顾左右而言它，宁肯赞美历史上的赵武灵王、北魏孝文帝，以及林则徐、曾国藩、文祥等人的改革行为，而拒绝表明自己的态度。

其三，在文化问题上，中学与西学同尊。张之洞在维新启蒙思想面前，深刻感到“儒术危矣”已成为一个不可逆转的历史趋势，但他却决意要维护儒学的价值和尊严。为此，《劝学篇》大谈孔子学说的思想价值，大谈孔孟之道在维系中国历史延续中的地位。此外，《劝学篇》更是花了大量篇幅，详尽讨论在未来的学制改革中，如何确保圣教万世不堕的历史地位。

但是，谈到文化问题，就不能不提到传统文化与近代中国积贫积弱这一事实的关联。为此，《劝学篇》把周秦诸子百家批评一通，特别批评老子“贵柔”观念，“开君臣苟安误国之风，致陋儒空疏废学之弊，启猾吏巧士挟诈营私、软媚无耻之习”，把近代中国落后挨打的责任推到老子学说身上，为儒学开脱。同时，讲到文化问题，就不能不关注近代西方文化对儒学的冲击，《劝学篇》中《正权》《宗经》《明纲》等篇目，严厉批评了维新派所宣扬的“民权”观念，但对于作为“民权”思想源头的西方文化，《劝学篇》并没有给予同等指责。针对维新派大谈中西文化的对立，《劝学篇》认为，中西文化在本质上，在基本的人伦观上，是完全相同而没有什么区别的。中国以三纲五常作为人伦之基，“西国固有君臣之伦也”，“西国固有父子之伦也”，“西国固有夫妇之伦也”。由此，《劝学篇》写道：“圣人为人伦之至，是以因情制礼，品节详明。西人礼制虽略，而礼意未尝尽废，诚以天秩民彝，中外大同。人君非此不能立国，人师非此不能立教”，进而，《劝学篇》认为，中国古圣人所提倡的纲常名教，乃是

“古今之常经，中西之通义”，而维新派所宣扬的启蒙观念，被张之洞讥为“非驴非马”，既违背了东方文化精义，也失掉了西方文化的真髓。“中西通义”文化观的设立，取消了东西方文化的差别和对立，化解了顽固派士大夫由于观念差异而对西方文化产生的敌意，消释了“中学为体，西学为用”在学理上的矛盾，从而把西学抬到与中学同等尊贵的地位，使大规模地学习西方文化成为可能。在《劝学篇》中，我们不仅看到张之洞鼓励人们学习西方科技文化，也可以看到张之洞对政体文化的溢美之言。比如，讲到代议政治，《劝学篇》写道：“西国君与臣民相去甚近，威仪简略，堂廉不远，好恶易通，其尊严君上不如中国，而亲爱过之，万里之外，令行威立，不悖不欺”；对西方立宪政治，张之洞也评价很高，称其“国必有政，政必有法，官有官律，兵有兵律，工有工律，商有商律……君民皆不得违其法”。从这些赞美之中，我们不难看出其中暗含着的对中国专制政治的不满和批评。至于其后所讲的“旧学为体，新学为用；旧学治身心，新学应世事”等，也只是从功能上划分了中学与西学的不同用途，并不是在借中学贬西学，所谓体用之分并没有尊卑之别。

综上所述，我们可以看到，在整个变法运动和《劝学篇》中，张之洞既是纲常名教的卫道者，又是维新运动的同路人和支持者；既有强烈的忧患意识和变革欲望，又在改革面前深怀疑惧，畏缩不前。笔者认为，《劝学篇》之所以设计出这一充满矛盾的思想框架，其意在于通过对维新启蒙运动所激出的两种对立的思想观念和社会派别的综合把握，实现其整合改革的企图。

我们知道，由光绪皇帝发起，后由康、梁等人推动的维新运动，是以实现自强为目的、自上而下的政治改革。但伴随改革同时兴起的戊戌启蒙思潮，却大大超出了改革所能容纳的限度。启蒙人士组织学会、创办报纸、筹建学堂，通过各种活动对中国传统政体进行一系列颠覆性的批判，他们不仅攻击清政府的专制暴政，攻击洋务运动的保守无效，甚至把“周、程、张、朱、关、闽、濂、洛”，“归、方、刘、姚、恽、魏、方、龚”等哲学、文学精华也予以全盘否定。这种激烈的反传统行为，在清末尚未经过必要的思想酝酿、文化气氛还十分保守的思想环境中，引发了极大的社会震动。随着维新派批判笔调的升温，反对派的阵营在扩大，许多原来支持维新运动的官僚、士绅都转入反对派的阵营，怨怒在积聚，共识已消失，对立的双方终于爆发了激烈论战。如果说政治变革的阻力主要来自宫廷之中，来自极少数自私颟顸的满族亲贵的话，思想启蒙的阻力则来源于社会各个阶层。前者仅仅引起宫廷内部的不安，后者则使整个社会恐慌震动。维新派的激进的文化批判行为像一把利剑，把一个相对统一、安定的社会，从内部撕裂成尖锐对立水火不容的两派，双方都在积聚仇恨，恨不得一口气吞下对方。一时间，整合的危机、分裂的危险，激化了政治上的紧张气氛，侵蚀着维新运动的社会基础，使改革面临可怖的前景。张之洞对改革与启蒙引起的这一社会后果十分忧虑，他担心祸起萧墙，他担心庶民作乱，他担心列强干涉，更担心自光绪二十一年（1895年）以后相对平静的政局和稳健的改革进程被打乱。可以说，正是这种种担心，成为张之洞写作《劝学篇》的动机，也成为张之洞构作《劝学篇》主旨的逻辑起点。对此，张之洞在该书中讲得清楚。《劝学篇》写道：甲午一役，中国战败，“今日之世变，岂特春秋所未有，抑秦汉以至元明所未有也”，为此，“庙堂旰食，乾惕震厉，方将改弦以调琴瑟，异等以储将相，学堂建，特科设”，即正当从朝廷到地方正在推行稳健的变法维新时，年轻的维新人士挑起了文化思想领域内的新旧之争。“海内志士发愤扼腕，于是图救时者言新学，虑害道者守旧学，莫衷于一。……夫如是则旧者愈病新，新者愈厌旧，交相为愈，而恢诡倾危乱名改作之流，遂杂出其……敌既至，无与战，敌未至，无与安，吾恐中国之祸，不在四海之外，而在九州之内矣。”[1] 在张之洞看来，顽固派以其愚昧不负责的行为阻挠改革，维新派以其激进的批判观念误导改革，而这两种行为的尖锐对立，更有可能把中国打入内乱的深渊。为此，他要纠激进之偏，要纠保守之弊，要使一个面临分裂的社会重新整合，使改革继续稳健地前进。这就是张之洞产生整合维新运动这一企图的由来。

为了实现这种整合，首先必须平衡激进与保守两种势力所追求的目标。为此，《劝学篇》设计出一个折衷的改革方案：在维护清廷、维护传统纲常名教的前提下，学习西方文化，改革传统体制中的弊政，引进先进的西方政体，以收富强之实效。这个方案看起来了无新意，但在当时那一关键时刻提出，却包含着既要满足激进派的改革要求，又要迎合保守派的守旧之意，既要防范革命的可能，又要阻止保守派反动的双重目的。

为了实现这种整合，《劝学篇》提出了“中体西用”这一文化整合模式，以一种弹性的文化观规范和架构，协调对立双方不同的价值和观念要求。

为了实现这种整合，《劝学篇》努力包容各派的愿望。它虽然没有满足维新派的全部要求，却包含了改革的实质性的内容；它虽然强烈批评保守派拒绝改革的行为，却又努力满足、迎合其卫道的要求；而它一再呼吁“天下之秀才”“天

[1] 张之洞：《劝学篇》，转引自《中国近代史资料丛刊·戊戌变法》（三），上海人民出版社1957年版，第219页。

下之命官”“天下之匹夫”“皆有持危扶颠之心，抱冰握火之志”，呼吁“君臣同心，四民同心”，又是对光绪皇帝发布的“因时制宜”改革上谕主旨的响应。

为了实现这种整合，《劝学篇》有意消融不同派别之间观念上的差别和对立，使其具有目标的同一性。《劝学篇》把不同的观念纠合在一起，把改革等同于复古，把西学等同于中学，把纲常名教、专制政体视为改革的必要前提，把维新派的激进的思想描述为志士发愤效忠的表现，以此化解对立双方的尖锐冲突。

为了实现这种整合，《劝学篇》还塑造出整合维新运动的理想人物，此人必须既“图救时”又“虑害道”，既能救身心又能应世事，既要救危亡、立富强又要维护专制政体，既学习西方文化又维护孔孟之道。整合维新变法，表层是为了维护纲常名教、专制政体，深层上却表现了张之洞使中国在追求改革与富强的道路上，使民族、国家、文化保持结构统一，不致因保守与激进两种势力的对立冲突而导致内在分裂的企图。有人把这种文化、民族与国家三者结构上统一，视为改革的负担和阻力，张之洞却把它视为改革与富强必不可少的前提。

打破一统与重新整合，是中国近代史上一个持久的主题，戊戌变法和张之洞对戊戌启蒙思潮的批评，可以说是这一历史主题的第一次运作。不幸的是，张之洞的努力以失败告终。首先，激进的维新人士完全拒绝了张之洞整合的企图，他们与张之洞的合作，只不过是要利用他的权力，并不容许他发挥自己的政治理念。其次，清政府虽然一方面称赞《劝学篇》“持论平正通达，于学术人心大有裨益”，另一方面却残酷镇压维新人士，废止了变法维新所有举措，实际上是拒绝了《劝学篇》支持改革、优容维新人士的衷曲。尽管历史的进程否定了《劝学篇》的努力，但整合这一企图在中国近代史上还是有其合理性的，因为社会的发展总是在激进与保守之间选择进行，当二者由于激烈对抗而走向分裂时，整合就成为历史进步的实质性的前提。

## 第二节　张之洞与晚清意识形态

意识形态在有清一代是一个非常重要的问题。作为统治的工具和国家的思想观念，清王朝的意识形态有两大特色：在哲学上以程朱理学为主干，在思想上以“君尊臣卑”和“华夷之辨”为核心。历康、雍、乾三世，统治者通过发布上谕、甄别官吏、编纂文献、科举考试、文字狱等政治和文化手段，把意识形态观念编织得完备而沉重，清代学者称这套观念体系是“以理杀人”（戴震语），后代学者则形容为“刀锯鼎镬富贵利达”，“从我者乃正学，背我者即大逆”（钱穆语）。在清初和清中叶，这套意识形态体系对维护清王朝的统治发挥了不可替代的作用。但是到了晚清，这套意识形态体系又转而成为历史进步的沉重阻力。另一方面，近代历史的每一次重大的历史事件如鸦片战争、太平天国、洋务运动等，无不构成对这套意识形态观念的冲击，但是公开地、自上而下地宣布这套意识形态体系作废的，则是以戊戌变法时“中体西用”的提出为标志的。这一点人们都不曾给以充分的关注，本节在此试对这一问题作一阐述。

### 一、围绕意识形态问题的争论

十九世纪中叶，清王朝面临太平天国和外国列强两股势力的进攻，王朝的统治面临着几乎是无可避免的覆灭的命运。为挽救危机，清王朝从上到下都在寻求对策，其中之一就是再次强化一度松弛的意识形态的观念和地位。如果说平定内乱、镇压太平天国起义，尚能在“华夷之辨”“性命之理”的意识形态观念之下进行，那么，下一步为实现自强、抵制列强侵略而采取的一系列新的措施，则直接触动了清王朝意识形态的根基。“自强”一词早在1860年就已出现，六十年代后期成为朝廷上下普遍关注的话题。早期的自强是对朝廷要求重振意识形态观念的具体回应，自强的内容无非是正纲纪、严人心、练兵、筹款以及其他循名责实的内容。1864年之后，一批在镇压太平天国起义中起家的军事将领曾国藩、李鸿章、左宗棠、沈宝桢、刘坤一等人，占据大江南北重要督抚的职位，逐渐把自强引出原来的思路，进入了所谓洋务的轨道，也就是“内须变法，外须和戎”的“借法自强”之路。七十年代后期，李鸿章成为自强运动的核心人物，他以有远见的现实眼光、熟练的行政手段和对清王朝的忠诚，对上博得了慈禧、奕䜣、奕𫍽等最高统治集团的信赖，中间得到沈宝桢、丁日昌、刘铭传、张树声、郭嵩焘等人的支持，下面则吸收了冯桂芬、薛福成、王涛、郑观应、马建中等人为其幕僚。在这样一批遍布朝野的力量的推动和支持下，自强运动或者说洋务运动从军事到经济、从教育到外交，在各个领域内渐次展开。尽管洋务运动的基本目标是为了增强清王朝的生存力量，扩大清王朝的生存基础，举办洋务的官员从没有对朝廷的意识形态观念提出过任何怀疑，有的人（如曾国藩）甚至为复兴朝廷的意识形态做过许多努力，但由于它的指导思想完全超出了意识形态之中“华夷之辨”的框架，这使它的合法性受到了强烈的怀疑，担负着维护朝廷意识形态职责的官员，在保持了一段克制的沉默之后，终于开始表达自己的看法。事情首先是由设置同文馆问题引起的。同治五年（1866年）十二月，在李鸿章的建议下，恭亲王奕䜣上奏朝廷，要求在同文馆已有的三馆之外另增设一馆，“咨取进士、举人、恩、拔、副、岁、优贡生，并翰林院庶吉士、编修、检讨及由前项出身之京、外各官，考试录取留学……”“聘请洋教习，教授天文、算术、格致、制器”。奕䜣的奏议受到朝廷的赞许，但在交廷臣讨论的时候，御史张盛藻却提出不同意见。他认为“若以自强而论，朝廷之强莫如整纪纲、明政刑、严赏罚……臣民之强则唯气节一端耳”，而“气节”又是朝廷“数百年深仁厚泽以尧、舜、孔、孟之道为教育以培养之也”。此奏意思是说自强应在国家的意识形态框架之内规划，不能偏离国家的意识形态方向。张的批评在朝廷中引起反响，二十多天之后，大学士倭仁从意识形态的立场更加郑重其事地提出自己的批评。他的奏折开篇即写道：“立国之道，尚礼义不尚权谋；根本之图，在人心不在技艺。”他批评奕䜣：“今求之一技之末，而又奉夷人为师……古今来未闻有恃术数而能起衰振弱者也。”奏折不长，却把批评上升到关乎性命之理与华夷之辨的意识形态核心观念的高度，从立国之道和根本之图的角度，简明扼要地揭示出洋务指导方针与儒家伦理原理的对立，揭示出洋务运动对清王朝意识形态的背离。围绕着同文馆的交锋发生不久，同治十三年（1874年），日本悍然以武力威胁台湾，引发清政府上下关于海防问题的大讨论。在这场大讨论中，李鸿章向朝廷上奏了著名的《筹议海防折》，第一次公开完整地宣布了洋务派对时局的观点和对自强的主张。此时倭仁已故，但面对洋务派的公开宣言，仍有许多大臣站出来，不顾朝廷对李鸿章等人的支持，再一次从意识形态的角度对洋务方针提出批评。这些人中包括通政司参议于凌臣、顺天府丞王家璧等，他们承接了倭仁的论理方式，把洋务立论之基与意识形态立国之道胪列对立，称前者的根本在“机器”、在“寡廉鲜耻”，称后者的根本在“人心”、在“数千年礼义廉耻之维”，认为自强之道必须以维护朝廷的意识形态的完整性为前提，尧舜周孔之道、君臣父子之伦、礼义廉耻、华夷之辨，既是立国之本、御敌之本，也是自强之本，而李鸿章、丁日昌的造船论、和戎论和变科举论，是“直欲用夷变夏”，如此则“礼义廉耻纲常伦纪，必然失而务守”。第三次，也是持续时间最长的一次争论，是围绕铁路问题展开的。光绪六年（1880年）十一月，前直隶提督刘铭传在李鸿章的授意下，正式向朝廷递交了修建铁路的奏折，并详陈了铁路在国防、交通等国家自强方面的重要作用。此建议一出，首先引起侍读学士张家骧的反对。紧接着，顺天府丞王家璧、翰林院侍读周德润、通政司参议刘锡鸿等纷纷上书反对。由于铁路具有较为广泛的社会关联，反对派也陈议颇宽，搜集了各种各样的反对理由，中心却依然是围绕着儒家的政治伦理和“华夷之辨”这一意识形态的核心观念展开，认为修铁路是不符合朝廷的意识形态原则的。如周德润说：“铁路行之外夷则可，行之中国则不可。何者？外夷以经商为主，君与民共谋共利者也；中国以养民为主，君以利利民，而君不言利者也”，铁路之议一出，“聚敛之臣纷纷言利，殊失圣天子爱育黎首之本怀”。更有人散布这样的威胁：“若铁路一行……冠裳化为鳞介，礼义必至消亡。”光绪七年（1881年）四月，李鸿章在奕䜣的支持下，不通过朝廷讨论即修筑了从唐山到胥各庄的铁路。光绪十四年，经朝廷同意，这条铁路经大沽扩展到了天津。十一月，奕䜣奏请把这条铁路由天津扩修到北京通州。此议再次在朝廷中引起轩然大波，先是大学士恩承、吏部尚书徐桐联名上书反对，紧接着，数十名京官从意识形态的立场，以“资敌”“扰民”“夺民生计”等理由，纷纷上书，阻修这条铁路。争论持续到次年十一月，在朝廷的强力干预下，修铁路的决策才最终确定下来。

整个洋务运动期间，大大小小的决策如遣使、议和、电报、造船、开办民用企业、改革科举制度等，无一不受到朝廷中相当一部分人的攻击，以上所举不过是其中影响较大的几项。过去我们提到这些争论，常称之为地主阶级顽固派或文化保守派的表现，还有人认为这是朝廷内部的权力斗争。但是，无论权力斗争还是文化分歧，都不足以解释这场争论的性质。首先，反对派的行为并没有任何权力斗争的含义，也并没有为哪一个权力人物所利用。其次，从文化角度看，反对派与其说是代表儒家文化的立场，倒不如说是体现着在康、雍、乾年代形成的朝廷的文化观点。实际上，从争论的内容到语言到影响，我们可以看到，反对派真正所要维护的是在十八世纪朝廷通过发布上谕、编纂文献、文字狱等文化和政治手段所形成的并一直延续到今天的朝廷的观念要求。因此，洋务派与反对派之间的这场漫长而尖锐的分歧和批评，既不是什么权力之争也不是什么文化之争，而是一场地地道道的意识形态之争。反对派所要维护的是正统的思想观念，亦即国家的意识形态的完整性和合法性，这就必须对洋务运动的一系列做法提出批评。面对反对派来势汹汹的进攻，洋务派并没有沉默。早在围绕同文馆的争论进行之时，奕䜣就向朝廷递交了长篇奏折，陈述洋务行为的正当性，讽刺倭仁的高论是“空言塞责”，是“以忠信为甲胄，以礼义为干橹”，对解决现实的灾难毫无裨益。在围绕铁路问题的争论中，刘铭传等人奋起反击。他在奏折中详细陈述铁路的种种益处，剖析了反对派强加在铁路之上的所谓“资敌”“扰民”等等罪名的不实，并进一步为洋务官员的自强方针辩解，称“外洋以商务为国本，自强在经商；中国以民生为国本，自强在爱民。不知商即民也，商务即民业也，经商即爱民之实政也。……故欲自强必致富，欲致富必先经商”[1]。但是，无论洋务派如何申述，他们只能从现实的层面解释其行为的合理性，他们既无法把自己的行为同“华夷之辨”这样的意识形态观念衔接起来，也无法从意识形态的高度解释自己行为的正当性。因此，在反对派一再高唱的“华夷之辨”“尊卑之分”“名器之重”“忠义之言”“廉耻之道”“士林之节”“圣贤大道”“根本之图”等意识形态高调之下，洋务行为是没有任何立足之地的。这是问题的一方面。问题的另一方面是，十九世纪末期的中国同康乾时代的中国相比，其生存条件已完全不同，此时闭关锁国的大门已被打开，列强各国从政治、经济、文化、军事到宗教的渗透已深入到各个领域，清王朝的生存已完全建立在洋务派的“和戎”和“借法自强”之策上。不论朝廷愿意与否，都要在一定程度上与洋务派合作，依靠洋务官员的努力来维持自己的生存。尽管如此，朝廷在意识形态上并没有任何松动，在科举、上谕、用人、决策等公开的政治、文化行为中依然保持原来的体制和观念，“君尊臣卑”“华夷之辨”等依然是国家意识形态的核心。洋务运动期间的朝廷奉行的是两面政策：既在现实中支持洋务运动，又维护传统意识形态的完整性和权威。于是，十九世纪八十年代之后，清王朝内部出现了一种奇特的扭曲现象：在现实中是正当合理的洋务运动，在观念领域成为离经叛道的行为。一方面在现实中，洋务运动的各种决策次第推行，另一方面，反对洋务运动、重申十八世纪闭关锁国思想的观念大畅其行；一方面洋务官员感到自己的行为受到来自文化思想领域的阻力，这使奕䜣“为之心灰而气沮”，李鸿章抱怨“三十年来日在谣诼之中”，奕譞感叹“外敌之窥伺易防，局外之浮嚣难靖”；另一方面，自觉承担卫道责任的官员又深感言论不被重视，意识形态的合理性受到压制，称“偶有陈奏，辄蒙严旨谴责，公义未申，先蹈徇私之咎，千古钳制言路，莫此为甚”。整个洋务运动的二十多年，大清王朝内部一直充满了这种观念的合理性与现实的合理性的对抗。

由于朝廷自相矛盾的立场，在这两种合理性的对抗中，谁都没有完全达到自己的目的。洋务官员日夜提醒朝廷“坚持定见，激励人才。勿为浮议所摇，勿为

[1]《光绪十五年二月二十八日福建台湾巡抚刘铭传奏》，载《中国近代史资料丛刊·洋务运动》（六），上海人民出版社1961年版，第249页。

常例所格，内外臣工同心戮力，以图自治、自强之要”，但朝廷依然容纳保守派的言论，吸收以卫道自居的人物进入最高决策层；而言路方面对李鸿章等人的每一步决策都拼死相争，但并没有阻挡洋务运动在军事、外交、经济等领域内次第展开。总的来说，在现实领域，言路方面对洋务官员是无可奈何的；但在思想观念领域，言路方面则成功地压制住了洋务思想的任何滋长。在公开的场合下，在北京这样的朝廷重地，有谁敢对“夷夏大防”“君尊臣卑”这样的观念提出怀疑呢？徐继畬在《瀛环志略》称赞华盛顿“几于天下为公，骎骎乎三代之遗意”，郭嵩焘在使英途中著成《使西纪程》一书，称赞西洋政治之美，足资中国取法。俩人都因此受到清议的谴责，从此抑郁不得其志。冯桂芬在其《校邠庐抗议》中提出“鉴诸国”“师夷狄”的主张，认为今日之中国“人无弃才不如夷，地无遗利不如夷，君民不隔不如夷，名实必符不如夷”，这些观点简直是直接与现行的意识形态观念相对抗。但冯写出此书后始终不敢公开印行，他把手稿送给曾国藩等人，后者惊骇于冯桂芬的大胆议论，也不敢把此书上递朝廷。另一位洋务官员张树声，积多年洋务经验，临死前才敢以遗折的形式，把他的想法上奏朝廷。李鸿章在私下里到处宣传“如今日喜谈洋务乃圣之时”，甚至直言不讳地称自己的目标就是要“以夷变夏”，但公开场合下他也不敢与言路方面辩诘，只好自我解嘲：“鸿章平生不解空言高论，只知实心办事”。官职卑微无足轻重的言路阵营，在与由王公贵族、督抚将军等权贵组成的洋务集团的对抗中，依靠意识形态上的正当和权威，基本上使后者的思想观念无法畅其欲行。

## 二、冯桂芬、薛福成、郑观应等人在意识形态方面的突破

由于深感来自言路方面的压力，李鸿章等人一直在寻求着对现行意识形态体系尤其对“夷夏大防”这一观念的突破。在此，洋务官员的努力主要集中在两个方面。第一是在自己的势力范围之内，大量地传播西学，如1863年在上海建立广方言馆，1875年在上海建立格致书院，同时，在南京还建有江南制造局翻译馆等。它们或教授生徒，或举办讲座，或翻译书籍，或编译报刊，在社会上公开传播西方文化。在这些努力之下，到洋务运动晚期，中国实际已成为两种文化和意识形态的天下：一是在北京及大部分内地，受朝廷观念的影响，传统的意识形态仍然占据绝对统治的地位；再一是在上海、广州这些对外开放的地区，受洋务运动的影响，各种异端的文化和观念作为一种思想暗流在积聚在传播，从而为下一步的思想变革打下了基础。洋务官员努力的第二个方面是，直接为洋务运动寻找

理论依据，也就是为西学的存在制造合法性。当然，在中国的典籍中，并不缺乏对外开放的先例和思想，但它们似乎很难与当下的意识形态观念相衔接，也无法直接解决洋务运动的理论困惑。1860年冯桂芬在其《校邠庐抗议》一书中提出："如以中国之伦常名教为原本，辅以诸国富强之术，不更善之善者哉？"这一思路对洋务官员有很大的启发。此后，李鸿章等人一直寻找中学与西学结合的可能，在中学的名分之下，寻求西学的立足之地。在余下的年代，李鸿章与薛福成、王涛、郑观应、沈葆桢、张树声、郭嵩焘等人反复讨论辩驳，企图通过本末、主辅、形上、形下等关系范畴，打破传统以"夷夏大防"为主要特色的意识形态框架，为中西关系设定一个适合洋务需要的新的观念模式。实际上，进入八十年代，整个洋务阵营对西方富强的实质已经达成共识，一致认为西方的强大不仅在其船坚炮利，更在其背后的政体学术；中国要想实现自强，必须在传统的思想观念之下，使西方文化有更多的发挥影响的空间。但是，他们的这种认识，很少公开表达，更没有为朝廷所认可。

1895年中日甲午战争，清政府战败求和，割地赔款。这一事件对清政府一贯奉行的保守政策是一次沉重打击。在光绪皇帝的支持下，一批具有更激进变革意识的青年维新人士康有为、梁启超、谭嗣同等人登上历史舞台。他们一开始就无视清王朝一贯奉行的文化意识形态观念，无视朝廷内部保守派的势力，在北京、上海等地办报纸、办学会、搞讲座，无所顾忌地传播西学、批评朝廷，形成中国近代史上第一次思想启蒙的高潮。最初，朝廷中还有人（如杨崇伊等）以"专门贩卖西学书籍"为罪名，参劾康有为，但维新派的文化批判和启蒙活动很快在上海、广东、福建、湖南、江苏、浙江等地蓬勃发展起来，任何力量都无法阻挡。在康有为的操纵下，光绪二十一年（1895年）十二月，御史胡孚宸上奏朝廷，他依据"西学者，中国固有之学"和"礼失而求诸野"的传统观念，要求将康有为所办的强学书局改为官办，并"聘定通晓中西学问之洋人为教习……选译书籍、各国报纸及指授各种西学"。此奏在没有反对意见的情况下，得到光绪皇帝的许可并颁布施行。这是清政府首次公开赞许西学在中国的传播，标志着传统的意识形态开始动摇。

在朝廷这一态度的鼓舞下，不但维新人士更加积极地宣传西方文化，清政府的各级官僚也一改以往对这一敏感问题的沉默态度，开始公开讨论西学对自强的重要意义。继胡孚辰的上奏之后，光绪二十二年五月，刑部右侍郎李端棻上奏，批评此前创办的洋务学堂徒习西学器技之末，"而于治国之道、富强之原，一切要书多未肄及”，要求在各省、府、州、县设立学堂，传授系统的中学西学；光绪二十三年七月，浙江巡抚廖寿丰奏请在杭州设立求是书院，“务期明体达用”，“以孔孟程朱为宗旨”，“传授各种西学”；同年十一月，陕甘总督魏光焘奏请设立崇实书院，“每日早起讲习中学二时，考西学又二时”；同年，刑部主事张元济奏请在各地设立同文馆、广方言馆之类的外语学校，并扩大京师同文馆的招生；光绪二十四年二月，湖南巡抚陈宝箴奏请在湖南设立时务学堂，聘请梁启超、李维格为中学西学总教习；同年，湖广总督张之洞奏请在“在湖北设立两湖书院，扩充经心书院”“期以研究实学，鉴综道艺，融贯中西”等等。

在朝野各方鼓吹西学的热情和要求的推动下，光绪皇帝顺应历史潮流，于二十四年（1898年）四月发布上谕，郑重宣布清政府对西学的立场。上谕要求各省督抚“即将各省、府、厅、州、县现有之大小书院，一律改为兼习中学西学之学校……其地方自行捐办之义学、社学等，亦令一律中西兼习，以广造就”。几天后，在著名的《诏定国是》谕中，光绪皇帝提出“嗣后中外大小诸臣……各宜努力向上，发愤为雄，以圣贤义理之学植其根本，又须博采西学之切于时务者实力讲求，以救空疏迂谬之弊”。一个月后，光绪皇帝再次发布上谕，重申上述谕旨的精神，并要求把民间寺庙也一律改为中西兼习之学堂。这是清政府有史以来第一次在全国范围内公开推广西学，标志着清王朝二百年以“华夷之辨”为核心的闭关锁国意识形态开始结束。

旧的结束需要有新的补充。在新的历史条件下应该选择哪一种文化？显然不能用西学取代中学，那么这两种文化应保持一种什么样的关系，如何相处？从意识形态的需要出发，这无疑是一个应该严格界定的问题。早在二十多年前，洋务官员在私下已开始用“本末”“道器”“主辅”“形上形下”等范畴来界定中西文化的关系，此时各方人士不约而同提到“体用”这一关系范畴。先是沈寿康在《万国公报》上著文：“夫中西学问，本自互有得失，为华人计，宜以中学为体，西学为用”。嗣后，礼部尚书孙家鼐为京师大学堂所拟章程中讲道：“今中国京师创立大学堂，自应以中学为主，西学为辅；中学为体，西学为用”。梁启超为总理衙门起草的《筹议京师大学堂章程》也认为：“中国学人之大弊，治中学者绝口不言西学，治西学者亦绝口不言中学；此两学所以终不能合，徒互相诟病，若水火不相入也。夫中学体也，西学用也，二者相需，缺一不可”。此外，康有为、梁启超一起为御史宋伯鲁所拟《奏请经济岁举归并正科并各省岁科试迅即改试策论折》也这样讲道：“夫中学体也，西学用也，无体不立，无用不行，二者相需，缺一不可”；甚至仇视康、梁等人的御史文悌也有这样的说法。在所有这些说法中，以湖广总督张之洞的论述最为详细。他在《劝学篇》这部名著中，对中学、西学各自应包括的内容，各自的作用，以及二者的关系和地位都作了详尽周到的考查，最后把中学、西学的关系界定为“中学为内学，西学为外学”“新旧兼学，旧学为体，新学为用，不使偏废”。此书在当时新与旧、激进与保守争执得水火不容之时，却表现出一种极其难得的“既‘图救时’又‘虑害道’；既能救身心又能应世事；既救危亡、立富强，又要维护专制政体；既要学习西方文化，又要维护孔孟之道”的宽容理智的态度和选择，可以称得上是对新的意识形态的最好的论证和界说。因此该书一出，立刻博得朝野中外各方人士的欢迎。光绪皇帝以国家的名义，下诏表彰此书“持论平正通达，于学术人心大有裨益”，并下令在全国推广，实际上，是把此书的文化观点纳为朝廷的新的意识形态。于是，“中体西用”在这一历史的关键时刻，经过各方人士的努力，终于为社会各界所接受，成为近代中国文化转折的象征和所在。当然，此时此刻各方人士对“中体西用”的理解并不完全相同，对中西文化关系的处理也有区别。但是，与“中体西用”在结束旧的、封闭的意识形态，建立新的开放的意识形态时所起的作用相比，这种差别是完全不重要的。重要的是，从此之后“夷夏之辨”“华夷大防”之类，再不是一种正当的、权威的、国家的思想观念，在朝廷之中，再也不会有人像倭仁、王家璧、于凌辰、张家骧、周德润、刘锡鸿、徐桐等人那样，对西学以及一切与西方有关的事物进行放肆的攻击；通过对“中体西用”的肯定，西方文化终于在传统纲常名教的名分下获得了存在的合法性。在此之后，清政府虽然镇压了变法维新运动，但并没有废止《劝学篇》和“中体西用”这一文化观念。这为中国历史的进步，保留下了一点儿可贵的文化思想资源。我们可以看到，在清政府以后的改革中，尽管还有各种各样的争吵，但带有意识形态色彩的争论已不复存在。实际上，在“中体西用”这一新的文化框架之下，清政府对一切改革行为都是可以容纳下的。事实上，清政府以后的改革无不以追随和模仿西方政体文化为其目标，对此，再也无人敢从意识形态的角度提出反对。几年前，当学术界非常关注“中体西用”这一问题时，许多人把“中体西用”与近代日本的“和魂洋才”进行比较，并讨论了为什么近代日本成功而中国失败这一有趣的问题。现在当了解了近代中国意识形态的变迁之后，我们可以试图重新回答一下这一问题。实际上，近代日本的明治维新，是一场包括了政治、经济、军事、文化各个领域的全方位的改革，意识形态也没有滞后。而中国的洋务运动只是李鸿章等人的一种个人或集团的行为，清政府并没有完全投入到这场改革之中。实际上，政府的各种体制不仅没有支持洋务这一低层次的改革，反而处处设置障碍，意识形态就在这一方面扮演着最卖力的角色。有人说“中体西用”是洋务运动的指导思想，一定程度上可以这么说，但“中体西用”却不是政府的指导思想。整个洋务运动的几十年间，清政府一直以“君尊臣卑”“华夷之辨”为其指导思想，直到戊戌变法时才在意识形态上作了调整。在这样层层保守的体制和观念之下，洋务运动甚至不是一种正当合理的行为，当然很难取得什么实质性的成就。此后，清政府虽然在“中体西用”名分下进行了一场所谓的新政改革，但时过境迁，清王朝已是明日黄花，无力再对历史发挥作用了。尽管如此，1895年前后清政府上下对“中体西用”的讨论和颁布推广，毕竟是一件有意义的事件，它不仅是一次重要的、有深度的思想启蒙，而且在中国近代文化史上真正起到了结束过去开创未来的作用。

## 第三节　张之洞与晚清思想史上的“中体西用”

“中学为体，西学为用”是中国近现代思想史一个影响巨大的思想口号。“中学为体，西学为用”作为解决中西文化冲突的一个有效模式，在近代史上有一个很长的酝酿过程，很多人都参与了这一思想口号的提出和完善。在这一过程中，张之洞并不是最早提出这一文化观念的人，但人们一致认为，这个主宰中国思想观念半个多世纪的思想口号，在张之洞那里得到最完美的解说和阐释，所以，人们一般都把中体西用视为张之洞的创造。另外需要指出的是，中体西用被视为洋务运动的指导思想，同样由来已久，似已成为学界定论。以陈旭麓先生的论述为例，“自六十年代至九十年代，凡谈时务、讲西学者，无分朝野，皆不出‘中体西用’一途……洋务派是‘中体西用’的实施者，而改良派的言论更像是一种理论指导……在这两重意义上，可以说‘中体西用’是洋务运动的纲领”。但在笔者看来，洋务运动既没有把“中学为体，西学为用”作为自己的指导思想，也没有把“中学为本，西学为末”“中学为主，西学为辅”这样的口号作为指导思想。主持和参与洋务运动的官员和学者，主要围绕着自强需要不需要西器、西艺、西技的支持展开讨论，并没有讨论到自强与西学的关系，更没有讨论到中学与西学的关系。

十九世纪六十年代初，自强的问题开始为清政府上下所关注。这一问题一提出，马上就得到朝野上下的广泛支持，成为清政府的一项基本国策和追求目标。但是，如何实现自强，在整个洋务运动期间，清政府上下始终没有形成统一的意见。以奕䜣、文祥、曾国藩、李鸿章、左宗棠等人为首的朝廷和地方的实力派人物，坚持把自强与学习西方联系在一起，认为自强就是学习西方的船坚炮利，也就是“借法自强”。这一主张遭到了朝廷中以卫道者自居的人物的强烈反对，朝廷本身对此也依违其间、模棱两可，但是在实际政策上却网开一面，允许那些地方督抚在军事、外交、经济等领域，实施其具体“借法自强”的措施。这些措施落实到现实中，就形成我们今天所说的洋务运动。在洋务运动的具体运作中，我们可以看到许多洋务官员主张学习西方的言论和观点。比如，曾国藩在1862年说：“欲求自强之道，总以修政事、求贤才为急务，以学作炸炮、学造轮舟等具为下手工夫，但使彼之所长，我皆有之。”1863年，奕䜣在一篇奏折中说：“自强以练兵为要，练兵又以制器为先。”1864年，李鸿章在一篇奏折中写道：“中国文武制度，事事远出西人之上，独火器万不能及，中国欲自强，则莫如学习外国利器，欲学习外国利器，则莫如觅制器之器。”一年后，他在另一篇奏折中又写道：“中国文物制度，迥异外洋獉狉之俗……必谓转危为安、转弱为强之道，全由于仿习机器。”1872年，薛福成提出：“中国所长，则在秉礼守义，三纲五常……为今之计，莫若勤修政教，而辅之以自强之术。其要在夺彼所长，益吾之短。”其后，王韬更是明确提出：“盖洋务之要，首在借法自强，非由练兵士、整边防、讲火器、制舟舰，以竭其长，终不能与泰西诸国并驾而齐驱。”等等。对此，论者一致认为，这是从体用、道器、主辅、本末的角度，谈论中学与西学的关系，是“中学为体，西学为用”或“中学为本，西学为末”的各种不同表述。但是，细细分析这些言论，我们可以看到，首先，这些论述都是围绕自强问题展开的，而不是围绕中学与西学关系问题展开的，是把自强与“学做炸炮”、自强与“学习外国利器”、自强与“讲火器、制舟舰”等等的关系作为讨论的主题，而不是把中学与西学的关系作为讨论的主题。论者在这里把中学与自强等同为一，认为李鸿章、曾国藩、薛福成、王韬等人所说的自强就是中学，但实际上，二者并不是一回事。所谓自强，是清政府在十九世纪六十年代提出的国家要实现的军事和政治目标，通过实现这一目标以达到同列强相抗衡的目的。所谓中学，则是中国数千年延续积累的政教、礼仪、学术、文艺、经义等内容。自强与中学，无论在概念上还是在内容上，都没有任何可比拟的。其次，上述洋务论者所要向西方学习的“炸炮”“轮舟”“火器”“机器”以及“自强之术”“洋务之要”等，也不能简单地称之为西学。它们可以被称为西学的一些具体内容，但与西学还不是同一层次的概念。后者所谓的“学”，就是我们今天所说的“文化”这一概念，这一点是十九世纪九十年代之前的人们所无法认识到的。此前的人们仅仅认识到西方的一技、一艺、一器、一法的特色和优势，并没有认识到整个西方文化的特色和优势。

如果说洋务运动并没有以“中学为体，西学为用”作为自己的指导思想和理论依据，那么，洋务运动的指导方针又是什么呢？从洋务运动本身所达到的层次和洋务官员的论述中，我们可以看出，洋务运动的指导方针，实际上沿用了早年林则徐、魏源提出的“师夷长技以制夷”的思路和观念。比如曾国藩认为，通过学习西方的坚船利炮，“使彼之所长，我皆有之”，“益我之长，夺彼所恃”，“师夷智以造炮船，尤可期永远之利”；李鸿章认为，“‘师夷长技’四字，尤为今日所当知也”，又说“取外人之长技，以成中国之长技”；左宗棠说，“西洋各国恃其船炮横行海上，每以其所有傲我所无，不得不师其长以制之”；薛福成认为，自强之要“要在夺彼之长，益吾之短”；等等。上述这些言论，与林则徐、魏源当年提出的抵抗英国侵略的口号，几乎一模一样。所以，夏东元先生认为：“‘师夷长技’，原出魏源所说的‘师夷长技以制夷’……但把这个认识和结论付诸实践，是到十九世纪六十年代初洋务运动兴起时才开始的。”王玉棠先生也认为：“在十九世纪六十年代初期，以‘师夷长技以制夷’列为富国强兵方针的洋务运动（或称自强运动），在得到清廷重视的大前提下，遂告逐渐展开。”这就是说，先进的历史人物在四十年代提出的思想观念，到六十年代才开始付诸现实，历史的实践与历史的思想之间，相差了二十多年。洋务运动期间，也有人提出“借法自强”或“变法自强”的主张，但在现实中，“借法”或“变法”二字并没有任何落实，“朝士即有言西法者，不过称其船坚炮利制造精奇而已，所采用者，不过炮械军兵而已，无人知有学者，更无人知有政者”（梁启超语），所谓的洋务运动，主要是洋务官员把“师夷长技”的思想，同朝廷的“自强”的政策要求结合在一起，企图以此实现“制夷”和“自强”的目标。而“师夷长技”与“借法自强”与“中体西用”，从学习西方这一角度讲，在内容上分别指的是器物、政体和文化，三者既不是同一层次的概念，也不是同一层次的政策、行为和目标。

需要指出的是，整个洋务运动期间，“师夷长技”的宗旨，不断受到来自左右两翼的批评。其一是代表清王朝正统的文化意识形态立场的卫道派，如倭仁、刘锡鸿、徐桐等，他们批评洋务运动偏离了朝廷以“华夷之辨”为核心的文化意识形态，不断对洋务运动施行文化意识形态层次的围剿，对洋务运动构成极大的阻力。其二是激进的改革派如郭嵩焘、郑观应、王韬等人，认为“师夷长技”仅仅学习西方的皮毛，对于自强这一目标毫无裨益。但是，来自左右两翼的这些批评，既没有阻止洋务运动的发展，也没有促使洋务运动向政体、文化的层次推进。

从历史的主题讲，戊戌变法完全承接洋务运动而来，也是为了实现自强这一社会目标。戊戌变法的特殊意义在于，为完成这一历史课题，它不仅提出了政治变革的要求，也提出了文化意识形态变革的目标。按照梁启超的说法，近代中国的变革，应随着从器物（西技）到文化（西学）再到政治（西法）的阶梯渐次上升，文化思想的变革实际上应走在政治变革的前面。只有突破旧的文化意识形态的框架，在文化思想上进行充分的讨论和酝酿，政治变革的任务才有可能完成。但是如前所述，在洋务运动的二十年，清政府虽然在外交上向西方打开了大门，但在文化思想上并没有向西方开放，文化意识形态变革的任务并没有提出，以“夷夏之防”为核心的、旧的文化意识形态观念并没有被触动，并且在1895年之后继续发挥着影响。康有为在《上清帝第六书》中说：“今朝廷非不稍变法矣，然皇上行之，而人臣挠之；才士言之，而旧僚攻之。不以为用夷变夏，则以为变乱祖制。”梁启超也提到反对派在文化上一个重要依据就是“伊川被发，君子所叹；用夷变夏，究何取焉。”袁世凯在光绪二十一年（1895年）七月《遵奉面谕谨拟条陈事件呈》中也认为，反对变法的观点之一就是“用夷变夏，古有明训，缙绅子弟，耻与彼族共周旋”。杨崇伊反对组织强学会，所罗织的主要罪名就是“创立强学书院，专门贩卖西学书籍”，甚至，光绪二十二年六月，胡聘之、钱骏祥在《请变通书院章程折》中，一面请求把西学课程引入书院授课内容，一面申明要“峻用夷变夏之大防”，以使“学术愈纯，人才日众”，等等。这些事实说明，戊戌变法和洋务运动一样，同样面临着以“夷夏之辨”为核心的文化意识形态的阻力。这使戊戌变法的领导者不得不把政治变革和文化变革的任务同时承担下来，后者的目标就是要在承认西学地位的基础之上，构造出一个会通中西的新的文化框架，以取代原来以“夷夏大防”为核心的文化意识形态。

作为一种理论观念和意识形态，“夷夏之辨”要真正被克服、被抛弃，不仅需要社会各阶层的认可，更需要从观念形态上找到突破口和替代者，只有新的观念酝酿成熟并被广泛接收之后，旧的观念才能被取代。那么，用于突破旧的“夷夏之辨”的文化观念是什么呢？从当时的思想状况看，答案有二：一是中西会通的观念，一是西学源于中学的观念。从思想史的角度看，讲求中西会通的观念，早在十九世纪六十年代就已经出现。冯桂芬在《校邠庐抗议》中提出的“以中国之伦常名教为原本，辅之以诸国富强之术”，可视为这一观点的最早论述。而西学源于中学的观念则出现得更早，有人甚至把它追述到黄宗羲那里。应该说，这一观点在理论上一无是处，但是它在推动朝廷文化意识形态观念的转变上，却发挥了很大的作用。光绪二十一年（1895年）十二月，为杨崇伊参劾强学会事，御史胡孚宸上奏《书局有益人才请饬等议以裨时局》一折，他依据“西学源于中学”和“礼失而求诸野”的观点，在朝廷上委婉而公开地批评了传统以“夷夏之防”为核心的文化意识形态。光绪皇帝准奏此折，使西学的存在有了初步的合法性。在这一观点的基础上，次年五月初二，李端棻上奏《请推广学校折》，批评洋务运动二十年对西学的孤陋寡闻，认为在各地的洋务学校中，“诸学皆徒习西学、西语、西文，而于治国之道、富强之原，一切要书多未肄及”，公开要求扩大学习西学的内容和传播范围。此奏经光绪皇帝批阅、总理衙门准奏后获得批准，并被上海《时务报》刊登。这标志着朝廷传统文化意识形态观念发生了根本的松动，以往以“夷夏之防”为核心的文化意识形态观念已基本被否定，从而大大鼓励了社会各界传播西学的信心和热情。

相比之下，中西会通的观念长时间内并没有被人注意，直到十九世纪九十年代之后，由冯桂芬最早开启的这一思路才重新开始被人提及。先是，康有为在1891年创办万木草堂时，把中西会通作为他的办学宗旨，强调“以孔学、佛学、宋明学为体，以史学、西学为用”，认为“必有宋学义理之体，而讲西学政艺之用，然后收其用也”。其后，郑观应在其1893年出版的《盛世危言》一书中，从道器、主辅、本末的角度，构造了一个更完善的中西会通的文化框架。在该著的《西学》篇中，他先是批评了“今之自命正人者，动以不谈洋务为高；见有讲求西学者，则斥之曰名教罪人、士林败类”的顽固的卫道观念，经过一番论述，他郑重其事地提出，“合而言之，则中学其本也，西学其末也；主以中学，辅以西学”。三年后，即从1896年开始，以胡孚宸、李端棻等人的上奏为标志，随着朝廷的文化意识形态观念发生根本的调整，西学取得初步被认可的地位之后，各方人士包括维新派知识分子、朝廷及地方的开明官员，甚至教会中人，如梁启超、孙家鼐、廖寿丰、魏光焘、陈宝箴、张元济、盛宣怀、沈寿康等人，都开始热衷于宣传文化上的中西会通，而且不约而同地从“体”和“用”的角度来界说中西文化的关系。比如光绪二十三年（1897年）七月，浙江巡抚廖寿丰在杭州设立求是书院，“延一西人为正教习，教授各种西学，华教习二人副之，一授西文，一授算学……每日肄习之暇，泛览经史国朝掌故及中外报纸，务期明体达用”。同年十一月，陕甘总督魏光焘建崇实书院，“每日早起讲习中学二时，考求西学又二时”，“以储明体达用之才”。在所有类似的说法中，以沈寿康、梁启超、孙家鼐、张之洞的论述最为清楚。1896年4月，沈寿康最早在上海《万国公报》讲道：“中西学问本自互有得失，为华人计，宜以中学为体，西学为用。”同年，梁启超在《筹议京师大学堂章程》中讲道：“中国学人之大弊，治中学者绝口不言西学，治西学者亦绝口不言中学，此中西学所以终不能合，徒互相诟病，若水火不相入者也。夫中学体也，西学用也，二者相需，缺一不可，体用不备，安能成才？”两年后，湖广总督张之洞在他的《劝学篇》中，更是围绕中体西用这一框架，勾画出一幅完整的改革规划图。

在朝野各方对西学的这一认识的推动下，光绪皇帝于光绪二十四年（1898年）四月二十二日发布上谕，要求“将各省书院……一律改为兼习中学、西学之学校……义学、社学等亦一律中西兼习，以广造就”，次日，在著名的“诏定国是”上谕中，光绪皇帝明确宣布“以圣贤义理之学，植其根本，又须博采西学之切于时务者，实力讲求，以救空疏迂谬之弊”。同年五月二十五日，由康有为起草、宋伯鲁代奏并经光绪皇帝批准的《奏请经济岁举归并正科并各省岁科试迅即改试策论折》，对此前“诏定国是”上谕中提到的“中体西用”治国大略，作了详细的论证。奏折写道：“臣窃维中国人才衰弱之由，皆缘中西两学不能会通之故。故由科举出身者，于西学辄无所闻知；由学堂出身者，于中学也茫然不解。夫中学，体也；西学，用也。无体不立，无用不行。二者相需，缺一不可。今世之学者，非偏于此即偏于彼，徒相水火，难成通才。推原其故，殆由取士之法歧而二也。”此折不仅标志着百日维新中的文化教育改革的开始，更标志着几十年来对中西文化的无休止的争辩终于有了结论。如果说传统的“西学中源”和“礼失而求诸野”的观念帮助西学获得了初步的合法性的话，“中体西用”则在朝廷的明令支持下，正式取代了传统的“夷夏之防”的观念，成为朝廷新的文化意识形态。随着“中体西用”观念的确立，以往的“夷夏之辨”“西学中源”等观念随之失去意义，这使那些敌视西学的观念都失去了意识形态的依据，从此之后再不具有任何合法性了，而文悌这样的顽固人士，只好借强调中学之体的地位，以限制西学之用的发挥。不过，这已经不会再产生什么影响了。整个戊戌变法期间，光绪皇帝多次发布上谕，在中体西用的名义下，推行改革的各项措施。事实表明，百日维新中，变法要实现三个目标，这就是经济上的富国养民、政治上的开明专制和文化上的中体西用。这三个目标是互相支持协调一致的，而中体西用在其中占有核心的地位。戊戌维新期间，不仅维新人士康、梁等人宣传中体西用，张之洞等开明官僚宣传中体西用，全国各地的报纸、学会、新式学堂等也都公开奉中体西用为新的意识形态总纲。梁启超说，戊戌变法期间，举国奉中体西用为至言。这话并没有任何夸张。一时间，中体西用成为半个世纪以来对东西方文化关系的最完善的概括总结，是对洋务运动所奉行的“师夷长技”的最根本的否定和发展，是维新变法的最基本的理论支柱，是一切积极关心中国富强命运的人的基本共识。

讲到这里，我们不能不提到时下非常流行的一个观点。这一观点认为，中体西用是“反对维新的文化纲领”，“洋务运动中兴起的‘中体西用’文化观，它的宗旨、它的社会作用，终于在维新高潮中发生蜕变，‘中体西用’已不再是领导社会革新的新思潮，而是变成一道阻挡汹涌的维新大潮的拦河坝”。从当时的历史事实来看，中体西用观念挟朝廷之力，已为社会各界普遍接受，持这一文化观的人，确实有人赞成变法、有人反对变法的一些措施，但这并不等于说中体西用观念本身与戊戌变法是不相容的。如果戊戌变法所追求的目标是排满，是革命，是全盘西化，那么，二者的目标确有抵触，但戊戌变法所追求的是改革，是对旧体制的调整，这与中体西用所追求的对传统文化地位的调整，在历史目标和社会层次上是完全一致的，我们有什么理由使二者完全对立呢？

讲到中体西用，当然不能不提到张之洞的《劝学篇》及其与戊戌变法的关系。张之洞在《劝学篇》中，围绕着中体西用构造了一个宏大完美的经济、思想和政治改革体系。通过对中体西用的论述，既批评了保守派拒绝变革的行为，也批评了来自维新派内部的许多激进观念，而且，论述的中心也明显侧重于后者。那么，所谓的激进的思想观念都是哪些内容呢？它们是：其一，严复在天津《直报》上发表的几篇著名的文章，如《论世变之亟》《辟韩》《救亡决论》等；梁启超在《时务报》上发表的文章如《知耻学会序》等。其二，湖南维新人士樊锥、易鼐等在《湘报》《湘学报》上发表的、被后人称之为代表“全盘西化”论最早观点的若干文章。其三，梁启超、唐才常、韩文举等维新人士在湖南时务学堂，白天讲课，“夜则批答诸生札记，每条或至千言……所言皆当时一派之民权论，又多言清代故实，胪举失政，盛倡革命……又窃印《明夷待访录》《扬州十日记》等书，加以按语，秘密分布，传播革命思想”。而后两种行为，可能是促使张之洞写作《劝学篇》的直接原因。这些批判的、启蒙的言论，其所包含的思想价值当然是深远的，其中的反传统思想、排满意识、革命要求，很快成为若干年后的历史和思想主题，但在戊戌变法期间，这些思想却都是超前的，与戊戌变法所追求的政治目标和文化主题并不合拍。张之洞借中体西用批评这些激进的思想观念，并不是反对变法，反对西学。

另外一点需要指出的是，《劝学篇》中所阐述的中体西用与康、梁等人宣传的中体西用是有很大的区别的。在康、梁那里，所谓的中学、西学是一个非常宽泛的概念，中学的内容既包括孔孟程朱，也包括诸子百家、道教佛学等内容，而西学的内容则无论科学技术、宗教法律、政治经济等，都构成这些年轻的维新人士的思想资源。但在张之洞那里就不同了，所谓中学主要是指纲常伦理孝悌忠信，所谓西学则主要是指与自强和改革有关的西技、西艺、西政等内容。概括地说，康、梁主要是从文化教育的角度谈论中体西用的，他们的中体西用充满了思想自由、文化开放的意味，而张之洞的中体西用主要是从政治角度谈论的，力图使这一文化口号围绕着清政府的改革、清王朝的统治来发挥影响，使由中体西用这一观念所开辟的思想解放的思潮，到《劝学篇》这里有所收敛、有所限制。从配合清政府的改革的角度看，这样做也有一定的合理性。不过，由此可以看到，中体西用在前者包含强烈的推动文化开放、思想自由的倾向，而在后者则起着限制和规范文化思想的自由的作用。这可以说是康、梁所谈论的中体西用与张之洞所谈论的中体西用的最本质的区别。

尽管由于张之洞的加入，中体西用这一观念原来包含的文化开放、思想解放的含义受到一定的限制，尽管对中体西用的理解和解释存在差别，但这一观念还是有其特定的历史含义和价值的。在笔者看来，戊戌变法期间的中体西用，其最大的价值是对以往占统治地位的以“夷夏之辨”为核心的文化意识形态的否定和取代，这标志着思想观念的进步已跨越了一个历史的台阶。从此之后，中国才从文化思想的角度向西方打开了门户，西学借助中学的地位，堂而皇之地获得了存在的合法性。从此之后，那些顽固地憎恶西方的人，只能把他们的观念积聚在感情上，在理智上已失去了任何发挥表达的依据了。从文化教育的角度讲，戊戌变法之后，各种学堂和书院都奉中体西用为宗旨，从而大大扩展了教育的内容，培养出一代学贯中西的人物。从改革的角度讲，在中体西用观念中，西技已不是中心，西政才是中心，这为下一次改革指明了方向、铺平了道路。从思想解放的角度讲，如果说洋务运动时期奉“师夷长技”为宗旨，学习西方的船坚炮利，是思想解放的第一步，那么，戊戌变法期间，以中体西用为宗旨，向西方的政体文化开放，乃是思想解放的第二步。戊戌变法期间的中体西用，其真正的历史价值，也许应该从这一角度去评价。而所有这一切，都带有张之洞的深刻影响。

## 第四节　张之洞的儒臣与忠臣观念

1900年，即中国的庚子年，在张之洞的政治生涯中占有重要地位。从是年6月开始，中国北方陷入混乱。朝廷手足无措，举止乖张，致使列强大举入侵。京师失守，帝后西窜。张之洞独稳坐湖北，以一个地方督抚的身份，操控全国政局。这是张之洞在其督抚任上，第一次对整个国家的政治动向发挥影响，也是张之洞展示其政治理念、智慧和性格的最佳时机。那么，张之洞在这一段历史中有什么重要作为，他又展示了什么样的理念与个性呢？

### 一、义和团的兴起与东南互保

庚子事件是在中国朝廷昏聩、大局糜烂的局面之下，把张之洞推向历史的核心舞台的。围绕庚子事件而来的中外冲突，把张之洞一生的政治事业推向了高峰。在这一段时间里张之洞的重要作为：阻止义和团事件的蔓延，发起东南互保，参与《辛丑条约》谈判，反对在俄约十一条上签字，以及其后向朝廷上奏的新政改革主张等等，无形中，张之洞已成为当时中国政治舞台上的另一个核心。这是张之洞不仅作为一个地方督抚，也是他一生政治事业的最高发挥和表现。此后张之洞虽然也曾入阁拜相，但其政治作为和影响也不如这一段时间卓著。清廷官方在总结张之洞平生功绩的时候，曾提到两点，一是“提倡新政，利国利民”，二是“庚子之变，顾全大局，保障东南，厥功甚伟”。张秉铎也认为：“之洞一生之事功，于国家贡献之深且巨者，盖为庚子拳变之坚主剿灭与东南各省之互保。斯时中国北方虽被异族联合蹂躏，烧杀抢虏，而江南各省得以免遭涂炭，免于浩劫，实之洞之功也。”[1] 可见围绕庚子事件的作为，在张之洞一生事业所占的分量之重。

[1] 张秉铎：《张之洞评传》，台湾中华书局1972年版，第155页。

细究张之洞在这一段时间苦心孤诣之种种表现，我们不能不感觉到，张之洞在大局混乱之际，确实是见识高明，敢作敢为之人；其关心国事，维护民族利益之情在当时大小臣工之中也是仅有之人。但是，张之洞的所作所为，与国事究竟有何裨益呢，是不是像后人所说的那样："顾全大局，保障东南，厥功甚伟。"这又是一个需要认真考究的问题。

义和团在北方兴起，朝廷内外对此争论不休，是剿是抚莫衷一是。张之洞则旗帜鲜明地提出"从来邪教不可救国，乱民不能御敌"，这个认识应该说是较为切实的。为此，张之洞联络了大批地方督抚，频繁向朝廷上书，表达他对义和团的意见。此时此刻，在晚清的督抚群体中，李鸿章刚刚到广东任职不久，天高地远，一时难以发挥很大影响；袁世凯已就任山东巡抚，羽毛尚未丰满，处理山东一地能力有余，影响全国政局能力不足；刘坤一任两江总督，是地方官僚群体的前辈，但此人只有勇气而缺乏见识，关键时刻一向以张之洞之是非为是非。除此之外，其他督抚、将军、巡抚等人在地位、见识等方面皆不足论。由此可知，张之洞事实上是整个督抚群体的首领。为了义和团事件，张之洞也一再联络督抚群体，集体向朝廷施压。在北方陷入危机的五六月份之间，张之洞一直在以个人的名义或以联衔的方式向朝廷传达这样一种声音：对内镇压义和团，防止义和团的扩散；对外坚守合约，保护西人。其要求之频繁、态度之坚决与阵容之庞大，为有清历史所罕见。关于张之洞的这种对于义和团的认识以及所采取的对策，至今仍然有人给予强烈批评，但是，我们还能指望张之洞采取其他什么认识和对策呢？今天我们可以非常客观的说，义和团是一次反帝爱国运动，只是他们所采取的方式具有野蛮的、非理性的成分。但是，在晚清的官员眼里，义和团或者是危害国家的邪教或匪类，或者是反抗列强与教会压迫的义民，除此之外，不可能再产生别的观念。对义和团的对策也只有两种：或剿灭或招抚。从认识的角度讲，把义和团视为义民或许更有道理，也更符合我们今天的观念；但在现实对策的角度，站在清政府的立场，把义和团及时扑灭却是唯一理智的、可行的选择。以张之洞为首的这一派官员，他们对义和团所采取强硬立场，实际上是曾国藩、李鸿章所发起的自强运动中的"对外坚守和约，对内变法自强"方针的延续。作为自强运动的后起领袖，张之洞早就有对中国内乱的警惕之心。他认为，任何形式的内乱，都不仅会打乱清王朝的改革自强进程，还会招来更大的外侮。在光绪二十四年（1898年）刊刻的《劝学篇》中，张之洞就提醒各界，如果中国"纲纪不行，大乱四起"，"外洋各国必借保护为名，兵船、陆军深入占据，全局拱手而属之他人”。同时，由于有多年的处理民间民教冲突的经验，张之洞也深知中国民间对待外国文化和宗教所持的迷信的、狂热的非理性态度的危险性。由此，张之洞在《劝学篇》中，特著《非攻教》一篇，批评世人对洋教所持的荒谬观念，“俗传教堂每有荒诞残忍之事，谓取人目睛以合药……此皆讹谬相沿，决不可信”。在此，张之洞也预见到了中国人对待洋教的集体狂热的危险性，什么“学士倡之，愚民和之，莠民乘之，会匪、游兵借端攘夺，无故肇衅，上贻君父之忧，下召凭陵之祸”等等，与后来发生的义和团闹教的情景一模一样。由此可见，张之洞指义和团为“乱民”“邪教”，是有其深刻的来历的，而他称义和团“邪教不能救国，乱民不能御敌”，也不能不说是一种洞见。在评价义和团与张之洞的行为上，我们应该看到历史的吊诡：既应该承认义和团本身的正义性，也应该承认张之洞的行为的正当性。如果张之洞当时真的及时纠正了朝廷对待义和团的荒唐政策，那么，近代中国就能减少一次生灵涂炭的灾难，避免一次列强对中国的沉重的掠夺，这对当时和以后的中国，都不能不说是一件幸事。

但张之洞在这一系列奏折中，始终贯穿着一个维护朝廷权威的姿态和上限，在措辞上一改再改，致令文辞“冠冕平正”，语气委婉再三，对亲贵的颟顸、慈禧的愚见，一概不敢涉及。这样的奏折，只是显示了督抚们对这一问题的看法，根本不能对朝廷表现出一点儿压力。虽然张之洞等人表达了正确的观点，这些举动在形式上也显示出一定的力量，但他们软弱的语气、卑屈的态度，又给慈禧一班人以一种这些意见都可以“毋庸置议”的感觉，致使慈禧她们照旧一意孤行胡作非为，疆臣们的正确奏议终究未为采纳，北方最后还是酿成大乱。从这一角度来看，张之洞对挽救北方局势不仅无功，而且是要承担一定责任的。

东南互保的策划与订约，张之洞在其中起着关键的作用。而且，签署该约，也被张之洞自认为是其政治生涯中很得意的一笔。其实，东南互保之议，当时就没有发挥什么作用。这一方面是因为张之洞、刘坤一等人早已在东南各省部署森严，防守周密，造就一种与北方完全不同的局势，既没有给拳民也没有给洋人造成任何可乘之机。义和团势力因此只在北京周边蔓延，根本不可能发展到南方；列强既没有什么理由同时也没有更多的能力对南方各省用兵。这就使签署东南互保条约事实上成为多余。另一方面，该条约事后也没有被列强承认，根本就是一纸空文，所以也根本不会发挥什么作用。以我们今天的眼光来看，张之洞在此时，最需要做的应该是倾东南各省兵力，一齐出动，到京津一带抗击入侵中国的联军。只有在战场上展示实力，只有拼死与侵略者抗争，才能最大限度地遏制列强对中国的野心。但张之洞始终不明白这个道理，放弃了对整个国家的责任，而专力保护江南一隅，致使列强气焰嚣张，在京畿一带大肆抢掠如入无人之境。张之洞口口声声说："从古无一国与各强国开衅之理，况中国兵力甚弱，岂可激众怒、召速祸？"[1] 这样的说辞，仅仅是在为他拒绝派兵援助北方找借口。因为列强对中国宣战的国家虽然很多，但大多国家出兵很少，联军总兵数量也很有限。他们在中国所遇到的顽强抵抗的对手，实际只有聂士成一部。即使这样微薄的兵力，也给八国联军造成极大伤损。如果江南各省的援军及时赶到，列强联军与中国军队的交战肯定不会占上风。由于张之洞汲汲于东南自保，拒不出兵援助北方，给侵略者留下可乘之机，遂使大局糜烂一发不可收拾。事后张之洞还为他的自保行为沾沾自喜，岂不知这种自保乃下下之策，对当时国家大局有损无益，更谈不上清廷官方所说的"厥功甚伟"。

对《辛丑条约》的签订，张之洞出谋划策很多，可惜没有一字可以被写进条约之内。唯一显示了张之洞的意见的是他对俄约十一条的主张。俄约的危害，整个清廷内外都看得很清楚。对于这份条约，朝廷不甘心画押，杨儒不敢擅自画押，张之洞、刘坤一坚决主张拒签。只有李鸿章同意签约。由此，当时和今日许多人都认为，李鸿章对东北问题的处理，颇有卖国嫌疑。其实，李鸿章与张之洞对东北问题处理方式的不同，并不是爱国与卖国的差别，而是前者看重的是东北的长远利益，后者更关注的是东北的眼下损失。在张之洞看来，签署俄约，等于把东北的大量利益让与俄人，这是与国家利益有损的；李鸿章则认为，东北迟早要成为列强争夺的焦点，今日中国出让一些利益与俄人，可以避免以后遭受更大的损失。事实正如李鸿章所担心，日本不久就发动了日俄战争，东北随后成为俄日两国共同的殖民地，东北人民也为此承受了更多的灾难。

围绕庚子事件的整个的内政和外交活动，张之洞所扮演的角色既引人注目又颇获当时及后人的赞誉。但通过我们在这里认真分析可以看到，他的言行，不是非常短见，就是空洞无聊，并没有给国家带来任何实际的收益。他虽然有爱国的热忱，有为国家挽回利益的志向，但其实际作为与其主观的目标相差很远。在帝后西窜、朝廷权威丧失、国家遭受巨大灾难的时刻，张之洞作为地方督抚的领袖人物，理应为挽救国家灾难而发挥很大的影响。但事实却是，尽管张之洞有清醒的见识，也付出了极大的努力，却并没有收到任何效果。后人赞赏张之洞的爱国之心，却并没有注意到，这种爱国只在口头上或者纸面上存

[1] 苑书义等：《张之洞全集》第十册，河北人民出版社1998年版，第7981页。

在，在挽救局面的败坏、在与列强的谈判争夺等方面，他都没有一分正面的建树。难道张之洞的热忱是虚假的，难道这些努力是作伪的？究竟什么原因使张之洞的个人目标和努力，与其收获之间有这么大的反差？张之洞本人的心理性格对此产生了什么作用呢？

## 二、张之洞的儒臣心理

围绕庚子事件，张之洞还有另外一层不为人注意的举动，这对认识了解张之洞的个性和心理有重大意义。

由义和团事件所带来的一系列国家灾难，总的说来，是由慈禧太后及周围的一群满族亲贵的昏聩举止所造成的。由此，事变之后，中外议论批评谴责的矛头一致指向慈禧太后等人，列强更是对慈禧的恨恨之声不绝于耳。清廷内外大臣虽然摄于慈禧的赫赫威严，对此闭口不言，但内心不是没有念头。基于这种情势，特别是有鉴于朝廷及慈禧太后的胡作非为，以李鸿章为代表的一班地方官员，颇有让慈禧太后以及她周围的满族亲贵对义和团灾难承担一定责任的想法，同时也借此为朝廷的大局更张开辟一条道路。但是李鸿章的这一愿望却遭到了张之洞的强力抵制。

整个庚子事件期间，张之洞除了要为国分忧，尽可能地减少国家的损失之外，他还有一个不公开的目标，就是要全力维护慈禧太后在这场事件中的地位，想方设法弥补慈禧的政治损失。在这一方面，张之洞真是苦心孤诣费尽心机。他的第一个观念是：为慈禧太后的罪责开脱。从义和团出场，到议和开始，张之洞对内对外一直宣扬一个说法：支持义和团、对外宣战、攻打各国使馆，这些决策都不是出自慈禧太后的本意。朝廷在这一段时间实际是被义和团和朝廷中的各种保守势力裹胁，不能自作主张。上述种种悖逆行为是慈禧被迫顺从了义和团等群体的要求，不能由此而责怪朝廷。“夫以一国而敌地球各强国，攻使馆而激众怒，不待智者而知其不可，我两宫圣明，岂肯出此下策？……其为乱党迫胁，可想而知”[1]，“北方兵事，确非两宫本意”[2]。其实，张之洞内心非常清楚，而且来自北方的各种消息也表明，支持义和团、对外宣战、攻打外国使馆等等，都是出自慈禧太后的本意，别人不会也不敢作出此等主张。但他不顾事实真相，只是在事后一味为慈禧辩护。张之洞的第二个观念是：大力宣扬慈禧太后的种种善

[1] 苑书义等：《张之洞全集》第十册，河北人民出版社1998年版，第8094页。
[2] 苑书义等：《张之洞全集》第十册，河北人民出版社1998年版，第8098页。

行，宣扬慈禧对维护政局的重要意义，强调他本人及全体臣民对慈禧本人的效忠。他说："我皇太后训政三十余年，素多善政，尤重邦交，岂有袒匪之理……我中国以孝治天下，臣民共戴两宫无稍异视……然假使各国不尊敬我皇太后、皇上，薄海臣民必然不服，以后事机实难逆料……严禁上海、香港及南洋各埠报馆，凡有语涉谤毁我皇太后者，立饬查办，并请于洋文报纸一律示禁。"[1]张之洞对慈禧的这种肉麻的吹捧和维护，引起了李鸿章及其他许多大臣的不满和讪笑："太后……此次误听人言，致拳匪猖獗。责有攸归，此固中外共知者。尊电一概抹煞，专咎新闻纸，似未足取信。"[2]张之洞的第三个观念是：把维护慈禧太后的安全和地位视为庚子善后工作的重中之重。他说："大局难料。欲存中国，总须慈圣安稳为第一义，不然中国断不能久存矣。"[3]联军入侵天津，北方局势危急，朝廷要求各省派兵北上，张之洞却认为，"现派兵北上……鄙意以扈卫圣驾为主"，竟视整个国家的安危为无足轻重。七月二十日，联军即将攻破北京，慈禧携光绪准备西逃。李鸿章闻讯，联络一大批地方官员，联衔阻止。张之洞大惊失色，称此是"万不得已出奇解悬之策"，"但未免近于莱公孤注之举"，"惶骇不安"，"万万不敢列名"[4]。李鸿章要求朝廷留在京城，不要望风而逃，其中有种种含义：一是朝廷留在北京，较之西逃，是对国家的一个更为负责的行为；二是朝廷留在北京，对李鸿章与列强的谈判，是一种助力，可以增加谈判的筹码，也可以减少李鸿章本人的压力；三是朝廷留在京城，按照西方的惯例，中国则仍为有主之国，侵略者不能胡作非为，以此可以减少国家与百姓的灾难；四是朝廷留在京城，置身于与列强交涉的第一线，就必然承担更多责任，这也是对其一手制造庚子灾难的一点小小的惩戒。但张之洞对这些毫不理会，他在这里却只顾及慈禧一身的安危，只想到"两宫不出，万分危险"，毫不考虑此举对国家和百姓的益处，也丝毫不想让慈禧为国家多担负一点风险，多承担一点责任。

这里需要解释一下张之洞文中所提到的"莱公孤注"的来历。北宋景德元年，辽军大举北侵，直扑澶州，威胁京城开封。宋真宗及其大臣惊慌失措，有主张逃到南京的，有主张逃到成都的。新任宰相寇准力排众议，督促真宗皇帝到前线督师。结果，宋军与辽军力战获胜，宋与辽城下议和，结成"澶渊之盟"。

[1] 苑书义等：《张之洞全集》第十册，河北人民出版社1998年版，第8166—8167页。
[2] 苑书义等：《张之洞全集》第十册，河北人民出版社1998年版，第8167页。
[3] 苑书义等：《张之洞全集》第十册，河北人民出版社1998年版，第8038页。
[4] 苑书义等：《张之洞全集》第十册，河北人民出版社1998年版，第8223页。

寇准与宋真宗的这一行为，在历史上一直备获赞誉。范仲淹在《杨文公写真赞》中，有一段对寇准的评价："寇莱公当国，真宗有澶渊之幸，而能左右天子，如山不动，却戎狄，保宗社，天下谓之大忠。"[1] 只有当时的佞臣王钦若在事后攻击寇准，认为真宗皇帝是被寇准像赌博的孤注一样掷于澶州城下。奇怪的是，这样一种为历史所不齿的观念，竟然为张之洞所接受。张之洞与王钦若一样，也视真宗皇帝与寇准亲临前线是一个冒险的赌博行为，从而为其拒绝阻止慈禧西逃编织理由。那么，张之洞此时是不是在以佞臣王钦若自居呢？危难之际，张之洞突然冒出这样一种想法，对于他这样一个终生以儒臣、忠臣自居的官员来说，不啻是一个极大的嘲弄。这样的论理自然会引起李鸿章等人极大的不满，李回电称："莱公孤注，究竟得失何如，公自有见。"[2]

正是由于张之洞的全力救护，慈禧太后安然度过了她生命中的一次最大的政治危机。事后，参与东南互保的英国外交人员霍必澜说："两江和湖广总督已经声明他们自己忠于慈禧太后，并且明白说明，除非各国政府保证她本人受到尊重"，否则"他们将不能执行同各国达成的中立协议"[3]。张之洞在庚子事件时的地位是如此重要，连列强的作为都要视其立场而定，从而不得不暂时埋下对慈禧的报复之念。虽然国家遭受极大的创伤，慈禧仍然能够毫发无损地从西安返回北京，继续做她的太上皇。张之洞也因为自己不顾情理的效忠，从慈禧那里得到了极大的回报。有意思的是，张之洞在庚子事件中要维护国家权益的努力毫无所获，而其要维护慈禧太后地位的目标倒是完全实现了，这真是一个历史的讽刺。

## 三、忠臣、儒臣与佞臣

辜鸿铭在论述近代历史人物的时候，曾经有过对曾国藩与张之洞的不同评价。他说："张文襄儒臣也，曾文正大臣也"，"三公论道，此儒臣事也；计天下之安危，论行政之得失，此大臣事也"，还说，"文襄之效西法，非慕欧化也；文襄之图富强，志不在富强也。盖欲借富强以保中国，保中国即所以保名教。吾谓文襄为儒臣者以此"[4]。把张之洞归列儒臣，这似乎是近代以来多数人的共识。有人认为张之洞是"君子儒"[5]，有人认为张之洞是一位"很有政治个

[1] 范仲淹：《范文正公集》卷八，《四部丛刊》初刻本。
[2] 苑书义等：《张之洞全集》第十册，河北人民出版社1998年版，第8226页。
[3] 胡滨：《英国蓝皮书有关义和团运动资料选译》，法律出版社1982年版，第153页。
[4] 辜鸿铭著，语桥译：《清流传》，东方出版社1997年版，第157—158页。
[5] 彭卫民：《清季张之洞"君子儒"探赜》，《南京理工大学学报》（社会科学版）2008年第6期。

性、文化个性的儒臣”[1]。而张秉铎则认为：“之洞学术以儒术为宗，以仁政为致治为政之道，以中庸勉强而行四字为行之之方……之洞为学，兼师汉宋，去短取长，采精用宏，洵为满清末造首屈之儒臣。”[2] 张之洞本人在近代历史舞台上也确实是一个明确以儒臣自居的官员，他抨击佛老，攻讦异端，捍卫儒家道统；他廉正无私，忠于国事，处处以儒臣观念自律。这在近代那一西风东渐、人心求变的时代，也是一个独特的风景和亮点。作为一个儒臣，他的信仰和观念对其在庚子事件中的决策有什么影响呢？

第一，儒家的理性主义观念使张之洞对义和团采取完全拒绝的态度。义和团标榜“扶清灭洋”，这与清王朝的利益在很多方面是完全一致的。因为这层关系，清王朝的很多官员视义和团为“义民”，要求朝廷明确支持义和团，利用义和团的力量打击列强。但张之洞从儒家理性主义观念出发，认定义和团只会给国家带来祸乱，不会有任何正面的效益。他称义和团为“邪教”“乱民”，完全不考虑义和团的反侵略的意义，也是由于其儒家理性主义意识与义和团的巫术、迷信观念相对立而自然得出的结论。

第二，儒家的国家意识与民本主义观念是张之洞极力抵制列强对中国的掠夺的思想基础。张之洞为官一生，于列强对中国的侵略一直极为敏感，任何权益的丧失，他都极力争夺。围绕庚子条约的谈判，张之洞极尽所能，尽可能地为国家挽回一点儿权益。与李鸿章在谈判时所抱有的中国是肇事之国，事后理所应当接受列强的处罚的态度不同，张之洞认定夷狄之国，其心必异。不论其要求为何，只是以抗争为手段，以拒绝为原则。

第三，儒家的理想主义观念使张之洞在庚子议和的艰难时刻，仍然念念不忘自强和改革。改革和自强是张之洞后半生的主要追求，也是其儒家理想主义观念的现实体现。与其他官员苟且偷活，只想渡过庚子难关的想法不同，张之洞在庚子议和的艰难时节还念念不忘改革，一心要为清王朝日后的自强留下一条出路。这是其参与所有谈判交涉必须坚守的底线，也是其苦心孤诣与列强抗争的心理支柱。正是这种追求和抱负，使张之洞在议和尚在进行之际，在夏季炎热的武昌于挥汗如雨之中写下了《江楚会奏变法三折》，为朝廷随后的新政改革提供了一个完整的蓝本。

在各种场合和不同的环境，张之洞都有一种自觉的意识，捍卫儒家的道统，

[1] 皮明庥：《儒臣官品与洋务心态》，载《张之洞与中国近代化》，中华书局1999年版，第110页。
[2] 张秉铎：《张之洞评传》，台湾中华书局1972年版，第296—297页。

保持儒臣的本色。但是，张之洞并没有意识到，他所坚守的儒家观念乃是一种扭曲的立场，距真正的儒家观念原则有很远的距离。原因在于，首先，儒家思想与官僚集团是完全不同的符号体系，尽管两者在历史上一直相互依存相互维持，但它们的原则性的区别还是客观存在。由此，一个人无论他有何等才能，都不能完美成功地扮演儒和臣这两种角色。在历史上，有成就的儒家思想家，从孔子、孟子到董仲舒、朱熹、王阳明等，他们都是政治上的失败者或被放逐者；而成功的官僚，从萧何、诸葛亮到张居正、曾国藩等等，他们都没有以儒臣自居，既没有背负儒家道统的责任，也不受其道德观念的约束，更没有主动弘扬儒家文化理念的自我要求，他们都是以儒为名，或者综合儒、墨、法、道，择其可用者而用之，一句话，他们都是政治上的现实主义者、观念上的实用主义者。其次，清王朝建立之后，由于统治者对知识分子高压的文化政策和歧视性的政治压力，儒家传统的精神内核已被剥离，所残存的仅是以八股为支撑的儒家体系的外壳和形式而已。张之洞所要捍卫的儒学以及所引以为行为指南的儒家原则，都是一些外在的教条，而不是儒家思想的内在精神。由此，张之洞在坚守儒家立场的同时，又对其做了极大的扭曲。比如，儒家观念中包含强烈的反对专制、挑战权威的意识，儒家传统强调“从道不从君”，认为“恒称其君之恶者，可谓忠臣矣”[1]。但是，这种挑战权威的意识，在张之洞这里无力被正面发挥，却被转化成为对列强强权观念的反抗。有关对外交涉事宜，张之洞一概以有损国家主权的理由拒绝。爱国的观念，被儒臣的责任和信念意识所扩张，显得更加膨胀有力。再比如，社稷与国家是儒家思想体系的核心观念，是终极性的关怀与超越性的托付的双重寓寄。臣子对国家的忠诚与责任是不容推卸更不容怀疑的。但是在张之洞这里，对国家的忠诚观念却被扭曲为对慈禧太后个人的效忠，在很多关键场合，张之洞都出面为慈禧个人的行径辩护。对慈禧个人的维护与效忠在张之洞政治观念中居于核心地位。

既要维护民族国家的利益，又要维护慈禧太后一班人的无上权威，这实际上是张之洞为官的主要信条之一；前者主要体现在张之洞的标榜上，后者则表现在张之洞的行为上。大部分时候这两个目标是一致的，但有的时候，比如我们本文所讨论的庚子事件中有关慈禧太后逃离北京的争论，就体现了国家利益与慈禧太后个人利益的强烈冲突：如果为了国家着想，就应该把慈禧太后留在北京；如果为慈禧太后个人考虑，就要让慈禧逃离京城。对于张之洞来说，则有两个选择：

[1] 荆门市博物馆：《鲁穆公问子思》，《郭店楚墓竹简》，文物出版社1998年版，第23页。

是像孟子所坚持的国家利益高于君王利益呢，还是像王钦若所做的那样把君主得失置于国家的利益之上？是做一个彻底的忧国忧民的忠臣，还是做一个为了一己之私而曲意投君王所好的佞臣呢？事实表明，在关键的时刻，张之洞毫不犹豫地选择了后者。这一选择再加上之前张之洞对义和团事件的处理方法的错误、东南互保的糟糕的决策等，只能使局势变得更加不可挽回。

在晚清诸重臣中，张之洞是唯一官僚生涯较为清白的一个。由于历史的机遇或者朝廷的特意安排，张之洞从没有被派到政治或战争冲突的第一线，这使他得以避免许多被苛刻评价的场合。在近代历史这样一个极为复杂的舞台上，张之洞却呈现给人一种少有的纯粹面目：他没有贪污腐败，没有镇压农民起义，没有与革命党为敌，没有签署屈辱的外交条约；从任职山西、广东，到湖广再到两江，他都留有很好的政声和业绩；从孙中山到毛泽东都曾经对张之洞留下很高的赞语。但是，参与庚子议和一事，却为我们呈现张之洞形象的另一面：一个虚张声势、好为大言、投机取巧、不负责任的张之洞；一个长于务虚、短于务实、好高骛远、不切实际的张之洞。如果张之洞在义和团事件期间表现得更有勇气，更有责任感，更有现实的判断力，清王朝在庚子事件中的历史结局是不会这样糟糕的。不幸的是，关键的时刻，张之洞作出的是一种自保、谄佞的选择，既不敢对外抗争，也不敢对内力争，这不可避免地导致近代中国无可奈何地进一步沉沦。当然，我们不能因为这一件事就把张之洞定性为国家佞臣、慈禧的奴才。但不能否认的是，张之洞作为晚清最重要的儒臣，他的标榜与他的实际行为之间确实有很大的距离。在他的身上，集中了士人与官僚、忠臣与奴才、佞幸与大儒等双重角色与个性的矛盾和冲突。他的内在性格及其为官信条，有深刻的自我矛盾和二重性。深知张之洞个性的徐致祥曾经严厉地弹劾张之洞，另一位了解张之洞为人的刘坤一曾经用“遇小事勇，遇大事怯”和“公忠如香帅，并世能有几人”[1]这样完全不同的评语来概括张之洞的个性。而张之洞本人也挣扎在这两种个性与理念之间：一方面渴望立德、立功、立言，成为名垂史册的“三不朽”，另一方面又巧言令色、规避风险、不敢承担责任；他声称最敬慕的历史人物是范仲淹，但在现实中，人们却批评他首鼠两端，观望苟且，窥探朝旨，广结党援。应该说，这两种完全不同理念、个性与形象的张之洞都是真实的。在平时，一种形象掩盖了另一种形象；只是在庚子事件这一关键时刻，张之洞的这两种理念与个性才一同呈现给世人。

[1] 苑书义等：《张之洞全集》第十册，河北人民出版社1998年，第8488页。

义和团运动是清王朝垮台之前所处理的一件最重要的政治突发事件。在这次事件中，昏聩颟顸的慈禧太后及其满族亲贵，年迈力衰固执己见的李鸿章，还有虽然头脑清醒但胆小怕事、不敢承担责任的张之洞，成为这次历史事件的主要责任人。三方之中，张之洞无疑居于核心的地位。以张之洞平生的抱负以及当时他所具备的实力，他是能够把这一难题处理得更加妥帖的。不幸的是，张之洞的个性与信念之中存在着不可挽救的缺陷，使他临大任而不能有大作为。清政府最后虽然渡过了这次政治危机，但也耗尽了它自身的力量和人们对它的信任。随着清王朝的垮台，张之洞个人的事业和抱负也完全付之东流。这无论对张之洞本人还是对近代中国的命运，都不免是一个悲剧。

# 第五章　近代思想史上的严复

## 第一节　严复的生平

众所周知，近代史上著名的思想家严复，是福建侯官人。但是，与李鸿章、袁世凯等人一样，严复的事业是在近代直隶展开的，他在思想和学术上的伟大贡献，都发生在近代直隶大地。他在直隶译书、办报纸、主持教育，他的思想和学术所产生的影响，首先在直隶展示。因此，我们把他列为近代直隶的思想与学术人物，是有充分理由的。

严复出生于1854年1月8日，若按照当时的农历，他的出生日期应该是上一年即咸丰三年（1853年）十二月初十。他的家乡侯官阳崎乡，现在已在福州市的区划之内。按照严复的说法，侯官的严家是世代士大夫传家，祖上不断有中高级官员现世。严复的父亲是当地一位名医。严复小时候受到过很好的传统教育。他七岁进学，十一岁时，父亲为他聘请了当时福建有名的学者黄少岩做他的塾师，他跟随这位学者受业直到1866年。这一年他的父亲去世，家境大落，他的启蒙教育到此结束。次年，失学的严复报考了福州船政学堂，并以第一名的成绩被录取。从此，只有十四岁的严复就进入了两江总督属下的南洋海军系统。

福州船政学堂当时的名字叫求实堂艺局。即使在那个时候看起来，这也是一个很怪的名字。因为当时的中国，还没有学堂这种说法。虽然各地有很多标明为“堂”的教学机构，但都没有把求实这两个字冠在前面，而且这个所谓的“堂”，又与“局”这样的代表官府办事机构的名称联系在一起，感觉实在有点儿不伦不类。这个求实堂艺局直接隶属于福州造船厂，后者是由当时的福州船政大臣沈葆桢创办，是当时中国最早的现代化的造船厂。

沈葆桢（1820—1879），福建侯官人，中国近代著名政治家、外交家。他还有另外一个重要的身份：他是晚清著名政治家林则徐的外甥兼女婿，而且与严复是同乡。沈葆桢出身贫苦，十六岁考中秀才，二十岁考中举人，二十七岁考中进士，选庶吉士，授编修，三十五岁升任江西九江知府。同治五年（1866年）春，左宗棠升任闽浙总督。在左宗棠的极力恳请下，重孝在身的沈葆桢出任福州船政大臣。他一上任就推出两大政务：一是扩大福州造船厂的规模；二是兴办求实堂艺局，培养海军人才。

求实堂艺局设在福州城南的一座叫定光寺的寺庙内，同时考入该校的一共有一百零五个年龄差不多的少年。严复于1867年春入学，立刻就开始了紧张而且压力极大的学习。多年后，严复回忆当年的学习生活："不佞年十有五，则应募为海军生。当是时，马江船司空草创未就，借城南定光寺为学舍。同学仅百人，学旁行书算。其中晨夜伊毗之声与梵呗相答。……回首前尘，塔影山光，时犹呈现于吾梦寐间也。"[1] 学校的课程有英语、算术、几何、代数、解析几何、割锥、平三角、弧三角、代积微、动静重学、水重学、电磁学、光学、音学、热学、化学、地质学、天文学、航海学，当然也少不了传统的"五经四书"之类，而且所占分量绝不会少。严复所说的"晨夜伊毗之声"，无疑是形容学生背诵外语的情景。这样的课程，大约相对于今天的从小学到大专的学习阶段，而严复他们要在五年之内学完，其艰难程度可想而知。这也难怪，来自欧美列强的压力一日大过一日，富国强兵、抵御外侵的责任实际上就落在这些幼童身上。国家一方面对这批幼童的学习给予充分的物质保障，比如这些学生的学费全免，每月还有津贴四两纹银；平均三个月考试一次，成绩一等的，赏银元十块；等等。另一方面对这些学生的考核极为严苛，到他们结业的时候，只有十四人全部完成了所规定的课程，而严复在其中是最优等的毕业生。

毕业后的严复，被分配到南洋水师的军舰上实习，随着南洋水师的建威号舰和扬武号舰，往来于新加坡、槟榔屿、台湾、横滨、长崎等地，在军舰上度过了六年实习生活。1872年，由曾国藩发起，清政府开始向欧美国家派遣留学生。第一批留学生是派遣到美国的，每年三十人，四年共派遣了一百二十人，这其中有后来著名的工程师如詹天佑，也有官员如梁敦彦、唐绍仪、伍廷芳等；但是，仅仅依靠这批学生，于国家的富国强兵之计是根本不敷使用的，于是，李鸿章、沈葆桢又联名上奏，请求向英法国家再派遣留学生。公元1877年3月，即光绪三年二月，经过复杂的选拔程序，严复等三十多人成为被派遣的第二批留学生，分别赴英国和法国学习。前者学习驾驶，后者学习制造。严复与刘步蟾、林泰曾、林永生、萨镇冰、叶祖圭等人被派到英国学习驾驶。

从1877年到1879年，严复一共在英国学习了三年，所学课程有数理、高等算学、气象学、化学、物理学、驾驶、海军战术、海战公法、国际政治、国际军

[1] 王栻：《严复集》第二册，中华书局1986年版，第352页。

事等。严复的学习成绩不错，但他此时的学习兴趣已经越出了一个海军驾驶员的学习范围，开始以一个思想者的角度，更广泛更有深度地思考和探索英国社会的方方面面。有关严复在这一方面的心路历程，我们目前并没有更多的资料可供研究，唯一有价值的是在日后的一些回忆，其中最为人广泛引用的一段资料就是他与当时驻英大使郭嵩焘的思想交流。他说："犹忆不佞初游欧时，尝入法廷，观其听狱，归邸数日，如有所失。尝语湘阴郭先生，谓英国与诸欧之所以富强，公理日伸，其端在此一事。先生深以为然，见谓卓识。"[1] 严复的这一段经历颇像鲁迅在日本读书时的遭遇，即鲁迅在观看了日本放映的日俄战争的影片后发生的思想转变。鲁迅由此决定放弃做一个只能医治身体疾病的医生，而改行医治中国人病态的心灵与精神。严复的思想转变则是，不仅要探索学习列强的船坚炮利，更要学习列强船坚炮利背后的文化思想，探索了解列强之所以富强的思想文化因素。正是这一转变，促使严复的学习和成长朝着一个思想者的目标努力；从此之后，严复不再是大清王朝官僚群体的一个棋子，而是中华民族文明探索史上的一个重要的开拓者。

1879年6月，严复学成回国，随即被聘为马江船政学堂教员。当时的中国，有两大海军系统：一是北洋海军系统，隶属于直隶总督名下；二是南洋海军系统，隶属于两江总督名下。当时的清政府没有海军部，这样重要的军事机构，都是被两大地方总督兴建并管理。南洋海军兴建较早，规模也很完备，有完整的舰队、造船厂、修船厂、军校等。继南洋之后，作为直隶总督的李鸿章开始兴建北洋海军系统，购买舰船、兴办军校、训练水兵等。于是，在第二年，也就是1880年，严复被李鸿章从马江船政学堂借调到了北洋水师学堂，充当总教习，也就是今天俗称的教务长。这一调动，严复的地位升高了。这可能是因为李鸿章视严复为重要人才，也可能是因为北洋海军系统刚刚兴建，人才更缺所致。但是，不管怎么说，严复来到北方直隶，对他个人的事业与思想的成长，都有极大的积极影响，因为南洋海军系统在中法战争中受损严重，学校、造船厂等都被破坏，后来就没有恢复。严复来到直隶的北洋系统，不仅避免了战争的破坏，还因为接近京师重地，使他的思想观念与政治地位都得到提升。

但是，在北洋水师学堂的日子，却是严复生命中最为憋屈的一段时光。如果严复还是原来那个只想做好一个海军官员的人，或者只有在本职服务并期望在此升职念头的教员，那么，在北洋的日子，应该是相当惬意的。清政府所练的新

[1] 伍杰：《严复书评》，河北人民出版社2001年版，第255页。

式军队，待遇优厚，远高于同级的军人和官员；严复二十八岁入职北洋，虽说仅仅是总教习之职，但他的上司根本不懂教育，更不懂海军事务，所以，整个学堂的管理工作，实际上是由严复负责的。他的顶头上级、直隶总督李鸿章深知他是难得的人才，对他很是赏识，也放手让他主持学校事务。严复在该校，不仅工作得心应手，而且升迁也很顺利，1890年，三十六岁的严复，升任该校总办，成为当时中国最重要的海军大学的一把手。这样重要的职位，不仅当今中国的年轻人无法想象，就是民国时期的留学生如胡适等人，也是绝对不敢想望的。但是，严复在北洋的日子，他一直内心深感憋屈和苦闷。严璩在《侯官严先生年谱》中说："府君自由欧东归后，见吾国人事事竺旧，鄙夷新知，于学则徒尚词章，不求真理。每向知交痛陈其害……所言每不见听。"[1] 实际上，这一段历史，正是清王朝的一段黄金时光，也就是俗话所谓的同光中兴。此时，大清的十多年内乱已经结束，在对外方面，也出现了难得的中外和睦。国内此时出现了一批中兴名臣，如曾国藩、左宗棠、李鸿章、沈葆桢、张之洞等，他们以明智的观念、丰富的经验、对国家的强烈的责任感，共同治理这个国家，以期实现富强的目标。在这种君臣共勉的态势之下，大清王朝兴建了很多新式的军队、工厂、学校，显示出一片振作兴旺的气象。在对内方面，倡导儒学，广开言路，整顿吏治，纾解民困，也颇有一番作为。但是严复却透过这鲜亮的外表，看出其内在的困境，看出清政府的高层所自信的洋务自强之路是走不通的。严复把他的观念不断散布给他的同僚、知己和上层，但是人微言轻，无人理会他的心境。在百般的精神苦闷中，严复开始吸食鸦片，企图从麻醉中寻求短暂的心理解脱。他还多次参加科举考试，希望通过所谓的正途，使自己获得正式的官场名分，并进一步得到重用。

1885年，中日之间因为朝鲜问题爆发了战争。虽然严复对北洋阵营导演的富强大戏，对后人极为崇拜的曾国藩、胡林翼、李鸿章等人练成的湘军、淮军等极为蔑视，称所谓的"曾胡练兵法"不过是"以贼法子破贼"，但是，中日战争的结局还是让他大为震惊。究其原因，实则是因为他内心的爱国热忱和民族自信，使他难以接受失败的场面。虽然甲午战争对中国的知识分子、对朝廷上下都引发出发自内心的哀伤，但严复却由此开始了新的生命担当，他原来设计的人生成长途径被完全打断，一个全新的知识分子的思想探索和传播历程开始了：原来的北洋官僚，一变成为一个伟大的启蒙思想家；在直隶大地，他接二连三地推出一篇又一篇大作，犹如春雷掠过长空，轰击人心。《天演论》也是在此时出版的，这

[1] 王栻：《严复集》第五册，中华书局1986年版，第1547页。

可以说是一部在最恰当的时候推出的最恰当的名著，影响了几代中国人。

讲近代中国历史，一般都把严复视为戊戌变法的同人。其实，严复与这场轰轰烈烈的政治改革没有一点儿关系。在思想上，严复是同情、支持这场政治改革的，但在人事上，他并没有加入康党。康有为以其超凡的精力、出色的手段，拉拢了当朝很多官员加入自己的队伍，为变法摇旗呐喊，但严复的官品低下，不在康有为的眼界之内。虽然严复刊发了很多论文，在思想上与变法运动是同道，但在组织上，他并没有被吸纳进去。这对严复来说当然是好事，因为变法失败，虽然他也被人举报，可是慈禧太后等保守党没有对其进一步追究，严复在那场血腥的政变之后，依然可以待在原来的职位上，并安心译书。

他平静的译书、教书生活，在1900年被突然打断。这一年，中国北方爆发了义和团事件，八国联军入侵中国，严复所在的天津，成为第一个也是最重要的受害区。在一片混乱之中，严复仓皇出逃，到了上海，由一个朝廷的官员，一变成为一个漂泊的难民。从此，他脱离了服务二十年的天津水师学堂，也与北洋官僚体系暂时分离。按照严复原来的设想，他就想在上海安家，把译书作为志业，以此安身立命。但严复此时已经成为文化界的名人，很多人都在招致他加入他们的队伍。严复曾经加入唐才常组织的“中国国会”，并被推举为副会长；他在上海创办了中国第一个“名学会”，向国人推荐逻辑学；他还受人邀请，讲授了一段时间政治学。1903年，接受张翼的邀请，担任了开平矿务局总办。1905年，为开平矿产的产权官司问题，他又去了一次英国，诉讼结束后，乘机在欧洲大陆的法国、德国、瑞士游历一番，从意大利登船返回上海。在伦敦的时候，孙中山慕名拜访了严复，两人就中国未来应该走改革还是革命的道路问题进行了一番理论，谁也没有说服谁。最后孙中山总结为：“俟河之清，人寿几何？君为思想家，鄙人乃实行家耳。”

义和团事件以及《辛丑条约》签订之后，清王朝衰败到了极点。经此惨败，清政府痛定思痛，下决心改弦易辙，中国由此进入新的改革阶段。在这一阶段，由于严复的名气，也由于改革的需要，他又获得了多个新的任命，比如审定名词馆总纂、海军协都统等。对于这些不痛不痒的职位，严复在与朋友的书信中说：“复迩者身兼三差，然与公事无丝毫裨益。鸡肋之恋，正在月薪。此可为见爱者道，难与不我知者言也。”[1]严复的旧相识袁世凯在李鸿章死后接任直隶总督。袁慕严的名声，多次招请严复来麾下就职，但严复有些反感袁世凯好大喜功

[1] 孙应祥、皮后锋：《〈严复集〉补编》，福建人民出版社2004年版，第233页。

的为官作派，一直没有答应袁的邀请。这段时间的严复，不仅身兼多职，而且频频著文、译书、办讲座等，为清廷的所谓新政改革出谋划策。

一转眼，时间到了1911年。这年十月的一天，突然间武昌城头爆发激烈的枪战，革命党起义成功，革命军夺取了湖北政权。在武昌起义的带动下，全国多地的革命党人和立宪人士相继发动起义，清政府一瞬间失去将近半壁江山。武昌起义的爆发，让严复十分意外，也非常沮丧。在清政府、袁世凯与革命党人三方势力之间，严复最倾情的是清政府，因此最不愿意看到清政府垮台。这并非因为严复与清政府有多少利益上的瓜葛，主要是因为严复的政治理想是清政府治下的开明专制，革命党要建立的民主共和政权不被严复所看好。他说："东南诸公欲吾国一变而为民主治制，此诚鄙陋所期期以为不可者……合众民主定局之后，不知何以处辽沈，何以处蒙古、准噶尔、新疆、卫藏……故果遂前画，长城玉关以外断断非吾有明矣……吾恐四万万同胞，卅年以往，食且不能下咽耳。而其时今日首事诸公大都黄土，取快一时之意，而贻祸彼之子孙，此虽桀纣豺虺之不仁不至此耳。悲夫！悲夫！"[1] 严复的哀叹的确言中了一些事实，但后来的历史并没有像他预言的那么可怕那么悲观，辛亥革命之后的中国，虽然经历了种种灾难，但国家的版图大致保存了下来，辛亥首义志士，虽有一些不足之处，但也不会被后人定性为"桀纣豺虺"。

让严复略感安慰的是，革命之后，帝制结束，共和建立，政权并没有落在革命党人手里，而是让袁世凯成为民国总统。在袁世凯的关照下，严复的官运迅速上升。他先是担任刚刚建立的北京大学校长，接着担任了总统府顾问、约法议员等重要职位。由于与袁世凯过于贴近，筹安会成立的时候，严复稀里糊涂地被拉进，成为筹安会的发起人之一。这成为严复政治生涯的一个永远抹不去的污点。袁世凯失败之后，传闻严复要被通缉，他闻讯匆忙逃到天津避难，再次与北洋体系脱离，从此彻底终结了自己的政治生命。由于精神消极，身体多病，此后的严复深居简出，不再有任何公开的社会活动，也再没有重要的著述推出。1921年10月27日，六十九岁的严复在福州郎官巷去世。意味深长的是，在他亲自为自己设计的墓碑上，镌刻着严复自书的碑文："清侯官严幾道先生之寿域"几个字。这是否是在告诉后世：他与王国维等人一样，肉体的生命虽然延续到了二十世纪二十年代，但其精神与灵魂是属于1911年之前那个时代的；他们在此之后的存在，整个来说，就是一个悲剧或者多余？

[1] 王栻：《严复集》第三册，中华书局1986年版，第556页。

## 第二节　严复的事业（上）

晚清中国文化学术名人众多，但可能只有严复一人可以被称为思想者。一个可能的思想者，他的著述与观念起码应该具备深邃、严谨、专注、清晰等几大特征。与严复同时代的人，康有为的想象力丰富，思想的创造性很强，他的观念称得上是专注、清晰，也很深邃，但不够严谨。梁启超聪明博学，笔力雄健，著述丰富，晚清史上的大小事件，梁启超都著文积极参与，而且往往都是下笔千言，倚马立就；但是，很多时候，梁启超并不知道自己在说什么。戊戌变法时期，梁启超鼓吹变法，呼吁民权；流亡日本，梁启超又开始宣传进化论，把生物进化论当作人类社会第一公理；辛亥革命后梁启超回到国内，言论又为之大变，开始鼓吹开明专制，为袁世凯的治国理政观念铺路；第一次世界大战结束，梁启超出访欧洲，回国后言论又发生变化，开始宣传东方文化救世论。在这期间，梁启超还宣传过戏剧救国论、小说救国论、历史救国论等。总之，梁启超笔下接触到什么，什么就是最重要的；梁启超看到什么，什么就是人世间最美的景致；梁启超鼓吹什么，什么就是人世间的第一真理。在中国近代历史上，梁启超是一个极好的宣传员、一个历史的见证者，但他不是一个思想者。再说谭嗣同，他是严复极为赞叹的思想同仁，其革命勇气和献身精神为严复所深深折服；但谭嗣同的文章、著述却不为严复所认可。因为谭嗣同的观念包罗万象，生拼硬凑，他的著述，特别是代表作《仁学》，虽然有一些深邃的道理，但整个来说既不够严谨，也不够清晰，严复称其“几读不得要领”，所以谭嗣同也不可能被称为思想者。章太炎作为一个文化名人，在某些方面其影响甚至超过了严复；但章太炎在著述作文这一方面往往随心发挥，极不严肃，任意捏造观点，肆意褒贬人物。严复名声卓起的时候，章太炎攀附严复，希望在西学方面得到严复的助力；失望之后，用下三滥的笔调，指责严复。戊戌变法初起，章太炎投靠康有为，受到康有为的轻视，从此处处与康为敌。章太炎有很高的写作才能，为后人留下了丰富的著述，研究他的学问和思想的人也很多，但他的著述哪些是为名为利而作，哪些是肆意妄为而作，哪些是为文化为学术而作，这是应该有所区分的。章太炎虽然有很多深邃的观念，作学问也称得上专注，但是很不严谨，也不够清晰，算不上是一个真正的思想者。

类似这样的例子，还有很多。比如梁漱溟，他被人称为“中国现代思想史上一位独具特色的思想家”[1]，美国人艾恺称其为“最后的儒家”，并认为，“在近代中国，只有他一个人保持了儒者的传统和骨气。他一生的为人处世，大有孔孟之风；他四处寻求理解和支持，以实现他心中的为人之道和改进社会之道”[2]。梁漱溟晚年的著述，深具思想的内涵，但其早年的著述，特别是其《东西方文化及其哲学》，却基本上是一部基于想象和杜撰而构思的作品。该书的涉及面非常之广，但其确切的知识依据却十分贫乏；一个没有受过多少教育，知识与经验都没有多少准备的人，居然敢于涉足这样宏大的题目，真正显示的是无知者无畏这样的胆量，而不是基于严谨的哲学、历史、文化等学术研究和考察而得来的见解。该书的哲学、历史与心理学的依据十分不足，更重要的是，由于作者缺乏基本的学术训练，该书的语言、逻辑、推理、结论等很多都是作者的生搬硬造，读其书，人们可能读懂每一个字，但是一个字一个字连成句子，其意思就含糊不清了，整个段落就更让人云里雾里。奇怪的是，该书一出，就引起轰动，引发的讨论文章一批接一批。那些急急与梁漱溟讨论的人，他们真正读懂梁的那本小册子了吗？这种虚假的热闹实际上只反映出一个问题：当时中国的尚处于初创阶段的学术界同行，在知识结构和学术训练方面，基本与梁漱溟是一个水平。梁漱溟虽然没有什么学历，也没有读过多少书，但其智力水准却大大高于那些大学里滥竽充数的教书人。

胡适之被很多人视为二十世纪中国最有影响力的文化人。但他的写作方式距离一个真正的思想者依然很远。用上述的标准衡量，他首先不是一个专注的学人，他的作为与他的志向是完全背道而驰的。而且，胡适之的最大问题是，他的观念其大方向是正确的，但对其的表达、解说非常肤浅。在东西方文化方面，在民主自由政体方面，在现代性方面，他都以极其浅薄简单的方式向大众介绍，完全没有触及这些问题的深层意味。在这一方面胡适之与梁启超类似，都是对任何问题抱着浅尝辄止的态度，读到了“人之初，性本善”，就以为掌握了人性的全部奥秘；他们都没有具备深入细致地辨析、探究未知领域的兴趣和心理能力。胡适之的文章清晰明白，传达的观念也符合历史的方向，但是一个不肯深度思考也不会深度思考的人，怎么能称得上是一个思想者呢？

严复与上述人物完全不同，他似乎天然具备一个思想者的全部特质：他的

[1] 张汝伦：《现代中国思想研究》，上海人民出版社2014年版，第539页

[2] [美]艾恺著，王宗昱、冀建中译：《最后的儒家——梁漱溟与中国现代化的两难》，江苏人民出版社1993年版，第2页。

求职和求学，从来不是仅仅为了生存或个人兴趣，而带着沉重的社会责任感；他所设定的问题，他对这些问题的探究，不仅有十足的学术性，同时更有强烈的思想性。严复在英国求学，他的专业课程本来就是沉重的负担，但严复却不满足于此，而是把更广泛的求知欲念带入到他的学习生涯，他要了解大英以及欧洲诸国为什么在近代急速走上富强之路。他要探求中国这个历史悠久、文明积淀深厚的国家，为什么与现代欧美国家相比，在各个方面都严重落后？这样一个综合了社会学、历史学、哲学等多种学科的问题，实际上是在此后的一百来年才被学术界关注，而严复早就在思考这个问题了。也就是说，严复对这个问题的提出和思考是前无古人的。当时所谓的最先进的中国人，也仅仅认识到欧美诸国在很多方面比中国发达，中国必须向这些国家学习。认识到列强比中国先进，中国要想在欧美列强的包围中获得生存的机会，就必须向这些对手学习。这一观念，早在林则徐、魏源那个时代就已经确定，后来的思想者，循着林、魏的思路，作更深层次的探讨，从林、魏提出的“师夷长技以制夷”，到冯桂芬、王韬等，对西方的认识越来越深入，向列强学习的概念也越来越宽泛，从当初的船坚炮利，到后来的公司、学校，再到其后的法政体制以及议会宪政等。对于这些思想者来说，西方的优势是显而易见的，中国只要把西方存在的而中国没有的东西照搬过来，中国就会取得西方一样的成就，就会轻而易举地与西方一样强大。

这样的思路其实并没有什么错误，因为一个国家的发达与强盛，其实并不是什么十分深奥的课题、十分艰难的任务；尤其是对于中国这样一个文明发达，历来就是富裕而且强盛的国家来说，追求并实现现代化的目标，可能不是什么艰深的任务。实际上，在近代的新的历史条件下，只要转变一下治国的思路，借鉴一下西方的生产工具和生产方式，在不太长久的时间内，达到与欧美列强一样发达的程度，并不是什么太大的难题。在世界近代史上，日本率先做到了这一点，并很快取得了让欧美列强惊骇的成就。中国几乎与日本同时确定了学习列强、赶超列强的目标，但中国的过程远比日本要艰难复杂，它不仅没有及时赶超欧美，反而走了很多弯路，经历了很多的苦难和挫折，直到最后才看到了实现目标的希望。

其实，中国的经历并不是一个特例。近代史上的中国，在学习并赶超列强方面，有比日本多的优势，也有比日本多的劣势。最主要的是，在东方，在亚洲，中国是一个绝对的大国，日本相对来说是一个小国，因此，中国吸引了列强的大部分注意力，承担了比日本多而又多的历史负担和阻力，这使中国的转型不可避免的要比日本艰难很多。另外一个需要指出的原因是，中国在历史的转型时刻，犯了一个致命的错误：我们让国家解体了。清王朝在历史的关键时刻表现不佳，最高统治者群体自私、颟顸，而且目光短浅，没有改革的气魄和勇气，以得过且过的态度，应付一系列艰难的挑战。关键时候，若不是一群汉族官员群体挺身而出，以坚韧的牺牲精神和伟大的历史眼光，顾全大局，周密部署，化解了一个又一个危机，带领王朝的大船走上了缓慢改革的正途，清王朝绝对等不到辛亥革命的那一天，可能早就覆亡了。但是王朝的统治群体并不吸取教训，他们自私昏聩的本性让他们一次又一次地把历史拉向倒退，不仅耽误了重要的历史时机，也耗尽了国人的耐心，使大部分国人，包括那些一直忠于大清的士绅阶层，也无法容忍他们愚蠢的统治，愤而起来，推翻了中国历史上的最后一个王朝帝国。随着清王朝的垮台，中国开始面临新的困难，就是国家的解体，因为，中国历史的规律一向如此：国家一旦解体，从中央到地方，就会陷入持续的动乱，短时间内国家这部机器很难马上修复。从一个无能的国家，到一个解体的国家，这成为中国实现历史转型的最大难题，也是中国走向现代化的最大阻力。反过来说，如果国家这个平台能够保持健康平稳运行，中国的现代化就是一个非常简单易行的问题，也是一个非常容易实现的目标。

严复的思考，在中国近代思想史上，完全是一个异数。他的思考及答案，与魏源、林则徐、冯桂芬、郑观应、王韬等人，以及曾国藩、左宗棠、李鸿章等人是完全不同的。他并不是在简单地追慕西方，把西方所有的而中国没有的东西都照搬过来，以期实现与欧美列强并驾齐驱的目的，而是在深入地思考中西的差异，以及造成这种差异的根源。严复的这种思考，实际上已经脱离了现实层面的需求，而进入纯粹的思想领域。严复认为，中西方的差距，绝对不是林则徐、魏源、冯桂芬、王韬、郑观应等人总结的从船坚炮利，到议会、宪政这些看得见的、表面上的差距，而是更深层次的、精神个性与思想性格方面的不同。严复说："尝谓中西事理，其最不同而断乎不可合者，莫大于中之人好古而忽今，西之人力今以胜古；中之人以一治一乱、一盛一衰为天行人事之自然，西之人以日进无疆，既盛不可复衰，既治不可复乱，为学术政化之极则。"[1]这是在历史观方面东西方的不同；在伦理观上东西方也是完全不一样的。严复总结道："中国最重三纲，而西人首明平等；中国亲亲，而西人尚贤；中国以孝治天下，而西人以公治天下；中国尊主，而西人隆民；中国贵一道而同风，而西人喜党居而

[1] 王栻：《严复集》第一册，中华书局1986年版，第1页。

州处；中国多忌讳，而西人众讥评。其于财用也，中国重节流，而西人重开源；中国追淳朴，而西人求欢虞。其接物也，中国美谦屈，而西人务发舒；中国尚节文，而西人乐简易。其于为学也，中国夸多识，而西人尊新知。其于祸灾也，中国委天数，而西人恃人力。”[1]

严复认为，由于东西方在思想与生命的基本观念上的众多差异，中国不可能依靠简单地模仿西方这一方法就可以达到实现富强的目标。西方人造船，中国也造船；西方人修铁路，中国也修铁路；西方人开矿，中国也开矿；西方人建学校，中国也建学校；西方国家有议会，中国也准备设议会；西方国家有外交部，中国设立总理衙门；等等。严复说：“夫自海禁既开以还，中国之仿行西法也，亦不少矣：总署，一也；船政，二也；招商局，三也；制造局，四也；海军，五也；海军衙门，六也；矿务，七也；学堂，八也；铁道，九也；纺织，十也；电报，十一也；出使，十二也。凡此皆西洋至美之制，以富以强之机，而迁地弗良，若亡若存，辄有淮橘为枳之叹。”[2] 到了清末新政，这种盲目模仿的改革势头更大。严复指出：“自庚子以来，中国废科举、立学校，而责人才于斯，大抵取法西国；然不知其本原之甚异而不同，故愈益为之而弊辄见。呜呼，可忧也已！”[3] 为什么在欧美国家行得通的，在中国就行不通？为什么“西洋至美之制，以富以强之机”，进入中国就“迁地弗良，若亡若存，辄有淮橘为枳之叹”？

这是近代史上著名的严复之问，这个问题困惑了近代以来的好几代中国人。其实，这个问题并不难回答。之所以那些欧美美制，那些学校体制、公司体制、国家体制等，被搬运到中国之后，就变得面目全非，甚至是“迁地弗良，若亡若存”，原因很简单，就是因为我们对这些新的器械、新的技术、新的规则、新的体制，了解得还不太透彻，掌握得还不太熟练，运用起来不那么得心应手。这好比一个一直在乡间的小道上驾驶手推车的人，忽然让他在车辆拥挤的都市开上了大汽车，一时难免会有些躲躲闪闪磕磕碰碰，这其实是一个道理。第一次驾驶新车出点事故，第二次驾驶新车又出点事故，第三次就懂得谨慎驾驶，不会再出事了，第四次就基本上可以熟练驾驶、操作自如了。我们近代中国所引进的西洋美制，所谓的“总署，一也；船政，二也；招商局，三也；制造局，四也；海军，

[1] 王栻：《严复集》第一册，中华书局1986年版，第3页。
[2] 王栻：《严复集》第一册，中华书局1986年版，第15页。
[3] 王栻：《严复集》第四册，中华书局1986年版，第1210—1211页。

五也；海军衙门，六也；矿务，七也；学堂，八也；铁道，九也；纺织，十也；电报，十一也；出使，十二也”等等，效果都不太理想，原因也是如此，都是因为对这些新的技术、规则、体制等，了解得不太透彻，掌握得不太熟练，运用起来效果也不太理想。这对于中国这样历史悠久、文化积淀深厚的国家来说，是很正常的事。反观英、法、美等西洋国家，他们在建立新国家、新体制、新的生产方式的时候，也无不都是多次出现错误，历史反复来回，几经折腾，一再试错，最后才确立适合自身国情的新的社会体制。

当然，有人会提问：为什么近代的日本能够迅速学习并掌握西方的富强奥秘，实现社会的完美转型？我的回答是，日本是一个特例。近代日本的成功，得自于有很多只有日本自身才有的，而中国以及其他后起的现代化国家完全没有的特殊因素。从日本历史就可以看到，日本似乎天生就有学习其他民族经验的素质，日本的历史也不乏这样的成功经验。早在中国的大唐时期，日本就开始学习中国。在中国的清朝中期，日本就已经开始学习荷兰，并形成了日本独具一格的专科“兰学”。在中国当朝的士大夫还在为是不是要学习西洋而争论不休的时候，日本新兴的武士阶层已经涌现出一大批学习西洋的坚定的先行者。在他们的带动下，日本以武力推翻了保守的幕府集团，建立了以天皇为名誉的政治中心，以新兴的武士阶层为统治核心的领导集团，他们上下一心，目标明确，团结一致以求国家之富强。反观中国，就不可能这么简单了。近代中国，在与日本大约同时，虽然也有致力于学习西方并渴望国家富强的人，但他们不仅在绝对数量上少于日本，其决心、毅力等精神成分也大大低于日本的同行。以先觉觉后觉这样一个共同的行程来说，中国先觉的人数太少，而要带动的后觉的人数又过于庞大，他们微不足道的力量，根本无力撼动那个沉睡的大众群体。总起来说，日本的成功，其中有很多蕴藏于日本民族性格中的必然因素，也有它隐藏在中国背后，让中国为它承担了很多历史的风险的偶然因素。所以我们只能说，日本的成功是不可复制、不可模仿、不可学习的。同时，日本的成功也不值得我们羡慕，我们这个大国自有我们的命运和道路，虽然有些曲折和失败，但我们要实现的目标是一定能实现的。

现在回过头来再说严复。严复一再重复申述他的观念，他认为中国人为自己设计的走上富强和现代化的道路，在实践中是注定要失败的。而中国近代历史的结局，似乎完全证实了严复的预言。但是我个人却认为，近代先进的中国人，从魏源、冯桂芬，到郑观应、王韬等人在文字上为中国设计规划的道路，以及曾国藩、李鸿章、张之洞等人在现实中所走出的道路，都是正确的。他们的挫折与失败，只不过是中国这样的大国，在历史转型的过程中，必须要付出的代价而已。但是，从另一个角度讲，严复的批评也并非完全没有价值。严复的批评，虽然没有现实的实践价值，却有很高的思想与学术的价值。严复认为，中国要想在富强的道路上追赶上西方，必须首先在思想与学术的道路上与西方并驾齐驱；中国的落后，不仅是船坚炮利的落后，不仅是政体与文化的落后，更重要的是思想观念与学术的落后。严复认识到这一点，他就致力于从学术与思想的角度改变中国。严复把这一目标作为他本人的事业，为此奋斗了终身，并取得了令后人瞠目结舌的成就。

## 第三节　严复的事业（下）

严复为世人所知，是从他的《天演论》出版的那一刻开始的。殊不知，在那本名著推出之前，严复的思想就已经完全成熟，他已经在很多地方集中表达了他的所有观念了。1895年，他在天津《直报》上刊发了几篇论文：《论世变之亟》《原强》《救亡决论》《辟韩》。此时的严复，已经四十三岁，在历经多年的求学、留洋、教书，中外观念概已熟知，又在北洋官场混迹多年，其个人阅历、见识都已达到峰值。由于中日甲午战争失败的刺激，他的郁愤再也无法克制，他在几个月连续发表的这几篇论文，让他的愤怒情绪与多年积累的理念都一泻而出。

正因为如此，要简单概括这几篇论文的思想是很困难的。短短的十几万字，几乎容纳了严复的全部思想，表达了严复当时的复杂情绪。由于要说的东西太多，而时间又特别紧迫，严复在这些论文中提出的观念，大部分都是刚刚展开，又急速收尾，马上又开始新的论题。

我们先讨论《论世变之亟》。严复该文发表于1895年2月4日到5日的《直报》。这篇文章的核心观念是讨论中西理念的不同。文章开篇写道：“呜呼！观今日之世变，盖自秦以来未有若斯之亟也。”严复这是在重复政界、文化界由来已久一个共同的观念，即中国正面临一个数千年未有的大变局。但是，文章话题一转，迅速进入自己的论题：“尝谓中西事理，其最不同而断乎不可合者，莫大于中之人……西之人……”这一段将中西对比，是严复独有的观念。在严复之前，有人讨论过中西治军理念的不同，有人讨论过中西治学观念的不同，有人讨论过中西政治体制的差别，但从来没有人如此深刻地剖析中西之间文化观念的差异，更没有人对中西之间的观念性差异，概括得如此精准、如此深刻、如此高屋建瓴。揭示中西文化差异，并不是严复的目的，严复是要进一步告诉国人中西之间差异的根源及其后果是什么。他说：中国春秋大一统，以及秦帝国的销兵焚书，都是为了使民平争、止足、相安相养，在政治上、思想上做到“牢笼天下，平争泯乱”，“举天下之圣智豪杰，至凡有思虑之伦，吾顿八纮之网以收之”。其后果则是，“民智因之以日窳，民力因之以日衰。其究也，至不能与外国争一旦之命”[1]。近代中国一再败于英法列强，后又败于日本，严复在这里指出了最根本的原因，即中国传统的统治观念与文化观念，对人心与人性的长期压制。当然，严复也深明中国失败的其他原因，比如晚清的治军理念。今人都一致称颂曾国藩、胡林翼治军有方，是古今中外伟大的军事领袖；严复作为北洋集团的中层官员，长期混迹北洋群体，对曾、胡留下的治军理念耳听眼见看得分明。他说：“大家不知当年打长毛、捻匪诸公系以贼法子平贼，无论不足以当西洋节制之师，即东洋得其余绪，业已欺我有余。”[2]可悲的是中国人不知好歹，曾、胡在世之时，就被奉为圣人，死后则被吹捧得更高。就连蒋介石这样懂一点儿军事的人，都日夜讽诵曾、胡语录，把那些金玉其外败絮其中的胡言乱语当作治军经典，这也难怪蒋介石带军，从来都是败多胜少。而严复虽然没有带军经历，但他的认识不仅高于社会上大多数人，就连蒋介石的知识与见解，也与严复相差甚远。

在《论世变之亟》中，还有一段更为经典也是更为后人传颂的论述。严复在文中写道：“公等念之，今之夷狄，非犹古之夷狄也。今之称西人者，曰彼善会计而已，又曰彼擅机巧而已。不知吾今兹之所见所闻，如汽机兵械之伦，皆其形下之粗迹，即所谓天算格致之最精，亦其能事之见端，而非命脉之所在。其命脉云何？苟扼要而谈，不外于学术则黜伪而崇真，于刑政则屈私以为公而已。斯二者，与中国理道初无异也。顾彼行之而常通，吾行之而常病者，则自由不自由异耳。”[3]

自鸦片战争英国人初登中国海岸之始，中国人就开始从各个角度了解这个来自遥远海外的对手，关注欧洲人与中国人的不同。我们把这一阶段国人的思想追

[1] 王栻：《严复集》第一册，中华书局1986年版，第2页。
[2] 王栻：《严复集》第三册，中华书局1986年版，第779—780页。
[3] 王栻：《严复集》第一册，中华书局1986年版，第2页。

求称之为“睁眼看世界”。代表这种思想追求的最早的主要成果有徐继畬的《瀛环志略》、魏源的《海国图志》、梁廷枏的《海国四说》。这种睁眼看世界的思潮，一直持续到十九世纪八十年代，并由最初的个人行为，扩展到有组织的国家行为；由一开始的了解西方国家的地理状况、社会组织等，到后来开始组织翻译、兴办学校，学习西方的语言、科学技术等，再往后则开始派遣留学生到英、法、美等国，学习中国急需的各种现代文明知识。在这种持续的睁眼看世界的学习过程中，中国人对外国的理解越来越深入。魏源的《海国图志》，得出了“师夷长技以制夷”的重大结论，这是中国了解、学习西方的第一个重要成就。嗣后，十九世纪六十年代，冯桂芬写出了《校邠庐抗议》一书，提出了“人无弃才不如夷，地无遗利不如夷，君民不隔不如夷，名实必符不如夷”的观点，进一步认为，中国的自强之道在于采西学、制洋器，以中国之伦常名教为本源，辅之于西方富强之术。这是中国人认识与学习西方的第二个重要标志性成果。到了十九世纪七十年代，郑观应、王韬等人分别推出了《盛世危言》《弢园文录》等著述，都把西方的法政民主制度列为师法学习的内容，进一步扩大认识与学习西方的内涵。

所有这些观念，都是指导当时中国改革的重要观念，与严复的认识比较起来，都显得幼稚而肤浅。严复的一句话，就直插西方政体学术的本源，直剖中西文化的本质不同。在严复之后，再也没有更高的更深刻的解释。中西文化的对比，永远定格在严复的论述上。在之后的学术界，直到二十世纪八十年代，还有人在著述立说，笼统地谈论中西文化的差异，但其认识却再也不会超越严复的极为严谨的概括性的观念。

《论世变之亟》发表后的第二个月，即1895年3月，严复又推出了他的第二篇代表作，题目是《原强》。顾名思义，该文是探讨国家富强的根源的。由于在上一篇文章中，严复已经急切地表达了他的主要观念，这一篇文章就写得从容悠闲。相比上一篇，该文的内容不太紧凑，结构上有些散漫，节奏也有些离乱。严复后来对梁启超说：“今日取观旧篇，直觉不成一物……拟更删益成篇。”[1]严复后来的确对该文做了很大的修改，补充了很多新的内容。但是，奇怪的是，修改后的论文，竟然没有公开刊发。

相比于《论世变之亟》的主题观念的高度概括性，这篇文章论述的内容则相当宽泛，重点陈述了中国改革的核心理念，也就是我们非常熟悉的民德、民智、

[1] 王栻：《严复集》第一册，中华书局1986年版，第5页。

民力思想。三民思想并不是严复的独创，这是他从斯宾塞那里转述过来的，是严复从斯宾塞那里得到的最重要的思想启发之一，也是严复终生坚守的基本观念。在严复看来，由于中西文化观念、政治体制的极大差异，造成的直接后果就是中国严重的三民问题。中国与西方在近四十年的争斗中，为什么屡战屡败？中国在甲午年间，为什么败于近邻日本？为什么欧美各国都能实现富强的目标，而中国为此努力了四十年却一无收获？所有这些，归根结底只有一个根本性的原因，那就是当时中国的“民力已苶，民智已卑，民德已薄故也”[1]。从这一最基本的公理出发，严复提出了若干进一步的结论。其一，“国之强弱贫富治乱者，其民力、民智、民德三者之征验也，必三者既立而后其政法从之。于是一政之举，一令之施，合于其智、德、力者存，违于其智、德、力者废”[2]，“是故贫民无富国，弱民无强国，乱民无治国”[3]。其二，“夫所谓富强云者，质而言之，不外利民云尔。然政欲利民，必自民各能自利始；民各能自利，又必自皆得自由始；欲听其皆得自由，尤必自其各能自治始；反是且乱。顾彼民之能自治而自由者，皆其力、其智、其德诚优者也。是以今日要政，统于三端：一曰鼓民力，二曰开民智，三曰新民德”[4]。在下面的论述中，严复详尽地阐述了“鼓民力、开民智、新民德”的各自内容。这是严复为当时的富强急务所开出的最完整的处方。从中可以看到严复与他的同道在观念上有多大的差距。其三，严复在该文中，还有一段对当时及后人都振聋发聩的文字：“盖自秦以降，为治虽有宽苛之异，而大抵皆以奴虏待吾民。虽有原省，原省此奴虏而已矣；虽有燠咻，燠咻此奴虏而已矣。夫上既以奴虏待民，则民亦以奴虏自待。”[5] 这段简短的文字，大约可以称得上是对中国传统文化、传统政治的某一方面特性的最为深层、最为简约的概括与描述，短短几十个字，胜得过此后千千万万部、千千万万篇论述中国传统文化与政治的著述。它深刻、丰富的内涵，我们在此不予更多解释，只须补充一份严复的更进一步的观念。既然一部中国政治史，在某一方面说就是一部奴虏史，那么在奴虏的程度、严宽等方面，也是有历史的变化的。严复在其后的论述中曾经对此有过简要的补充。他说：“中国自秦政以降，大抵以议法为奸民。然宋元以前，朝政得失，士犹得张口而议也。至于明立卧碑，而士之性灵始锢。虽

[1] 王栻：《严复集》第一册，中华书局1986年版，第20页。
[2] 王栻：《严复集》第一册，中华书局1986年版，第25页。
[3] 王栻：《严复集》第一册，中华书局1986年版，第25页。
[4] 王栻：《严复集》第一册，中华书局1986年版，第27页。
[5] 王栻：《严复集》第一册，中华书局1986年版，第31页。

然，犹有讲学，而士尚可以自通。至于今世，始钳口结舌，以议论朝政为妖妄不详之人，而民之才德识知，遂尽如斯密氏之所指。”[1] 如果说统治者为政确有宽苛之别的话，那么，总的来说，中国自秦以来的政治，就是一部越来越严苛的历史，其基本走向不是越来越人性化，而是越来越奴虏化，到明清时代，已经走上了历史的极端。实际上，中国就是在这种思想、文化与政治最僵化的状态下，迎来了列强的现代化挑战。

《原强》全文发表后，仅仅过了四天，即1895年3月13日至14日，严复在《直报》上推出了他的第三篇文章：《辟韩》。这是严复把西方民主政治理论与中国传统的民本观念相结合，对中国传统君主专制主义政治观念作了一次精准的、试探性的批评，是对戊戌启蒙思潮的最强有力的呼应和深化与开拓。该文表面上是在指责韩愈，实际上是对整个儒家专制政治思想的批评。在中国历史上，对专制政治理论阐述得最为完整而深刻的，应该是法家，诸如商鞅、韩非等人。但是，法家观念在中国传统历史中并不是主流意识，自秦之后，没有任何朝代公开奉法家思想为治国之圭臬，而是皆以儒家观念为治国之纲领。儒家思想内部，有民本与君本两个系统。这两个系统中，君本思想占据主导地位，周公、孔子、董仲舒等大儒，无不奉君主本位的观念。在整个儒家道统体系中，韩愈不是什么显耀人物，但是韩愈却把儒家君本位的观念，阐述得较为清晰系统，由此，他被严复选为抨击的靶子。严复的这篇文章，写得极其生动而尖锐，语气在严肃之中夹带嘲弄，道理却讲得分外透彻。有意思的是，严复在该文中，并没有过多地引用他所熟知的西方哲人的观念和论述，他所引用的观念，主要是来自中国传统的文本，包括孟子、庄子等，而把“民之自由，天之所畀也”这样典型的西方观念，巧妙地夹在中国传统观念之中一起售出。这在当时的文化环境中，无疑是一种很精巧的观念投放。

在当时的戊戌启蒙思潮中，严复的这篇短文，观念并不是最激烈的，但是，对传统王朝的意识形态体系却有极大的伤害。担负卫道责任的张之洞，马上看出该文摧毁性的思想力量。他以王朝卫道者的身份，组织文章，反驳严复，对严复造成很大的压力。

其实，严复对韩愈这个人的认识是很全面的。他虽然著文批评韩愈的君本位的政治观念，但他又在其他很多地方表达自己对韩愈的文章和风骨的敬佩；而且，严复晚年亲自为自己书写的墓志铭：“惟适之安”，用的就是韩愈文章《送

[1] [英]亚当·斯密著，严复译：《原富》，北京时代华文书局2014年，第567页。

李愿归盘谷序》中的名句。

对韩愈的批评所引发的来自官方的压力，没有制伏严复，反而激起他更强的斗志，促使他对传统文化作全面的检讨。随后的5月1日至8日，他又在《直报》上刊发了《救亡决论》这篇大作。该文首先从对八股文的批评开始，分析了八股科举的三大危害，继而开始把批评的矛头指向整个传统的所谓精华：什么“归、方、刘、姚，恽、魏、方、龚；唐祖李、杜，宋祢苏、黄；七子优孟，六家鼓吹。魏碑晋帖，南北派分，东汉刻石，北齐写经。戴、阮、秦、王，直闯许、郑，深衣几幅，明堂两个。钟鼎校铭，珪琮著考，秦权汉日，穰穰满家。诸如此伦，不可殚述”，什么“周、程、张、朱，关、闽、濂、洛。学案几部，语录百篇。《学蔀通辨》《晚年定论》。关学刻苦，永嘉经制。深宁、东发，继者顾、黄，《明夷待访》《日知》著录。褒衣大袖，尧行舜趋”[1]等等，严复一概斥之为“无用”“无实”。这种横扫一切、否定一切的态度，可媲美于后来人胡适之的名言：“我们必须承认我们自己百事不如人。不但物质机械上不如人，不但政治制度不如人，并且道德不如人，知识不如人，文学不如人，音乐不如人，艺术不如人，身体不如人”，其藐视古人、否定传统的姿态，大同小异。但是，严复毕竟不是胡适。作为一个真正的思想者，严复对中国文化还是有一个基本的分析理路的。所以，严复在该文中，一方面痛斥中国传统的那些所谓的精英都是“无用”“无实”，同时也指出：“非真无用也，凡此皆富强而后物阜民康，以为怡情遣日之用，而非今日救弱救贫之切用也”，“非果无实也，救死不赡，宏愿长赊。所托愈高，去实滋远。徒多伪道，何裨民生也哉”[2]！

这种现实主义的文化观，在1902年刊登于《外交报》上的严复的另外一篇文章中，得到更好的表达。他说：“有要道焉，可一言而蔽也。今吾国之所最患者，非愚乎？非贫乎？非弱乎？则径而言之，凡事之可以愈此愚、疗此贫、起此弱者皆可为。而三者之中，尤以愈愚为最急。……继自今，凡可以愈愚者……惟求之能得，不暇问其中若西也，不必计其新若故也。有一道于此，致吾于愚矣，且由愚而得贫弱，虽出于父祖之亲，君师之严，犹将弃之，等而下焉者无论已。有一道于此，足以愈愚矣，且由是而疗贫起弱焉，虽出于夷狄禽兽，犹将师之，等而上焉者无论已。何则？神州之陆沈诚可哀，而四万万之沦胥甚可痛

[1] 王栻：《严复集》第一册，中华书局1986年版，第44页。

[2] 王栻：《严复集》第一册，中华书局1986年版，第44页。

也。”[1]“窃料黄人前途，将必不至于不幸也。……且吾民之智德力，经四千年之治化，虽至今日，其短日彰，不可为讳。顾使深而求之，其中实有可为强族大国之储能……使一旦幡然悟旧法陈义之不足殉，而知成见积习之实为吾害，尽去腐秽，惟强之求……何贫弱奴隶之足忧哉？”[2]“夫宗教、哲学、文章、术艺皆于人心有至灵之效，使欧民无希腊以导其先，罗马以继其后，又不得耶、回诸教纬于其间，吾未见其能有今日也。是故，亚洲今日诸种，如支那，如印度，尚不至遂为异种所克灭者，亦以数千年教化有影响果效之可言。特修古而更新之，须时日耳。”[3]

[1] 王栻：《严复集》第三册，中华书局1986年版，第560页。
[2] 伍杰：《严复书评》，河北人民出版社2001年版，第194页。
[3] 伍杰：《严复书评》，河北人民出版社2001年版，第267页。

# 第六章　严复的启蒙思想

## 第一节　严复的公理思想

近代中国遭受列强侵略，面临国破家亡的民族危机，对严复来说，是一个重建新的思想体系的课题和考验。严复所有的学术探求，在现实的层面是为了追求国家富强，在思想的层面则是为了解答这一课题，回应这一挑战。而所有答案，都包含在严复对理或公理这一概念的阐述和建构之中。

### 一、公理与近代世界秩序

理、天理或公理，在近现代中国是一个极具普遍性意义的话题。在旧的以君臣父子、忠孝节义为核心的天命世界观解体之后，新兴的知识和政治群体，迅速构建了以公理为标志的新的思想体系。举凡维新派、革命党人、保守人士、新文化领袖等，都把理、天理、公理列为自己行为的依据。所以梁启超有名言曰："法者，天下之公器也；变者，天下之公理也。大地既通，万国蒸蒸……变亦变，不变亦变。"[1] 邹容则说："革命者，天演之公例也；革命者，世界之公理也；革命者，争存争亡过渡时代之要义也。"[2] 维新派据理以倡导改革，保守派据理以反对变法，革命派据理以提倡革命；甚至一战协约国打败了同盟国，被解释为"公理战胜强权"；巴黎和会，列强忽略中国的正当要求，陈独秀批评其为"只讲强权不讲公理"。各家各派言之凿凿，公理的内容与标准却有天壤之别。作为一个思想家，严复对这一组观念的运用自然与他人具有完全不同的含义。一个明显的特征是，理、天理或公理，在严复的著述中并没有被严格区分。它们含义类似，在严复的思想体系中，都是最高一层的概念，具有核心支撑的作用。理或天理，是中国思想史极其重要的概念，严复使用这一术语，一方面承续前人的思想余绪，另一方面是把对现实的忧虑转化为观念的凝聚；从形而下的思考，上升为形而上的决疑。严复对理的论述，一方面意在为中国沦落的现实提

[1] 梁启超：《变法通议·论不变法之害》。

[2] 邹容：《革命军·第一章 绪论》。

供解救之方；另一方面意在推动中国传统思想的现代性转型，为步入新时代的中国提供一个新的观念体系。确切地说，严复是在三种不同的语境下使用这一组词汇，并赋予其相关但又不同的含义：其一是作为当下世界秩序和国际关系终极依据的理；其二是作为现代国家的生存与强大之根据的理；其三是以天演观念为核心的社会进化之理。

认识近代中国所处的世界局势，界定中国与列强各国的相处之道，是严复等思想者首先要辩明的问题。有两组传统的思路和观念，占据并主导了当时国人的思维。其一是理与势，其二是公理与强权。循着前一个思路，国人认为“夷狄性如犬羊”，其对中国的侵略是占势不占理；循着后一个思路，国人认为，由于列强占据主导地位，中国被带进一个只有强权而没有公理的丛林世界。无论哪一个思路，都离不开对理这一概念的阐发。

虽然《天演论》的推出，帮助国人认清了当时的世界是被“物竞天择，适者生存”的铁律所主宰，但严复并不同意国人普遍信奉的“强权压倒公理”的观念。在严复的思想观念中，公理与强权的关系，相当于主与奴的关系。他说：“名为体，兵为用，公理为主，强权为奴。”[1]尽管这是一个强权横行的世界，严复却认为这个世界的基本秩序，以及国与国的交往，必须有一个理或公理作为其支撑。那么，何为理或者公理呢？严复说：“物有是非谓之理。”[2]他又说：“一事之至，准乎人情，揆乎天理，审量而后出。凡横逆之事，不欲人之加诸我也，吾亦毋以施于人。此道也，何道也？人与人以此相待，谓之公理；国与国以此相交，谓之公法；其议论人国之事，持此以判曲直、别是非，谓之公论。”[3]这就是严复界定的世界秩序以及国与国的交往之理，也是列强各国必须遵守的与中国的相处之理。这样的理，无疑是从先贤“己所不欲勿施于人”的思想推导出来。严复定此为天理或公理，把传统中最基本的社会与伦理原则，转换为今天最基本的国际政治原则，以此来确定近代世界的秩序，作为维持近代国与国之间关系的最基本规则，并以此对抗列强的文明优先、强权优先的所谓公理，这当然是一种十足的文化自信。

根据此理，严复首先判断了西方列强对中国的侵略是完全不符合公理的赤裸裸的强权行为。这种行为从两次鸦片战争开始，到甲午战争、辛丑事变，不管出

[1] 孙应祥、皮后锋：《〈严复集〉补编》，福建人民出版社2004年版，第54页。

[2] [法]孟德斯鸠著，严复译：《法意》，北京时代华文书局2014年版，第2页。

[3] 王栻：《严复集》第一册，中华书局1986年版，第55页。

于何种理由，不管是哪个国家挑起，都是列强对中国的侵略，都是“不义害人”的行为，其强权而无理性质贯穿始终，没有任何变化。他说：“（列强）持不义害人之物，而与我构难……叩关求通，所请不得，遂而突我海疆，虏我官宰，甚而至焚毁宫阙，震惊乘舆。当是之时，所不食其肉而寝其皮者，力不足耳。”[1]严复对列强对中国的侵略，其感情上的不平与痛恨，体现的是当时国人的普遍情绪，但严复更有其认识上的依据。他说：“鸦片之贻害泰东，英人虽有三尺之喙，其无可辞。”[2]这种痛恨是发自内心的，有情与理的双重依据。这是严复依据公理的标准，对近代中国与列强关系的最基本的判断。

依据此理，严复深度揭示，列强的强权行为不仅表现在现实的欺凌，同时还有文化与种族的歧视。按照列强的观点，近代经济、军事落后的中国，同时也是道德文明退化的野蛮之国；为了给自己的强权行为披上合法外衣，列强刻意渲染中国文化落后、道德低下、社会无序。在当时的很多西方传教士、文人、商人、军人、政客的笔下，中国是一个极度贫穷、愚昧的国度，而且无官不贪，无民不劣。严复对此予以尖锐讽刺：“彼西人言我内政，咸谓中国官吏无廉耻。嘻笑唾骂无不至。呜呼！岂真中国有贪泉耶。”[3]在严复的心目中，中国固然有自己的文化问题、社会问题，但列强对中国的批评，却满含文化的歧视、种族的偏见，这也是列强执势为理，以强权为美德的表现。对此观念，不能不给予本质的揭示。

对于自己的侵略行为的本质，列强并不承认，反而多方包装掩盖，以使自己的行为也有理的依据。列强所网罗的理由共有两点，其一是以普世价值的名义，用文明、进步、民主、人权、通商、互利等口号为自己的行为辩护；其二是以种族优势为理由，公然为自己的侵略张目。对于第一点，严复指出：“大抵合群为国，有劣有优。优之于劣，使其势便力裕，则公然收之，名曰为启文明，而实则自固其圉，抑为通商殖民地耳。”[4]也就是说，列强表面上的文明、进步、民主、人权，其本质不过是“通商殖民”，是出于资本扩张，掘取土地、利润的需要而已。对于列强的第二个理由，严复说：“今之欧人，动曰天生白种，所以君人者也。嗟乎！此与云匈奴天之骄子，何以异乎？”[5]今天的欧美人称自己

[1]王栻：《严复集》第一册，中华书局1986年版，第4页。
[2][英]亚当·斯密著，严复译：《原富》，北京时代华文书局2014年版，第458页。
[3][英]亚当·斯密著，严复译：《原富》，北京时代华文书局2014年版，第233页。
[4]王栻：《严复集》第一册，中华书局1986年版，第178页。
[5][英]亚当·斯密著，严复译：《原富》，北京时代华文书局2014年版，第441—442页。

文明开化、种族优越，这与古代匈奴人自称是天之骄子，其实是一个性质。1897年，德国强占中国胶州湾，严复立即属文，对列强的侵略本性给予深刻揭露。他认为德国人的这种“置一切公道于不顾”的行为，是“发野蛮之心思，露生番之面目，利之所在，虽大不义亦蹈之”；而一向自认为是“地球开化之国”之首的英国，也被严复讥讽为“亦犹有野蛮生番之性”[1]。总之，在西方列强引以为傲的文明、进步外表的背后，其实是一种十足的贪婪心理、强权性格；所谓的开化人，其所作所为都是“野蛮之心思”“生番之面目”。

放眼世界，严复进一步指出，列强的强权无理行为，不仅发生在中国，也发生在中国和列强之外的世界各地。列强既不以人理待中国，同样也不以人理待列强之外的其他国家。“欧人之拓外属也，既尽其利，必残其民。此不仅西班牙波陀噶尔然也，英、荷之所为，有过之矣”[2]。他举例西班牙在南美洲的行径，说：“盖当日西班牙治矿之政，横驱土民，力作之劬，过于牛马。……是时，西印红种，被其虐者，户口日稀……噫！逐一国之私利，既夺其地矣，且将灭其种而不恤。”[3] 即使在美国这样标榜自由、人权的国家，也时时发生违背公理的行为。严复说：“美人恐吾佣夺其小民之生，乃造天下至不公之律，以拒华佣。故至今在美者，不过十余万众。”[4]

有一种观点认为：“正是基于这种进化和公理优先的逻辑，严复肯定处在进化状态中的文明国家对于处在尚未进化状态的落后国家的占领是正当的。从武力征服来说，这是不折不扣的‘强权’，但严复认为，这恰恰合乎公理。”[5] 在中国近代史上，确实有很多人依据文明优先、进化优先的原则，对列强的侵略行径多方肯定，对列强战胜中国公开欢迎。他们不无天真地认为，“与西方列强相遇对中国人来说是天大的好事”[6]。实际上就是把强权当作公理，或者说强权之中包含公理。比如谭嗣同曾说：“幸而中国之兵不强也，向使海军如英法，陆军如俄德，恃以逞其残贼，岂直君主之祸愈不可思议……故东西各国之压制中国，天实使之，所以曲用其仁爱，至于极致也。”[7] 不仅对西方列强是这样评价，刚刚在甲午战争打败清军的日本军队，也被谭嗣同褒奖为“恪遵公法”，“仁义

[1] 王栻：《严复集》第一册，中华书局1986年版，第56页。

[2] [英]亚当·斯密著，严复译：《原富》，北京时代华文书局2014年版，第457—458页。

[3] 王栻：《严复集》第四册，中华书局1986年版，第872页。

[4] 王栻：《严复集》第四册，中华书局1986年版，第860页。

[5] 许纪霖、宋宏：《现代中国思想的核心观念》，上海人民出版社2011年版，第91页。

[6] 张汝伦：《现代中国思想研究》，上海人民出版社2014年版，第260页。

[7] 丁守和主编：《中国近代启蒙思潮》上卷，社会科学文献出版社1999年版，第256—257页。

之师，所以无敌于天下者”。照谭嗣同的观点看来，列强以及日本打败中国是符合公理的；如果中国打败了列强或者日本，这就是违背公理了。这种以文明掩盖野蛮，把强权当作公理的观念，为当时的列强世界普遍持之。美国《纽约时报》这样评价中日甲午战争：“中日战争中所发生的一切越来越清楚地表明，日本人对中国的惩罚，不仅仅是为了自身的扩张，而是在给人类带来巨大利益和促进文明的事业。”对中日甲午战争的结果，《纽约先驱报》这样评论：“日本以和平条约结束了一场胜利的战争……日本获得大面积领土的割让，意味着东方旧的力量平衡被一个年轻、充满活力和扩张的具有高度文明的国家颠覆。”《芝加哥鹰报》则说：“日本胜利的结果可能会使中国开放而卷入外贸和文明……日本人带着（西方文明）这些先进生活的标志，在其前面驱赶着不文明的中国群落，让文明敲打它的后背。”[1] 这样的观念，在近现代中国时常出现，但并没有在严复身上出现过。严复坚信：“无公理之强权，禽兽之强权也。虎狼虽猛，终被槛羁。”[2] 严复所执着的公理，是人类各国的相互尊重、和谐相处之理，不是在文明、进步包装之下的以强凌弱、仗势欺人之理；不论什么样的国家，不论有什么样的借口，在国与国的关系上，都不能以强权践踏公理。公理是严复思想体系中的核心观念，体现了严复对世界秩序的最高追求；违背公理的行为，即使是符合列强文明、进化的标准，也不会为严复所支持。

事实上，我们在严复的著述中，从没有看到过任何对列强的侵略给予肯定的言辞。相反，对反抗列强侵略的行为，无论来自政府的还是来自民间的，无论是文明的还是野蛮的，严复都给以充分的肯定。严复支持自强运动，参与维新变法，因为这些行为能够推动中国的进步和强大，使国家有信心有力量对抗列强的侵略；同时，严复对被讽刺为“忠信以为甲胄，礼义以为干橹”[3] 的反对洋务、反对改革的保守派，也有同情，因为在其中也能看到反抗列强侵略的动机。“是故道咸之间，斥洋务之污，求驱夷之策者，智虽囿于不知，术或操其已促，然其人谓非忠孝节义者徒，殆不可也。”[4] 行为虽然愚蠢笨拙，但动机却是爱国的。再如义和团事件，当时中外人士咸称之为“邪教”“乱民”“土匪”“劫盗”，对其所引发的历史灾难给予同声谴责，但严复却指出：“嗟呼！庚子妖民愚竖，盗兵潢池，其贻祸国家至矣，然而其中不可谓无爱国者。特愚妄愤戾，

[1] 刘文明：《“文明”话语与甲午战争》，《历史研究》2019年第3期。

[2] 孙应祥、皮后锋：《〈严复集〉补编》，福建人民出版社2004年版，第55页。

[3] 王锦文：《大学中庸译注》，中华书局2008年版，第44页。

[4] 王栻：《严复集》第一册，中华书局1986年版，第4页。

而其术又纯出于野蛮，此其所以终被恶名，而无以自解于天下。呜呼！亦可伤已。”[1] 对于造成庚子灾难、支持义和团行为的清王朝诸官员，严复也有类似的观念。他说：“吾于刚、李诸罪魁亦然……宁为李秉衡流涕，不为许景澄道屈也。”[2] 因为坚守公理这样的标准，在重大的原则问题上，严复不会有任何含糊之处。

有人说：“在百年中国救亡图存的历史语境中，国人对西方集强盗与导师于一身的吊诡形象的认知往往囿于片面的单向思维，或尊崇西方为现代文明之典范，或仇恨西方帝国强权之罪恶，亲西方和反西方的意识形态分裂阻碍了人们对西方的理性认知。”[3] 从严复所执着的公理观念和立场来看，他可能是近现代中国历史上为数不多能够超越这种单向思维的思想者。严复一再从公理的角度谴责列强的种种侵略、掠夺行为，维护民族尊严、国家主权这种观念在当时是非常清醒的，表明严复没有被列强的文明、进步的表面性所迷惑；但严复依公理为标准，把列强的行为定性为强权，仅仅是一种道德和公法层面的谴责，并没有接触到其社会本质。他说：“盖自德国学者，如尼采，特斯基倡说以来，人知世间一切竞争，不视理而视力，力平而后理申。”[4] 尼采等人“其国家学说，大抵以‘有强权，无公理’一言蔽之而已”[5]。在严复的心目中，列强各国的侵略扩张，不是出于其阶级的本性，而是由社会达尔文主义学说和观念的兴起，改变了世间各国的交往规则。这当然是一个过于简单的认识。相较于马克思所说的“资产阶级在它的不到一百年的阶级统治中所创造的生产力，比过去一切时代创造的全部生产力还要多，还要大”，“资产阶级使农村屈服于城市的统治……它使未开化和半开化的国家从属于文明的国家，使农民的民族从属于资产阶级的民族，使东方从属于西方”[6]，严复的观念还是肤浅的。

## 二、公理与富强

严复认为，列强对中国的侵略掠夺是野蛮无理的强权行为，但列强的富强之路，其背后却有深刻的理的依据。早在英国留学之时，严复就开始探索追溯欧洲各国的富强之源。他通过上下考察英国社会各个方面，得出与时人完全不同的

[1] 王栻：《严复集》第一册，中华书局1986年版，第119页。
[2] 王栻：《严复集》第三册，中华书局1986年版，第540页。
[3] 高力克：《双面西方：文明与强权——中国近代知识精英的西方想象》，《浙江社会科学》2016年第8期。
[4] 王栻：《严复集》第三册，中华书局1986年版，第627页。
[5] 王栻：《严复集》第三册，中华书局1986年版，第625页。
[6]《马克思恩格斯选集》第一卷，人民出版社2012年版，第405页。

看法。严复后来追忆："犹忆不佞初游欧时，尝入法廷，观其听狱，归邸数日，如有所失。尝语湘阴郭先生，谓英国与诸欧之所以富强，公理日伸，其端在此一事。先生深以为然，见谓卓识。"[1] 那么，严复在这里所说的作为列强富强之端的公理，又是什么含义呢？

在近代中国，解答西方的含义是什么，西方的优势为何，以及西方富强的根源在哪里，这是一个一而三、三而一的问题。人们在提出并试图回答第一个问题的时候，同时也在回答第二和第三个问题。对于这个问题的回答，今人曾经给予总结，认为答案共有三个：第一是以船坚炮利为表征的工业文明；第二是以议会、分权为内容的宪政体制；第三是以人权、自由等为核心的文化观念。严复对这个问题的回答、对列强富强之由的解析，并不在上述三个答案之列。他说："今之称西人者，曰彼善会计而已，又曰彼擅机巧而已。不知吾今兹之所见所闻，如汽机兵械之伦，皆其形下之粗迹，即所谓天算格致之最精，亦其能事之见端，而非命脉之所在。其命脉云何？苟扼要而谈，不外于学术则黜伪而崇真，于刑政则屈私以为公而已。"[2] 应该说，这一段话是严复研究沉思了多少年之后，对西方富强奥秘的一个核心解答，严复以后的文章和著述，可以说都是对这几句话的发挥和注解。所谓"崇真"和"为公"，用我们现在最具有概括性的话来讲就是求真和求善，或者叫德性与理性，也就是对真理的崇尚和对公德的崇尚，前者也叫科学或理性精神，后者又叫仁政或道德精神。公理精神落实到社会，其一就是理性社会，其二就是人道社会；公理精神落实到个人，就是我们熟知的民德、民智和民力。严复在前面所提到的"公理日伸"的公理，也就是这里所说"命脉所在"的命脉。

在严复进一步的论述中，他认为所谓求真与求善，所谓科学精神与道德精神，并不是西方独有的，而是东西方民族和文化共同拥有、共同崇尚的。他说："上下数千年，东西数万里，风尚不齐，举其大经，则一而已。忠信廉贞，公恕正直，本之修己以为及人，秉彝之好，黄白棕黑之民不大异也。"[3] 正因为它是人类共有的精神特质和追求，所以严复称之为公理或者是天理。国家的存在、兴盛居于此公理；国家衰败、灭亡也是居于此公理。对于公理中的道德精神，他说："今夫社会之所以为社会者，正恃有天理耳！正恃有人伦耳！天理亡，人伦

[1] 王栻：《严复集》第四册，中华书局1986年版，第969页。
[2] 王栻：《严复集》第一册，中华书局1986年版，第2页。
[3] 王栻：《严复集》第一册，中华书局1986年版，第200页。

堕，则社会将散，散则他族得以压力御之，虽有健者，不能自脱也。”[1]对于公理中的科学精神，他说：“今日欧美诸邦，其国力之富厚，其实业之精进，较之吾国相去几何？……彼土所以致此古未曾有之盛者，实由何故？……宗教家曰：欧美所以有今日者，以所奉之教之清真也。政法家曰：财富之所以日隆，商贾之所以日通者，以诸邦政法大改良也。此其言诚皆不妄，然皆不足以为近因。必言近因，则惟格致之功胜耳。……可知物理科学一事，不独于吾国为变化士民心习所不可无，抑且为富强本计所必需。”[2]这两段话，可谓是严复对他所提出的“命脉”或公理所作的详尽的阐述。

探讨西方兴盛的原因，是近代以来学术界一个非常引人注目的话题，从黑格尔、韦伯、施本格勒到汤因比、道格达斯·诺斯、福山等，学术界有无数人加入到这场讨论之中，产出的成果不计其数，但直到今天仍然没有能够给出一个共同认可的答案。而严复对这一问题的回答是如此简单明确，认为根源就在一个“理”字，就是上述所说的公理精神的培植和光大。其他一切，都不是最根本的。中国学者一般认为，严复对西方富强奥秘的追索，最终的发现是自由精神；史华兹认为，严复对西方的研究，最根本的发现是“集体的能力”和“浮士德式的力量”[3]。然而，熟读严复上述论述，我们不能不得出一个新的结论：在严复的观念世界中，以人道和理性为核心的公理，才是西方富强的根源所在，其他自由也罢、浮士德也罢、集体能力也罢，都是公理精神的部分展示；民主、宪政、法制等，也都是这种公理精神的延伸、扩张和分解；民主政治必须有公理精神为其基础，所以，严复一再强调：“民主者，天下至精之制也。然欲其制之有立而长久，必其时上下之民德，足以副之”[4]，“且夫自由，心德之事也。……吾未见民智既开，民德既烝之国，其治犹可为专制者也”[5]。无论民主、自由还是法制，它们的扎根、生长，都有赖于公理精神的普及和培育。进一步，严复认为，虽然公理精神为东西方民族和国家所共有，但由于西方国家依靠其他因素（比如彰显自由的思想观念和社会体制），使公理精神得到了很好的保障和落实，最终使西方国家超越其他各国，率先走上现代化的富强之路。循此认识，中国追求富强，也必须着力于这种公理观念和精神的培植，其他一切端在其次。

[1] 王栻：《严复集》第一册，中华书局1986年版，第168页。
[2] 王栻：《严复集》第二册，中华书局1986年版，第282—283页。
[3]［美］本杰明·史华兹著，叶凤美译：《寻求富强：严复与西方·序言》，江苏人民出版社1990年版，第1页。
[4] 王栻：《严复集》第四册，中华书局1986年版，第965页。
[5] 王栻：《严复集》第四册，中华书局1986年版，第986页。

根据这一发现，严复以公理为标准，检验列强各国的成败。他首先分析了西班牙。西班牙是近代欧洲最早的强国。一般观点认为，1588年的英西海战，无敌舰队败给英国，西班牙失去海上霸权，是其衰败的主要原因。严复却认为，西班牙的失败，最根本的原因是西班牙的内外政策缺乏公理的元素。严复主要分析了西班牙在南美的殖民政策和行为，他说："噫！逐一国之私利，既夺其地矣，且将灭其种而不恤。西班牙之不振，岂天道有时而信者！"[1] 进而，严复分析俄国：十九世纪到二十世纪初，俄国是列强中的巨无霸，不但中国上下对其十分惊惧，世界上许多分析家都对俄国充满敬畏。托克维尔在十九世纪三十年代曾预言，未来两大民族将要主宰世界，其一是美国，其二是俄国："当今世界上有两大民族，从不同的起点出发，但好像在走向同一目标。这就是俄国人和英裔美国人。这两个民族在神不知鬼不觉之中壮大起来。当人们的视线只顾他处的时候，它们突然跻身于各国之前列……他们的起点不同，道路各异。然而，其中的每一民族都好像受到天意的密令指派，终有一天要各主世界一半的命运。"[2] 在当时中国人的眼里，俄国是对中国构成生存威胁的主要对手，但严复依据公理标准作出判断，对这个貌似强大的民族和国家从来就没有看好过。原因很简单，在严复眼里，这个国家的对内对外政策是一贯的既没有理性，又没有人道，所以严复多次属文，分析俄国的弱点，并在日俄战争之前就预言，俄国的战败、沙皇的倒台是迟早的事。"且世所谓虎狼国，行其先王之遗策，有长驾远驭，并吞六合之心者，非俄罗斯乎？虽然，论者将特震于其外云耳。以言其实，则俄不足畏也"[3]，"至于俄则专制之治，遏之无由，故其国不足望长治也。……朘剥之利，入于私家，政以贿通，官由宠用，可以见矣！其为国如此，则其外虽强，要不能望其长治。俄用彼得之制以兴，亦将由彼得之制以废。此诚天道，无如何也！"[4] 出乎所有人的意料，严复依据公理这一标准，对俄国所作出的预言和判断，事后证明是惊人的准确。

德国与日本是两个后起的列强。严复也依公理为标准，对其也做过深刻的解析。对这两个国家，严复表达了非常复杂的感情和认识。一方面，他叹服于它们的理性成就，即这两个国家在教育、实业、军事等方面的快速崛起。对于德国，严复说："近世国家，于教训小民之政，最为留意者，莫若德国，而其效遂大可

[1] 王栻：《严复集》第四册，中华书局1986年版，第872页。

[2] [法]托克维尔著，董果良译：《论美国的民主》，商务印书馆2004年版，第480—481页。

[3] 王栻：《严复集》第四册，中华书局1986年版，第934页。

[4] 王栻：《严复集》第四册，中华书局1986年版，第898—899页。

见。时平，则见于工商耕作之业；世乱，则见于战守攻伐之间。其以谋生而远适异国者，如在美洲与中国海诸岛，其守法勤苦，往往驾英法之民而上之，此德所以能于五十年之中，转弱为强，由贫而富也。”[1]“德意志联邦，自千八百七十年来，可谓放一异彩，不独兵事船械事事见长，起夺英、法之席；而国民学术，如医、如商、如农、如哲学、如物理、如教育，皆极精进。”[2]对于日本，严复说：“往者东方日本，尝与我同其弊矣。癸巳、甲午之交，力争于各国而革之，非以其兵力胜也。”[3]“日本与中国，同时被创于西人者也，顾三十年之倾，日本勃然以兴，而中国痿然若不可救。”[4]另一方面，严复又对这两个国家的内外政策完全缺乏公理之中的人道元素感到震惊。他说：“西方一德，东方一倭，皆犹吾古秦，知有权力，而不信有礼义公理者也。……故使果有真宰上帝，则如是国种，必所不福，又使人性果善，则如是学说，必不久行，可断言也。”[5]严复接着说：“今夫德……顾自伏烈大力以来，即持强权主义……其国家学说，大抵以‘有强权，无公理’一言蔽之而已。”[6]“倭变法以来，凡几稔矣。吾不谓其中无豪杰能者，主权势而运国机，然彼不务和其民，培其本，以待其长成而自至，乃欲用强暴，力征经营以劫夺天下。其民才未长也，其民力未增也，其民德未和也，而唯兵之治，不知兵之可恃而长雄者，皆富强以后之果实。无其本而强为其实，其树不颠仆者寡矣。”[7]“倭乘群虎竞命之时，将于吾国求所大欲，若竟遂其画，吾国诚破碎。顾从其终效而观之，倭亦未必长享胜利，如此谋国，其眼光可谓短矣。”[8]迷信强力，把强权视为公理，虽然在短时间内可以见效，但从长远来看，这是一种非常短见的治国观念和行为。严复在日本与德国这两个国家的成长之路上，既看到了其符合公理的一面，又看到其违背公理的一面；严复既羡慕又敬佩这两个国家因为顺遂公理的观念而极速强大，又无可奈何地预言了这两个国家因为违背公理，最终不可避免地要走向失败的结局。令人惊讶的是，经过两次世界大战的检验，严复对这两个国家的批评和预言，也得到完全验证。

---

[1] 王栻：《严复集》第四册，中华书局1986年版，第907—908页。
[2] 王栻：《严复集》第三册，中华书局1986年版，第616页。
[3] 王栻：《严复集》第四册，中华书局1986年版，第901页。
[4] 王栻：《严复集》第四册，中华书局1986年版，第958页。
[5] 王栻：《严复集》第三册，中华书局1986年版，第622页。
[6] 王栻：《严复集》第三册，中华书局1986年版，第625页。
[7] 王栻：《严复集》第一册，中华书局1986年版，第38页。
[8] 王栻：《严复集》第三册，中华书局1986年版，第620页。

## 三、公理与进化

社会进化论与前面两个公理不同，它不是严复所发现所立论的，而是为严复所介绍所宣传，并被严复所信奉的另外一个人类社会最基本的公理。社会进化论既为严复所信奉，又为严复所介绍，在严复的心目中，它与前面两个公理具有同等的价值。近代中国，正是因为严复的著译，社会进化论才在社会广泛传播，因此，严复与社会进化论几乎成为同名词。

社会进化论是通过《天演论》被介绍给世人的。虽然《天演论》译著内容丰富，但社会进化论的观念却很简单。严复说："以天演为体，而其用有二：曰物竞，曰天择。"[1]"物竞者，物争自存也；天择者，存其宜种也。意谓民物于世，樊然并生，同食天地自然之利矣。然与接为构，民民物物，各争有以自存。其始也，种与种争，群与群争，弱者常为强肉，愚者常为智役。"[2]后人证实，严复的这本译著及其观念是偶然被推出的；但在近代中国思想史上，它却具有令人意想不到的里程碑的意义。"自严氏之书出，而物竞天择之理，厘然当于人心，中国民气为之一变。"[3]仅1905年到1927年之间，《天演论》就被印行了三十二版，滋养了几代中国知识分子，传播天演观念的严复也成为近代中国新的历史观、世界观的开创者和奠基者。

人们一般都认为，"严复翻译介绍达尔文及其进化论的目的非常明确，那就是为了中国的富强与繁荣，为了唤醒沉睡中的国人"[4]。实际情况并不是那么简单，因为"西方文化使他（严复）震撼和心仪的不仅是事功方面的优越，更有其超越的内在价值方面的东西"[5]。换句话说，严复的任何译著，都有包含着追求实用性与真理性的双重目的，因为在严复的眼里，社会科学的真理性与实用性是一致的，他所介绍的名著，都有这双重的功能。《天演论》也是这样，他一方面在传播一个救时救国的观念；另一方面也在介绍一个东西方、天地间，适合所有人、所有国家，用严复的话来说就是"举天、地、人、形气、心性、动植之事而一贯之"[6]的真理，也就是进化之理。进化之理在严复眼里就是天演之理，也

[1] 王栻：《严复集》第五册，中华书局1986年版，第1324页。
[2] 王栻：《严复集》第一册，中华书局1986年版，第16页。
[3] 胡汉民：《述侯官严氏最近政见》，《民报》1905年第二号。
[4] 马勇：《严复学术思想评传》，北京图书馆出版社2001年版，第125页。
[5] 张汝伦：《现代中国思想研究》，上海人民出版社2014年版，第80页。
[6] 王栻：《严复集》第五册，中华书局1986年版，第1325页。

就是天理。严复说："欧洲学术之盛，远迈古初。其所得以为名理公例者，在在见极，不可复摇。"[1] 严复通过译著，分门别类介绍过西方哲人近代以来发现的许多"名理公例"，如经济学方面的知识和道理，政治学方面的知识和道理，但只有进化论的道理才能称得上是天演之理，也就是天理。就是说，它是一切理之中最根本的理，是统摄一切理的理。这与前面所陈述的国与国相处之理、西方列强的发达富强之理，是同一层面之理，都是公理、天理之列的理。

但是，与前面所述的两个公理有所不同，天演之理所反映的是典型的西方认识论和宇宙观，它与中国传统的人伦观、宇宙观是完全对立的，也与他在前面所发明陈述的国与国的相处之理、西方列强的发达富强之理，是完全不同的。东西方文化，正如严复早期所揭示："其最不同而断乎不可合者，莫大于中之人好古而忽今，西之人力今以胜古；中之人以一治一乱、一盛一衰为天行人事之自然，西之人以日进无疆，既盛不可复衰，既治不可复乱，为学术政化之极则。"[2] 老子讲"贵柔守雌""知足不辱，知止不殆"，孔子讲"君子无所争"。严复说：中国圣人认为，"盖生民之道，期于相安相养而已"，"争者人道之大患也"[3]。钱穆说："即我民族文化常于'和平'中得进展是也。欧洲史每常于'斗争'中著精神。"[4] 实际上，以道德、等级、忍耐为本色的中国文化，是无法激发竞争、进步的观念和行为的。它与西方世界，特别是文艺复兴以来的以进步、竞争、自由和民主等观念为核心的文化，也是完全无法相容的。但是不可思议的是，天演公理竟然毫不费力地落户在以儒、佛、道为图腾的中华文化部落，成为当时最为普及的社会观念，这令严复本人都感觉格外意外。

虽然《天演论》这部译著获得极大的成功，并给严复本人带来巨大的收益，但严复却对这部书所造成的影响很不满意。该书首次推出二十多年之后，严复在与友人的书信中回忆了《天演论》的影响。他说："时局至此，当日维新之徒，大抵无所逃责。仆虽心知其危，故《天演论》既出之后，即以《群学肄言》继之，意欲锋气者稍为持重，不幸风会已成，而朝宁举措乖缪……举国饮醒，不知四维为何事。至于今，不但国家无可信之爪牙，即私人亦无不渝之徒党。"[5] 在严复看来，戊戌维新之后的国家政策的混乱，社会风气的沦丧，都与天演进化

[1] 王栻：《严复集》第五册，中华书局1986年版，第1320页。
[2] 王栻：《严复集》第一册，中华书局1986年版，第1页。
[3] 王栻：《严复集》第一册，中华书局1986年版，第1页。
[4] 钱穆：《国史大纲》，商务印书馆1996年版，第12页。
[5] 王栻：《严复集》第三册，中华书局1986年版，第678页。

观念的传播有一定关系，《天演论》对此要承担一定责任。严复看到了这种影响，又意图纠正这种影响，但“风会已成”，严复自己竟然也无可如何。严复所谓的“风会已成”，即是指戊戌维新之后，由《天演论》所首倡，经梁启超、谭嗣同的宣传，人们普遍接受了“物竞天择，适者生存”的观念，并把它进一步衍化为一种强权逻辑，进化主义变成了“强权主义”“尚力主义”。

戊戌维新之后的社会风气是否如严复所批评的“举措乖缪”，“举国饮醒，不知四维为何物”，我们在此不予讨论，但《天演论》并没有反映严复真正的社会进化观念，这是必须指出的。《天演论》虽然译自赫胥黎的《进化与伦理》，但严复却在该书中经常批评赫胥黎的伦理进化主义，传播斯宾塞的自然进化主义，认为自然进化是一种普遍规则，社会伦理也服从这一自然规则。严复对赫胥黎的纠正，可能是出于当时社会现实的刺激，出于启蒙社会观念的需要。但可以肯定的是，严复对这种社会进化观念是不同意的。在严复的完整的社会进化观念中，人类社会完全不同于自然界，两者的进化规则也完全不同，“尚力为天行，尚德为人治”[1]，这是严复一再申明的自然界与人类社会的区别。人类社会中的所谓“物竞”“天择”，其内容并不简单地只是强力、蛮力，而是德、智、力、群这样的综合体，而道德水平和观念在其中起着引领与支撑的作用。实际上，道德品质的高下，才是人类进化的真正决定性因素。

社会进化论一方面是严复终生执着的宣传和信仰，另一方面又是严复不停地纠正和批判的思想体系；他一方面宣传他心目中的真正的社会进化论，另一方面又在批评当时社会流行的所谓的社会进化论。严复晚年对自由、民主、科学等的价值有所怀疑，但对社会进化的信仰始终没有任何改变。戊戌变法之后的严复，一方面批评清政府违背进化公理，拒绝任何改革，致国家于衰弱不振之地；另一方面又批评辛亥起义、五四新文化运动等，认为这些革命同样违背进化公理。他说：“须知此事，全属天演，革命时代，学术万千，然而施之人间，优者自存，劣者自败，虽千陈独秀，万胡适、钱玄同，岂能劫持其柄，则亦如春鸟秋虫，听其自鸣自止可耳。”[2] 严复一再更正，认为真正的社会进化论，与叔本华、尼采、特来斯基等人所宣扬的社会达尔文主义，与德国、日本所迷信的强权政治、强兵政治，完全不是一回事。“德人所言天演，以攻战为利器之说，其义刚与原

[1] 王栻：《严复集》第五册，中华书局1986年版，第1395页。

[2] 王栻：《严复集》第三册，中华书局1986年版，第699页。

书相反”[1]。这种所谓的进化论，“皆原本性恶”[2]，“其建国宗旨……以战为国民不可少之圣药。外交则尚夸诈，重诇侦；其教民则以能刻苦、厉竞争为本，事属利国，虽淫邪盗杀，无不可为”[3]；此时日本人所信奉的进化规则，与德国人并无二致，正如加藤弘之所说：“吾人类社会如动物界，特只强者权利之履行。强者常制弱者，盖无疑之天则也……欲得自由权，则必须先成为强者。”[4]而严复所信奉的进化论，是基于人性善的，是以和平为目的、以和平为手段的。他说：“东西古哲之言曰，人道之所贵者，一曰诚，二曰善，三曰美。”[5]所以严复的社会进化是以真善美为竞争标准，他认为“兵愈盛而国愈危”[6]，以野蛮的丛林规则为原理而建立的国家，虽然可能暂时强盛，但在真正的“物竞天择”进化原理终极拷问之下，其国运是不会长久的。这种与社会达尔文主义完全不同的观念才是严复所信奉的进化论思想。从这一角度讲，天演进化之理与前面所阐述的列强的富强发达之理、世界各国的和谐相处之理，在本质上是同构的。它们糅合了古今中西的观念，形成一个新的足以取代由董仲舒、朱熹等思想家所构建的传统意识形态，并可以解释、解决当时中国所面临的最紧迫的现实危机的观念体系。这个观念体系，就是严复的公理世界。

## 四、严复的公理世界

理、天理和公理，都是古老的中国思想范畴，但严复“用这种借来的语言，演出世界历史的新的一幕”[7]。这些传统的概念，经过重新的解释和应用，被注入了严复的全新的理念和设计，代表中国新思想的开端。

严复所构建的公理世界，是从解答现实的课题入手，把现实的需求转化为理论的生成；围绕对理的阐述和使用，严复构造了一个相对完整的理论体系。这样的理论探索和成就，在近代思想史上还是唯一的。因此，严复所探索的理，不仅具有理论的价值，更有很深的实践意义。从前者来讲，严复从现实的课题和需要出发，通过解答现实的课题，为中国思想和观念注入了新的生命。从后者来讲，严复的解答，为落后国家的生存和发展提供了依据和方向。通过这三个相互联系

[1] 王栻：《严复集》第三册，中华书局1986年版，第623页。
[2] 王栻：《严复集》第三册，中华书局1986年版，第675页。
[3] 王栻：《严复集》第三册，中华书局1986年版，第665页。
[4] 许晓光：《民族扩张与明治时期日本思想界》，《历史研究》2019年第3期。
[5] [法]孟德斯鸠著，严复译：《法意》，北京时代华文书局2014年版，第341页。
[6] 王栻：《严复集》第三册，中华书局1986年版，第709页。
[7]《马克思恩格斯选集》第一卷，人民出版社2012年版，第669页。

的公理，严复建立了一个体、用兼备的思想世界。尽管内在中可能有许多不相容之处，但外表上，严复所阐述的这三个公理，还是可以保持比较完整的形式上的统一的，而且既有理论上的实证性，又有实践上的可行性。

严复所探索建立的公理体系和观念世界，各有其不同的价值和意义。世界秩序之理，把列强的侵略行为在道德上给予定性，使列强各国背上道德与公法的十字架，永远无法洗刷其罪恶的名声，从而使中国这样的弱国，在列强的强势面前，保持道德的优越和文化的自信。这种自信和优越感，对于身处被侵略被瓜分状态的中国，其精神的激励作用是必不可少、非常重要的。严复所总结的西方列强的富强之理，对于大多数人来说，一时感觉非常陌生，因为它与我们熟知的资本主义国家的发达史是一部罪恶史、剥削史的认识，有太大的差异。但严复的结论仍然有一定的道理，它反映的是站在中国文化的角度，站在渴望富强的后起国家的角度对先进的西方国家的观察和思考。严复的思考和结论，不是社会学式的，而是形而上学式的；不仅有一定的真理性，同时还有重要的实践性；更重要的是具有十足的中国人文理性特征。至于严复所介绍并大力宣扬的进化之理，其意义就更大了。它结束了中国人信奉数千年的静态的、循环的、等级的古代历史观，代之以发展的、竞争的、平等的现代历史观，一方面唤起了中国人的救国心、爱国心，另一方面为中国人的思想观念打开了一条现代化性通道，使中国人在观念上真正与世界发生接轨。

严复的理的世界，还使中国人在客观情势的被动之中掌握了自己的话语权。严复的理的观念，是他用中国人的视角观察世界的一个尝试，用自己的语言、文化，表达自己观念诉求的重要尝试和结论。全世界落后的国家，都有这样的境遇，他们在西方列强面前不仅失去了现实的竞争力，同时还失去了观念的话语权。马克思说："他们无法表述自己，他们必须被别人表述。"[1]近代中国也是这样，它在现实上成为西方的殖民地，不仅在经济、政治、文化上为西方所主宰，而且在语言上也失去了话语的能力。因此，近代中国在文化论坛上只有两种声音：一是西方的观念的应声虫，用半生不熟的西方的话语、立场来解释中国的问题，为中国提供出路；另一种是古代观念的灰烬复燃，什么佛教的、荀子的、老子的、墨子的观念都在一定程度上有所复活，企图对现代中国的困境有所提醒和苏解，并分享思想话语之权。严复对这两个方向都不是满意的。严复尝试建立的话语体系，既不是传统的华夷之辨、君臣父子、中体西用等套路，也不是那种

[1] 马克思：《路易·波拿巴的雾月十八日》。

“不中不西，也中也西”式的东西方观念、词汇的简单拼凑；更不是对来自西方的文明、进步、民主、人权等话语的简单复制。严复的思想是自己探索的新式语境和体系，他意图要建立一个融汇中西，把西方的观念与中国传统观念相互融合，东西方文化可以相互解释、相互支持的观念世界。这个观念世界所代表的不是所谓的普世价值，而是一种共同价值。

后人解释严复，常常把他列入某一个思想流派之中，以某种固定的思想模型来定性严复，最典型的是把严复视为自由主义的代表。从上述公理思想体系来看，严复根本不是什么自由主义者。严复只是为了清算中国的陈旧传统，为了启蒙国人的观念、振作国人的精神，引进并使用了自由主义的若干观念。严复既无意复制、传播自由主义观念体系，也根本不想做一个自由主义者，“说严复是自由主义者，只不过是一些论者出于自己自觉或不自觉的意识形态目的而对严复的过度诠释”[1]。

严复探索建立的公理世界，只有天演公理为当时中国所接受，其他两项都没有为他人所理解。他力图在世界各国之间建立一个以和谐共存为基调的世界秩序，但当时的知识界，从郑观应、梁启超、杨度，到后来的陈独秀等，他们的理念世界都是在“强权就是公理”这一显性或隐性的认识前提之下构筑的，对他鼓吹的以和谐共存为基本理念的世界图式根本没有人接受。他所探索并解答的西方列强的富强根源，也就是他对公理内涵的道德与理性的阐述，由于“超越了现代性本身的逻辑”[2]，更不会为当时国人所理解和接受。

对于我们来说，只有了解了严复的公理观念，才能完整认识严复的思想脉络，才能理解他为什么与后来的中国思想界有了越来越大的差距，才能理解他为什么对西方列强作出“三百年之进化，只做到‘利己杀人，寡廉鲜耻’八个字”这样严厉的批评。因为在他的眼里，列强的走向，通过世界大战所显示的迹象，已经越来越远离他所探索总结的西方富强的理路所在，他们迷信强权、顺从贪欲，越来越背离严复理想中的公理精神。面对西方的背弃，严复宁肯转向中国的传统。许多人批评晚年的严复背弃了自己的早期思想，其实，严复的这种批判，不仅不是对他的早期原则的背叛，而是在显示一种一贯的坚守。

至于中国思想界，在严复之后流行各种思潮，金铁主义、共和主义、无政府主义、互助论等，它们都是在社会进化论的基础上发展出来，都是以天演进化为

[1] 张汝伦：《现代中国思想研究》，上海人民出版社2014年版，第708页。

[2] 张汝伦：《现代中国思想研究》，上海人民出版社2014年版，第717页。

底色而衍生的。但是，思想界与社会所接受的天演观念，与严复的本意有很大的差别。他们实际上把天演进化简化为“弱肉强食”的强权规则，忽视了严复的天演公理所包含的道德和理性的双重元素；把天演进化与严复的公理思想体系割裂开来，使天演进化的公理成为一种丛林规则、兽性规则。正是这种解读，使中国思想界远弃了严复的思想初衷，并最终与严复彻底仳离。

近代以来的中国思想界，流行各种口号。这是一种对思想观念极简处理的方式。之所以产生这种极简主义，一个原因是迫切的现实危机使人们无暇辨识复杂的思想内涵，只能截取其中一两个现成的观念，以为现实服务；另一个原因是，在新旧社会的转折中，思想理论的准备严重不足。严复思想的流行，得益于他对天演进化思想的极简处理，但这种极简的方式反过来又造成对他的思想的种种误解，使他的真正的观念得不到传播。这就形成了严复在近代中国思想界所遭遇的一个无法解脱的悖论。

## 第二节　严复的“势”“理”“法”思想

就思想性质来讲，严复被定义为致国家富强的启蒙思想家，这大致是没有什么争议的。循着这一思路和定位，人们对严复的研究大多着重于其思想中的自由、民主、科学、法制，以及中西文化对比等观念。这些观念在严复的思想体系中固然都是很重要的角色，而且确实支撑了严复的思想框架，但是，这些并没有囊括严复思想的全部内容。原因在于，这种过于西化的、现代性的概念，掩盖了严复思想中传统的、中国式内容和思路。从后一种路径出发，我们提出势、理、法这一组概念，把它们作为理解严复的新的视角，通过这一新的视角，可以梳理出一个与以往不大相同的严复的思想形象。

### 一、“势”的概念的提出

“势”这一概念在中国传统哲学中早就存在。在先秦中国思想争鸣的园地中，势是一个重要的政治哲学范畴。势在这一时期大约有权势、地位、时机以及客观的态势、事物发展的趋势、政治关系、强大的外在力量等多种含义，到晚清时期，思想界再次对势这一概念有了兴趣，对势的引用也突然增多。原因是，鸦片战争之后，一种全新的世界事态突然降临在他们面前，强烈的现实压力使晚清的思想者有一种重回先秦时代的境遇感，迫使晚清思想者用“中外之势”这样的语境来概括当下的局势。势在近代人的眼里，成为一个外在的、具有强制力量的、与具有道德伦理含义的理完全对立的概念，成为强权的代名词。他们认为这些来自远方的侵略者在中国面前是“占势不占理”，列强虽有坚船利炮，但他们“性如犬羊”，在道德心性上完全低于中国人。于是，在当时国人的头脑里，普遍有了一种理与势的对立感和分离感，即列强对中国是占势不占理，中国对列强则是占理不站势。中国人被迫开关、定约、通商等，完全是屈从于列强的势，并不是认可西方的理。这种理与势的分裂，是当时思想者的普遍认识，也是他们的普遍困惑。这种认识和困惑给中国人造成了无限的精神委屈和行为迟滞。

由于理与势的对立和分离，造成当时国人在应对列强侵略之策时，形成了“和戎”与“拒敌”两大对立的阵营，产生了两种完全对立的应对态度。前者由于对外夷强势比较了解，主张对外和戎；后者基于自身文化道德的优越感和理的自负，主张强硬外交，反对对外任何和解。一种是站在现实的立场上，以势为理，或者是屈理以从势，认为“势强理也强，势弱理也弱”[1]，主张在观念上放弃中国传统的信条和尊严，在现实中向列强学习，在外交上对列强让步妥协。另一种则是基于文化立场和理的优势，抱定宁为玉碎、不为瓦全的态度，以理抗势。面对列强的船坚炮利，他们“忠信以为甲胄，礼义以为干橹”[2]，在列强的强势面前保持自己文明的尊严，不妥协、不让步、不合作。前者以地方督抚为主体，后者以大学士、御史等京官为代表。后者批评前者的行为是“用夷变夏”“寡廉鲜耻”，“上亏国体，下失人心”，使“礼义廉耻纲常伦纪必然失而勿守”；前者批评后者是“局外论事”，“空言塞责，取义天下”。在整个近代史上，举凡重要的对内政策和对外方针，一直充满了这两个对立的团体的争执。由于这两派势力相持不下，导致晚清的外交与内政政策左右摇摆，很多大政方针都难以确立。

势与理的分裂，也引发文化群体的对立。一种观念从思想启蒙的角度出发，认为西方列强是先进文化、先进政体的代表，列强在中国面前，不仅有势的优势，同时也有理的优势，他们对列强侵略中国并战胜中国的行径公开给予欢迎。谭嗣同说：“幸而中国之兵不强也，向使海军如英法，陆军如俄德，恃以逞其残贼，岂直君主之祸愈不可思议……故东西各国之压制中国，天实使之，所以曲

[1] 夏东元：《郑观应集》上册，上海人民出版社1982年版，第436页。
[2] 王锦文：《大学中庸译注》，中华书局2008年版，第44页。

用其仁爱，至于极致也。”不仅西方列强是这样，在甲午战争打败清军的日本军队，也被褒奖为“恪遵公法”，“以善仿效西国仁义之师”[1]。照谭嗣同的观点，列强以及日本打败中国是符合公理的，中国打败列强或者日本，这就违背公理了。另一种站在民族主义立场的观点，认为列强在东方民族面前没有任何文化的、道德的优势，他们所谓的传播文明、传播“福音”，推动进步的口号，其实都是为了掩盖其“谋利”的目的。章太炎说：“今日欧罗巴白种之灭国也，则先之以谋利之心，而后行其杀人之事。”他又说：“若欧罗巴之伦理则旃陀罗（屠夫）与蔑戾车（野人）之伦理耳”[2]，对西方列强所恃的道德和理的优越感给予痛切的剥示。

作为当时中国最深刻的“知夷派”人士，严复沿用了晚清流行的认识思路和判断模式，也是从势与理的分离的角度看待当时中国所面临的国际局势，认为列强对中国的包围、侵略、通商、传教等是一种没有人道、违背公理的强权行为。他说：“方西人之初来也，持不义害人之物，而与我构难，此不独有识所同疾，即彼都人士，亦至今引为大垢者也。……乃一旦有数万里外之荒服岛夷，鸟言夔面，飘然戾止，叩关求通，所请不得，遂而突我海疆，虏我官宰，甚而至焚毁宫阙，震惊乘舆。当是之时，所不食其肉而寝其皮者，力不足耳。”[3]严复还告诉国人，西方列强的贪婪和强势，不仅给中国文明造成生死危机，也给其他文明和国家造成惊人毁灭，“欧人之拓外属也，既尽其利，必残其民”[4]。列强强势无理的行径，不仅表现在其武力的掠夺、条约的不平等等，同时还表现在自我的优越感和对中国民众的歧视，即“西人不以人理待中国也”。对列强以文明、进步为理由的自鸣得意的优越感，严复指出：“今之欧人，动曰天生白种，所以君人者也。嗟乎！此与云匈奴天之骄子，何以异乎？”[5]在西方列强引以为傲的文明、进步的背后，其实是一种十足的贪婪心理、野蛮性格，所谓的文明人，其实都是野蛮行为。严复进一步揭示西人来中国通商、殖民、传教的本质：“大抵合群为国，有劣有优。优之于劣，使其势便力裕，则公然收之，名曰为启文明，而实则自固其圉，抑为通商殖民地耳。”[6]说透了，西方的行为就是仗势

[1]丁守和：《中国近代启蒙思潮》上卷，社会科学文献出版社1999年版，第258页。

[2]王汎森：《章太炎的思想》，上海人民出版社2012年版，第95—96页。

[3]王栻：《严复集》第一册，中华书局1986年版，第4页。

[4][英]亚当·斯密著，严复译：《原富》，北京时代华文书局2014年版，第457页。

[5][英]亚当·斯密著，严复译：《原富》，北京时代华文书局2014年版，第441页。

[6]王栻：《严复集》第一册，中华书局1986年版，第178页。

欺人，就是侵略掠夺。

但是，人性之恶仅仅展示了列强势的本质的一方面。严复进而又分析展示了列强的势的另外一层意义。严复认为，列强各国从遥远的西方来到东方，一而再地战胜中国，其背后有着深刻的社会历史原因。他说：“至于今之西洋……无法与法并用而皆有以胜我者也。自其自由平等以观之，则其捐忌讳，去烦苛，决壅蔽，人人得其意，申其言，上下之势不相悬隔，君不甚尊，民不甚贱，而联若一体者，是无法之胜也。自其官工兵商法制之明备而观之，则人知其职，不督而办，事至纤悉，莫不备举，进退作息，皆有常节，无间远迩，朝令夕改，而人不以为烦，则是以有法胜也。……苟求其故，则彼以自由为体，以民主为用。”[1]在道德伦理的角度，西方之势是无理之势；但在社会历史的角度，西方之势又是有理之势，这种势不仅仅是强权，同时也体现了历史的必然性，“虽然，有可知者，曰顺天者存，逆天者亡。天者何？自然之机，必至之势也”[2]。这就是说，列强对中国的侵略，也是一种“必至之势”。借用对势这一解说，严复力图让国人从简单的道德本位的观念走出，用历史的观念来看待西方对中国的入侵：尽管西方的行径在道德上是卑鄙的无耻的，却是符合历史大势的，这种历史大势是不可简单地以一种道德意志拒绝的。

根据对列强之势的双重性的认识，严复得出了一系列与当时国人完全不同的结论。首先，对洋务运动的反对者，人们一致斥其是阻碍历史进步的顽固派，严复却认为：“是故道咸之间，斥洋务之污，求驱夷之策者，智虽囿于不知，术或操其已促，然其人谓非忠孝节义者徒，殆不可也。”[3]严复认为，所谓顽固派的那些人，虽然认识浅薄，智术低劣，但其动机并不错，应该对其捍卫道德、文化和国家自尊上的正当性予以肯定。其次，对于义和团，当时中外人士咸称之为“邪教”“乱民”“土匪”“劫盗”，对其所引发的历史灾难给予同声谴责，但严复却指出：“嗟呼！庚子妖民愚竖，盗兵潢池，其贻祸国家至矣，然而其中不可谓无爱国者。特愚妄愤戾，而其术又纯出于野蛮，此其所以终被恶名，而无以自解于天下。呜呼！亦可伤已。”[4]再次，对于造成庚子灾难、支持义和团行为的清王朝诸官员，严复也有类似的观念。他说：“吾于刚、李诸罪魁亦然……

[1] 王栻：《严复集》第一册，中华书局1986年版，第22—23页。
[2] [英]亚当·斯密著，严复译：《原富》，北京时代华文书局2014年版，第465页。
[3] 王栻：《严复集》第一册，中华书局1986年版，第4页。
[4] 王栻：《严复集》第一册，中华书局1986年版，第119页。

宁为李秉衡流涕，不为许景澄道屈也。”[1] 严复的这种观念，对于公认的那些历史罪人和事件在道德上肯定，在当时简直是惊世骇俗，却与马克思评价太平天国“这是一场维护中华民族生存的人民战争。虽然你可以说，这场战争充满这个民族的目空一切的偏见、愚蠢的行动、饱学的愚昧和迂腐的野蛮，但它终究是人民战争”[2] 的观点，有着惊人的一致性。

所以，严复一方面在观念上给予那些勇敢地、不自量力地对抗列强侵略的人物和行为予以道德的褒奖；另一方面，在现实的层面上，他却反对任何鲁莽的对抗列强的行为，认为他们终究都是误国误民的罪魁。在现实的层面上，他更赞成自强运动所倡导的与西方和解、向西方学习的作为，对他们的努力严复表示出由衷的感谢，对他们的失败也表示出极大的同情。他说：“中国自海通以来，咸同间中兴诸公，颇存高瞻远瞩之概。天津、江南之制造局，福州之船厂，其尤著也。顾为之者一，而败之者十。畛域之致严，侵蚀之时有，遂使事设三十余年，无一实效之可指。”[3] 严复的观念显示，他对于势与理的背离，对于和戎与拒敌的对立，以及对于西方列强在中国在现实层面的一再胜出，不是给予简单的拒斥和接受，而是拿出一种对双方都理解、容忍和接受的态度，认为各方都体现出一种合理性。但是，这种容忍仅仅是一种基于现实层面的容忍，也是一种暂时的容忍。在长远的、理论的角度，严复并不认为势与理是永远分离的。他说：“今人皆曰：天下有强权无公理矣。然而自我观之，强权公理竞争剧烈之时，最后之胜必归公理。譬之于水，固有过颡在山之时，而其归墟必在大海。”[4] 今日中国之败于列强的强权，只是暂时之事。从长久的观念看，中国在与列强的争夺之战中必将胜出；在理与势的较量中，体现人道与公正的理一定是最终的胜者。

## 二、列强富强的根源

严复认为，列强对中国的侵略掠夺，是一种完全野蛮无理的行为，但列强的富强之路，其背后却有深刻的理的依据。在近代中国，西方优势是什么？西方富强的根源在哪里？这一问题长期困扰国人。对此的答案有三个：其一认为西方的优势的根源在船坚炮利；其二认为西方的优势的根源在政治体制；其三认为西方的真正优势在文化观念。严复对这个问题的回答与上述三个答案完全不同。他

[1] 王栻：《严复集》第三册，中华书局1986年版，第540页。

[2]《马克思恩格斯选集》第一卷，人民出版社2012年版，第798—799页。

[3] 王栻：《严复集》第四册，中华书局1986年版，第888页。

[4] 孙应祥、皮后锋编：《〈严复集〉补编》，福建人民出版社2004年版，第356页。

说："今日之称西人者，曰彼善会计而已，又曰彼擅机巧而已。不知吾今兹之所见所闻，如汽机兵械之伦，皆其形下粗迹，即所谓天算格致之最精，亦其能事之见端，而非命脉之所在。其命脉云何？苟扼要而谈，不外于学术则黜伪而崇真，于刑政则屈私以为公而已。"[1] 应该说，这一段话是严复研究沉思了多少年之后，对西方富强奥秘的一个核心解答，严复以后的文章和著述，都可以说是对这几句话的发挥和注解。早在其英国留学的时候，他就追溯富强之源，上下考察英国社会各个方面，得出与时人完全不同的看法。他后来追忆道："犹忆不佞初游欧时，尝入法廷，观其听狱，归邸数日，如有所失。尝语湘阴郭先生，谓英国与诸欧之所以富强，公理日伸，其端在此一事。先生深以为然，见谓卓识。"[2] 在严复的心目中，列强的真正强大之处，不是"汽机兵械"，不是"天算格致"，甚至也不是后来人特别热衷的"议会宪政"之类，而是在这些背后的精神特质，也就是西方人对真理的崇尚和对公德的崇尚，用我们现在最具有概括性的话就是一是求真，二是求善。前者也叫科学或理性精神，后者又叫仁政思想或道德精神；前者集中体现在西方的学术和经济成就上，后者集中体现在西方的政治体制上。

在严复进一步的解释中，他认为所谓的求真与求善，所谓的科学精神与道德精神，这两种精神落实到人类社会，其一就是理性社会，其二就是人道社会。严复还认为，这两种精神实际上并不是西方独有的，而是东西方国家和文化共同拥有、共同崇尚的，因此，这种精神严复也称之为公理或者是天理，也就是说这是人类共有的精神特质和追求。他说："上下数千年，东西数万里，风尚不齐，举其大经，则一而已。忠信廉贞，公恕正直，本之修己以为及人，秉彝之好，黄白棕黑之民不大异也。"[3] 国家的存在、兴盛居于此公理，国家衰败、灭亡也是居于此公理。他说："今夫社会之所以为社会者，正恃有天理耳！正恃有人伦耳！天理亡，人伦堕，则社会将散，散则他族得以压力御之，虽有健者，不能自脱也。"[4] 严复又说："须知东西历史，凡国之亡，必其人心先坏；前若罗马，后若印度、波兰，彰彰可考，未有国民好义，君不暴虐，吏不贪污，而其国以亡，而为他族所奴隶者。故世界天演，虽极离奇，而不孝、不慈、负君、卖友

[1] 王栻：《严复集》第一册，中华书局1986年版，第2页。
[2] 王栻：《严复集》第四册，中华书局1986年版，第969页。
[3] 王栻：《严复集》第一册，中华书局1986年版，第200页。
[4] 王栻：《严复集》第一册，中华书局1986年版，第168页。

一切无义男子之所为，终为复载所不容，神人所共疾，此则百世不惑者也。”[1]

严复对公理观念的推出，其无意中是在张扬这样一个道理，即近代以来的中国，是一个丧失了中国古典精神的中国；而近代以来的西方，则是光大了中国古典精神的西方。西方富强的文化资本，并不是西方特有的那些东西，而是东西方共有的。这就是说，严复在追寻西方富强的文化根源的时候，发现的却是东方中国的价值。中华文明与西方文明有共同的价值元素，有共同的理想追求，东西方文化的真善美追求是一致的，两种文化是有通约性的。其实，严复的这一观念，早在徐继畬那里就已有所发现和表达。严复提出这样的观念，一方面是为了纠正洋务运动时期在学者、官僚群体中普遍信仰的“道与器”“体与用”“形而上与形而下”，以及“东方道德，西方物质”等绝对主义的文化二分法，这种绝对主义的二分法隔绝了东西方文化的共同性，以“中本西末”“中主西辅”“中学为体，西学为用”等貌似合理的观念和构架，阻断了东西方文化的深层关联和沟通。严复的这一观念，无疑也是对“五四”之后在思想文化界盛行不衰的“全盘西化”观念的深层阻击和解构。另一方面，公理观念的提出，也包含了严复对西方富强根源的深层解答。从严复的答案来看，这种解答已经超出了简单的政治、经济、文化的范畴，进入了历史哲学的高度，上升到了人类各民族和国家兴亡之理层次。须知，探讨西方兴盛和衰败的原因，是近代以来学术界一个非常引人注目的话题，从黑格尔、韦伯到汤因比、施本格勒、福山等，学术界有无数人加入到这场讨论之中，产出的成果不计其数，但直到今天仍然没有能够给出一个共同认可的答案。而严复对这一问题的回答是如此简单明确，严复认为西方的富强根源，就在上述所说的公理精神的培植和光大，中国的富强之路也必须着力于这种公理精神的培植，其他一切端在其次。

问题的答案找到了，但严复并没有满足于此，他循着上行与下行两个方向，进一步扩大对这一问题的解释。所谓上行是指对这一问题在历史层面的追溯，所谓下行则是指对这一问题在现实角度的补足。在上行的角度，严复设问道：所谓求真与求善的公理精神，是东西方国家都具备的，那为什么这种精神在西方国家能够保持并光大，并在现实中结出富强之果，在中国却丧失殆尽，以至于国势衰落被西方欺凌呢？为什么公理精神在西方行得通，在中国却行不通呢？严复对此的回答是：西方国家有自由，而中国没有。

从对历史的深层解析中严复认识到，中国历史上并不缺乏追求自由的人文

[1] 王栻：《严复集》第一册，中华书局1986年版，第168—169页。

现象。严复曾经指出韩愈与朱熹的观念，但那终究是个别例子，作为一个整体的历史特征，严复认为，中国不仅没有自由，而且对自由这样的主题一直是深感畏惧。他说："夫自由一言，真中国历古圣贤之所深畏，而从未尝立以为教者也。……自由既异，于是群异丛然以生。"[1] 最终造成东西方国家两种绝然不同的结局。在一个没有自由的国家，民众是什么存在状况？严复说："盖自秦以降，为治虽有宽苛之异，而大抵皆以奴虏待吾民。……夫上既以奴虏待民，则民亦以奴虏自待。夫奴虏之于主人，特形劫势禁，无可如何已耳。"[2]"中国自秦以来，其立政大体，多与罗马季年相若。知防奸塞弊矣，而不知有远且大者之邦本利源，与所塞所防者将俱去也。……三代后法，大抵以禁非有余，而以进治不足，卒之祸常发于所虑之外，弊即伏于周防之中。而财力匮单，人才消乏，有欲图挽救而不能者矣。"[3] 在上的是做君做师的帝王，在下是为奴为虏的民众，中间是庞大的官僚群体。严复接着指出："所云农工商三业之困，求之中国，几于无地无之。……官不为民谋，民不为己谋，国日以庶，而养民理财之计，若一任天运自然者，其贫且弱，非不幸也。"[4]

检讨了中国失败的原因，严复还以公理为坐标，分析列强的成败。严复首先批评西班牙，对于这个曾经主宰欧洲一个来世纪的强国，给予严厉的批评，认为西班牙的失败，根源就在其不人道的殖民政策之中。他说："噫！逐一国之私利，既夺其地矣，且将灭其种而不恤。西班牙之不振，岂大道有时而信者。"[5] 西班牙的发展之路是违背天道也就是违背公理的，这是西班牙衰败的根本原因。俄国也是十九世纪的重要列强，托克维尔在十九世纪三十年代曾预言未来两大民族将要主宰世界，其一是美国，其二就是俄国。"当今世界上有两大民族，从不同的起点出发，但好像在走向同一目标。这就是俄国人和英裔美国人。这两个民族在神不知鬼不觉之中壮大起来。当人们的视线只顾他处的时候，它们突然跻身于各国之前列……他们的起点不同，道路各异。然而，其中的每一民族都好像受到天意的密令指派，终有一天要各主世界一半的命运。"[6] 在当时中国人的眼里，俄国无疑是世界的巨无霸，是对中国构成巨大威胁的对手。但严复依据公理

[1] 王栻：《严复集》第一册，中华书局1986年版，第2—3页。
[2] 王栻：《严复集》第一册，中华书局1986年版，第31页。
[3] 王栻：《严复集》第四册，中华书局1986年版，第883页。
[4] 王栻：《严复集》第四册，中华书局1986年版，第882页。
[5] 王栻：《严复集》第四册，中华书局1986年版，第872页。
[6] [法]托克维尔著，董果良译：《论美国的民主》，商务印书馆2004年版，第480—481页。

观念，对这个貌似强大的民族和国家从来就没有看好过。在严复眼里，这个国家的对内对外政策是一贯的既没有理性，又没有人道。“且世所谓虎狼国，行其先王之遗策，有长驾远驭，并吞六合之心者，非俄罗斯乎？虽然，论者将特震于其外云耳。以言其实，则俄不足畏也。”[1]“至于俄则专制之治，遏之无由，故其国不足望长治也。……朘剥之利，入于私家，政以贿通，官由宠用，可以见矣！其为国如此，则其外虽强，要不能望其长治。俄用彼得之制以兴，亦将由彼得之制以废。此诚天道，无如何也！”[2]早在日俄战争之前，严复就已经预言到俄国皇室的溃败和国家的解体；同西班牙一样，严复认为俄国也要因为其体制和对内对外的政策完全没有公理元素而最终衰败。

除了西班牙、俄国，还有两个国家也是严复特别关注的对象。其一是德国，其二是日本。这两个国家都是后起的现代化强国。对这两个国家，严复表达了非常复杂的感情和认识。一方面，他叹服于这两个国家的理性成就，即这两个国家在教育、实业、军事等方面的快速崛起。对于德国，严复说：“近世国家，于教训小民之政，最为留意者，莫若德国。而其效遂大可见。时平，则见于工商耕作之业；世乱，则见于战守攻伐之间。其以谋生而远适异国者，如在美洲与中国海诸岛，其守法勤苦，往往驾英法之民而上之，此德所以能于五十年之中，转弱为强，由贫而富也。”[3]“德意志联邦，自千八百七十年来，可谓放一异彩，不独兵事船械事事见长，起夺英、法之席；而国民学术，如医、如商、如农、如哲学、如物理、如教育，皆极精进。”[4]对于日本，严复说：“往者东方日本，尝与我同其弊矣。癸巳、甲午之交，力争于各国而革之，非以其兵力胜也。”[5]“日本与中国，同时被创于西人者也，顾三十年之顷，日本勃然以兴，而中国瘘然若不可救。”[6]另一方面，严复又对这两个国家的内外政策完全缺乏公理的元素感到震惊。他说：“西方一德，东方一倭，皆犹吾古秦，知有权力，而不信有礼义公理者也。……故使果有真宰上帝，则如是国种，必所不福，又使人性果善，则如是学说，必不久行，可断言也。”[7]严复接着说：“今夫德以地形言，则处中央散地，四战之境，犹战国之韩、魏也。顾自伏烈

[1] 王栻：《严复集》第四册，中华书局1986年版，第934页。

[2] 王栻：《严复集》第四册，中华书局1986年版，第898—899页。

[3] 王栻：《严复集》第四册，中华书局1986年版，第907—908页。

[4] 王栻：《严复集》第三册，中华书局1986年版，第616页。

[5] 王栻：《严复集》第四册，中华书局1986年版，第901页。

[6] 王栻：《严复集》第四册，中华书局1986年版，第958页。

[7] 王栻：《严复集》第三册，中华书局1986年版，第622页。

大力以来，即持强权主义……其国家学说，大抵以‘有强权，无公理’一言蔽之而已。”[1]“倭变法以来，凡几稔矣。吾不谓其中无豪杰能者，主权势而运国机，然彼不务和其民，培其本，以待其长成而自至，乃欲用强暴，力征经营以劫夺天下。其民才未长也，其民力未增也，其民德未和也，而唯兵之治，不知兵之可恃而长雄者，皆富强以后之果实。无其本而强为其实，其树不颠仆者寡矣。”[2]“倭乘群虎竞命之时，将于吾国求所大欲，若竟遂其画，吾国诚破碎。顾从其终效而观之，倭亦未必长享胜利，如此谋国，其眼光可谓短矣。”[3]严复在日本与德国这两个国家的成长之路上，既看到了其符合公理的一面，又看到了其违背公理的一面；严复既羡慕又敬佩这两个国家顺遂公理的观念而极速强大，又无可奈何地预言了这两个国家因为违背公理最终不可避免地要走向失败的命运。

在下行的方面，严复认为，中国的富强之路除却循着西方的富强之源追求公理，“于学术则黜伪而崇真，于刑政则屈私以为公”，在求真与求善方面稳步进取，建立与理性与人道双双俱全的社会，再没有其他捷径。严复认为，不仅国家的富强，就是政治的发展、文明的进步等一切，都要建筑在公理水平的台阶上，具体地说就是民德、民智、民力的提高。“是故国之强弱贫富治乱者，其民力、民智、民德三者之征验也，必三者既立而后其政法从之。于是一政之举，一令之施，合于其智、德、力者存，违于其智、德、力者废。”[4]首先，这三者是富强的基础：“是故苟民力已薾〔茶〕，民智已卑，民德已薄，虽有富强之政，莫之能行。”[5]其次，这三者还是民主政治的基础：“民主者，治制之极盛也。使五洲而有郅治之一日，其民主乎？虽然，其制有至难用者。何则？斯民之智德力，常不逮此制也。”[6]“嗟呼！民主者，天下至精之制也。然欲其制之有立而长久，必其时上下之民德足以副之。”[7]“且夫自由，心德之事也。……吾未见民智既开，民德既烝之国，其治犹可为专制者也。”[8]

严复对西方富强之根源的挖掘，对各国历史成败的总结，以及他对中国富

[1] 王栻：《严复集》第三册，中华书局1986年版，第625页。
[2] 王栻：《严复集》第一册，中华书局1986年版，第38页。
[3] 王栻：《严复集》第三册，中华书局1986年版，第620页。
[4] 王栻：《严复集》第一册，中华书局1986年版，第25页。
[5] 王栻：《严复集》第一册，中华书局1986年版，第26页。
[6] 王栻：《严复集》第四册，中华书局1986年版，第957页。
[7] 王栻：《严复集》第四册，中华书局1986年版，第965页。
[8] 王栻：《严复集》第四册，中华书局1986年版，第986页。

强之路的开掘，都落实在公理之上，但在具体的论述时，严复更侧重于公理之中道德、人性的一面，而对公理之中科学、理性的内容阐述不多。他所说的公理，就是一种唯道德、唯人性的公理；他以人性善为基础，构造出一个唯道德、唯人性的社会存在论；社会的存在与发展，是在建立道德观念落实的基础之上，凡有利于人性善的社会或国家，就是发展的社会，就是成功的国家，违背了人性善的社会或国家，就一定要败亡。由此可见，严复所发现的公理，虽然自认为是集东西方文化而成的文化混合物，由于其过于重视公理之中的道德因素、人性成分，所谓的公理实际上变成了中国文化和儒家观念之理。史华兹正确地指出："严复确实感觉到了两种文化（指东西方文化）的相同之处"，在严复的论文中，"我们清楚地看到在'深一层'的抽象的宇宙论方面，斯宾塞对于天地万物的想象与中国某些根深蒂固的思想模式非常明显地相吻合"[1]。史华兹没有注意到，严复更强调的是中国文化与西方文化在伦理道德观念方面的同构性和一致性。循着这种认识和逻辑的发展，严复内心中的道德意识越来越发展，其早年对中国文化的发现、倚重和推崇，到晚年变得更加突出；而早期对西方列强的道德谴责，到晚年变得更加激烈。他说："文明科学，终效其于人类如此，故不佞今日回观吾国圣哲教化，未必不早见及此，乃所尚与彼族不同耳。"[2] 他又说："不佞垂老，亲见脂那七年之民国与欧罗巴四年亘古未有之血战，觉彼族三百年之进化，只做到'利己杀人，寡廉鲜耻'八个字。回观孔孟之道，真量同天地，泽被寰区。"[3] 此时的严复，已经不由自主地违背了他原来的东西方观念一致、文化同构的思想，颇有一种把中西文化对立，把公理中的科学、理性与人道、伦理相对立的念头。

## 三、"法"的特殊意义

法在严复的思想体系之中，是另一个核心的概念。严复思想之中的法，是相对于理而建立的，既不同于古代韩非、李斯等法家所说的法，也不是我们今天所用的法制、法律之法。严复说："盖在中文，物有是非谓之理，国有禁令谓之法。"[4] 严复所谓的法，应该是今天的法则之法。理与法，严复有时候又称作道与法。他说："天下有万世不变之道，而无百年不变之法。盖道者，有国有民

[1]［美］本杰明·史华兹著，叶凤美译：《寻求富强：严复与西方》，江苏人民出版社1990年版，第34—35页。
[2] 王栻：《严复集》第三册，中华书局1986年版，第642页。
[3] 王栻：《严复集》第三册，中华书局1986年版，第692页。
[4]［法］孟德斯鸠著，严复译：《法意》，北京时代华文书局2014年版，第2页。

所莫能外。自皇古以至今日，由中国以讫五洲，但使有群，则莫不有其相为生养、相为保持之事。既有其相生养、相保持之事矣，则仁义、忠信、公平、廉耻之实，必行于其间；否则其群立散，种亦浸灭。至于法则不然。盖古之圣贤人，相一时之宜，本不变之道，制为可变之法，以利其群之相生养、相保持而已。是以质文代变，自三代而已然。"[1] 在严复的思想体系中，理与法是这样区分的：理是抽象的，法是具体的；理是形而上的，法是形而下的；理是理想的观念，法是现实的政策。在严复的心目中，科学也好，理性也好，民主也好，自由也好，人道也好，忠信也好，这些都属于理的范畴，是抽象的、理想的概念。从公理的建制出发，严复认为，理是一定的、统一的、不可变更的，是世界五洲各国，"黄白棕黑之民"都必须具备、必须遵守的共同的社会理念和伦理准则。但是，法就不一样了，它是属于具体的社会制度和政策范畴。法虽然是从理中推演出来，但法却有自己相对的独立性；相对于理的稳定性、统一性，法是一时一事的，是灵活可变的，是"相一时之宜"制定出来的。余英时说："儒家论政，本之于所尊之'道'，而儒家之'道'则是从历史文化的观察中提炼出来的。因此在儒家系统中，'道'比政要高一个层次。"[2] 余英时所说的道与政，也就是严复所说的理与法，虽然严复有时候也用道与政这样的概念。

根据对理与法的这种界定，严复认为，西方的发展经验提供了中国必须遵守的致富强之理，却没有提供中国必须遵守的致富强之法，严复把这一道理概括为"理有公理"，"法无死法"。在具体的社会体制、法律政策等方面，中国必须根据自己的实际需要、社会条件等因素，因地制宜，不能照搬西方的经验。（早在戊戌变法时期，严复就开始批评一种观念，这种观念认为，"吾欲富强，西洋富强之政有在也，何不踵而用之。于是其于朝也，则建民主，开议院；其于野也，则合公司，用公举。练通国之兵以御侮，加什二之赋以足用"等等，对此，严复指出："如是而期之十年，吾知中国之贫与弱犹自若也。"[3] 实际上，这种在法与政的层面简单地照搬西方或者其他国家经验的做法，从自强运动时期就已经开始了。严复说："夫自海禁既开以还，中国之仿行西法也，亦不少矣；总署，一也；船政，二也；招商局，三也；制造局，四也；海军，五也；海军衙门，六也；矿务，七也；学堂，八也；铁道，九也；纺织，十也；电报，

[1] 王栻：《严复集》第一册，中华书局1986年版，第63页。

[2] 余英时：《中国思想传统及其现代变迁》，广西师范大学出版社2004年版，第281页。

[3] 王栻：《严复集》第一册，中华书局1986年版，第13页。

十一也；出使，十二也。凡此皆西洋至美之制，以富以强之机，而迁地弗良，若亡若存，辄有淮橘为枳之叹。”[1]）自强运动时期在经济领域照搬西洋做法的理路，到戊戌变法时期扩展到了政治领域，并在此后成为近代中国政治改革的主要趋势，无论是晚清新政，还是辛亥革命，都把西洋的国家体制作为中国的改革蓝本，不仅是在政治上，甚至在经济、教育、医疗、历法等方面，也都唯西洋是举。对这样的改革思路，严复是深为不满的。早在戊戌变法期间，严复就曾借上皇帝书的机会，痛陈了他对变法改革的意见。按照严复的规划，改革完全不能循着康有为、梁启超的照搬日本、俄国的思路，而是要结合中国当时的实际情况，首要课题是通过“联各国之欢”“结百姓之心”“破把持之局”等办法，提高皇帝的权威和见识；庚子国变之后，清室在一批少年亲贵的主持下，开始谋划布局宏大、雄心勃勃的政治改革。目睹此举的严复却忧心忡忡地认为：“自庚子以来，中国废科举、立学校，而责人才于斯，大抵取法西国；然不知其本原之甚异而不同，故愈益为之而弊辄见。呜呼，可忧也已！”[2]武昌革命爆发，随后建立中华民国，严复对此也深为不满。他说：“东南诸公欲吾国一变而为民主治制，此诚鄙陋所期期以为不可者……合众民主定局之后，不知何以处辽沈，何以处蒙古、准噶尔、新疆卫藏……今日首事诸公大都黄土，取快一时之意，而贻祸彼之子孙，此虽桀纣豺虺之不仁不至此耳。”[3]等到民国建成，国体大定，新政权在严复的笔下仍然满眼都是过错：“举国暗于政理，为共和幸福种种美言夸辞所炫，故不惜破坏旧法从之；今之民国已六年矣，而时事如此，更复数年，势必令人人亲受苦痛，而恶共和与一切自由平等之论如蛇蝎。”[4]“时事羌无佳耗，而政界及国会之惟利是视，摧斫民生，殆吾国有历史以来所未有。……当路诸人，只须有钱以豢养国会中之党众，便可以诸善勿作，诸恶奉行，而身名仍复俱泰。呜呼！真不图吾辈以垂死之年，乃见如此世界也。”[5]

如此愤懑之语，当然不能排除严复对民国政体有观念上的偏见，但主要原因还是严复基于理与法在概念上的严格区分，反对国人在法的层面上盲目的“仿行西法”。在严复眼里，鸦片战争之后的半个多世纪，整个中国的自强、改革和革命史，就是一部“仿行西法”史：仿行日本，仿行俄国，仿行法国，仿行美国

[1] 王栻：《严复集》第一册，中华书局1986年版，第15页。
[2] 王栻：《严复集》第四册，中华书局1986年版，第1210—1211页。
[3] 王栻：《严复集》第三册，中华书局1986年版，第556页。
[4] 王栻：《严复集》第三册，中华书局1986年版，第663页。
[5] 王栻：《严复集》第三册，中华书局1986年版，第662页。

等；仿行维新，仿行君宪，仿行共和，仿行革命等。他把这种政治、经济、文化上的种种仿行行为，一概称之为“耳食而盲随”。他说：“不佞非曰吾法不当变，特变之而无其学识，姑耳食而盲随焉，其后害且烈于不变。”并进一步断言：“沮吾国之进步者，必此耳食而盲随者矣”[1]。

除了在哲理的高度指出“仿行西法”的错误，严复还在很多具体的领域发挥自己的这一观念。比如议会问题，早在自强运动时期就有人提出议会政治的重要性，晚清新政朝野很多人都把设议院作为改革的主攻目标；而民国建立，议院成为国家主要的权力所在。但严复却指出：“欧洲议院之制，其来至为久远。民习而用之，国久而安之。此其所以能便国而无弊也。今日中国言变法者，徒见其能，而不知其所由能，动欲国家之立议院。此无论吾民之智不足以与之也，就令能之，而议院由国家立者，未见其为真议院也。徒多盈廷之莠言，于国事究何裨乎？”晚清新政改革是以日本为榜样的，为什么日本可以设议院呢？严复接着指出：“然则彼日本何以能之？曰彼日本之君固新自无权而为有权者也，权孰与之？曰民与之。其民之得议，不亦宜乎。虽然，彼日本之议院，至今犹未为便国之制也，继今以往，渐为善制，则未可知耳。”[2]

再比如司法问题。严复很早就注意中国的法制、刑狱没有人性，“谳狱无术，不由公听，专事毒刑榜笞”[3]，为欧美各国所批评。但是晚清司法改革几乎完全照搬了国外的司法观念和条例，这又引发了严复的不满。他说：“立法虽良，无益也。夫以卑劣之民品，而治以最高之宪法，即庄所谓，‘取猿狙而衣以周公之服’，彼必龁啮挽裂尽去而后慊者也。”[4]严复认为这种脱离中国国情的立法，必能造成两种后果：“将从此得二弊焉：刑不足以禁奸，而民玩法，一也；否则改良之事，徒为空文，而地方之吏，仍行其所习惯，二也。”[5]

一些在西方行得通的制度，在中国却行不通；一些在西方行不通的制度，在中国却行得通。严复进一步举出西方的行业协会与行业垄断制度，他说：“业联之所以病国，在辜榷把持，使良楛无异也。使其立之约束，为一地之公利，不许贾伪售欺，则亦未尝无益也，今如闽之茶业，人得为贾。而小民怵于一昔之赢，往往羼杂秽恶，欺外商以邀厚利，贻害通业，所不顾也。二十余年来，印度

[1] 王栻：《严复集》第四册，中华书局1986年版，第1026页。

[2] [英]亚当·斯密著，严复译：《原富》，北京时代华文书局2014版，第287页。

[3] 王栻：《严复集》第一册，中华书局1986年版，第54页。

[4] 王栻：《严复集》第四册，中华书局1986年版，第1129页。

[5] 王栻：《严复集》第四册，中华书局1986年版，第1025页。

茶业大兴，而闽之茶市，遂极萧索。向使其地业茶大贾，会合为联，立规约，造商标，令茶之入市，杂伪者有罚，使贾茶之家久而相任，则闽之茶品，固天下上上，足与印茶为竞有余，未必不收已失之利也。”[1] 此外，大英帝国的强盛受益于自由贸易政策，但中国的富强却必须走贸易保护的路子。他说：“今日中国与欧、美商战，其患正复如此。故非保护税法行，仿造洋货，必败之道也。”[2] 总之，在法这一层面，中国与西方在很多方面正好相反。对此，严复反复告诫国人：“同一法也，施之于彼时而利生，出之于此时而害著，其见于历史者众矣。……方今吾国以旧法之疲弛，处交通之时期，道在变革，谁曰不宜？顾东西二化，绝然悬殊，而人心习俗，不可卒变。窃愿当国者，知利害之无常，拘嘘之说，固不可行，而纷更之为，亦不可以轻掉也。”[3]

后起国家仿行先进国家的发展道路，借鉴先进国家的富强经验，这在全世界是一个普遍的现象，对于后起国家来说，这是一个重要的赶超捷径。这一点，严复未必不懂。他之所以一而再再而三地强调法的特殊性，强调在法的层面上中国不能一意仿行西方，批评中国政治、文化界的“耳食盲随”现象，实际上是有晚清思想的特殊原因的。

在严复看来，晚清以来的中国，追求富强，走改革与革命之路，是伴随着许多扭曲的路数与不正常、不成熟的心态展开的。这种扭曲与不正常主要有以下几种：其一是对西方的社会状况和文化形态的不熟悉。进入近代历史之前的中国，一直处于严重的闭关锁国、政治高压的态势之下，知识人士和政治权贵，都苟活于观念偏见、见识简陋的思想境界中，对于突然到来的近代化的挑战，既没有知识准备，也没有观念准备。即使是那些领导洋务、领导维新的先进人士，也仅仅有一些对西方制度、文化和历史的极感性、极肤浅的认识，严复称之为“知其然不知其所以然”“知其能不知其所以能”。在一知半解的情况下，就急于仿行西方的制度，不可避免会走上盲目追随的道路。其二是“浮慕西学”群体的泛起。近代中国的改革，在戊戌时期还是一个冒险的事业；但辛丑之后，就成为一种时尚了。“浮慕西法之徒”一哄而起，把改革变成一个谋私逐利的行为。严复说：“自陵谷变迁以后，有一种滑头新党，口谈新理，手持新书，日冀新政之行，而已得虱其间，以邀其利，或沾明保为新贵。”[4] 大批这样的人的参与和搅扰，

[1] [英]亚当·斯密著，严复译：《原富》，北京时代华文书局2014年版，第106—107页。

[2] 王栻：《严复集》第四册，中华书局1986年版，第1216页。

[3] 王栻：《严复集》第四册，中华书局1986年版，第1024—1025页。

[4] 孙应祥、皮后锋：《〈严复集〉补编》，福建人民出版社2004年版，第233页。

不能不使改革偏离其原来深沉的主题。其三是绝对主义、教条主义的理念盛行。绝对主义、教条主义是官方化、意识形态化的儒学的思想模式。受其影响，晚清中国的知识分子及其官员，无不具有教条主义、绝对主义的思想特征。在他们眼里，善与恶、好与坏都是全体的、绝对的，西方文物制度原来被视为夷狄、犬羊，可是一转眼，就变成了圣物，成为全民膜拜、无可挑剔的完美的学习对象。所以，严复不无刻薄地说："至挽近中国士大夫，其于旧学，除以为门面语外，本无心得，本国伦理政治之根源盛大处，彼亦无有真知，故其对于新说也，不为无理偏执之顽固，则为逢迎变化之随波。何则？以其中本无所主故也。"[1]这种教条主义式的、缺乏辩证分析能力的思维方式，当然为严复所不满，严复为此提醒中国思想界："盖学道者，以拘虚、笃时、束教、囿物为厉禁，有一于此，未有能通者也。"[2]其四是急于改变中国面貌，急于致中国富强的愿望。近代中国的政治派别多，但有一个共同点，都急于在短时间内把国家的所有问题一并解决，都期望中国能在一夜之间就实现富强的目标，实现赶超列强的愿望。当年有人劝李鸿章不要只顾练军，要多办教育，李鸿章的回答是：我们等不及。其后，康有为搞维新变法，也是指望依靠皇上下一纸诏令，就"雷霆震声，皎日照耀，一鸣惊人，万物昭苏，必能令天下回首面内，强邻改视易听"[3]。康有为甚至极为自信地认为，中国只要搞改革，只须十年就可比肩欧美三百年发展的结果。再往后，1905年，孙中山在英国伦敦与严复讨论中国的出路之后，批评严复的教育救国理想，说："俟河之清，人寿几何？"坚持其推翻清廷、创建共和的激进道路。但是严复认为："宗法之入军国社会，当循途渐进，任天演之自然，不宜以人力强为迁变。"[4]面对周围人的激烈的改革和革命主张，面对他们急切地改变中国面貌的行为，严复指出："国家欲为根本计划……其事前皆须无限豫备之手续，而今之人，则欲一蹴而几，又乌可得？"[5]这种激进的、指望在一夕之间就彻底改变中国面貌的观念和行为，也把中国推向"仿行西法"之路。

由此可见，严复一而再再而三地强调理与法的分野，强调法的特殊性，既有学理上的原因，也有近代中国思想状况的因素。须知，现代化的普遍规律与各国发展的特殊国情是一个困扰世界各国的难题。严复依据中国传统的思

[1] 王栻：《严复集》第三册，中华书局1986年版，第648页。
[2] 王栻：《严复集》第四册，中华书局1986年版，第1104页。
[3] 汤志钧：《康有为政论集》，中华书局1981年版，第221页。
[4] 王栻：《严复集》第三册，中华书局1986年版，第615页。
[5] 王栻：《严复集》第三册，中华书局1986年版，第611页。

路，从理与法的分野的角度，对此作了很恰当的区别，他所总结的“理有公理”“法无死法”的理念，是当时极为可贵的一条新理。当时的思想界、政治界，对自由、平等、人权等观念，无论是保守派还是激进派，都视其为“天下公理之至”，“大同世之极则”，但没有人意识到，理之下还有法，理与法是治国的不同层次的规则和概念。虽然当时也有人懂得，中国的国情与欧美不同，中国的富强不能照搬西方的道路，甚至也有许多人如梁漱溟等人认识到，中国不应该照搬西方的议会宪政的政体，但无人能够从理法分野的角度，对如何接受和拒绝西方的政治思想作出恰如其分的解释。于是形成一个普遍的观念：天下之公理，也就是天下之公法；西方列强的富强之理、富强之政，也就是中国的富强之理、富强之政。从自强运动、戊戌变法，到清末新政、辛亥革命，中国人都是依据这一理路来推动中国进步的。严复的理法分野的观念，在当时是一种阻断，在今日仍然是一种警醒。

严复是近代最早、最深刻的为国人引进西方观念的思想家。但是，引进、传播西方先进文化并不是严复唯一的抱负，他更深刻的追求在于通过引进传播西方文化而发掘中华传统文化的内在之美。中华传统在现代世界如何生存，中华传统如何与西方文化相处，这是现代中国人必须回答的一个大问题。五四时期的思想界，有人提出了“全盘反传统”的口号；“五四”之后的学术界，有人提出对传统文化“接着讲”。严复作为“五四”前人，既没有“全盘反传统”的思维，也没有“接着讲”的意识。但是严复的实际行为却在以另一种方式启发着今人：严复既不是“全盘反”，也不是“接着讲”，而是在“接着做”“接着用”。他是在用传统的观念、范畴和思路来思考并解决当下的中国的困难和出路。作为一个传播西学的思想者，严复同时也书写自己的话语，喊出中国的声音。虽然严复的观念有很多偏颇之处，但通过严复的思想探索我们可以看到，在二十世纪的世界大舞台上，中国传统的思想和观念，依然有着出色的解读能力和指导意义，中国传统的观念并不是如某些人所说的变成了死的文物，而是鲜活的生命。中国观念，在二十世纪之后的世界，依然荡漾着强烈的活力，对中国问题的解决仍然能够产生重要影响。

## 第三节　严复对中华文化的疏解与再造

中华传统文化历史悠久，内容丰富，在世界文化之林独树一帜，是人类文明的重要构成。但是，经历了四千多年的历史演进，中华文化在近代开始呈现疲靡之势。在西方列强的步步进逼之下，中华帝国步步败落，门户洞开，资源被掠，经济萧条，文化零落。在这种全面的败落之际，一部分先进的中国人拉开了文化启蒙的阵势，他们办学编报，著书立说，奔走呼吁，传播西方思想，抨击传统观念，呼吁变革维新，以此来拯救国家，拯救文化。

这股文化启蒙思潮从鸦片战争之后的睁眼看世界开始，到五四新文化运动时达到高潮，在中国现代历史上留下的影响怎么评说都不为过。概括地说，它是中国历史的大转折，是中华文化的重生地。从思想文化的角度讲，这场启蒙思潮有两个主要内容：一是重新解读中华文化传统，二是再造中华文明。以辛亥革命为分界，近代启蒙思潮可分为前后两个时期，启蒙思潮在前期以严复为核心，在后期以陈独秀、胡适等人为领军。这两个不同的分期，既有共同的主题，也有相当大的区别和争议。对于我们今天的人来说，启蒙思潮主要是指五四新文化，从而自觉或不自觉地忽略了前期启蒙的思想地位和历史影响。实际上，近代的思想启蒙是一个整体，它们结合在一起，共同构成了中国现代文化的新的起点。

### 一、启蒙的若干概念

那么，近代中国的启蒙思潮传播的主要观念是什么呢？概括起来有以下几点：第一，对科学力量的信仰和鼓吹。近代中国人对科学的认识，是从接触西方的军事技术优势开始的。魏源在《海国图志·筹海篇》中说："夷之长技有三：一战舰，二火器，三练兵养兵之法。"此后，国人的观念又逐渐从军事技术扩展到工业生产技术。到戊戌变法时期，人们已经认识到西方强大的背后，有一整套科学技术体系的支持。严复的贡献是把西方的科学技术上升为一种人文精神。严复认为，西人的真正优势不是"善会计"，不是"擅机巧"，也不是"汽机兵械"或"天算格物"，而是学术上普遍尊奉"黜伪而崇真"的科学精神。科学精神与自由精神，是西方富强的"命脉之所在"[1]。五四启蒙的宣传家完全接受了严复的这一思想。他们对科学的理解虽然不及严复那样深刻，但标榜

[1] 王栻：《严复集》第一册，中华书局1986年版，第2页。

和鼓吹的力度却远超过前者。在严复那里，科学精神是构建富强社会的基础，是改造士人习气的途径；而在新启蒙者那里，科学精神成为共和社会人人必须具备的国民精神。科学与各种非科学的传统是完全对立不能相容的。陈独秀在《新青年》多次载文，宣传科学功效："人类将来真实之信解行证，必以科学为正轨，一切宗教，皆在废弃之列"[1]，"国人而欲脱蒙昧时代，羞为浅化之民也，则急起直追，当以科学与人权并重"[2]。科学与民主，被新启蒙者尊称为"德先生"和"赛先生"。陈独秀说："我们现在认定只有这两位先生可以救治中国政治上、道德上、学术上、思想上一切的黑暗。若因为拥护这两位先生，一切政府的迫压，社会的攻击笑骂，就是断头流血，都不推辞。"[3]第二，对社会进化论的宣传和鼓吹。严格说来，进化论并不是严复最早介绍到中国来的，却是由于严复的宣传介绍，才成为近代中国人所接受的第一个近代历史观。严复用"物竞天择"四个字概括了这一历史观的要点，说："物竞者，物争自存也；天择者，存其宜种也。……种与种争，群与群争，弱者常为强肉，愚者常为智役。……动植如此，民人亦然。……此所谓以天演之学言生物之道者也。"[4]五四启蒙思想者继承了严复的这一观念，并把这一理论演变为激励国人进步、激励青年上进，反对保守、退隐的口号；进化被改装成进步，进化代表着诚实、和平、善良、美好，意味着道德、科学、艺术、教育的发展进步和一切良好图景的实现。虽然在五四新文化运动时期，欧洲战后的各种非理性主义观念已经传入中国，成为众多宣传家的口头语，但社会进化论还是构成新启蒙者的核心观念之一。第三，对个性与思想自由的追求。严复介绍西学，一个最富创建性的观念是把自由与不自由列为中西文化对立区别的关键所在。在当时，他的这一思想还是空谷足音，很难为世人所理解，但到了新启蒙时代，自由与个性已经成为一个被大力宣传、普遍标榜的观念，一个思想文化上的最大亮点。个性解放、个人意志自由，以及个人自由与民族自由的关系，是新启蒙者最热衷的话题之一。用耿云志的话来说就是："新文化运动的最大功劳就是发现了个人，使个性主义、个性解放的观念，堂而皇之的进入了中国文化，进入了许多人的头脑。"[5]在严复那里，自由与个性还仅仅是一个在头脑中构思和想象的观念，而在新启蒙者那里，这些已经成

[1] 丁守和：《中国近代启蒙思潮》中卷，社会科学文献出版社1999年版，第90页。
[2] 丁守和：《中国近代启蒙思潮》中卷，社会科学文献出版社1999年版，第8页。
[3] 陈独秀：《本志罪案之答辩书》，《新青年》第六卷第一号。
[4] 王栻：《严复集》第一册，中华书局1986年版，第16页。
[5] 耿云志：《近代中国的文化转型：问题与趋向》，《广东社会科学》2008年第3期。

为一个显要的行为规范和追求了。第四，对民族传统和文化个性的批评和反思。在近代启蒙思想上，严复首开中西文化和民族个性的比较，首开对民族文化和个性的批判和反思。他早年批评中国“民力已苶，民智已卑，民德已薄”，晚年批评国人“看事最为肤浅，且处处不是感情之奴隶，即是金钱之傀儡”[1]。对传统文化与民族性格的反思贯穿了严复的全部思想生涯。这个题目也为五四新启蒙者接纳并被进一步发挥，反思国民性、批评传统文化，成为新启蒙者的主要的思想追求，并被推升为那个时代的一大课题。虽然五四新启蒙者的这种思想和文化批判行为引发出不少反对和争议，但似乎没有妨碍批判与反思的思想观念的传播，“五四”的影响与成果也主要集中于此。

## 二、严复的独特理念

如果说在上述几个主题上，严复与五四启蒙思想者的观念是一致的话，那么在如何解读传统文化、如何看待传统文化在现代社会的地位上，严复就与五四思想者有了完全不同的解读。在五四新启蒙思想者看来，传统就是一个完全应该被抛弃的废物，是阻碍中国前进、阻碍中国进步的最大的障碍。他们从中西文化对比的角度，从古今社会条件不同的角度，从各个方面论述了传统文化对现代新社会、新生活的不适应性。五四启蒙思想者对待中华数千年的文化传统的态度，用一句话概括，就是全盘否定。用他们自己的话来说就是：“祖宗之所遗留，圣贤之所垂教，政府之所提倡，社会之所崇尚，皆一文不值也。”[2] 通过与西方文化的对比来显示中华文化的缺陷，是五四思想者最常用的手法，在这一方面，他们常常以不容置疑的口气，把中华文化贬得一无是处。比如胡适就一直坚持这样的观点，他说：“我们必须承认自己百事不如人，不但物质机械上不如人，不但政治制度不如人，并且道德不如人，知识不如人，文学不如人，音乐不如人，艺术不如人，身体不如人。”[3] 这是典型的五四思想者的观念。我们今天提到中华文化，首先会想到它灿烂辉煌的成就，它悠久的历史，它对世界文明的卓越的贡献，它的中庸和合精神，它在科学、技术方面对人类进步的突出影响，等等。但五四思想者对传统的看法与我们完全不同，他们提到中华文化，关注的却是传统文化另外一方面的内容。你看钱玄同是怎么说的：“我且把他们保存国粹的成

[1] 王栻：《严复集》第三册，中华书局1986年版，第666页。

[2] 丁守和：《中国近代启蒙思潮·绪论》上卷，社会科学文献出版社1999年版，第19页。

[3] 胡适：《介绍我自己的思想》，载欧阳哲生编《胡适文集》第五册，北京大学出版社1998年版，第512页。

绩随便数他几件出来：垂辫；缠脚；吸鸦片烟；叉麻雀、打扑克；磕头、打拱、请安……提倡男人纳妾，以符体制；提倡女人贞节，‘可以猗欤盛矣’。”[1]总之，在我们看来那些堪称中华文化最糟粕的内容，在五四思想者眼里，恰恰代表了中华文化的精华，是中华文化最有特色的内容。既然中华文化都是这些不堪提起、不值得留恋的，在中国社会大转型、中国要全面接受新的西方文化的时候，应该如何处置这些传统的东西呢？对待中华传统文化，五四思想者是这么看待的，傅斯年说：“若是中国并没旧思想，旧道德，旧文艺，那么只用介绍新的就完了……一个空瓶子，里面并没多量的浑水，把清水注进就完了。假使是个浑水满了的瓶子，只得先把浑水倾去，清水才能钻进来。中国是有历史文化的国家：在中国提倡新思想，新文艺，新道德，处处和旧有的冲突，实在有异常的困难，比不得在空无所有的国家，容易提倡。所以我们应当一方面从创造新思想，新文艺，新道德着手；一方应当发表被破坏旧有的主义。”[2]在五四思想者眼里，这些数千年的旧传统，在新的社会即将到来的时候，不仅没有任何价值，反而是输入新文化的障碍，是必须首先要彻底去除的东西。

数千年的中华文化，以儒家观念影响最巨，如何看待与评价孔子和儒学，也成为启蒙思潮不可回避的思想焦点。在这一点上，启蒙思想者几乎是众口一词，对孔子和以孔子为代表的儒家文化进行了有史以来最为彻底最为激烈的批评。有人认为：“支那者，政教混合之国也，亦恐惧，亦迷信，故至今日始梦呓立宪。为此厉阶者，非孔丘乎！……呜呼，孔丘砌专制政府之基，以荼毒吾同胞者，二千余年矣。……吾请正告曰：欲世界人进于幸福，必先破除迷信；欲支那人之进于幸福，必先以孔丘之革命。”[3]这就是说，孔子的思想不仅阻碍了中国人的幸福，甚至还会阻碍整个世界人民的幸福。世界要进步，人民要幸福，必须首先革除孔子思想的影响。反孔与批儒是五四启蒙思潮的一个核心的思想内容，而陈独秀又是这一思想批判活动中的核心人物。在“五四”前后，陈独秀发表了《孔子之道与现代生活》《宪法与孔教》《复辟与尊孔》《答吴又陵》《再答吴又陵》等文章和通信，对孔子思想和儒学进行了全面的批判。陈独秀对孔子和儒家的批判，不似吴虞、鲁迅等人，以讽刺、诅咒和谩骂为主；陈独秀具有真正的思想家的底蕴，对孔子和儒家的批评，颇有分析的色彩，是以进化论和

[1] 丁守和：《中国近代启蒙思潮》中卷，社会科学文献出版社1999年版，第96—97页。
[2] 丁守和：《中国近代启蒙思潮》中卷，社会科学文献出版社1999年版，第104—105页。
[3] 丁守和：《中国近代启蒙思潮》上卷，社会科学文献出版社1999年版，第491页。

唯物史观为根底的对孔子和儒家思想前所未有的、完全是理性的剖析。在上述所列举的陈独秀的批评孔子的文章中，《孔子之道与现代生活》是一篇分量最重的、对孔子和儒家思想与现代社会的关系分析得最为透彻的文章。这篇文章的核心论点是："一种学说，可产生一种社会；一种社会，亦产生一种学说。……其欲独尊一说，以为空间上人人必由之道，时间上万代不易之宗，此于理论上决为必不可能之妄想……宇宙间精神物质，无时不在变迁即进化之途。道德彝论，又焉能外？"这种观点，乃是进化论的常识，陈独秀认为孔子思想与儒家学说也受此规律的支配。以这种观念看待孔子思想与儒家学说，将是怎么的结论呢？陈独秀试举了几个例子："现代生活，以经济为之命脉，而个人独立主义，乃为经济学生产之大则，其影响遂及于伦理学。……中土儒者，以纲常立教。为人子为人妻者，既失个人独立之人格，复无个人独立之财产。……现代立宪国家，无论君主共和，皆有政党。其投身政党生活者，莫不发挥个人独立信仰之精神，各行其是：子不必同于父，妻不必同于夫。律以儒家教孝教从之……岂能自择其党，以为左右袒耶？妇人参政运动，亦现代文明妇人生活之一端。律以孔教，'妇人者，伏于人者也'，'内言不出于阃'，'女不言外'之义，妇人参政，岂非奇谈？……是等礼法，非独与西洋社会生活状态绝殊，又焉能行于今日中国？……孔子生长封建时代，所提倡之道德，封建时代之道德也；所垂示之礼教，即生活状态，封建时代之礼教，封建时代之生活状态也；所主张之政治，封建时代之政治也。封建时代之道德，礼教，生活，政治，所心营目注，其范围不越少数君主贵族之权利与名誉，于多数国民之幸福无与焉。"[1]其实，孔子思想以及儒家观念与现代社会不适应之处还有很多，陈独秀以上所举，不过是我们感觉较为明显的几例。最重要的是陈独秀开启了以理性的态度分析孔子和儒家思想与现代社会关系这样一个广大的思路，使人们开始把孔子和儒学拉下神圣的祭坛，放在理性的天平上来解析。对孔子以及儒学这样理智的分析在当时并不占多数，大部分人的文章，集中于对孔子和儒学的道德性的、谩骂式的批评上。比如有人说："所谓三纲，出于狡者之创造，以伪道德之迷信保君父等之强权也。……据强权而制服他人者君也，恃君之名义威权而制服他人者臣（官）也，故曰君为臣纲，又曰官为民之父母。"[2]鲁迅、吴虞等人的作品，实际也属此类，它们都是道德层面上的讽刺谩骂式的作品，虽可泄一时之愤，却并不足以真正撼动孔子及儒

[1] 陈独秀：《独秀文存》，安徽人民出版社1987年版，第81—85页。
[2] 丁守和：《中国近代启蒙思潮》上卷，社会科学文献出版社1999年版，第478—479页。

学的地位。总之，五四启蒙思想者通过对传统文化的批评，通过对孔子思想的总结，开启了一个思想文化的新纪元，其观念影响了数代中国人，甚至支配着今天的意识形态。

## 三、严复与五四启蒙思想者的观念分歧

虽然在许多观念上，严复都是五四思想者的先驱，但在对待中华传统文化，对待孔子及儒学的观念和认识方面，严复与五四启蒙思想者有极大的分歧。与五四启蒙思想者的身份不同，严复是以传播西学作为自己的使命的。但是，在当时向国人传播西学，首先就要讲清西学与中学的关系，讲清西学与自强的关系。在那个蒙昧的时代，大部分中国人还沉浸在“华夷之辨”的观念下，对西学或者是一知半解或者是十分仇视；对中学与西学的关系，那时也流行许多不实之识，比如有著名的中体西用论、有西学中源说、有华夷之辨说，甚至还有悄然兴起的全盘西化论。面对众多的谬说，严复以其深厚的西学根底和中学学识，对西方文化的性质，对东西方文化的关系，作了详尽而深刻的界说。他说：“尝谓中西事理，其最不同而断乎不可合者，莫大于中之人好古而忽今，西之人力今以胜古；中之人以一治一乱、一盛一衰为天行人事之自然，西之人以日进无疆，既盛不可复衰，既治不可复乱，为学术政化之极则。”[1] 他接着说：“中国最重三纲，而西人首明平等；中国亲亲，而西人尚贤；中国以孝治天下，而西人以公治天下；中国尊主，而西人隆民；中国贵一道而同风，而西人喜党居而州处；中国多忌讳，而西人众讥评。其于财用也，中国重节流，而西人重开源；中国追淳朴，而西人求欢虞。其接物也，中国美谦屈，而西人务发舒；中国尚节文，而西人乐简易。其于为学也，中国夸多识，而西人尊新知。其于祸灾也，中国委天数，而西人恃人力。”[2] 在中国文化史上，对中西文化做如此透彻深刻的对比性解读的，这是第一次。由此，严复开启了一个中西文化、民族个性等对比性研究的先河。在以后的历史中，我们还看到无数这样的对比性的说辞，他们其实都是追随严复的思路而来的，但在概括的深刻与周全方面，再也没能超过严复的论述。严复对中西文化的对比性陈述，并没有停留在这里，紧接着，他又纠正当时国人对西学的种种错误观念。严复说：“今之称西人者，曰彼善会计而已，又曰彼擅机巧而已。不知吾今兹之所见所闻，如汽机兵械之伦，皆其形下之粗迹，即所谓天

[1] 王栻：《严复集》第一册，中华书局1986年版，第1页。
[2] 王栻：《严复集》第一册，中华书局1986年版，第3页。

算格致之最精，亦其能事之见端，而非命脉之所在。其命脉云何？苟扼要而谈，不外于学术则黜伪而崇真，于刑政则屈私以为公而已。”[1]中国人对西方的观念，经历了一个奇妙的过程：最初视西方为夷狄，是低等的文化和种族；后来又把西方视为只有物质没有精神的劣等文化，即使西方列强屡次战胜中国，中国人也不值得学习西方；二十世纪之后，中国人又把西方文化定性为帝国主义、殖民主义文化等，是对第三世界的侵略和掠夺文化。只有在严复这里，他给我们一个比较真实的关于西学的观念。他更正了国人对西方文化的一系列谬见，一针见血地指出，西方的优势，其实并不在于我们普通所看到的船坚炮利，而在其精神素质和文化品格，这种素质和品格就是严复所指出的“于学术则黜伪而崇真，于刑政则屈私以为公”。应该说，这样的文化品格在中国文化中并不缺乏，只是因为我们的文化和社会结构中缺少自由的元素和性质，以至于使我们丧失了自己所有的优势。

从东西方文化的这一分歧入手，严复对中华文化的方方面面做了非常透彻的解析。严复虽然也看到传统的中华文化的种种弱点，但他并没有像后来的五四思想者那样，将中华文化视为历史的垃圾，必须全盘否定一并抛弃；严复一方面承认并强烈批评传统文化的缺陷，另一方面又极力挖掘传统的优势，挖掘传统观念之中可以与现代生活相容的内容，挖掘中国历史中的积极的正能量，使之能够与中国的现代化进程有所勾连，有所助益。在这一方面，严复的理念与思路对我们深有启发。首先，严复在儒学之外寻找中华文化的积极理念。一般的观念都把儒学视为中华文化的代表，根据儒学的性质来定性中华文化的内涵，但严复却看到在儒学之外，在其他诸子百家的观念里包含着我们平素没有认识到的许多积极的理念。严复在这一方面做了很深入的工作，他特别注意到老子和庄子的思想，认为在老庄那里可以看到许多现代社会所需要的观念。庄子和老子是中国古代著名哲学家，他们二人的观念对中国文化影响很深。但老庄的思想斑驳而深邃，人们既喜爱他，又对他的思想迷惑不解、争论不休。因此在后代解释家的笔下，就有了对庄子各式各样的解读，比如有魏晋玄学的庄子，有神仙道家的庄子，有崇尚自然的庄子，有虚无主义的庄子，有唯心主义的庄子，有存在主义的庄子，等等。而严复眼里的庄子是什么性质呢？严复说：“予平生喜读《庄子》，于其道理唯唯否否。”[2]“吾尝谓中国学者，不必远求哲学于西人，但求《齐物》《养

[1] 王栻：《严复集》第一册，中华书局1986年版，第2页。

[2] 王栻：《严复集》第三册，中华书局1986年版，第608页。

生》诸论，熟读深思，其人已断无顽固之理，而于时措之宜，思过半矣。”[1]原来，严复在庄子的著述中看到了大量反专制、反教条、反迷信的思想成分，庄子的思想正可以作为二十世纪中国的启蒙观念来领受。这无疑使庄子的思想在其古老永恒的魅力之中，又增加了许多现代的自信。为此，严复特作《庄子》评点，用这样一种古老简单的方式，使庄子思想中的现代成分被充分呈现。庄子之外，严复还特别推崇老子。严复认为，老子思想中包含大量民主、自由、进化的内容，严复也作《〈老子〉评语》，把老子的思想与斯宾塞、孟德斯鸠的思想作了详细的对照。他说："老子以天下为神器，斯宾塞尔以国群为有机体，真有识者，固不异人意。”[2]严复甚至认为，老子所推崇的“甘食美服，安居乐俗，邻国相望，鸡犬相闻，民老死不相往来”的“小国寡民”之图形，正是“民主之真相”。由此，严复发自内心地再次感叹：“老子者，民主之治之所用也。”[3]严复对孔子、老子、庄子、子产等历史思想的解读，可能会在学术上引发争议，但严复作为一个思想家，他的这些行为都具有开创性的思想价值，对中华文化的创造性转化具有重要的启发性的意义。其次，严复对儒学本身也有深刻的剖析。他一方面认定传统儒学是代表了中华文化之中与现代观念不相容的内容，说道：“夫黄、老之道，民主之国之所用也……君主之利器，其惟儒术乎！”[4]从根本性质上说，儒学是专制政治的思想工具，是与现代社会不相容的观念体系。这是一方面。另一方面，严复又认为儒学之中，包含了人类观念之中最基本的元素。他说：“今夫社会之所以为社会者，正恃有天理耳！正恃有人伦耳！天理亡，人伦堕，则社会将散……往自尧舜禹汤文武，立之民极，至孔子而集其大成，而天理人伦，以其以垂训者为无以易……虽其中不敢谓于宇宙真理，不无离合，然其所传，大抵皆本数千年之阅历而立之分例。为国家者，与之同道，则治而昌；与之背驰，则乱而灭。故此等法物，非狂易失心之夫，必不敢昌言破坏。”[5]严复认为：“忠信廉贞，公恕正直，本之修己以为及人，秉彝之好，黄白棕黑之民不大异也。”[6]在严复眼里，儒学虽然没有像老庄思想那样蕴含了民主、自由这样的现代观念，但其中却包含着人类共同的、永久的公理。严复

[1] 王栻：《严复集》第五册，中华书局1986年版，第1254页。
[2] 王栻：《严复集》第四册，中华书局1986年版，第1087页。
[3] 王栻：《严复集》第四册，中华书局1986年版，第1092页。
[4] 王栻：《严复集》第四册，中华书局1986年版，第1079页。
[5] 王栻：《严复集》第一册，中华书局1986年版，第168页。
[6] 王栻：《严复集》第一册，中华书局1986年版，第200页。

进一步论述道：“须知东西历史，凡国之亡，必其人心先坏；前若罗马，后若印度、波兰，彰彰可考，未有国民好义，君不暴虐，吏不贪污，而其国以亡，而为他族所奴隶者。故世界天演，虽极离奇，而不孝、不慈、负君、卖友一切无义男子之所为，终为复载所不容，神人所共疾，此则百世不惑者也。”[1] 儒家思想之中所引以为重的核心观念如忠信廉贞、公恕正直等，是人类社会各民族都必须遵守的基本信条，是任何时代都不可失守的基本理念。这些基本的理念或操守，不仅构成中国文明的基础，也是世界各国文明的基础；不仅在古代世界被尊崇，在现代世界也同样被奉行。国家之所以灭亡，民族之所以被奴役，在严复看来，就是因为在这些最基本的理念上失守了。从这一角度，严复揭示了儒家思想不可取代、不可颠覆、不可忽略的价值。

## 四、严复：“统新故而视其通，苞中外而计其全”的文化观

在近代中华文明面临中古与现代、华夏与世界的大选择、大转折的关键时刻，五四启蒙思想者给我们提供了一个简单明确的答案，那就是中华文明走向现代，走向世界。为此，他们不惜抛弃自己数千年的家传，抛弃中华文明传统的纲常礼教，选择体现西方文明精神的民主、法制、自由、平等等理念。这是一个伟大的行为，也是一个勇敢的选择。在这一基本的选择上，严复与五四思想启蒙者的观念是完全一致的。所不同的是，严复在推动中华文明走向世界、走向未来的同时，还要把中华古老的文明和理念与中国的现代化行为勾连在一起，使中国在走向世界的同时，不能失掉自己的文明性格，在走向现代新文明的同时，不能失掉自己已有的历史和创造。更进一步的是，在严复的心目中，作为西方文明和现代化的核心理念的那些东西，实际上是根源于人类文明的最古老的观念之中的。严复在考究西方文化的同时，也在研究中华文化，他最终得出的结论是，中学与西学，不是互相排斥互不相容的，而是相互依存互为正能量的。严复一方面认为：“中西政教之各立，盖自炎黄尧舜以来，其为道莫有同者”[2]，东西方文明在基本的结构和性质上是决然不同的；另一方面，严复又坚信，东西方文明是可以相互发明、互通有无的。晚清辛丑年后，政府力倡改革，由此引发了对中华文化的两种态度，一种“主于破坏之说”，一种“主于保守之说”。严复仔细分析了这两种观点之后认为：“二者之为说异，而其心谓中国旧学之将废则同。虽

[1] 王栻：《严复集》第一册，中华书局1986年版，第168—169页。

[2] 王栻：《严复集》第四册，中华书局1986年版，第929页。

然，自不佞观之，则他日因果之成，将皆出两家之虑外，而破坏保守，皆忧其所不必忧者也。”由此，严复提出的文化理想是：“阔视远想，统新故而视其通，苞中外而计其全。”[1]

历史学家蒋廷黻认为，中国是从中古世界直接进入现代社会的，没有像西方国家那样经历过文艺复兴、启蒙运动这样的思想文化的重生，因此，中国是缺乏现代化的思想观念的。思想家李泽厚认为，中国有自己的启蒙运动，但不幸的是，中国的思想启蒙运动刚开始，就被救亡运动打断了，因此，启蒙的观念在中国既没有深入也没有被展开。这两个观点在中国和外国都有很大的信奉群体，它们正确吗？在笔者看来，中国有自己的启蒙运动，它的第一次开始于鸦片战争之后的开眼看世界思潮，开始于对国家富强之路的探索和努力，这一次的思想启蒙在严复那里达到最高峰；第二次思想启蒙开始于辛亥革命，在五四新文化运动时期达到高峰。这两次思想启蒙实现了国家和社会的两个目标：其一就是思想文化的全面的对外开放，吸纳世界先进的思想观念；其二就是对传统的文化作全方位的检视和改造，从文化革新角度推动中国的社会转折和现代化。经过这场长期的启蒙思潮的文化洗礼，中国终于完成了两大文化课题。

## 第四节　启蒙思想的延伸：长城与立国公例

严复翻译的孟德斯鸠的《法意》，在第九章第四节《专制政府所以自固之术》中，有这样一段话：“民主政府，其自固之术在合；专制政府，其自固之术在分。分者何？旁绝牵缘，自成孤立也。故专制国之治边也，往往弃数千里之地以为区脱。其荒弃边境，即其所有守腹地，使敌难为入耳。……是故专制之政府，侮伐侵削之者，不必皆寇仇也。方自侮自伐、自侵自削之有余，一旦寇仇压境，又非彼所能为驱除难也。专制之以分为守也，弃地而外，尚有术焉，则遣置大奴，为之外藩是已。若蒙兀，若波斯，若支那，皆遵此术者也。”在这篇原文的后面，严复加了这样一段批语：“与人并立天地间而为国，有一公例焉，曰避敌以为固，未有能固者也。大彼得之治俄也，置莫斯科而立彼得堡，曰使吾国而兴，必向西对诸国而开户牖。此其言近之矣。中国自秦起长城，而河山两戒，戎夏划然，更三千年，化不相入。不然，龙庭区落，未必不为过江之吴楚、逾岭之

[1] 王栻：《严复集》第三册，中华书局1986年版，第560页。

粤闽也。谁生厉阶，至今为梗？论者以此为秦之功，吾则以此为秦之罪矣。”[1]

孟德斯鸠的原文谈到的是民主国家与专制国家对国家领土的不同的守护方式，但是严复却由此想到了其他问题，即一个开放的国家与一个封闭的国家的不同的治理效果。从字面看，严复的按语文字并不多，但在内容和意义上，却异常丰富，这当然是严复一贯的言简意赅的风格。简单地说，严复在这一段文字中，阐述的是这样几个道理：其一是所谓的立国公例。公例是严复经常用到的一个词，在严复的文本中意思就是公理，就是关于在一个“物竞天择，适者生存”的世界舞台上，各个民族和国家如何生存的具有普遍意义的道理。其二是俄国彼得大帝的立国观念。彼得大帝把俄国的都城从莫斯科迁到彼得堡，使俄国直接面临来自瑞典等西方强国的压力，这一措施，彰显了彼得大帝开放治国的理念，对俄国的未来影响巨大。其三是长城在中国历史上的作用。严复用八个字概括：“河山两戒，戎夏划然。”其四是吴楚与闽粤，为什么与塞北的文化不同。其五则直接论断，秦建长城乃是历史之罪，而不是历史之功。从上述事实中推列出严复本人对长城的概念。

作为一个启蒙思想家，严复的学术取向不仅是介绍西方文化，他也花费很大精力，对中国历史和文化的重要内容，作过细致的分析和解剖。但是，在严复的著述中，这是唯一一次谈到了长城。中国的长城是一个历史与文明的杰作。长城始建于战国时期的赵国、中山国和燕国。燕国位于今天河北省北部和辽宁省的西部。为了扩展国力，燕昭王对北方的东胡连续发动战争，占领了东胡大片国土。因为担心东胡的反扑，担心新占据的领土丢失，燕昭王在其北面修筑了二千多里的长城，用于阻挡东胡南下。这就是我国最早的长城——燕长城。长城对敌可攻可守，可以瞭望敌情，传递情报；可以调遣军队，转移队伍；还能够以静制动，实现对游牧部落的军事主动。受燕国的启发，当时的北方各国也都开始修建类似的长城。秦统一六国，建立中央集权的新的帝国，感受到北方匈奴的威胁，再次开始大规模修建长城。秦之后的历朝历代都不断对它加固、扩建；这样的工作，一直持续到明朝后期。长城，它是中国历史延续上千年，比大运河还要浩大、历久的工程，是中国历史的一个独特的风景和镜像，在文化上、政治上、军事上、经济上，意义都极为重要。有人说，长城有两个维度：一是空间上体量长。我国各个朝代遗留下来的长城共有21196公里，其中，明代长城有8851.8公里，资源总数超过四万三千处，分布在全国十五个省份的四百零四个县区。二是时间上历

[1] [法]孟德斯鸠著，严复译：《法意》，北京时代华文书局2014年版，第158页。

史长。从春秋战国时期开始，有二十多个诸侯国和王朝修建过长城。对于建造长城的作用，历来都是予以正面评价的，有人说“作为东方和平主义的历史纪念碑，长城反映了中国文化的特征，代表着东方和平主义的历史意识和文化价值，也衬托着中国历史上战争与和平不断变换的足迹。虽然长城的作用首先是军事的，但是它印证了东方和平主义的世界理想和秩序观念”[1]。有人认为长城“是中华文明内部各区域文化之间碰撞、交流的历史见证和遗留物。它虽然彰显着明显的地理区域界限的本质，但从民族国家的层面审视，它更是一种文化融合的象征，具有很强的标志性”[2]。以上观点代表了对长城的主流看法。从古到今，虽然有很多对长城的非议，比如人们非常熟悉的孟姜女哭长城的故事等，但在主流的文体中，长城一直代表着一种宏大的气魄、和平的精神、高贵的风格、精致的构造和伟大的理念，是集科技与审美、立功与立德多位一体的伟大成就。任何对它的怀疑和批评，都是对主流意识形态的挑战，是大逆不道的表现。

在外国评论家的眼里，长城则有另外一层含义。英国皇家地理学会会员、美国人威廉·埃德加·盖洛（William Edgar Geil），曾在1903年全程考察了长城，回国后于1909年出版了一本名叫《中国长城》的专著。在这本书中，盖洛认为长城限制了内外民众来往和交流，起到了隔绝文明的作用。另外一些人则从长城本身联想到了其他。比如伏尔泰，在其晚年编纂的《哲学辞典》一书中写道：“中国的长城是恐惧的纪念碑，埃及的金字塔是空虚和迷信的纪念碑。它们证明的是这个民族的极大耐力，而不是卓越才智。”德国哲学家赫尔德在《关于人类历史哲学的思想》这本书中提出了“东方性”这一概念，指的是东方民族，特别是中华民族，在民族特征上所具有的吃苦耐劳、乐天知命、对专制君主百依百顺的性格。赫尔德认为，尽管这个民族有着惊人的劳动能力和创造能力，比如可建造出长城这样伟大的工程，但是这个民族依然不能被称作伟大民族，在人类历史的竞争舞台上，它注定是一个失败者。原因在于中华帝国的专制政治和奴化教育，严重窒息了这个民族的活力，使其心智永远停留在孩童时期，没有成长发育到成人的阶段。而后，卡尔·马克思继承并发展了赫尔德的观念，认为长城是反动保守的城堡的大门，是顽固的仇外心理的守护墙，是东方愚昧和排外主义的标志，只有摧毁万里长城，才能征服全世界最顽固最排外的心理堡垒。

[1] 刘志光：《东方和平主义：对中华文明与和平文化的省思》，《南京政治学院学报》2007年第5期。
[2] 马保春：《延展而辐射的纽带 层累且升华的意义——“长城文化带”内涵探析》，《光明日报》2019年3月11日（14）。

但是，严复对长城的观念和评价，与上述所有观点都不一样。严复从长城的建造和作用，联想到了国家的立国理念问题。这是从古到今任何人都没有想到过的。由于近代中国遭受列强欺凌，国土被瓜分，资源被掠走，主权被剥夺，人民受欺压，严复作为一个极其爱国的思想家，他的所有思虑都集中于一个问题：国家如何才能强大，或者说中国如何才能强大。为回答这个问题，严复几乎搜罗了所有可能看到的知识，网罗了所有可能的答案，即使长城这样的历史遗迹，严复也没有放过对它的思考和责问。国家的强大或衰弱，这是一个很复杂的问题，绝对不是一句话两句话就能讲得清的。严复有时候把这个问题看作一个形而上的哲学问题，有时候又把它视为一个经验性的具体问题。从前者来说，严复力图用一句特别有概括性的话把这个问题全盘解决；从后者讲，严复又从各个角度、各个具体领域对这个问题给予解答。对于长城，严复的按语就是从第二个角度对国家如何才能强大的问题的解答。严复通过中国长城这一案例，提出了这样一个立国公例：避敌以为国，未有能固者也。在严复眼里，世界是一个舞台，各个国家就是这个舞台上的演员；这个舞台的演出规则乃是：物竞天择，适者生存；谁在这个舞台上表现好，谁就可以在这里生存下去；谁表现不好，就从这个舞台上淘汰出去。如何才能表现好，如何才能在这个竞争性的世界存在下去，成为胜者，严复认为，一个基本的公理是：不能把自己封闭起来，不能靠一条高墙的保护作用，使自己获得生存的依靠。依靠封闭的高墙是自己获得生存的保障，这是典型的中世纪的观念。那时候欧洲的各封建领主都建城堡，领主平时待在城堡里，依靠城堡的坚固人墙来保护自己的生存。中国的皇帝建的城堡更大、更坚固，把整个国家都围圈起来了。这种自我封闭的保护方式，随着中世纪的结束，首先在欧洲走到了尽头，由于交通的发达，火药和枪炮等热兵器的普及，城堡已经不足以起到任何保护作用了，取而代之的是一种开放的观念。一种开放边界、正面面对敌人，依靠增长国家的实力来对抗敌人的方式。在漫长的中世纪，中国一直依靠长城这样的城堡把自己封闭起来，使敌我俨然分割，以此实现了多年的安定生活。但是，在一个开放的世界舞台上，在冷兵器时代已经结束、各国交通来往已经势不可挡的时代，长城的意义就完全不一样了。

除此之外，严复还暗示着长城的另外一个意义。在严复的评语里，长城起到了分割中原农业文化与北方草原文化的作用。严复提到了这样一个问题：如果不是长城的阻碍，北方的草原部落有可能像南方的吴、楚、闽、粤一样，成为华夏文化的一部分，整个中华大地最后形成一个文化统一体，不会有历史上数不清的部落战争，不会有民族的迁移、国家的沦丧、民众的涂炭。国家与国家、部落与部落之间的战争和争夺，是中国历史的常态。尤其是中原华夏与周边部族之间，几千年来，为争夺生存空间，为争夺中原统治权，经历了一次又一次的生死劫。部族之间或国家之间的战争，文化的差异是主要构因。没有同一的文化，就很难有统一的国家。由于文化的不同，不同的部族无法组成统一的政治体，无法形成一致的政治语言，更无法在单一的平面上协商合作，不同部族之间的交往，只能通过战争这一极端的方式进行。今天我们可以把中华民族一元多体作为一个美好成功的现实来谈论，但是在历史上，这是一个极为可怕的局面。不同文化的实体，生存于一个天空之下、一片大地之中，却有不同的语言、不同的信仰、不同的政治归属，这几大不同，极大地妨碍了人民之间的合作与交往，极有可能启动战争和屠杀。

从最早的历史上说，华夏民族仅在中原大地生存、发展，北方的草原部落与南方的吴、楚、闽、粤，甚至西南的云、贵边陲等，都不在中原华夏的领属之内。中原华夏得益于若干有利的天然因素，发展居先，经济、政治、文化比较发达，早早组成了完善的社会结构。凭借文化、经济、军事的优势，中原部落不停地向周边扩张。从历史的实质来看，中原部族向外部的扩张，主要是一种文化的传播，是中原华夏的家族、礼仪、语言、政治体制和观念、经济方式、科学技术等文化向四周的散发。这当然不是一种单向的传播，华夏文明在向周边散发的过程中，也在接受周边部族文化的影响，通过影响、被影响，反复交汇相互融合的过程，最后形成我们今天人人可见的博大精深的中国文化。

这里有一个一直未被注意的问题，就是历史上中原文化的扩展一直是从北向南发展，从黄河流域扩展到长江流域，再扩大到珠江流域，又从闽、粤大地扩展到西南诸省，再扩展到海外很多国家。这是伟大的文明传播运动，其传播的方式，主要就是移民。在北方的中原人，由于家乡的战乱，由于气候的变坏，由于人口的拥挤，还由于其他种种原因，他们携家带口，背井离乡，靠着双脚一步一步地挪动，翻过高山、丘陵，跨跃江河湖泊，经历无数次生死别离的考验，在所有他们可以落脚的地方，重新安置，重新创业。在华夏历史上，大约有四次大规模的人口迁移过程：第一次是两晋之间，由于西晋的“八王之乱”，大批北方人从山东、河北、河南等地迁往江淮等地；第二次是在中唐时期，由于“安史之乱”，北方人又一次南迁；第三次是在两宋之间，中原政权易手，江北宋人大批南迁；第四次是在明末清初，中原乃至长江流域的汉人，受清人入侵的压力，再次大批南下迁移。除了这些全国性的人口转移之外，还有很多次局部的人口移动，比如明初在朝廷的动员下，大批湖北人口迁移四川；清初，大批山西人口迁移河北；清末民初，大批山西、河北、山东人口迁移东北等。在今天的广东，分布着客家人、广府人、潮汕人等，名称不同，甚至方言也不同，但在人种学上，他们都是不同时期迁居该地的中原人。在华夏大地，一支世界著名的文化体系，无声无息地，毫无暴力和流血，就实现了文明的传播。由于这一文明的传播和统一，华夏大地由此减少了冲突和战争，有了文化的统一，才会有政治的统一，才会有经济的联合，才会有中华文明最后的伟大成就。

文明从高处流向低处，从发达地区传播到不发达地区，这是一个古老的历史规则。华夏文明从中原黄河向长江流域、珠江流域的推进和扩展，也是这一规则的正常表现。而作为紧邻的北方草原部族，却没有被中原文化所融合，他们的生存方式、家庭观念、伦理道德、政治文化等，一直没有太大的变化。这个问题，严复首先注意到了。从考古的角度，或者从文化根源的角度讲，无论是闽粤文化，还是北方草原文化，在最早的意义上，它们有同根同源同构的性质，也就是说，中华文化一体多元这一现实，并不是今天才有的，而是在中华文化的胚胎状态就已经打下了基础。比如说在中国北方最富盛名的匈奴，传说它原来的名字叫东胡，而且也是西周天子的属国之一，曾经连年向周王纳贡。在更远的时期，从考古挖掘的材料来看，今天所谓的草原文明其实也是华夏文化的一部分，而且，中原文化很可能就起源于今天的长城之外的草原深处。比如，被称为“华夏第一村”的兴隆洼聚落遗址，考古人员在这里发掘出大量氏族社会的文物，其中有酷似龙和凤的两件玉器，被今人称为“中华第一龙”和“中华第一凤”。这两件宝物距今已有八千多年，而它们被发掘的地点，就位于今天的内蒙古赤峰市。另外一处更早的考古发现叫大窑文化遗址，距今已有七十万年，在这里有著名的“双龙含蛋”景观，也是典型的中原文化特产。而大窑文化遗址就位于今天呼和浩特东30余公里处。另外有学者提出，早在秦汉时期，中原地区单一的农耕经济，与草原地区的游牧经济，这两大互补性很强的经济区域，已经紧密结合成为统一的经济体，共同的经济基础，也为共同政治统一体的建立打下了必要的基础。

草原文化虽然与中原文化有共同的经济基础，又有共同的文化构件，但经历了漫长的历史蹉跎，最终没有像“过江之吴楚”与“逾岭之粤闽”一样，和中原文化融合为一体，构成一个崭新的华夏文明。之所以有这样的结果，按照严复的观念，长城在此起到了决定性的作用。长城既阻止了中原文明的北上，又拦截了草原部族的南下，使华夏大地“河山两戒，戎夏划然”。所以，有学者指出：“中国在古代历史上，曾经反复出现过分裂与统一的局面。统一有利于社会经济的发展，符合各族人民的愿望，顺应了历史发展的趋势，成为中国历史发展的主流。所以，是否有利于统一多民族国家的形成和发展，应该成为衡量长城的一个是非标准。如果从我国统一多民族国家形成和发展过程看待长城，不管它是地域性的割据还是民族性割据，长城均出现在没有完全统一的情况下。每当中原统一以后，内地的长城就消失……废弃了曾经起到阻碍统一作用的各国长城。每当中原和草原完全统一之后，无须修筑长城，例如唐、元、清三朝统一中原和草原，确立真正意义上的中央王朝之后都没有修长城。所以长城产生于分裂，为割据政权需要服务，起了阻碍统一的作用。”[1]白音查干先生注意到了长城对中国国家政治统一的负面作用，而严复则更关注长城对中华文化统一的影响。

今天学术界众口一词，赞美中华文化多元一体，是世界文化的一个奇葩。这是一个不可否认的事实。北方边陲的草原文化，以其优异的品格、卓越的成就，为今天的中华大文化增光添彩。极具特色的游牧生产方式、管理模式、军事战略、规章制度、风俗习惯、语言文字、宗教信仰、文学艺术、伦理道德、审美情趣、思想理论等，就是草原文化的具体表现。草原文化的自信来自海纳百川的开放包容精神。草原地区的各民族在保持游牧、狩猎文化的同时，还积极吸纳中原农耕文化因子和西亚地区商业文化成分，从而构成了开放性的草原文化，以自由开放精神为主要脉络的思想文化，使草原各民族获得了前所未有的成功。开拓进取精神、英雄乐观精神、自由开放精神、崇信重义精神等，是草原文化的基本特征；草原文化精神对在农耕基础上发展出来的中原文化，无疑有着极大的互补性。在我们赞美中华文化多元一体和谐共存的同时，也应该注意到这样的事实：在历史上，文化的不同，造成政治的无法统一，进一步造成民族间、部族间的争执。中原王朝与边疆部族之间的战争，在历史上多次发生，每次都给两地人民带来持久深重的灾难。按照严复的观点，中国历史这种极为常见的灾难，是完全可以避免的；如果没有长城的存在，北方的游牧部落和文明，有可能会像南方的吴、楚和闽、粤一样，被华夏中原文化融合吸收，华夏文化之中增添了游牧部族所固有的英雄、开拓、乐观等精神元素，民族的大家庭中增添了勇敢的马上骑士，中华文明的历史流程里，就少去了很多流血的战争和冲突。

当然，严复按语所说，仅仅是一种假设。在中国历史上，建造长城花费上千

[1] 白音查干：《长城与统一的多民族国家的形成》，《内蒙古师范大学学报》（哲学社会科学版）1997年第6期。

年的时间，动员了无数人力和物力，是以举国之力造就了这样出色的国家建筑。在世界历史上，能与长城相媲美的人造工程，可能只有中国的京杭大运河。这样的工程，在当时的历史上，肯定有它的合理因素。换一个角度讲，即使真的没有建造长城，北方的部落就能够为中原文化所融合吗？“龙庭区落”，真的可以成为“过江之吴楚，逾岭之粤闽”吗？恐怕也未必会这么简单。因为这里还有很多影响历史进程的其他因素，比如气候问题、土地问题、部族之间的生存竞争能力问题，等等。总之，中原文化在历史上一直向南发展，而没有向北开拓，有很多相关的子项目在发挥影响，并不是长城这样一个单项因子就可以解释的。

尽管如此，严复在此提出与长城相关的问题和假设依然是发人深思的。他向我们展示了草原文化与中原文化的另一层关系，提示我们草原文化与中原文化的另一个发展前景。当然，历史是不能倒退也不可能假设的。我们今天再次回味严复的这几句按语，可能会从新的角度想到严复所说的立国公例问题。这个所谓的公例，经历了历史的检验，在今天是否依然有效呢？严复对长城的历史价值所概括的“河山两戒，戎夏划然”，今天是否还有意义呢？

# 第七章　严复的改革思想

## 第一节　严复的改革思想：总体概念与设计

在中国近代史上，一大批先知先觉者，他们把对改革的探索与追求，当作挽救濒临灭亡的国家与民族命运的主要手段。从林则徐、魏源开始，这批担负历史使命的士大夫，先是急切地议论改革，然后急切地推动当朝权贵实践改革。近代史上所谓的先进历史人物，无论是魏源、冯桂芬、王韬，还是康有为、孙中山，他们都深怀改革的意念和追求，都是改革的议论家或者是实践家。而严复本人，一方面具有哲人的情怀、形而上的追求，另一方面也有实践家的志向、政治家的抱负。两种不同的身份和气质塑造了严复，使他对现实改革的关注有一种与众不同的维度和深度。表面看起来，严复是一个真正的思想者，他的主要精力都用在著述和思考上，他把对西方学术的输入、文化思想的启蒙，视为自己的人生追求，但是，内在中，他也认为，现实的改革是改变中国积贫积弱现状的有效手段之一。严复虽然没有像张之洞、康有为等人那样积极地投身与现实的政治改革，但他对改革的思考与议论却是很多的。严复对改革的研究和谈论，表面是零散的、一时一事的，很少有集中的长篇大论，但这些零散的议论，不仅有核心的主题，而且有共同的目标，他们综合在一起，就形成一个相对完整的系统，构成一个可以称之为改革思想的完整篇章。严复个人的双重的气质和担当，一方面使他对现实政治问题有一种超乎常人的敏感，对任何细微的现实政治题目都有强烈的主导和参与意识。同时也使他能够把有限的现实课题上升到无限的思想和学术的高度，给予形而上的开拓和思考。正是这两种气质和担当，使严复不仅有关注改革的倾向，而且有建立改革思想体系的可能。

### 一、严复改革理念的形成

思想的巨人往往是行动的矮子，伟大的行动家大都没有什么思想的建树，这在中外历史几乎是一条铁律。所以孔子、孟子在现实政治没有什么成就；奥勒留写下了伟大的哲学著述《沉思录》，却并不是治国有方的罗马皇帝；其他如拿破仑，无疑是伟大的军事家，但却没有留下什么军事著述；而《战争论》的作者克劳塞维茨，却并没有指挥过什么重要战役。也许只有极少数人是这一历史铁律的例外，我可以举出两个人：其一是英国的丘吉尔，他不仅是伟大的政治家，也是了不起的著述家；另外一人是中国的王阳明，他在立德、立言、立功三方面都堪称超一流。

以上述两类人为坐标，严复无疑也是那种只会思想却不善于行动的人。严复在思想史上的成就和地位，无须赘述，大家都已熟知；严复在现实上是一位十足的失败者，这一点大家也都基本认可。但严复在现实政治上投入的精力、留下的言论和观念，却是十分可观的。对此，我们却从他本人在这一方面是一个失败者的概论出发，一直没有给予充分的关注。今人研究严复，主要研究他的启蒙思想、富强思想、进化论思想等，很少有人关注严复对现实政治的建言建策。其实，严复研究这种一面热一面冷的现象，早就有人提到。陈宝箴为严复所作的墓志铭就曾这样说："君于学无所不窥，举中外治术学理，靡不究极原委，抉其失得，证明而会通之。六十年来治西学者，无其比也。……而其战术、炮台、建筑诸学，则反为文学掩矣。"[1] 陈宝箴注意到严复在"战术、炮台、建筑诸学"方面的成就被人忽视，今人则忽视了严复在治国理政方面的建言建策。

事实是这样，严复在晚清北洋官僚群体与民国初期的政坛混迹多年，一生郁郁不得志。他从事的很多职位是出于糊口的需要而就任的。他在安徽高等学堂和北京大学的任职，是他比较钟情的岗位，却两次遭学生驱逐，狼狈而出；他在袁世凯的民国政府任高级幕僚，是他平生政坛的高峰，却因附会帝制，落得世人责骂，几乎是身败名裂。但是，严复一生目睹、参与了近代中国的大多数历史，作为一个见证人和参与者，他对每一个重要的历史事件，都留下了自己独特、尖锐的批评和认识。这些论述，在当时几乎无人知晓，但现在看来，都是有很高的思想和历史价值的。试想，如果光绪皇帝不听从康有为的激进主张，而是按照严复的设计，从容部署，周到安排，改革肯定不会像维新运动那样骤起骤落，成为瞬间的悲剧；如果辛亥革命志士能够认可严复的意见，与清廷搞好合作，也许不会有革命成果的流产；如果袁世凯知道并接受严复对他的评价，了解自己的弱点和不足，也许不会野心膨胀，搞帝制这种闹剧。再看看严复对当时强盛一时的俄国、日本、德国等列强的深入分析和最终命运的预测，我们会惊诧不已，难以置信他对世界列国竟然会有这样惊人的洞察。

[1] 王栻：《严复集》第五册，中华书局1986年版，第1542—1543页。

严复的著述，除了译作，其余大部分包括书信等，都包含对时事政治的关注和议论，而综合其议论的内容，可以归结出一个显要的主题，那就是对改革的思考和追求。严复平生一直反对革命，赞成改革。他把改革视为推动中国进步，致国家于民主、富强的重要途径之一。严复的一生，大部分时间都是在观察改革、研究改革、评价改革、参与改革。在中国近代史上，发起改革的人有，推动改革的人有，议论改革的人也有，但是难得有人像严复这样，自始至终都把改革作为自己思考和行动的中心。也许正是因为这个原因，史华兹称严复是“不在位的政治家”[1]，或者是“一个深深关注‘变法’的不在位立法者”[2]。严复本人一方面确有哲人的思绪、形而上的追求，但另一方面他也有政治家的抱负，或者说是中国传统士大夫的情怀。后者无论哪一种都使他有一种摆脱不掉的现实心结。正是这种心结，使严复对国家的命运、民族的前程，有一种割舍不开的、没有任何理由可推脱的关注。如果没有这种关注，严复的一生就是一个北洋官僚到民国官僚的命运，完全不可能成为一个思想家、一个政治家。思想家与政治家，这两种完全不同的气质和担当，在严复的身上交替出现，相互影响。当严复过于沉湎于现实功利的追逐时，思想家的念头就会出来提醒他，让他不要忘记一个思想者的责任，这种责任促使严复对现实保持必要的距离，从更长远、更宽广的角度思考现实问题；当严复完全沉湎于思想的想象时，现实的责任又提醒严复，不要任由思想的翅膀翱翔，尽提一些对现实无用或无益的观念和设想。两种不同的身份和气质塑造了严复，使他对改革的关注有一种与众不同的维度和深度。

严复对改革的议论，有从细微的一时一事的人事、政策等方面谈论的，有从宏观大局的层面入手的；有尖锐的批评，也有正面的建言。有的富有哲理的意味，有的纯属现实层面的忠告；既有中国历史案例的分析，又有外国经验的论述。严复对改革的研究和谈论，表面看来大多数都是零散的，很少有集中的长篇大论，但仔细研究后我们会发现，这些零散的议论，不仅有核心的主题，而且有共同的目标，它们综合在一起，就形成一个相对完整的系统。严复个人的双重的气质和担当，一方面使他对现实政治问题有一种超乎常人的敏感，对任何细微的现实政治题目都有强烈的主导和参与意识，同时也使他能够把有限的现实课题上升到无限的思想和学术的高度，给予形而上的开拓和思考。正是这两种气质和担当，使严复不仅有关注改革的倾向，而且有建立改革思想体系的可能。“我们有

[1]［美］本杰明·史华兹著，叶凤美译：《寻求富强：严复与西方》，江苏人民出版社1990年版，第50页。

[2]［美］本杰明·史华兹著，叶凤美译：《寻求富强：严复与西方》，江苏人民出版社1990年版，第107页。

理由提出，严氏其人既是近代中国的现代化运动的强力鼓吹者，也是一位冷静思考者，其改革思想确可归纳出一个体系或框架。”[1] 许纪霖曾经提到过，严复的现代化变革思想可以说是一个尚未受到研究者充分重视的思想宝库。笔者认为，严复的探索研究实际上已经使改革由社会实践上升抽象为一个学科或者知识体系。简单地说，严复的改革思想是一门系统研究世界各国改革成败的学问，是一门系统研究中国历史上的改革成败的学问，更重要的是一门系统研究中国近代历史上的改革成败的学问。

## 二、严复改革思想的总体概念

古今中外的改革，无论是主动还是被动，都是在面临内外压力下而做出的政治体制的调整和政治目标的转向。正是这种来自外部或内部的生存压力，转换成为改革的动力。严复认为，近代中国的改革不同于此前中国历史上的任何改革，它是由一种前所未有的外部压力而转化成为改革的动力的。历史上的中国，从有文字记载以来，一直面临来自周边民族或国家的生存竞争的压力，除了汉、唐两朝，大部分时期，中原王朝在与周边夷狄争夺生存空间的斗争中都处于劣势（这并不是中华文明的特例，而是冷兵器时代的所有文明的共同现象，欧洲文明败于外来蛮族的事实，也屡见于史）。为此，中原王朝被迫迁都、移民、割地、赔款、逃亡等，甚至有多次亡国之惨痛。但是所有这些挣扎与痛苦，都不比近代以来的生存竞争的压力大。原因在于，过去中国面临的来自外部的生存压力，主要是军事方面的，虽然中央政权曾经一败再败，但其制度文明的优势从没有丧失；中央政权虽然在军事上失利，“然而此中之安富尊荣，声明文物，固游牧射猎者所心慕而远不逮者也。故其既入中国也，虽名为之君，然数传而后，其子若孙，虽有祖宗之遗令切诫，往往不能不厌劳苦而事逸乐，弃惇德而染浇风，遁天倍情，忘其所受，其不渐靡而于汉物化者盖已寡矣”[2]。近代中国所面临的压力，有与以往游牧民族所强加于我们的相同的一面，就是这些洋夷同样有军事上的优势。这些数万里之外的岛国夷狄，来到中国界面，轻而易举就“突我海疆，虏我官宰，甚而至焚毁宫阙，震惊乘舆”[3]。军事上的压力，最早来自英、法两个老牌列强，以后逐渐扩大到所有的列强；不仅这些万里之外的夷狄之国能够一再在

[1] 孙小著：《从严译名著按语试探严复的改革思想》，《近代史研究》1994年第5期。

[2] 王栻：《严复集》第一册，中华书局1986年版，第11页。

[3] 王栻：《严复集》第一册，中华书局1986年版，第4页。

军事上打败我国，甚至东邻倭国也因为学得西洋之余绪，“业已欺我有余”，也加入到这些侵略者之列，借军事优势夺我主权、占我国土、强迫我赔款。

但是，军事并非列强优势的全部所在，更重要的是其文物制度已远超我中华之所有。严复为此一再提醒国人，今日西洋之国的文物制度，与中国古老的纲常礼教体制、君臣父子观念相比，有着无与伦比的优越性，“自其自由平等以观之，则其捐忌讳，去烦苛，决壅蔽，人人得其意，申其言，上下之势不相悬隔，君不甚尊，民不甚贱，而联若一体者，是无法之胜也。自其官工兵商法制之明备而观之，则人知其职，不督而办，事至纤悉，莫不备举，进退作息，皆有常节，无间远迩，朝令夕改，而人不以为烦，则是以有法胜也。其鸷悍长大既胜我矣，而德慧术知又为吾民所远不及。……其为事也，一一皆本诸学术；其为学术也，一一皆本于即物实测，层累阶级，以造于至精至大之涂，故蔑一事焉可坐论而不足起行者也。苟求其故，则彼以自由为体，以民主为用。”[1] 即以中国人自己的标准来看，“华人素斥西洋为夷狄，而不知此中人民，君民相与之诚，伉俪之笃，父子之爱，朋友之信，过吾中国之常人千万也”[2]。由此，严复断言，今日中国与西洋的差距，断断不是古代中国与周边夷狄的差距，今日中国与西洋的差距是全方位的，涵盖了军事、经济、政治、文化等各个方面。严复认为，这种情况，如果发生在近代之前，中国与西洋不通来往，各自相安，中国“富者常享其富，贫者常安其贫。明天泽之义，则冠履之分严；崇柔让之教，则嚣凌之氛泯。……此纵难言郅治乎，亦用相安而已”[3]，尽管有夷狄的侵扰，有内乱的发生，严重时甚至有王朝的更迭，但“我四千年文物声明”，不会“涣然有不终日之虑”[4]。

但是，现在不同了。“至于近世三百余年，舟车日通，且通之弥宏，其民弥富；通之弥早，其国弥强。非彼之能为通也，实彼之不能不为通也。通则向者之礼俗宗教，凡起于一方，而非天下之公理，非人性所大同者，皆岌岌乎有不终日之势矣。当此之时，使其种有圣人起，席可为之势，先其期而迎之，则国蒙其福。……后其时而距之，则民被其灾。灾福不同，而非天下之公理，非人性所大同，其终去而不留者，则一而已矣。”[5] 这里，严复向众人陈述了三个道理：

[1] 王栻：《严复集》第一册，中华书局1986年版，第22—23页。

[2] 王栻：《严复集》第一册，中华书局1986年版，第83页。

[3] 王栻：《严复集》第一册，中华书局1986年版，第2页。

[4] 王栻：《严复集》第一册，中华书局1986年版，第2页。

[5] 王栻：《严复集》第四册，中华书局1986年版，第989—990页。

其一，列强各国以其强有力的现代化的手段，已经造就了一个完全不同于传统中国的新的文明世界，“由于一切生产工具的迅速改进，由于交通的极其便利，把一切民族甚至最野蛮的民族都卷到文明中来了。……它迫使一切民族——如果它们不想灭亡的话——采用资产阶级的生产方式”[1]。其二，其他国家，谁能及早加入这个新兴的文明世界，谁能够及早地“采用资产阶级的生产方式”，谁就及早受益，其民可富、其国可强。其三，这个新的世界有自己的新的规则，严复称其为公理，任何加入这个新世界的团队，都必须遵从其公理规则。在其他场合，严复把这个公理或规则概括为“物竞天择，适者生存”，称其为天演公理。在严复眼里，天演公理就是一种历史的强制之力，中国被这种强制之力带入世界舞台的中央，不可不顺从，不可不追随；顺之则强，逆之则亡。世界有了一个共同的生存规则，谁能适应这样的规则，谁能在这样的规则中表现好，谁就可以赢得天演的胜利，成为最后的存在者。正是这种历史的强制之力，构成了中国近代改革的最根本的动力。孙中山说，世界大势，浩浩荡荡；顺之者昌，逆之者亡。邓小平说，中国“要面向现代化，面向世界，面向未来”。严复对中国改革推动力的阐述，也是这个道理。

## 三、严复改革思想中的文化批判意识

任何改革必须设置以必要的铺设和前提条件，必须造声势、聚民意、竖大旗。严复把改革的这种前提设置，提升为文化与思想观念的启蒙。没有思想启蒙导其先，就没有改革行动步其后。

严复认为，以世界的先进文化和体制衡量，中国几千年流行的纲常礼教的文化、上尊下卑的体制，虽不能说是完全不适用，但确实有很多是与现代世界的规则相违背的。因此，所谓的改革，就是对数千年的诗书礼教等基本观念的革命；谁有能力对这些老旧的文物制度作出彻底的清理，谁就有能力作出有力的改革举动。实际上，在严复的内在意识中，改革就是革命，就是思想观念与文化精神的革命，只有在思想文化层面有彻底的革命气质和观念，才能指导中国的改革。这是近代中国所面临的世界大势所决定的。从革命的、批判的立场出发，严复首先把中国文化与西方文化在哲学的层面做了纲要性的对比，他说，在历史观上：“中之人好古而忽今，西之人力今以胜古；中之人以一治一乱、一盛一衰为天行人事之自然，西之人以日进无疆，既盛不可复衰，既治不可复乱，为学术政化之

[1]《马克思恩格斯选集》第一卷，人民出版社2012年版，第404页。

极则”[1]；在伦理观上：“中国最重三纲，西人首明平等；中国亲亲，而西人尚贤；中国以孝治天下，而西人以公治天下；中国尊主，而西人隆民；中国贵一道而同风，而西人喜党居而州处。”[2]通过这种简要而鲜明的对比与陈述，使人一眼就能分辨出哪种文化为优哪种文化为劣。重要的是，中国文化的真正弊处还不止这些，严复进一步指出：中国的文化与制度是一体的，其共同精神乃是“圣人牢笼天下，平争泯乱之至术，而民智因之以日窳，民力因之以日衰。其究也，至不能与外国争一旦之命”[3]。至于传统的社会体制，严复写道：“盖自秦以降，为治虽有宽苛之异，而大抵皆以奴虏待吾民。……夫上既以奴虏待民，则民亦以奴虏自待。”[4]依据这样的基本定性，严复把传统文化的方方面面历数透彻，什么“归、方、刘、姚，恽、魏、方、龚；唐祖李、杜，宋祢苏、黄；七子优孟，六家鼓吹。魏碑晋帖，南北派分，东汉刻石，北齐写经。……钟鼎校铭，珪琮著考，秦权汉日，穰穰满家”，什么“周、程、张、朱，关、闽、濂、洛。学案几部，语录百篇。《学蔀通辨》《晚年定论》。关学刻苦，永嘉经制。……《明夷待访》《日知》著录。褒衣大袖，尧行舜趋。……经营八表，牢笼天地”等等，严复归结为六个字：“曰无用”，“曰无实”[5]。以此判断为基础，严复提出：“苟求自强，则六经且有不可用者，况夫秦以来之法制！”[6]更进一步，严复认为：“有一道于此，致吾于愚矣，且由愚而得贫弱，虽出于父祖之亲，君师之严，犹将弃之，等而下焉者无论已。有一道于此，足以愈愚矣，且由是而疗贫起弱焉，虽出于夷狄禽兽，犹将师之，等而上焉者无论已。何则？神州之陆沈诚可哀，而四万万之沦胥甚可痛也。”[7]

严复的这种文论，很容易使人想到胡适的名言：“我们必须承认我们自己百事不如人，不但物质机械上不如人，不但政治制度不如人，而且道德不如人，知识不如人，文学不如人，音乐不如人，艺术不如人，身体不如人。”[8]胡适这样说，是基于其全盘西化的立意，所以要对中国传统文化从根基上给予全盘否定，以为西方文化的普及奠定基础。但严复不是全盘西化论者，上述言论也

[1] 王栻：《严复集》第一册，中华书局1986年版，第1页。
[2] 王栻：《严复集》第一册，中华书局1986年版，第3页。
[3] 王栻：《严复集》第一册，中华书局1986年版，第2页。
[4] 王栻：《严复集》第一册，中华书局1986年版，第31页。
[5] 王栻：《严复集》第一册，中华书局1986年版，第44页。
[6] 王栻：《严复集》第一册，中华书局1986年版，第35页。
[7] 王栻：《严复集》第三册，中华书局1986年版，第560页。
[8]《介绍我自己的思想》，《胡适文选·自序》，北方文艺出版社2013年版。

不是严复对中国文化的全面结论。其实，激进的文化批判在严复这里并不是目的，而是一种手段，是摆脱观念枷锁，达到思想解放的目的的手段。以严复哲学家的气质和见识，他当然知道文化传统和精神的至关重要的作用。他说：“夫宗教、哲学、文章、术艺皆于人心有至灵之效，使欧民无希腊以导其先，罗马以继其后，又不得耶、回诸教纬于其间，吾未见其能有今日也。是故，亚洲今日诸种，如支那，如印度，尚不至遂为异种所克灭者，亦以数千年教化有影响果效之可言。”[1] 在另一处，严复写道：“且吾民之智德力，经四千年之治化，虽至今日，其短日彰，不可为讳。顾使深而求之，其中实有可为强族大国之储能……使一旦幡然悟旧法陈义之不足殉，而知成见积习之实为吾害，尽去腐秽，惟强之求，何贫弱奴隶之足忧哉？”[2] 这样的论述，才代表严复对传统的核心理念。严复之所以要在现实上否定与传统的任何勾连，一方面是体现改革的时代特征，就是要与世界的先进理念先进体制接轨；另一方面则是要张扬改革的决心和气度。没有这样的决绝勇气，改革是很难走出决定性的一步的。严复认为，中外历史上成功的改革者，都有这样伟大的气度。他说：“最近莫若日本，稍远则有普鲁士之弗烈大力，俄罗斯之大彼得。方其发愤自图强，其弃数百千年之旧制国俗，若土苴然。”[3] 在严复的改革意识里，能够毅然决然地与传统诀别，这是成功的大改革家的共同选择，也是他们共同的文化理念。严复的这一文化观念，与大宋改革家王安石提出的“天变不足畏，祖宗不足法，人言不足恤”的观点，与近代改革家冯桂芬提出的“法苟不善，虽古先吾斥之；法苟善，虽蛮貊吾师之”的观点，其实是一个意思，都是在显示改革的勇气和决心。这是真正改革必须有的眼力和见识。必须有革命的气势、革命的精神，才能做好改革的举动。

与文化思想上激进的批判观念相对照，严复实际上是非常保守的。严复不仅反对革命，也反对计划不周、盲目躁进的改革。与改革相比，严复实际上更钟情于通过教育一步步改变人的思想观念和精神状态，以此推动历史的进步。一方面是现实上保守的、渐进式的改革，另一方面是文化上激进的、彻底的批判，严复的改革视域就是这样一种很奇怪的搭配。

---

[1] [法]孟德斯鸠著，严复译：《法意》，北京时代华文书局2014年版，第307—308页。

[2] 王栻：《严复集》第四册，中华书局1986年版，第933—934页。

[3] 王栻：《严复集》第三册，中华书局1986年版，第560页。

## 四、严复改革思想的核心追求

近代中国的核心主题是追求国家的富强，严复改革的核心理念一是利民，二是强国。利民与强国，既是中国古老长存的政治观念，也是近代在列强刺激下产生的新思想。在魏源、冯桂芬等人的观念中就已经认识到，富民是强国的基础。他们把富民看作通过发展近代工业需要才能实现的目标，他们没有认识到，富民是需要一系列利民政策的落实才能实现的。“夫所谓富强云者，质而言之，不外利民云尔。”[1] 在严复的观念里，为政是否利民，是古代政治与现代政治、专制体制与民主体制、中国传统政治与欧美现代政治的一个重要区别。中国传统政治观念虽然不乏民本主义的思想和言论，但在实际制度层面，却完全是另外一回事。严复指出：“盖惟专制之国家，其立法也，塞奸之事九，而善国利民之事一。此可即吾国一切之法度，而征此言之不诬。顾用如是之法度，其国必不进也。”[2] 虽然传统的政治口号不乏为民、利民、宽民的字眼，但实际政治措施却处处以防民为主，以致形成一个全方位的以禁锢思想、压制人性为目标的文化和制度体系，“举天下之圣智豪杰，至凡有思虑之伦，吾顿八纮之网以收之”[3]。即以言论为例，严复指出：“中国自秦政以降，大抵以议法为奸民。然宋元以前，朝政得失，士犹得张口而议也。至于明立卧碑，而士之性灵始锢，虽然，犹有讲学，而士尚可以自通。至于今世，始钳口结舌，以议论朝政为妖妄不详之人，而民之才德识知，遂尽如斯密氏之所指。”[4]

打着为民、利民、爱民的口号，实际却做着防民、损民、害民的事，这是中国传统政治的一大特色。中国历史上的改革，几乎都是以增强国力、强大政府为目标，很少有富民、利民的考虑，以至于即使有为民的动机，在政治操作层次也无法做得到。严复研究对比中外历史的改革，然后得出结论：“嗟乎！彼外族之于政令也，大抵行一新法，其民生必加便，而国体必加尊。而吾国不然，甲午大挫以来，议行之新令亦不少矣，而大抵一事兴发，民之不便，必甚于前。又不然，则以利始者，必终于害。”[5] 在严复写出这一段话的时候（1906年），近代中国已经有了多次显要的改革，自强运动、戊戌变法、清末新政。人们设计规

[1] 王栻：《严复集》第一册，中华书局1986年版，第27页。
[2] 王栻：《严复集》第四册，中华书局1986年版，第970页。
[3] 王栻：《严复集》第一册，中华书局1986年版，第2页。
[4] 王栻：《严复集》第四册，中华书局1986年版，第907页。
[5] 王栻：《严复集》第一册，中华书局1986年版，第187页。

划，以及事后评价这些自上而下的改革，无一不是从政权的得失、国家的兴衰的角度，很少顾及到便民、利民这一政策目标，很少考虑到小民在这些改革中的得失，只有严复一个人看透了它们共同的弊端。严复如此看重改革的利民性、便民性、为民性，以至于得出这样的结论："治国之法，为民而立者也，故其行也，求便于民；乱国之法，为上而立者也，故其行也，求利于上……而不求便其民，斯法因人立，其不悖于天理人性者寡矣！"[1] 这样看来，中国自古以来的历次改革，大都是"悖于天理人性"的"乱国之法"；这样的改革，在严复的观念中，其不失败也是难矣。

为了走出这种长期形成的政治惯性和陷阱，严复为我们设计了一个新的改革思路和方法。第一，改革要谨慎。严复对改革的诠释最核心的部分在于，他把改革视为一种计划周密、部署稳妥的政治经营与社会进化的结合物。严复认为，人类社会是一个有机的、进化的、自然与历史相结合的复合体；个人的行为，对人类历史进程确实可以构成很大的影响；但是，那种以一己之力，旋转乾坤改变历史方向的人，实际上少而又少。"夫世之变也，莫知其所由然，强而名之曰运会。运会既成，虽圣人无所为力，盖圣人亦运会中之一物。既为其中之一物，谓能取运会而转移之，无是理也。"[2] 在这种认识前提之下，严复把改革视为一种非常不易、非常难得的成功，是不出世的伟大之人、周密深远的思虑与历史机遇的巧合，三者不可缺一才能做成的大事业。考察中外历史可见，真正成功的改革是非常少见的，大部分的改革都是由于这样那样的原因而流产。近代的中国，面临的是数千年未有的大变局，应付或操纵这样巨大的历史转折，无疑更需要谨慎而又谨慎。在检视了近代中国一系列失败的改革之后，严复不由自主感叹："呜呼！法固不可以不变，而变法岂易言哉！岂易言哉！"[3]

第二，改革应该设立宏大的目标，做细微的小事。近代中国的改革家，大都立有宏大愿望，着眼于宏大的目标。在维新或宪政的名义下，一开始就瞄准对重要的国家体制和机构的改动，制定这个政策，取消那个衙门等。严复反对这样的做法。他认为："中国立基四千余年，含育四五百兆，是故天下重器，不可妄动，动则积尸成山，流血为渠。"[4] 其次，国家机构重叠牵挂，"一行变甲，当先变乙，及思变乙，又宜变丙。由是以往，胶葛纷纶"。如果"无与为全局之

---

[1] 王栻：《严复集》第四册，中华书局1986年版，第1022页。

[2] 王栻：《严复集》第一册，中华书局1986年版，第1页。

[3] 王栻：《严复集》第四册，中华书局1986年版，第943页。

[4] 王栻：《严复集》第三册，中华书局1986年版，第632—633页。

画，与无与为长久之计”，则改革必然自毁前程以失败结局。他批评近代国人：“大抵吾人通病，在睹旧法之敝，以为一从夫新，如西人所为，即可以得无弊之法。”但实际的政治操作，远比这种理想的设计要复杂。“故变法之际，无论旧法之何等非计，新政之如何利民，皆其令朝颁，民夕狼顾，其目前之耗失，有万万无可解免者，此变法之所以难，而维新之所以多流血也，悲夫！”[1]无论改革多么重要、多么完美，都会有耗失，甚至会有流血。这也是改革最好不要动辄冒失变动重要国家机构的原因。

但是，改革从细微小事入手，无论对于朝中的权贵还是对于新入局的书生，都是非常陌生难以操作的。实际上，近代中国的改革，从洋务运动、戊戌变法，还是新政改革，设计者都是关注于朝廷大局、国家体制，只有严复与他们有完全不同的思路。严复的思路有两个：其一是去禁制，特别是去与民生相关的禁制。严复说：“盖工商民业之中，国家去一禁制，市廛增一鼓舞之神，虽有不便，特见于一偏一隅。而民气之所发舒，新业之所导启，为利至众，偿之不止于有余。”[2]小民或商民，在过去不能做的事，现在可以做了；过去不方便做的事，现在可以很方便地做了，这就是改革的起始。其二是做实事。在戊戌变法期间，康有为热衷于政治改革，要求建议会、开懋勤殿等；严复却提议让皇帝出访欧美，游历考察西洋政体。新政改革之始，国内热衷于先建国会与先组内阁的争论，严复则一再提议，主张先“伸杨、林诸人之冤狱”，其次缮葺京城道路。在1905年9月发表的《论国家于未立宪以前有可以行必宜行之要政》一文中，严复列举了他认为最紧要的改革事项：一圜法不可以不立也；一曰改良听讼之方，以达刑狱未改良之目的也；一各省地图不可以不详行测绘也；一曰法外治权不可不图所以渐收之术也。这些看起来无关紧要的细微小事，在严复眼里却有重大意义。它们或者是“国家果有意于新治”[3]的标志；或者是“图之其功甚易，成则其利甚溥。且事在迹象之间，为耳目之所日接，乃尚因循，不克振作如此，而其远且大者，庸可冀乎？”[4]严复的这些建议，与当政者的改革追求有极大差距，却显示了严复的改革观念的重大特色。

[1] 伍杰：《严复书评》，河北人民出版社2001年版，第43页。

[2] 伍杰：《严复书评》，河北人民出版社2001年版，第117页。

[3] 孙应祥、皮后锋：《〈严复集〉补编》，福建人民出版社2004年版，第227页。

[4] 王栻：《严复集》第三册，中华书局1986年版，第576页。

## 五、严复对改革的警示

严复改革思想的另一个重要内容是对改革的警示，是对改革可能会遇到的种种阻碍以及会产生的种种意想不到的后果的提醒。在严复看来，改革是一项极有风险的事业，失败的改革比成功的改革更为常见；改革不成，则会带来长久无法消除的历史裂痕，留下难以抚平的社会伤痛。他说："夫人类之力求进步固也，而颠阶瞀乱，乃即在此为进之时，其进弥骤，其涂弥险，新者未得，旧者已亡，伥伥以归，或以灭绝。……噫！此轻迅剽疾者之所以无当于变法。"[1] 而同时代的大多数人，则对改革抱有非常简单而浪漫的观念。正如康有为所说：所谓的改革，只要皇上下一纸诏令，就"雷霆震声，皎日照耀，一鸣惊人，万物昭苏，必能令天下回首面内，强邻改视易听"[2]。在政治浪漫主义思潮盛行的近代中国的政界和思想界，严复是难得清醒的现实主义者。

从警示与提醒的角度，严复对中国历史上各种失败的改革，都作了认真的研究。据严复的考察，中国近代史上第一次改革，即洋务运动的失败，根本原因在于整个社会基本上都站在改革的对立面。他说："中国自海通以来，咸同间中兴诸公，颇存高瞻远瞩之概。天津、江南之制造局，福州之船厂，其尤著也。顾为之者一，而败之者十。畛域之致严，侵蚀之时有，遂使事设三十余年，无一实效之可指。"[3] 第二次改革，即戊戌变法的失败，则是另外一种原因，严复认为主要是由于领导人的观念、素质和领导方法问题。他说："中国时局果真使不可挽回，未必非对山等之罪过也。轻举妄动，虑事不周，上负其君，下累其友，康、梁辈虽喙三尺，未由解此十六字考注语；况杂以营私揽权之意，则其罪愈上通于天矣。"[4] 第三次改革，即清末新政改革的失败，在严复眼里其原因就更复杂了，比如改革操作失序，时而停滞不前，时而冒失激进；改革忽视民生，致使各地饥荒频仍；改革过于专权，把众多合作者都赶到敌对方；而最主要的原因则是领导改革的"摄政王及其大臣们的极端无能"[5]。

严复特别关注的另一次改革是宋代的熙宁变法。对于中国历史上这次重要改革，严复一直充满疑惑。他说："吾国史书之中，其最宜为学者所深思审问，

[1] 王栻：《严复集》第五册，中华书局1986年版，第1242页。
[2] 汤志钧：《康有为政论集》，中华书局1981年版，第221页。
[3] 王栻：《严复集》第四册，中华书局1986年版，第888—889页。
[4] 王栻：《严复集》第三册，中华书局1986年版，第533页。
[5] 孙应祥、皮后锋：《〈严复集〉补编》，福建人民出版社2004年版，第299页。

必得其实而求其所以然者，殆无如熙宁变法之一事。”[1] 他认为，在当时那个天时、地利、人和都具备的环境下，王安石的改革竟然以失败告终，原因确实令人费解。经过种种追索，他最后得出结论，认为“王荆公青苗雇役诸法，用之于浙东而民受赐，用之于天下而民流离”[2]，原因在于：“荆公之大蔽二：一不知政之宜于一郡一州者不必宜于天下，犹之今日之法，其宜于甲国者不必宜于乙国也；一不知人之攻我而立异者，不必皆奸人；而其助我而和同者，亦不必皆吾利。”[3] 由此，严复总结道：“同一法也，施之于彼时而利生，出之于此时而害著，其见于历史者众矣。一曰形势之不同，二曰用人之各异，三曰用意之有殊。”[4]

在检讨了中国历史上多次改革失败的原因之后，严复对中国未来的改革提出了两点重要警示：

其一，中国改革不能走德、日近代改革的道路。中国与日本同为东方儒教文化圈的国家，自近代之始同受西方列强的侵略。但日本通过明治维新这一成功的改革，迅速成为世界强国，先是在甲午战争中打败中国，后在日俄战争中打败俄国，其崛起之快速为世界所瞩目。中国先进人物，在戊戌变法中就把日本列为学习的对象。日俄战争后，学习日本更是被列为国家首要政策。由此，大批留学生被派往日本，学习日本的强国经验。其实，日本新的治国理念大多取自德国，于是，德国的成功之路也很快为近代中国知识分子所心仪。但是，严复对中国的这一政策和思想取向一直持批评态度。他通过各种渠道向国人传播一个观念：德国与日本改革理念和成长之路，确实有我们中国应该学习的地方。比如德国，严复说：“德意志联邦，自千八百七十年来，可谓放一异彩，不独兵事船械，事事见长，起夺英、法之席；而国民学术，如医、如商、如农、如哲学、如物理、如教育，皆极精进。”[5] 对于日本，严复说：“往者东方日本，尝与我同其弊矣。癸巳、甲午之交，力争于各国而革之，非以其兵力胜也。”[6]“日本与中国，同时被创于西人者也，顾三十年之顷，日本勃然以兴，而中国痿然若不可救。”[7] 德、日的这些成就，国人都看在眼里，羡在心中，而他们这些成就的背后，其成

[1] 王栻：《严复集》第四册，中华书局1986年版，第1150页。
[2] 王栻：《严复集》第四册，中华书局1986年版，第1024页。
[3] 王栻：《严复集》第四册，中华书局1986年版，第1151页。
[4] 王栻：《严复集》第四册，中华书局1986年版，第1024页。
[5] 王栻：《严复集》第三册，中华书局1986年版，第616页。
[6] 王栻：《严复集》第四册，中华书局1986年版，第901页。
[7] 王栻：《严复集》第四册，中华书局1986年版，第958页。

功的另一面国人就不知道了。为此，严复一再提醒国人道："西方一德，东方一倭，皆犹吾古秦，知有权力，而不信有礼义公理者也。……且借天演之言，谓'战为人类进化不可少之作用'，故其焚杀，尤为畅胆。……故使果有真宰上帝，则如是国种，必所不福，又使人性果善，则如是学说，必不久行，可断言也。"[1] 严复认为，德、日的改革之路，虽然有其值得学习的内容，但总的来说它所代表的是一条蔑视公理，崇拜强权，给人类各国带来战争、掠夺和民族压迫等苦难现实的发展方向。这样的改革，可能会使其国在短时期受益，但决不可能让其长久幸存。为此，严复一再指出"顾从其终效而观之……如此谋国，其眼光可谓短矣"[2]。当然，所谓的德、日的改革之路，其实也是西方列强崛起的共同元素，只是在德、日两个国家表现得更为集中、更为强烈而已。这样的改革追求，在严复眼里就是一条亡国之路，是必须要避免的。

其二，中国改革不能有"耳食而盲随"的思想。中国近代的改革是从学习列强的富强理念与治国理政方针开始的，于是，对列强经验的介绍、学习、引进和模仿，成为近代中国改革的一个基本路数。领导中国改革的人，他们引进日本的体制、德国的体制、美国的体制；一个又一个外国的学者和思想家的著述和观念被介绍到中国，成为中国改革的指导者，"西方有多少主义，中国就有多少市场"[3]。作为一个志在传播西学的思想者，严复对中国思想界、政治界盲目模仿西方的改革取向十分震惊。（早在戊戌变法期间他就属文，提醒国人特别注意一个错误的观念："吾欲富强，西洋富强之政有在也，何不踵而用之。于是其于朝也，则建民主，开议院；其于野也，则合公司，用公举。练通国之兵以御侮，加什二之赋以足用……"对此，严复指出："如是而亦期之以十年，吾知中国之贫与弱有弥甚者。"[4] 其实，早在洋务运动时期，这种模仿西方的改革就已经开始了。严复说："夫自海禁既开以还，中国之仿行西法也，亦不少矣；总署，一也；船政，二也；招商局，三也；制造局，四也；海军，五也；海军衙门，六也；矿务，七也；学堂，八也；铁道，九也；纺织，十也；电报，十一也；出使，十二也。凡此皆西洋至美之制，以富以强之机，而迁地弗良，若亡若存，辄有淮橘为枳之叹。"[5]）到了清末新政，这种盲目模仿的改革势头丝毫未减，严

[1] 王栻：《严复集》第三册，中华书局1986年版，第622页。

[2] 王栻：《严复集》第三册，中华书局1986年版，第620页。

[3] 王中江：《进化主义在中国》，社会科学文献出版社1999年版，第237页。

[4] 王栻：《严复集》第一册，中华书局1986年版，第13页。

[5] 王栻：《严复集》第一册，中华书局1986年版，第15页。

复指出："自庚子以来，中国废科举、立学校，而责人才于斯，大抵取法西国；然不知其本原之甚异而不同，故愈益为之而弊辄见。呜呼，可忧也已！"[1]甚至革命之后的中国，也是追随前清的改革套路；新建立的民国，仍然完全照搬外国的体制，其最终结果仍在严复的预料之中。

后起的发展中国家，以改革的方式，追随早期现代化国家的富强之路，这是一个普遍现象；但如果不考虑本国的文化特色和现实条件，以一种"耳食而盲随"的观念和方式，照搬西方的政体和治国理念，其失败的结局是很难避免的。在这一方面，严复的警示和预言不仅针对大清与民国，而且有深刻的思想含义。

有一位学者曾经说过这样一段话，大概意思是：一个时代的倾向，在它的地位低下的作者中，经常比在那些居高临下的天才作家中的表现更加明显一些。后者告诉我们他们所生活的时代，也告诉我们过去和未来，他们是属于一切时代的。依照这样区分，严复无疑就是那种属于一切时代的天才作家。他对清末、民初以及其他时期的改革关注和研究，并不完全受限制于那个时代，而是具有更宽广更深远的历史价值，至少在今天，在我们把改革奉为实现中国梦的基本动力的当下，严复的观念仍然有一定的参考价值。这也是我们今天必须对他的改革思想给予关注的理由。

## 第二节　严复的改革思想：理想与现实的差距

在近代思想史上的严复不仅是一个了不起的启蒙思想家，还是一个重要的社会改革家。但是，严复的启蒙思想与改革观念之间，是有一个很大的鸿沟的。

### 一、严复的公理观念

严复最初是作为洋务运动选才而进入近代历史舞台的。1895年中国甲午战败的刺激，使严复由洋务阵营中的一个默默无闻的中级官僚，一变而成为中国文化舞台上万人瞩目的启蒙思想家。此后的十几年，严复一面游走于多种官场和社会活动的边缘，一面把主要精力投入到思想启蒙的事业中。与同时代那些杰出人物的想法一样，严复也感觉他们正在经历一个翻天覆地的历史转折时期，这个时期急需一个新的观念体系取代旧的儒家文化。为此，康有为构造了一个思想领域的

[1] 王栻：《严复集》第四册，中华书局1986年版，第1210—1211页。

大同世界，谭嗣同构作了一个新的仁学体系。严复与他们的做法不同，他没有像他们那样急匆匆地一挥而就，一个新的观念世界就被勾勒出来。严复细致地、一点一滴地表达自己的意见，他通过译著、论文和在译著中所加的按语，在历史、哲学、经济各个领域表达自己的理念，慢慢地使自己的思想形成一个完善的系统。

对严复来说，所有这些思想观念的表达和阐述，都是以追求富强这一现实的主题为原点展开的。王尔敏说："近代中国朝野，富强之想望，实为思想发展之核心观念。所有各时期展放五光十色之言论学说，门户分明，其中心理念，最终愿望，无不在以致中国之富强为目标。中国近代思想，万途同归，其原始基础，实以富强为中心主流。"[1] 王中江称"富强"是近代中国知识人"最高的共同关怀"，也是"近代中国社会动员诉诸的最强有力的符号"[2]。在中国近代史上，林则徐、奕䜣、曾国藩、李鸿章、张之洞曾经关注富强问题，魏源、徐继畬、冯桂芬曾经为富强著述，康有为、梁启超、谭嗣同曾经为富强奔走。不同的群体对富强问题的处理方式各有不同。有人把富强归结为船坚炮利，有人归结为中体西用，还有人从维新变革的角度寻求自强的出路。身为洋务运动的一员，又有出国留学的经历，严复却从西方社会科学家的论述中找到了对中国富强的全新的理解。面对众多西方思想家，严复最钟情的是斯宾塞，并深为斯宾塞的具体的立论与包罗万象的体系着迷。他认为，斯宾塞"以天演自然言化，著书造论，贯天地人而一理之"[3]。换句话说，斯宾塞创造了一个可以解释一切，包括宗教、政治、军事、文化、商业、农业等等现实现象的思想体系。罗兰·斯特龙伯格说："斯宾塞致力于建构一种普遍的进化理论"，他"把自然界和人类社会归结为同样原理。他把这些原理概括为，从同质性向异质性的进化，从无差别到有差别的进化，从分离到统一的进化"[4]。在《原强》一文中，严复开篇即说："今之扼腕奋舌，而讲西学，谈洋务者，亦知五十年以来，西人所孜孜勤求，近之可以保身治生，远之可以利民经国之一大事乎？"[5] 所谓的"保身治生""利民经国"的"一大事"是什么呢？进一步论述，原来是达尔文的进化论和斯宾塞的社会学。通过斯宾塞，严复不仅获得对中国富强的新观念，纠正了以往个人思想

[1] 王尔敏：《中国近代思想史论》，社会科学文献出版社2003年版，第170页。

[2] 王中江：《近代中国的"自强主义思维"》，《中国社会科学报》2010年5月11日。

[3] 王栻：《严复集》第五册，中华书局1986年版，第1320页。

[4] [美]罗兰·斯特龙伯格著，刘北成等译：《西方现代思想史》，中央编译出版社2005年版，第332页。

[5] 王栻：《严复集》第一册，中华书局1986年版，第5页。

与气质的偏颇，还获得了对中外历史与文化的新的理解。不过，严复虽然敬服斯宾塞，但在展开与形成自己观念的过程中，严复并没有照搬斯宾塞庞大的社会学原理，而是结合中国现实需要，一方面吸取斯宾塞思想中的重要观念，同时又联系了达尔文、约翰·穆勒、亚当·斯密、孟德斯鸠，以及中国的老子、庄子等思想大家的材料，构筑自己的思想体系。

这样，从对中国的富强这一具体切实的现实问题的关注开始，严复上下求索，追寻中外思想，探索古今历史，把思想探索的触角深入到历史的根源、哲学的最高层，把对富强问题的探究，变成一个深沉的对东西方文化对比、对人类发展的动力与前景这样一种具有无限探究和普遍意义的学术课题的回答。这样的解答，无疑已经远远超过了对一个简单的现实问题的理解，而成为一个对人类普遍价值的诠释。严复把自己在这一层面思考探索的结论称之为公理。公理在严复的思想体系中占有很重要的地位。严复认为富强的基础是公理，“英国与诸欧之所以富强，公理日伸，其端在此一事”[1]；人类立法与政治的基础也是公理，“法典者，缘公理而立者也”[2]。那么，什么是公理呢？严复的回答是：“夫公理者，人类之所同也。”近代以来，先进的中国人向西方学习的过程，也是寻求公理的过程。严复的特殊价值就在于他把现实的具体要求与寻求公理的普遍性探索联系在一起。这样的思考路径，在中国近现代史上，严复可能是唯一一人，这也可能是严复思想魅力和价值的真正所在。

那么，严复从中国追求富强这一原点出发，他所寻求到的公理是什么呢？概括地说，它是由下列几个框架或原则构成的：

第一，人类的历史是一个由低级到高级、由简单到复杂的不断发展不断进化的过程。这是一条从斯宾塞、达尔文、穆勒、甄克斯等西方社会科学家那里得到的共同信念。进化不是简单的成长，而是残酷的生存竞争。物与物竞，人与人竞，民族与民族竞，国家与国家竞。胜者存活，败者灭亡。在人类达到最后那一和谐美好的社会前景之前，将有无数失败者被淘汰。而目下的中国，就面临着在世界各国的生存竞争之下由一系列失败而引发的被彻底淘汰的命运。要避免这一结局，中国的唯一选择就是迅速富强，成为可以与西方列强同起同坐的强国之一。为此，严复发出了强烈的呼吁：“今吾国之所最患者，非愚乎？非贫乎？非弱乎？则径而言之，凡事之可以愈此愚、疗此贫、起此弱者皆可为。而三

[1]王栻：《严复集》第四册，中华书局1986年版，第969页。

[2][法]孟德斯鸠著，严复译：《法意》，北京时代华文书局2014年版，第2页。

者之中，尤以愈愚为最急。……继自今，凡可以愈愚者，将竭力尽气皲手茧足以求之。惟求之能得，不暇问其中若西也，不必计其新若故也。有一道于此，致吾于愚矣，且由愚而得贫弱，虽出于父祖之亲，君师之严，犹将弃之，等而下焉者无论已。有一道于此，足以愈愚矣，且由是而疗贫起弱焉，虽出于夷狄禽兽，犹将师之，等而上焉者无论已。何则？神州之陆沈诚可哀，而四万万之沦胥甚可痛也。”[1]

第二，对于中国这一历史悠久、一度曾经文明昌盛的国家来说，一个非常令人困惑的问题就是为什么在进化的道路上中国未能保持强劲的发展势头，而落后于后起的欧洲列强？严复在介绍斯宾塞等人的著述之时，花了很多笔墨研究中国的历史、文化特征。他认为，近代中国的落后、挨打不是由于缺乏坚船利炮，不是由于中国人不善会计、不擅机巧，也不是因为没有议会制、选举制、三权分立等，而是因为中国文化中缺乏科学精神、自由精神与合理的利己主义。严复认为，西洋近代富强，原因很多，包括政治的因素、宗教的因素等，而科学技术所发挥的作用却是最重要的。但是，对于中国来说，科学的作用不仅在于“为富强本计所必需”[2]，更重要的是“为变化士民心习所不可无”[3]，因为科学以逻辑为方法，以谨严、务实、公正为基本精神，这三者，本是人类最宝贵的品格，却又是中国文化中最缺乏的因素。“夫中国自古至今，所谓教育者，一语尽之曰：学古入官已耳！……一国之民，二千余年，非志功名则不必学，而学者所治不过词章，词章极功，不逾中式，揣摩迎合以得为工，则何怪学成而后，尽成奴隶之才”[4]。治疗此种国民性格的弊病，唯有物理科学。“一切物理科学，使教之学之得其术，则人人尚实心习成矣。呜呼！使神州黄人而但知尚实，则其种之荣华，其国之盛大，虽聚五洲之压力以沮吾之进步，亦不能矣”[5]。

与科学精神同等重要的是自由精神。“自由”二字之意义为严复首先发现，他把有无自由精神视为中西文化的最根本的区别。“夫自由一言，真中国历古圣贤之所深畏，而从未尝立以为教者也。彼西人之言曰：唯天生民，各具赋畀，得自由者乃为全受。……侵人自由者，斯为逆天理，贼人道。”[6] 严复在自己的

[1] 王栻：《严复集》第三册，中华书局1986年版，第560页。
[2] 王栻：《严复集》第二册，中华书局1986年版，第283页。
[3] 王栻：《严复集》第二册，中华书局1986年版，第283页。
[4] 王栻：《严复集》第二册，中华书局1986年版，第281—282页。
[5] 王栻：《严复集》第二册，中华书局1986年版，第282页。
[6] 王栻：《严复集》第一册，中华书局1986年版，第2—3页。

著述中，对自由精神的论述最多，研究也最为透彻。他辨析了欧洲思想史上对自由的不同理解，阐述了在当下中国，国家自由与个人自由的关系，审视中西历史上自由所遭遇的不同对待。对比中西历史，严复惊讶地发现，在中国，无论是政是教，几乎从来没有过对自由的容纳；反观欧洲，即使在中世纪，也到处都激荡着自由的呼声。由此他怀疑，中西文化不仅有动态的、时间序列的差异，更有静态的、空间序列的不同。出于对自由的深切理解，严复在自己的著述中处处发出对自由的呼吁和渴望。他说："处大通并立之世，吾未见其民之不自由者，其国可以自由也；其民之无权者，其国之可以有权也。"[1] 严复同时阐述，自由的基础之一是民权，民有权才志于自立；自由的基础之二是宽容异己，言论自由，特别能够容纳反对自己的意见。在解释自由的这一层意义时，严复特别突出了自由本身所具有的绝对的、至高无上的地位，任何其他借口，哪怕是为了维新变法，为了传播西学，为了富强进步，都不能阻止思想言论之自由，不能阻止反对意见的表达。正是通过这样的观点，严复凸显出对自由精神超乎寻常的理解和重视。

合理的利己主义在严复的著述中表面上不占有特别突出的地位，但它也是严复最重要的思想发现和特殊贡献之一。利己观念的重要，是严复通过翻译亚当·斯密《原富》发现的。通过斯密，严复认识到，合理的利己主义在人类历史进步中占有异乎寻常的地位；从否定利己行为到肯定利己行为，这是历史与文明进步的表征。严复说："治化之所难进者，分义利为二者害之也。孟子曰：'亦有仁义而已矣，何必曰利？'董生曰：'正谊不谋利，明道不计功'。泰东西之旧教，莫不分义利为二涂。此其用意至美，然而于化于道皆浅，几率天下祸仁义矣。"[2] 严复提出，经济学家对人类道德观念的一大贡献，就是认识到逐利是人类一切行为的最根本的动力，由此必须承认，逐利也是人类重要的道德行为。严复称此为"非谊不利，非道无功"[3]。这一观念一方面颠覆了中国传统文化的核心价值，同时又成为构建近代伦理观念的基础。在严复看来，世上并没有什么君子与小人的分别，因为"天下有浅夫，有昏子，而无真小人"，小人逐利，君子也在逐利，如果小人追逐"长久真实之利，则不与君子同术焉，固不可矣"[4]。到了这一层次，义与利、君子与小人，似乎实际就合二为一没有什么区

[1] 王栻：《严复集》第四册，中华书局1986年版，第917页。
[2] 王栻：《严复集》第四册，中华书局1986年版，第858页。
[3] 王栻：《严复集》第四册，中华书局1986年版，第859页。
[4] 王栻：《严复集》第四册，中华书局1986年版，第859页。

别了，“故天演之道，不以浅夫昏子之利为利矣，亦不以谿刻自敦滥施妄与者之义为义，以其无所利也。庶几义利合，民乐从善，而治化之进不远欤”[1]。这是严复从肯定合理的利己主义而导演出的新的义利观。

第三，民主制度是人类进化的极致。许多人认为，严复思想的主要关怀是国家的富强，这话并不错，严复的大部分思想探索都是围绕国家的富强展开的。但与此同时，追求民主却在严复的观念体系中占有终极与核心的地位。在严复这里，民主不仅代表一种政治体制，同时还是人性、公理以及所有人类美好理想的集中体现。民主不是乌托邦，而是切实的现实目标；民主也不是批判的口号，而是通向各国人民心中最美好最向往的居所。这样美好的制度当然不是随心所欲就可以实现的，必须有相应的民德、民智、民力作为基础。由于客观条件所限，严复从不主张在中国即刻就实现最完善的民主制度。由于中国的现实状况和紧迫目标所限，严复也没有把思考的中心放在民主体制的构建这一问题上，对民主的集中论述并不多。但是，只要一有机会，严复就表述他对民主的深切的憧憬。他说：“民主者，治制之极盛也。使五洲而有郅治之一日，其民主乎？”严复认为，利用历史的力量，成就个人的功业，这样的人在古今中外可以数出很多。但带领全体国民实现“天下至精之制”者，则唯有华盛顿一人而已。由此，严复对这位美国国父表达了由衷的敬佩：“夫倡义声于天下，身率平等之众，诚意足以感孚，力任其难，功成治定之余，拂衣归田，身仍一民而已。其心存于救世，故何尝欲取同类而陵驾噢咻之哉！此吾所以低徊流连于美之华盛顿也。人称其迈百王，诚哉！其迈百王也。”[2]

公理的内容，大致如此。这样的公理，显然不是一个空洞的外交词汇，不是近代国人在提到列强欺凌弱国时常说的“有强权无公理”的公理，而是对人类命运深层的总体的探究与把握。对于这些公理，严复本人非常珍重。在严复看来，公理不仅是中国富强的根基，也是世界大通之时，人类沟通、联络与存在的基础。他说：“古之各国，大抵不相往来者也。……至于近世三百余年，舟车日通……通则向者之礼俗宗教，凡起于一方，而非天下之公理，非人性所大同者，皆岌岌乎有不终日之势矣。当此之时，使其种有圣人起，席可为之势，先其期而迎之，则国蒙其福。……后其时而距之，则民被其灾。灾福不同，而非天下之公

[1] 王栻：《严复集》第四册，中华书局1986年版，第859页。
[2] 王栻：《严复集》第四册，中华书局1986年版，第965页。

理，非人性所大同，其终去而不留者，则一而已矣。”[1] 未来世界就是公理的世界，也就是民主自由、人类平等的世界。虽然严复思想中绝少乐观主义的色彩，但在这一点上，他却非常自信而且满怀希望。

## 二、严复的政治追求

严复的纯思想层面对西方思想家的所谓公理观念的推崇和介绍，构成近代中国的思想主流，也是我们所熟知的严复思想的主要内容。但是严复的思想探索和议论远不止这些，在许多具体的领域诸如教育、经济、政治、外交等，他也经常表达自己的见解。严复在这一方面的观念可以概括为：

以开明专制为核心的政治观念。严复一生在政治上经历了从专制到共和，政治体制的动荡不安反复变幻的一段历史，但他本人对中国现实政治的要求一直停留在开明专制这一层。戊戌维新时期，康有为等人督促清政府接二连三推出诸如废八股、改科举、设议院、设制度局、建懋勤殿等一系列改革措施。而严复给光绪皇帝的上书只推出联各国之欢、结百姓之心、破把持之局等三条建言[2]。1911年10月，武昌辛亥革命爆发，严复力阻在中国实行共和制。他批评武昌首义志士的排满、革命、共和为“取一时之意，而贻祸彼之子孙”[3]，从此要使中国陷于混乱分裂。他赞成中国实行君主立宪，支持袁世凯组阁。他对民国体制中的政党、议会等都持批评态度，认为“党非佳物”，政党制“使政客成为一种之生业。党利居先，国计居后，作用日富而忠信日微”[4]。借批评法国大革命之初的国会是“三百无赖，四百愚夫，更无余物”[5]，严复告诫民国国会议员须有“士君子之风”，要“各以一身而为尧、舜、禹、文之一分子”[6]。1913年11月，袁世凯乘“二次革命”失败之际解散国民党，使共和政体名存实亡，严复对此表示理解，认为，“如此大事，而全国阒如，此上之可以征中央之能力，下之可以窥民情之伏流”[7]。从富强的现实需要出发，面对民国政治纷乱的局面，严复开出的唯一药方就是“天下仍需定于专制”。对共和的怀疑与对专制的钟爱是严复一个解不开的心结，为此也给后人留下了沉重的思绪。

[1] 王栻：《严复集》第四册，中华书局1986年版，第989—990页。
[2] 王栻：《严复集》第一册，中华书局1986年版，第77页。
[3] 王栻：《严复集》第三册，中华书局1986年版，第556页。
[4] 王栻：《严复集》第二册，中华书局1986年版，第306页。
[5] 王栻：《严复集》第二册，中华书局1986年版，第326页。
[6] 王栻：《严复集》第二册，中华书局1986年版，第325页。
[7] 王栻：《严复集》第三册，中华书局1986年版，第613页。

以民生为基点、以富强为归宿的经济观念。严复曾经研究西方列强各国的现代化的经历。他总结道：世界第一强国英国走的是自由主义的经济发展之路，英国自由主义经济政策得自斯密的指导，同时也较好地体现出世界公理的理念；后起的强国德国走的是贸易保护主义的发展之路。这样的经济政策虽然有悖于公理，但对于推动德国的经济发展却非常有效。那么，对于外有列强环伺、不平等条约压迫，内受各种赔款协定盘剥的中国来说，应该走什么样的现代化之路呢？严复总结了导致中国民困国贫的七大原因："生齿日滋，野不加辟，一也；庶政并举，竭泽而渔，二也；投机企业，往往失败，三也；赔款稠叠，负担日重，四也；币制放纷，无形之损，五也；旧赂新夺，同于朘民，六也；国无信用，为渊驱鱼，七也。"[1] 基于对这种内外交困局面的思考，首先，严复认为，现今的中国，既不可能走英国的自由主义的发展之路，也不能走德国的保护主义的工业化之路。他也不主张急着在中国造洋布、建呢厂以及投资于玻璃、造纸、汽电等所谓的"强为效颦之实业"[2]，与众人都把发展的眼光盯在近代实业的思路不同，严复特别重视农业的重要性，认为中国应该优先发展农业。因为中国是传统的农业国家，在农业上有很多优势，发展农业既避开了与列强各国的贸易之争，又解决了中国当下最严重的民生困苦的问题，还能为日后工业的振兴提供原料和销路。严复的这一设计既不同于后起现代化国家一般遵循的"进口替代"或"出口导向"的模式，也不同于中国近代史上优先发展军事工业和重工业的思路，却与近代美国的发展有些近似。其次，严复认为当下中国应该尽快解决眼前的货币、税收的混乱和经济政策的诸多不协调。另外，严复还把铁路与矿业视为中国致富强的首要之举，认为"中国而不求富强，则亦已耳。必求富强，其要著发端，在开铁路。铁路开，则诸矿业至于一切制造树艺之事，将相随以自生，而又于国家无大费"[3]。严复本人于路、矿两业做过很深的研究，故相当熟稔。他不仅熟知路、矿的重要，而且还提出详细的修路建矿的具体路数。比如要走公私商办之路，要与国外公司合作，并保持中国主权。甚至干路支路如何分营、矿脉如何探测、合同如何修订等等，严复都有具体细微的指导。但是，严复的这些建议与他诸多的经济观念一起，都没有获当局与社会的理解和重视。

泯中西之别，废古今之争，学为国家所用的教育理念。教育是严复非常重

[1] 王栻：《严复集》第二册，中华书局1986年版，第296页。

[2] 王栻：《严复集》第二册，中华书局1986年版，第297页。

[3] 王栻：《严复集》第一册，中华书局1986年版，第105页。

视的一个领域。严复长期从事教育，对教育问题作过很多论述。严复在教育上一个最有特色的地方是他的观念一直与社会的主流观念相左。当社会只知道船坚炮利，尚不知西学为何物的时候，严复就开始大谈中西观念之别，大谈“圣人牢笼天下，平争泯乱之至术”，造成今日中国的“民智日窳，民力日衰”[1]；而西方“人人各得自由，国国各得自由”[2]的文化，是其富强的根源。庚子事变之后，中国改革之议兴起，西学深入人心；中西之争、激进与保守之争日盛一日。严复此时再不谈论中西观念之别，却提出中学与西学互为依存的说法，认为西学愈输入，则中学愈昌盛，“盖中学之真之发现，与西学之新之输入，有比例为消长者焉”[3]。辛亥革命之后，中国的政治文教体制，一切唯西方是从，严复却大谈孔孟之教不可废，“四书五经”不可废，纲常伦理不可废。

然而，严复的教育观念有一点却坚持始终，这就是教育必须因地制宜，为国家服务。在这一总的理念之下，他反对国家包揽教育，主张自由竞争；他反对时下流行的那种将就的、应急的、趋时的教育政策，主张从根本上、基础上培养学贯中西的人才；从国家富强的现实需要出发，严复把实业教育放在特别重要的地位。严复对实业教育的重视，在当时可谓独树一帜。他说：“教育之要……一言蔽之，不欲其仅成读书人而已。”[4]“言今日之教育，所以救国，而祛往日学界之弊者，诚莫如实业之有功。盖往日之教育笃古，实业之教育法今；往日之教育求逸，实业之教育习劳；往日之教育成分利之人才，实业之教育充生利之民力。”[5]实业教育的目标是培养实业家，工商实业家是救国人才，但工商实业家却不能专靠教育养成，“必其人受益于学堂者十之四，收效于阅历者十之六，夫而后为真实业家”[6]。这样的教育观念，不仅在当时，就是今天看来也是很有意义的。

“相忍为国”“乘机利用”的外交观念。严复对列强各国自鸦片战争之后对中国政治、经济、文化等的侵略行为十分愤慨，对清王朝的颟顸无知、“重外人而自践其民”[7]的媚外外交十分气恼。义和团运动之后，中国的民族主义兴起，排外观念激烈，严复对此也大不以为然：“吾国自庚子以还，时论实以排外

[1] 王栻：《严复集》第一册，中华书局1986年版，第2页。
[2] 王栻：《严复集》第一册，中华书局1986年版，第3页。
[3] 王栻：《严复集》第一册，中华书局1986年版，第156页。
[4] 王栻：《严复集》第一册，中华书局1986年版，第205页。
[5] 王栻：《严复集》第一册，中华书局1986年版，第206页。
[6] 王栻：《严复集》第一册，中华书局1986年版，第207页。
[7] 王栻：《严复集》第四册，中华书局1986年版，第1007页。

为有一无二之宗旨。其所异于前者，向则傲然懵然，以外人为夷狄而排之；今也耸然惕然，知外人之智力为优胜而排之”。他称前者是“野蛮之术”，称后者是“文明排外”[1]，其实都是对国家极其有害的行为。严复认为，以中国目下的弱国事态，在列强的包围之下，中国应该“相忍为国”，不能与列强各国冒启事端，不能再犯义和团那样的愚蠢的外交错误。但是，中国在外交上也并不是一无可为，中国依然可以通过结盟的方式，打开列强的缺口，寻求国际力量的支持，拓展自己的生存空间。早期严复曾经主张中国与俄国结盟。第一次世界大战开始后，严复一力坚持中国应该加入协约国一方对德参战。可惜的是，严复的观念与大众的认识相差太大，他的诸多思想和建言都被淹没在吵吵闹闹的党派之争中，没有发挥出一点儿积极的影响。

## 三、严复的经验意识

严复的思想包含有公理与经验两个层面的内容，其在经验层面的论述，今人多视之为其公理思想的延伸。严复作为一个启蒙思想家，他的有关现实政策的观念，很自然地也就是其启蒙思想的一部分了。但实际上，严复的关于现实政策的论述大都是自成一体，与其以公理观念为主要内容的启蒙思想没有多大关系。严复的经验性观念，不仅不是他的公理性观念的自然延伸，许多地方还与其公理观念完全违背。公理与经验，不仅代表了严复两个不同的思想领域，而且体现了两种不同的思想标准。比如：

第一，严复公理观念是绝对主义的、一元主义的，而其经验观念则是多元主义的、相对主义的。在公理的层面，严复树立了一个绝对的、不容怀疑的理念和标准，民主、自由与进化等等，在严复这里构成了一种终极的追求和目标，具有绝对的、无可替代的价值。在严复的公理概念谱系中，自由居于核心的地位。由对自由的理解与推行的差异，导致中西社会的政治体制的不同，行为观念的不同，风俗习惯的不同，理财观念的不同，知识追求的不同，以至于今日的贫富强弱的不同。“夫世界最为富厚文明之国，居今数之，非英欤？非法欤？非美欤？而自由之盛，政理之平，殆与其富为比例。”[2]由此，面对洋务官员宣扬的“中体西用”折中主义、相对主义的理念，严复针锋相对地提出了“以自由为体，以民主为用”这一一元主义、绝对主义的口号，以清除洋务运动在公理层面

[1] 王栻：《严复集》第四册，中华书局1986年版，第1005页。
[2] 王栻：《严复集》第四册，中华书局1986年版，第983页。

制造的混乱。但是，在经验的层面，严复则完全是一个价值多元主义者，他所推崇的不仅有民主、自由这样的公理，同时也有许多与之甚为不同，甚至完全对立的观念。他赞赏英国、美国这样的民主政体，也推崇德国、日本这样一些专制而迅速富强的国家。在列强中，严复最持批评态度的是俄国，因为在俄国那里，既没有体现民主体制的美德，也没有专制体制的效率，几乎看不到一点儿可以赞美的优点。与此同时，在经验的层面，严复还多次要求人们牺牲个人的自由，以换取国家的富强，对群与己在现实层面的博弈，严复一直强调“己轻群重”。

第二，严复的公理思想是理想主义的、世界主义的，而其经验观念则是现实主义的、功利主义的。严复说：“夫公理者，人类之所同也。至于其时，所谓学者，但有邪正真妄之分耳，中西新旧之名，将皆无有。”[1] 所以，严复的公理观念是极度理想主义和世界主义的，是其对西方思想（当然，其中也有许多东方的观念）与现实的概括与升华，是一种理想化的总结。在严复的公理观念的观照之下，现实中并没有哪一个国家是完全符合的。在严复的心目中，十九世纪末的大英帝国无疑是公理观念的最完美的体现。但英国的现实政策也有很多弱肉强食、歧视东方文化的内容，并由此不断招来严复的批评。正因为严复的公理思想过于理想化，使它非常脆弱，经不起现实的考验。当第一次世界大战爆发，西方社会现实的残忍、贪婪呈现于世后，严复的理想观念大受打击，对西方社会，对自己一贯执着的公理观念也格外失望。与此同时，严复在经验的层面一直远离他的公理观念，而奉现实主义与功利主义为圭臬。他的经济思想以民生主义为主，没有什么自由主义的色彩；他的教育思想贯彻为国家服务的目标，也没有把宣传民主、科学之类作为教育的主要目标；在外交上，他曾经主张中国与俄国结盟，后又主张中国加入协约国，这些决定都体现一种“乘机利用”的外交观念，没有要宣示某种抽象理念的欲求，没有任何公理的色彩，完全是基于中国现实的需要，是十足的功利主义、效益主义的体现。

在严复的思想中，公理与经验的矛盾，最典型的莫过于他对国家政治问题的论述。严复对民主的赞赏，对美国的民主体制和美国开国领袖华盛顿的评价，也都显示出严复对民主制度的服膺；但在现实中，严复从不主张中国建立共和民主制，却把开明专制作为当时中国最合适的政体。在《法意》一书中，当译到孟德斯鸠“专制之保守其国家，保守其君王而已，保守其所居宫寝而已”这一段论述时，严复不觉大发感慨：“中国自秦以来，无所谓天下也，无所谓国也，皆家

[1] 王栻：《严复集》第一册，中华书局1986年版，第157页。

而已。一姓之兴，则亿兆为之臣妾。其兴也，此一家之兴也，其亡也，此一家之亡也。天子之一身，兼宪法、国家、王者三大物，其家亡，则一切与之俱亡，而民人特奴婢之易主者耳，乌有所谓长存者乎！……此专制之制，所以百无一可者也。”[1] 经过从公理角度对专制制度的这一番深刻的批评与检讨，严复又回到现实中；在现实的层面，严复马上就变换为另外一种观念，他感叹道：“然则中国之治，舍专制又安与归？”[2] 这种感慨，恰恰显示出严复心中公理观念与现实观念的双重存在；专制制度虽然一再被严复批评为“百无一可”，而中国却必须实现专制制度；公理虽然明明白白，但现实又不得不背公理而行之。

公理与经验的差距，也表现在严复对法制改革的议论上。晚清中国法制的黑暗，早就是中外人士诟病之所在。严复说：“吾国治狱之用刑讯，其残酷无人理，传于五洲。”[3] 就连当政的洋务大吏张之洞对此也有很深的体会。严复在英国，观看了一次法庭审判，就洞察到西方法制社会体现出对公理的伸张。但是，当晚清政府以西方的法理为蓝图，开始司法改革的时候，严复并没有给予支持，而是提出强烈的怀疑和批评。他说：“此又近世言改良刑律者，所不可不知者也。夫吾国听讼，诚有失中之刑。顾其至此者，必有其所以然之故。谋变法者，不于其本而求之，而一切为其纵舍，将从此得二弊焉：刑不足以禁奸，而民玩法，一也；否则改良之事，徒为空文，而地方之吏，仍行其所习惯，二也。二弊起而一败从之，朝廷之刑柄不张，而猾者得以持州县之长短。呜呼！可不惧哉？”[4]

执公理与经验之两个极端，使严复留给世人一种极为反差的形象：他一方面是非常激进的启蒙思想家，另一方面又是一个非常保守的反对革命、反对改革的人士；他一方面批评中国不改革，另一方面又批评中国过于改革。从公理的角度，严复认为“中国从来政教之少是而多非”[5]；从经验的角度，他又批评中国激进人士“欲以旦暮之为，谓有能淘洗改革，求以合于当前之世变，以自存于侹儴烦扰之中”[6] 的改革行为。从公理的角度看，不改革的中国，百无是处，毫无出路；从经验的角度看，改革的中国，仍然百无是处，同样毫无出路。执公理

[1] 王栻：《严复集》第四册，中华书局1986年版，第948页。
[2] 王栻：《严复集》第四册，中华书局1986年版，第948页。
[3] 王栻：《严复集》第四册，中华书局1986年版，第954页。
[4] 王栻：《严复集》第四册，中华书局1986年版，第1025页。
[5] 王栻：《严复集》第一册，中华书局1986年版，第49页。
[6] 王栻：《严复集》第一册，中华书局1986年版，第27页。

与经验两个极端，使严复对观念的诠释充满了自我歧义。比如“自由”一词，严复一方面基于公理的角度，提出：“唯天生民，各得赋畀，得自由者乃为全受。故人人各得自由，国国各得自由。”[1]“吾未见其民之不自由者，其国可以自由也；其民之无权者，其国之可以有权也。”[2]这就是说，首先，自由乃是人人天生就有的权利；其次，只有有了个人的自由，然后才有国家的独立自主。但在另一场合，严复又依据经验的判断和需要，认为：“特观吾国今处之形，则小己自由，尚非所急，而所以祛异族之侵横，求有立于天地之间，斯真刻不容缓之事。故所急者，乃国群自由，非小己自由也。”[3]他甚至借罗兰夫人之口，激愤地叫喊：“自由，自由，几多罪恶假汝而行。”[4]从公理的角度，严复认为政党政治，使“一党为政，则一党为之侦察。故墨守者不至为顽固，而更张者不至为乱法。互相制防，而国求其益。……使泰西而无党论，将至今为蛮夷，尚何由与中国抗哉？”[5]但在现实的层面，严复又严厉抨击民国的政党政治，认为“党人宗旨，在于猎官，在于植党”，“参、众两院数百人，什九皆为下驷，党人饭碗是其唯一问题，即诘旦国亡，今日所争，依然党利”[6]。从公理的角度，严复多次抨击秦始皇专制给中国传统带来的负面影响；从经验的角度，严复又期盼中国能及时出现秦嬴政一样的政治家，认为只有如此，中国才能“庶几有济”[7]。执公理与经验两个极端，也给后人理解评价严复的思想带来了极大的难题，严复到底是激进的还是保守的？是专制主义者还是自由主义者？是批判传统还是反本复古？自由在严复那里究竟是目的还是手段？有人说“严复政治思想的特质是务实主义”[8]，但严复的政治思想又何尝不是富有批判精神和理想色彩呢？又有人说：“严复对政治科学、政治现象和中国政治问题，怀持着一种经验主义的观念与态度。现代中国的政治经验主义，似可从严复那里找到源头。”[9]如果仅仅是这样，那么严复就不会有关于东西方文化与政治特征的抽象比较，

[1] 王栻：《严复集》第一册，中华书局1986年版，第3页。

[2] 王栻：《严复集》第四册，中华书局1986年版，第917页。

[3] 王栻：《严复集》第四册，中华书局1986年版，第981页。

[4] 王栻：《严复集》第三册，中华书局1986年版，第648页。

[5] 孙应祥、皮后锋：《〈严复集〉补编》，福建人民出版社2004年版，第331页。

[6] 王栻：《严复集》第三册，中华书局1986年版，第650页。

[7] 王栻：《严复集》第三册，中华书局1986年版，第646页。

[8] 林启彦：《第一次世界大战期间严复的国际政治观：参战思想分析》，载习近平主编《科学与爱国——严复思想新探》，清华大学出版社2001年版，第302页。

[9] 董小燕：《试论严复政治观的经验主义特征》，《浙江大学学报（人文社科版）》2008年第5期。

也不会提出“侵人自由者，斯为逆天理，贼人道”[1]，把自由等同于“天理”与“人道”这样一种纯乎理性主义的解释，更不会把自由视为人天生就应有的权利。还有人说严复是中国的“自由主义之父”[2]，但严复在经验层面却一直对专制体制极为追捧。对待传统的态度也是这样，一方面，严复在思想的层面上对传统持强烈的批判态度；另一方面，在经验的层面他又在不知不觉地延续、发挥传统的大部分理念。人们总想把严复的思想归为某种单一的体系与理念，而忽视了严复思想中的双重主题与关怀这样一种独特的思想向度。因为说到底，严复既是一个类似孟德斯鸠那种“力求以自然主义方法解释一切的经验主义者”[3]，也是一个坚信存在一个适合任何地方任何人的唯一价值和解决所有国家的社会和政治问题的唯一方法的公理主义者。严复思想中的两个观念主题与两种思维方法，使我们无法对他进行单一的简单的归类。

## 四、严复的理想与现实的矛盾

如上所述，严复的公理理论是从对现实经验问题的追索而产生的。但是，从经验中产生的公理概念却无法再回到经验中，民主、自由、科学这一套东西，在现实的中国，没有一条可以直接应用的。严复既不想在政治体制中尝试实行民主制度，也不想在经济、教育、外交等领域尝试落实他的自由、科学等理论。不仅如此，对后来的那些积极地要把那些公理概念直接落实到实际中的后辈，对于那些直接运用民主、自由、天演等观念来重造中国社会和文化的维新士子、革命党人、新文化运动诸公等，严复一直持激烈的反对态度。严复是第一个把西方的公理观念介绍到中国，并企图用这些公理来推动中国进步的思想家，又是最早阻止、反对在中国现实落实、应用这些公理的人。为什么崇高而正确的道理却未必会产生好的结果？为什么普世适用的公理却不能应用于中国现实？公理与经验为什么永远平行而不能相交？在黑格尔那里的“合理的就是现实的，现实的就是合理的”这样一条充满思辨的智慧，在严复这里却变成了合理的就是合理的、现实的就是现实的这样一个非常僵硬保守的教条。对于严复来说，如何填补公理与经验之间的理论空白，如何应付那些执着地企图用公理观念直接改造中国现实中的维新士子与革命党人，这是严复必须解答的一个理论难题。对于这一理论难题，

[1] 王栻：《严复集》第一册，中华书局1986年版，第3页。

[2] 胡伟希：《中国自由主义之父——严复》，《甘肃社会科学》1994年第2期。

[3] [英]伯林著，冯克利译：《反潮流：观念史论文集》，译文出版社2002年版，第164页。

严复并没有采取犬儒主义的态度，而是借助庄子的思想对此作了回应。

严复曾经多次提到，他对庄子特别喜爱："予生平喜读《庄子》，于其道理唯唯否否。"[1]"吾尝谓中国学者，不必远求哲学于西人，但求《齐物》《养生》诸论，熟读深思，其人已断无顽固之理，而于时措之宜，思过半矣"[2]。又说，"吾国圣贤，其最达此理者，殆无有过于庄生。即取其言，以较今日西国之哲家，亦未有能远过之者也。"[3] 实际上，斯宾塞与庄子，构成了严复生命中两个最重要的精神向导。但是，庄子的思想驳杂而深邃，历来争议很多。在后人眼里，有崇尚自然的庄子，有鼓吹虚无的庄子，有反智的庄子，有禅学的庄子，有唯心主义的庄子，还有存在主义的庄子。那么，在严复的眼里，庄子又有什么独特之处呢？严复这样解释道："平生于《庄子》累读不厌，因其说理，语语打破后壁，往往至今不能出其范围。"[4] 这就是说，严复所看到是一个"打破后壁"的庄子，用我们今天的话来说就是一个打破对语言、概念、公理、教条、思想、观念的崇拜和迷信的庄子。的确，庄子笔下充满了对时下流行的各种观念的否定性评价。在庄子眼里，仁义、道德、智慧、才能、典章、制度、器物、音乐、工艺等等这些构成了人类文明成就的公理与公器都是否定性的东西，是对人类天性的泯灭。在中国历史上，庄子可能是最早提出一切文明的成就和真理性的认识都具有相对性的人，并且，庄子对这种相对性作了无以复加的描绘和夸大。在当时，庄子批评的主要对象是儒家，庄子用犀利的笔调，讽刺了儒家的道德主张和儒家信徒对其道德信条的执着推行，他视前者为"仁义之端，是非之涂"[5]，"残朴以为器，工匠之罪也；毁道德以为仁义，圣人之过也"[6]，而视后者则是"以物易性"，"自三代以下者，天下莫不以物易其性矣。小人则以身殉利，士则以身殉名，大夫则以身殉家，圣人则以身殉天下"[7]，"今世俗之君子，多危身弃生以殉物，岂不悲哉"[8]。

庄子对儒家的批评，严复甚为认同。他认为，庄子在两千多年前批评儒家的仁义道德，如果放在今天，庄子就要把批评的矛头指向维新士子与革命党人，以

[1] 王栻：《严复集》第三册，中华书局1986年版，第608页。
[2] 王栻：《严复集》第五册，中华书局1986年版，第1254页。
[3] 王栻：《严复集》第四册，中华书局1986年版，第987页。
[4] 王栻：《严复集》第三册，中华书局1986年版，第648页。
[5]《庄子 · 齐物论》。
[6]《庄子 · 马蹄》。
[7]《庄子 · 骈拇》。
[8]《庄子 · 让王》。

及他们所执着的“维新”“革命”“自由”“天演”“共和”等公理观念，“庄生在古，则言仁义，使生今日，则当言平等、自由、博爱、民权诸学说矣”[1]。循着庄子的思路，严复集平生之智慧，一直在责难中国近代史上维新志士、革命党人与反传统的思想家等坚定的公理主义者和所谓的“可怕的简单化分子”[2]等等，严复对这些人做过详细的论述并划分出几种不同的类型：其一是“自恃坚而昧于审物”[3]之类的人。严复心目中的此类人，最典型的就是法国大革命时期罗伯斯庇尔，庚子事变中的刚毅、李秉衡、赵舒翘以及辛亥革命前后的革命党人。这类人中有极端革命的，又有极端保守的，但其共同特点，即在对自己的观念和主张极端自信，既不会迁就也不会迎合，只是一味地坚持自己的主张，结果在现实面前被碰得头破血流。严复认为，他们的主张，比如罗伯斯庇尔的民主、平等观念，李烈钧的共和观念以及刚毅等人的爱国观念，这些观念本身并没有什么错，错在没有在适当的时机、没有以适当的方式推行而已。由此，他们的勇气、胆略和主张由于其过分的自信而变成了祸害，公正的理念和行为反而比错误的理念危害更大。其二是“浮慕西法之徒”。严复很早就注意到，在维新与改革的潮流之中，许多追逐新潮的人对西学本来一窍不通，他们热衷于西学的只言片语，这不过是把维新、革命当作个人升迁、逐利的手段，“趋时者流，自许豪杰，则徒剽窃外洋之疑似，以荧惑主上之聪明”[4]。“观其所持论用心，与其所实见诸施行者，常每况而愈下。特奔竞风气之中，以变乱旧章为乐，取异人而已。”[5]严复没有举出在维新、革命的大潮中，谁是这样纯粹的投机主义者，但在其苛责的分析之下，似乎人人都有这样的嫌疑。比如他就曾经多次责备梁启超，称“大抵任公操笔为文时，其实心救国之意浅，而俗谚所谓出风头之意多”[6]。其三是对前人之书不能“别择”之人。当熊纯如来信询问如何看待陆王之学、《论语》《孟子》在今天的价值时，严复说：“能别择者，前人之书皆足助我；不能者，皆成累也。”[7]孔孟与陆王心学在严复心目中的地位与价值差别很大，但严复在这里更看重后人对它们的理解与接受方式。如果根据现实的需要，有目标有选择地接收前人的思想，那么“前人之书皆足助我”；反过来，把

[1] 王栻：《严复集》第三册，中华书局1986年版，第648页。

[2] [英]伯林著，冯克利译：《反潮流：观念史论文集》，译林出版社2002年版，第190页。

[3] 王栻：《严复集》第三册，中华书局1986年版，第610页。

[4] 王栻：《严复集》第一册，中华书局1986年版，第20页。

[5] 王栻：《严复集》第四册，中华书局1986年版，第973页。

[6] 王栻：《严复集》第三册，中华书局1986年版，第646页。

[7] 王栻：《严复集》第三册，中华书局1986年版，第624页。

前人的东西当作教条，不顾现实状况，一味地引用前人的主张，那么，不论多么好的著述，都是今人之累，再有价值的东西，也会变成负面的。其四是“少不更事，徒为锐进”之人。从戊戌维新开始，近代中国在年龄段上似乎进入了少年时期。大批少年人迅速进入政治和思想的舞台，给古老沉闷的中国带来了焕然一新的风气。举凡戊戌变法、辛亥革命、五四新文化运动等，都是少年人发起并推进的。这正是梁启超有“少年中国”之期望的原因。但严复对此历史主流大势却持严厉批评之意。比如辛亥共和，清廷覆灭，严复认为是“头脑简单之少年，醉心民约之洋学生……乃群起而为汤武顺天应人之事”[1]所造成的恶果；民国政党纷争，内讧不断，严复将此归罪于“民党分子……少不更事，徒为锐进，与国情民俗，毫不加察故也”[2]；巴黎和会，中国外交失败，北京学生群起救国，严复怪责：“咄咄学生，救国良苦，顾中国之可救与否不可知，而他日决非此种学生所能济事者，则可决也”[3]。总之，近代中国的一系列问题，在严复看来，都是“少年人”“闻一偏之说，鄙薄古昔，而急欲一试，以谓必得至效”[4]，也就是说是由于少年人头脑简单，热情冲动，迷信所谓公理的结果。在严复眼里，庄子的相对主义思想、避世观念，这些在当时最不合时宜的东西，恰恰可以成为现实的狂热与激进的清醒剂，是批评维新、革命的最现成的武器，也是严复隔绝公理与经验的联系的最好的诠释语。有了庄子的相对主义的注脚，严复思想体系中体用两厥的缺陷似乎得到了合理弥补。在《〈庄子〉评语》中，严复有一段总评语：“盖学道者，以拘虚、笃时、束教、囿物为厉禁，有一于此，未有能通者也。”[5]在另一处，严复又写道：“拘虚、笃时、束教，三者皆学道之厉禁。拘虚者，所处之地不同也；笃时者，所处之时不同（也）；束教者，所受范之外缘异也。井蛙夏虫，曲士之智，皆知其一不知其二者也。”[6]毫无疑问，在严复的笔下，那些一意推动维新、排满的志士，那些致力于文化、思想革命的少年人，那些力图把公理与经验统一起来的、用公理观念改造现实的革命家，都是“拘虚、笃时、束教”的学道“未有能通者”，是“知其一不知其二”的“井蛙夏虫，曲士之智”了。

[1] 王栻：《严复集》第三册，中华书局1986年版，第645页。
[2] 王栻：《严复集》第三册，中华书局1986年版，第672页。
[3] 王栻：《严复集》第三册，中华书局1986年版，第695页。
[4] 王栻：《严复集》第三册，中华书局1986年版，第611页。
[5] 王栻：《严复集》第四册，中华书局1986年版，第1104页。
[6] 王栻：《严复集》第四册，中华书局1986年版，第1130页。

## 五、严复的启发

引进庄子的观念，并没有弥补严复思想的双重主题所引发的内在矛盾。这种矛盾，用今天的眼光来看，自应有另外一番解释。

在我们看来，严复思想的双重主题及矛盾来源于他自身内在的性格，是严复自身性格中灵与肉的分裂与矛盾的体现。在整个近代历史阶段，严复本人在思想层面是眼光极为独到、头脑极为清醒的人士，是那种睁开眼睛看世界看得最为透彻最为彻底的思想家。凭借其聪慧的头脑、不懈的探索精神、拳拳的爱国之情和严谨的科学训练，严复不仅窥测到了近代西方的富强之本，而且了解了西方的立国之本。在近代中国人还在为要不要学习西方的皮毛之技而争论不休的时候，严复已经把西方精神领域的最深刻的秘密展示在国人面前。与那些顽固不化的守旧之人相比，与那些仅探得西学的皮毛就急于呐喊、行动的人相比，与那些仅有简单留学欧美的经历就急于改造中国文化与社会的人相比，严复思想的深刻与周全是无可比拟的。但是，在纯思想层面的先进性，不能掩盖也不能弥补严复的生活层面的种种缺陷。在这一方面，严复是一个追求享乐安逸的人，一个没有多少进取精神和强健意识的人。即使用传统士大夫的标准来衡量，严复也不具上品之德性，更不用说与那些后起的有强烈的献身精神的革命志士相比。严复很清楚自己的性格和生活方式的种种缺陷，但他既无力也不想尝试去改变自己，而是任凭那些堕落的习性来消磨摧毁自己。严复经常自称是“各具新识，然皆游于旧法之中”[1]的人。然他所说的“旧法”无非就是鸦片、宴饮、麻雀、富贵、功名等旧观念旧习性旧追求。在高谈阔论中，严复一再批评鸦片对中国人身心之危害，但他自己从来没有认真尝试去戒除这一恶习。试想，一个连自身的种种恶习都不愿改变的人，如何有勇气来改变世界呢？“惟强行者为有志，亦惟有志者能强行。……中国之将亡，坐无强行者耳”[2]，这既是严复的励志之语，也是严复的警世之语。但对严复本人来说，这句话就完全行不通了，因为严复虽然是一个有志者，却完全不是一个能强行者。严复虽然发现了公理，虽然发现了中国的富强之门，但他在现实中宁愿放弃公理，采取与传统和现实妥协的方法，这正是从对自身的苟且与麻木，发展到对自己的责任与信念的苟且与麻木。严复当然不愿意承认自己精神与认识上的弱点，于是，他搬出庄子的相对主义理论为自己辩护，

[1] 王栻：《严复集》第四册，中华书局1986年版，第684页。

[2] 王栻：《严复集》第四册，中华书局1986年版，第1089页。

让庄子齐生死、一贵贱来填补精神上的失落。

不过，我们在这里更感兴趣的是严复这一思想特征的另一个原因，即严复这一思想特征的社会背景。我们知道，近代西方思想传入中国后，一直受到两种绝然不同的对待，一是把西方的观念视为一种与中华传统完全不同的东西而予以基本否定。从洋务运动时期“睹电杆而伤心，闻铁路而掩耳”的完全拒绝的态度，到今天新儒家的“内圣开出外王”的追求，都是把中华文化视为人类发展的独特路径，拒绝照搬西方的发展模式。对于他们来说，无论在文化的本源意义上还是社会具体的政策层面上，中国都与西方有着本质的区别。按照这一派的思路，中国尽管可以采用西方的某些技术成分，但中国终究应该走自己的发展之路。他们一开始拒斥西方的一切，从器物到文化到制度；今天，他们虽然有选择地接受一些所谓的人类公共的观念和经济社会规则，但中华文化与发展之路的独特性，始终是其最根本的信念。另一种观念与此完全相反，他们认为近代西方给中国提供的体制、观念与文化，乃是人类最基本的公共观念，是人类社会都要遵循的发展之路，所谓中国文化与历史的独特性仅仅是一个表面现象，不论是亚细亚生产方式，还是宗法社会的历史传统，中国最终要被纳入人类共同的社会制度与生产方式中去，不论这种社会制度与生产方式是社会主义式的还是资本主义的现代化式的。在这种观念和选择之下，中国的独特性被置于似是而非的地位，普世价值与人类的共同性才是最重要的，即使在最简单的政策与社会规划上，中国也将保持与西方的同步。

在这两种选择中，严复是哪一种呢？如上所述，严复既没有在思想的层面上拒斥西方的东西，也没有在经验的层面上落实西方的东西。严复在思想的层面上完全接受西方的观念，民主、自由、科学、天演这些来自西方的思想，严复把它们奉之为“公理”，是人类大同所必定要皈依的道路。严复一方面以论文、译著、按语等直接方式，抨击中国传统，宣扬民主、自由、科学；另一方面以评点中国古籍和历史人物的方式，阐发西方自由与进化的观念、法律和经济的观念。在这一层意义上，严复是典型的西方文化本位主义。但是，一到具体的政策操作和社会经验层面，严复立刻放弃西方文化本位主义，转而成为典型的中国文化本位主义者。在这一方面，从终极关怀的角度，严复推崇儒家的孝的观念；在现实经济政策上，严复发挥并落实儒家的民生思想；在现实政治理念上，严复又是一个十足的法家观念的继承人，一心期盼呼吁传统的强人统治，没有一点儿现代西方的民主意识。对于那些急切地要在中国实行维新改革的主张，对于那些急于要在中国实行共和制的要求，严复一直寻求具体的现实的反对理由。他不支持激进的维新改革，其理由是“中国今日之法，虽已大敝，然所以成其如是者，率皆经数千载自然之势流演而来，对待相生，牢不可破。故今者审势相时，而思有所改革，则一行变甲，当先变乙；及思变乙，又宜变丙”[1]。他反对辛亥共和，其理由是国民文明程度不足以实行共和，共和有可能导致内乱与分裂，将“不知何以处辽沈，何以处蒙古、准噶尔、新疆、卫藏”[2]，等等。

在经验的层面反对西方的公理性理念，严复也有理论上的概括与总结，这就是严复终生一再重申的“法无死法”的思想。严复说：“政权乃对待之事。昨日之所是，可为今日之所非；此际之所祈，可为后来之所弃。国众有大小之殊，民智有明暗之异，演进程度，国以不同，故于此中，不得立为死法。”[3]理有公理，但法无死法，因为“同一法也，施之于彼时而利生，出之于此时而害著，其见于历史者众矣”[4]。严复于中国历史人物，最敬服的人有北宋的王安石。从探索中国近代改革之路的角度，严复对王安石变法的失败给予很大的关注。他说：“吾国史书之中，其最宜为学者所深思审问，必得其实而求其所以然者，殆无如熙宁变法之一事。”[5]基于个人的现实意识，严复分析认为变法失败主要原因是，王安石对新法过于专信，所谓“荆公之大蔽”就是“不知政之宜于一郡一州者不必宜于天下，犹之今日之法，其宜于甲国者不必宜于乙国也”[6]。进而，严复又多次分析近代中国的改革。他说：“自庚子以来，中国废科举、立学校，而责人才于斯，大抵取法西国；然不知其本原之甚异而不同，故愈益为之而弊辄见。”[7]类似的批评性言论还有很多：“方今吾国以旧法之疲弛，处交通之时期，道在变革，谁曰不宜？顾东西二化，绝然悬殊，而人心习俗，不可卒变。窃愿当国者，知利害之无常，拘墟之说，固不可行，而纷更之为，亦不可以轻掉也。”[8]“吾国挽近言政法者，往往见外国一二政利，遂嚣然欲仿而行之，而不知其立法本原之大异。自庚辛以还，国之所议行者亦众矣，然决知其于国终无补者，职此故耳！”[9]从法无死法的观念出发，严复对近代以来中国的一系

[1] 王栻：《严复集》第一册，中华书局1986年，第68页。
[2] 王栻：《严复集》第三册，中华书局1986年，第556页。
[3] 王栻：《严复集》第五册，中华书局1986年，第1296页。
[4] 王栻：《严复集》第四册，中华书局1986年版，第1024页。
[5] 王栻：《严复集》第四册，中华书局1986年版，第1150页。
[6] 王栻：《严复集》第四册，中华书局1986年版，第1151页。
[7] 王栻：《严复集》第四册，中华书局1986年版，第1210—1211页。
[8] 王栻：《严复集》第四册，中华书局1986年版，第1025页。
[9] 王栻：《严复集》第四册，中华书局1986年版，第1006—1007页。

列“取法西国”的改革，包括司法、行政、教育等，无不持批评态度。虽然在公理的层面他依然坚信并介绍宣传西方的思想观念，但在经验的层面，他拒绝任何“取法西国”的改革行为。可以说，反对盲目照搬西方的经验，反对教条主义式的改革，是1900年以后严复思想的主要基调之一。这不是说严复的观念有了变化，而是严复思想中的两个不同主题的不同体现与展示：用公理观念批判保守主义、蒙昧主义，用经验观念反对激进主义、教条主义。

这样看来，严复隔绝公理与经验的关联，使二者成为互不相连的思想主题，这不是观念的疏忽，而是理论上的自觉行为，这是严复既在观念上完全接受公理，又深感公理无法在现实中实现的一种无奈之举。严复的这一思想取向自有其深刻的社会原因。自鸦片战争之后，先进的中国人都把学习西方的先进观念与思想作为挽救中国沦亡的不二法门，从林则徐到孙中山，从西方的器物，到政体再到文化，中国人历尽千难百折不回，一心一意地追随西方的发展之路。很少有人想到西方的观念和道路是否完全适合中国，很少有人想到中国特殊的国情是否能够完全照搬西方的发展模式。一百多年中国致力于现代化的经历告诉我们，中国一方面必须走现代化的道路，另一方面又不能完全照搬西方的模式，这就是我们今天常说的普遍真理与中国具体实际的矛盾；普遍真理为中国指明了未来的方向，但中国特殊的国情，总是不断提出新的问题，提出普遍真理所无法解答或无法容纳的问题。这些问题在现成的历史进程中从不曾碰到过，在现成的理论中也不曾被解答过。它只有在中国自身的历史发展中，在中国自身的经验中尝试着给予解答。严复虽然没有思考过普遍真理与具体实际的关系问题，但严复思想体系中的隔绝公理与经验的关联，把公理与经验分作两个互不相干的主题，分别以不同的标准与方式处理，这与我们今天所遇到的困惑是一致的；具体说来就是，严复虽然发现了公理，但在中国的现实中找不到落实这些公理的社会条件，其被迫搁置公理，而用经验主义的观念和方法处理现实问题。既信奉公理又拒绝公理，既批判现实又接纳现实；在思想的层面信奉公理，在经验的层面拒绝公理；在思想的层面批判现实，在经验的层面又接纳现实：这是严复思想的主要特点与矛盾之处。同时，严复一而再再而三地反对改革中的激进主义、教条主义行为，并且不止一次地提到，一套思想，一种观念，一个方法，适用于甲地的，不一定适用于乙地，适用于彼时的，不一定适用于此时。严复的这些观念，今天看来，都是对中国自身的现代化道路的有意识的探索、反思和回答。

需要指出的是，严复思想体系中的公理与经验的矛盾，并不仅仅是严复自己遇到的问题，也不是启蒙观念在中国的特殊困境。实际上，在严复以后的历史中，所有尝试把西方真理引进中国的人都曾遇到这样的难题，在严复这里，斯宾塞、孟德斯鸠、亚当·斯密等无法给中国的经验问题提供现成的答案，在以后，约翰·杜威、伯特兰·罗素、马克思、列宁、斯大林也无法给中国的经验问题提供现成的答案。中国早期的马克思主义者，毛泽东、刘少奇等人，都曾经经历过类似的困境，即普遍的国际共产主义运动原理与中国特殊的国情的矛盾，由此，他们不得不花费大量的精力来反对党内的教条主义、本本主义、“左”倾路线等等错误。严复的难题，是所有尝试引进西方真理的人的共同难题，是中国走上现代化之路、中国融入世界所必定要遇到的、必须要解答的难题之一。这样的难题也许在日本、韩国这样的传统的文化附属国那里并不重要，但在中国这样的文化主体国、原创国里是非常重要的，不可不解答的。

严复隔绝公理与经验的关联，使公理悬于高高的天上，无法降落于纷繁的人间，成为解决经验问题的直接手段，也不能转化成为具有本土意义与经验意义的话语和观念，这是严复介绍西学，也是近代先进的中国人推行西方民主制度的一个最大失败。相比之下，中国的马克思主义者则在理论上、经验上成功地解决了西方的理论与中国的现实的衔接问题。他们在这一方面不断的努力、创新与发展，既为解决中国的现实问题提供了出路，也丰富了人类公理思想的宝库。

## 第三节　严复的改革思想：革命与改革的两个不同路径

孙中山与严复同被毛泽东称为“代表了中国共产党出世以前向西方寻求真理的一派人物”，但这两个居于同一时代的杰出人物却抱定不同的理想追求，前者要用革命改变中国的面貌，后者要以改革以致中国富强。对比二人的观念异同，可以更深刻地认识理解严复的思想内涵。

### 一、革命家与改革家的奇异相遇

1905年，严复在游历伦敦时遇到了在英国避难的孙中山，两人经过一番晤谈，最终无果而分，此后终生再无相见。后来严璩在《侯官严先生年谱》一书中记载了两人的对话，饶有兴致，颇引人思考。孙中山拜访严复，是把严复引为同志，想把严复拉入自己的革命团队。但严复对孙中山的革命志向和规划并不以为然，认为“中国民品之劣，民智之卑，即有改革，害之除于甲者将见于乙，泯于丙者将发之于丁。为今之计，惟急从教育上著手，庶几逐渐更新乎！”孙中山对此的回答是：“俟河之清，人寿几何？君为思想家，鄙人乃实行家也。”[1]应该说，孙中山对两人的思想差异的概括是非常到位的，严复的确是一个启蒙的思想者，孙中山就是一个革命的行动者。但因为不同的使命会导致两人分道扬镳吗？不同的追求和使命会构成两人合作的阻碍吗？显然不应该。不同的使命不仅不应该是合作的障碍，而且应该成为合作的基础。思想与行动是互相促进互相推动的，相互都有需求的，一个启蒙的思想者完全可以成为一个革命的行动者的同道。很明显，促使严复与孙中山分手的原因，并不在于两人思想的差别，而是另有别的原因。

孙、严二人的谈话，详细内容我们已经不可得知，但从他们平生所执着的理想抱负来看，他们的观念和思想应该是有许多共同之处的。我们可以很自然地想到，他们都对中国腐败落后的现实很不满意，都有强烈的致中国于富强的愿望，两人都有深厚的西方文化的知识背景，都有学习西方以改造中国的志趣。孙中山虽然比严复小十多岁，但立志很早，从幼年时期就产生对周围社会环境的不满，开始酝酿改造国家的理想。他把个人的出路和成长与其宏伟的社会理想结合在一起，构成一个伟人立大志建大业的基础。在孙中山的成长道路上，个人主动的选择占据很重要的地位。严复则与此不同，他在个人成长的道路上，很少自己主动的选择，他是在被设定的道路上，慢慢形成自己的观念和人生方向的。在这一方面，家庭环境、社会环境对严复的影响比起孙中山来说，要大得多。在思想的接受方面，严复有更为深厚的中学基础，而孙中山没有严复那样的中学根基；严复在接受西学方面主要是通过接受了一个十九世纪斯宾塞的观念和英国渐进式的进化道路，而孙中山则深受法国大革命的观念影响。

在其他方面，他们二人的观念则有更多的相似之处。两个人在成长之路上，都曾经受过严格的科学训练。严复学习的是海军技术，孙中山学习的是医学，在当时的社会舞台上，有这样的知识储备，接受过这样技术训练的人还是很少的；他们都有一定的英国文化背景，虽然孙中山是在香港接受的教育，而严复是在英国本土接受的教育。这与其后中国大多数知识分子的日本教育和美国教育背景是有很多不同的。这无疑也会造就他们思想观念的深层中的很多相同元素。孙中山和严复，都是美国的崇拜者。孙中山出入美国多次，对美国社会在感

---

[1] 王栻：《严复集》第五册，中华书局1986年版，第1550页。

性和理性方面都有深刻的认知，他称美国是“世界共和的祖国”[1]，称赞“有美国共和而后始有政府为民而设之真理出现于世”，他把美国的社会制度作为改造中国的理想版本，希望中国“革命成功之日，效法美国选举总统，废除专制，实行共和”[2]。严复也同样对美国怀有深切的敬意。他虽然没有踏上过美国的土地，但通过文字材料，他对美国的一切都有全面的认识。严复说：“夫世界最为富厚文明之国，居今数之非英欤？非法欤？非美欤？而自由之盛，政理之平，殆与其富为比例。”[3]他还说：“然试降观北美之政制，则知民果齐心一志，以求治安，将自由之休，不期而自获。”[4]正像孙中山崇拜林肯一样，严复对华盛顿充满敬意，他称赞华盛顿“声望功烈伟然，轶汤武跻尧舜，著于五洲”[5]；又说：“夫倡义声于天下，身率平等之众，诚意足以感孚，力任其难，功成治定之余，拂衣归田，身仍一民而已。……此吾所以低徊流连于美之华盛顿也。人称其迈百王，诚哉！其迈百王也。呜呼！此宗教之力也。”[6]孙中山在美国生活打拼多年，对美国社会的正反两面看得很透，他既敬佩美国的民主制度，同时对美国社会的各种不尽如人意的地方抱有很深的警觉，甚至直接警告后人：“我们实行民权，便不要学欧美。”[7]严复也对美国有这样的印象。他对美国社会中严重泛滥的政党的黑暗、选举的腐败，以及为排斥华工而制造天下至不公正的法律，都有深切的了解，并属文予以批评。

在东西方文化关系方面，孙中山和严复都对中国文化传统中的专制主义观念有深刻的反省和批评。但孙中山既不是清末流行的文化保守主义者，也不是“五四”以后盛起的全盘反传统主义者，而是文化贯通主义者，即取东西方思想观念的精华，融合成为新的文化体系。他说：“余之谋中国革命，其所持主义，有因袭我国固有之思想者，有规抚欧洲之学说事迹者，有吾所独见而创获者。”[8]他坦率地表达自己的社会理想是：“取欧美之民主以为模范，同时仍取数千年前旧有文化而贯通之。”[9]孙中山把自己对民主体制的规划，对民主理想的追求，用中国最古老的观念“天下为公”来表达，这就是孙中山文化

[1]《孙中山全集》第一卷，中华书局1981年版，第281页。
[2]《孙中山全集》第一卷，中华书局1981年版，第229页。
[3]王栻：《严复集》第四册，中华书局1986年版，第983页。
[4]王栻：《严复集》第四册，中华书局1986年版，第899页。
[5]王栻：《严复集》第四册，中华书局1986年版，第931页。
[6]王栻：《严复集》第四册，中华书局1986年版，第965页。
[7]《孙中山选集》下卷，人民出版社1981年版，第742页。
[8]胡汉民：《总理全书》第一集，民智书局1930年版，第915页。
[9]《孙中山全集》第一卷，中华书局1981年版，第560页。

贯通主义思想的极好的体现。严复作为思想学术中人，对晚清流行的“华夷之辨”“中体西用”等文化观念都甚为批评，对由清末改革而兴起的一切唯西方是取、照搬西方政法体制的样板的做法也持严厉的批评态度。严复的文化观念如果简单概括的话，与孙中山的文化贯通主义有惊人的相似。针对当时流行的中国文化保守说与中国文化废弃说，严复认为：“二者之为说异，而其心谓中国旧学之将废则同。虽然，自不佞观之，则他日因果之成，将皆出两家之虑外，而破坏保守，皆忧其所不必忧者也。果为国粹，固将长存。西学不兴，其为存也隐；西学大兴，其为存也章。盖中学之真之发现，与西学之新之输入，有比例为消长者焉。”[1]正因为持这种东西方文化互通的理念，孙中山与严复都对五四运动兴起的全盘否定传统文化的思潮甚为不满。孙中山说：“中国人用不着自由，但是学生还要宣传自由，真可谓不识时务了。……中国新学生讲自由，把什么界限都打破了，拿这种学说到外面社会，因为没有人欢迎，所以只好搬到学校里用，故常常生出闹学的风潮。”[2]严复也批评五四运动，并且其口气更加严厉：“咄咄学生，救国良苦，顾中国之可救与否不可知，而他日决非此种学生所能济事者，则可决也。”[3]其他在关于自由的问题上，在关于中国国民性的问题上，孙中山与严复都有惊人的一致性观念。

民主是近代以来中国的一个核心问题，如何看待民主、如何引领中国走上民主的道路，是近代中国政治界、知识界都热烈争论的话题。在这个问题上，严复与孙中山也有共同的思路。他们都赞成民主的政治价值，赞成民主在未来世界的主导地位，但是他们同时都认为，当下的中国不适宜走西方三权分立、议会宪政体制的道路，认为当下中国急需的是一个有权威的中央政权，议会、分权等不是眼下中国的急需，同时也不是眼下中国人的民德、民智等所能承担的。孙中山曾经严厉批评《临时约法》，对民国体制所造成的“武人及官僚”专政非常愤恨；严复在这些问题上与孙中山的观念几乎完全一致，他也对民国体制之下的议会、官僚和武人无视国家利益，争权夺利、鱼肉国民的种种恶行，都曾经给予尖刻的批评。在关于民主建设这个关键的主题上，严复与孙中山还有一个共同的观念，他们都不约而同地主张在县级及以下机构开始民主政治的训练。严复曾经有过“令天下郡县各公举其守宰”[4]的设想。孙中山在这一方面思考得更多，他有

[1] 王栻：《严复集》第一册，中华书局1986年版，第156页。
[2] 胡汉民：《总理全书》第一集，民智书局1930年版，第113页。
[3] 王栻：《严复集》第三册，中华书局1986年版，第695页。
[4] 王栻：《严复集》第一册，中华书局1986年版，第32页。

过很复杂的有关地方自治的理想蓝图，通过地方自治实现中国特色的民主政治建设的目标。

## 二、两个观念的激烈碰撞

从伦敦相遇之后，孙中山与严复终生再无谋面，但两个人在思想观念上的相遇和交锋却没有间断。在孙中山留下的材料中，我们看不到任何有关严复的信息，这位大革命家一生都在为中国的大事业奔波，对严复的思想行为无暇顾及。倒是严复在自己的著述中不断对孙中山的事业给予评说，而且大都是攻击性的批评。在严复留下的著述中，我们可以看到多处评论孙中山的文字，比如其一，"参、众两院数百人，什九皆为下驷，党人饭碗是其唯一问题，即诘旦国亡，今日所争，依然党利，甚矣！会众愚不能成一智，聚群不肖不能成一贤，所言之无以易也。总之，此局必不可长，内溃外侵，迟速必见乱，且与共和相终始，今乃叹孙、黄、洹上流毒之无穷也。"[1] 在这里，严复把孙中山、黄兴与袁世凯放在一起，都视为对国家有严重祸害、流毒无穷的人物。其二，"孙文、唐绍仪辈，自仆观之，直是毫无价值之人。比者窜迹广州，既不容于地主，而号诉各国，又为笑资，其无成殆可以决。"[2] 严复在这里把孙中山的护国行动看作小丑一样的动作，对孙中山的历史的作用严重歪曲和低估，根本没有看出孙中山的行为包含的深远的历史价值。

除了批评孙中山，严复对辛亥首义这一重大的历史行为也甚为不满，称其"不图祸发之近如此。吾国于今已陷危地"；批评辛亥首义志士，"今日首事诸公大都黄土，取快一时之意，而贻祸彼之子孙，此虽桀纣豺虺之不仁不至此耳"；甚至危言耸听地预言民主共和制将导致国家的分裂，"长城玉关以外断断非吾有明矣"[3]。对孙中山的革命同志，严复也时有批评的言论。他曾经说道："蔡孑民人格甚高，然于世事，往往如庄生所云：'知其过，而不知其所以过。'偏喜新理，而不识其时之未至，则人虽良士，亦与汪精卫、李石曾、王儒堂、章枚叔诸公同归于神经病一流而已。"[4] 对国民党，严复的论调更加苛刻，批评更为严厉："若夫民党，尤为可哀。侈言自由，假途护法，其在野也，私立名字，广招党徒，无事则以报纸为机关，有事则以电报为羽檄，把持倡和，

[1] 王栻：《严复集》第三册，中华书局1986年版，第650页。
[2] 王栻：《严复集》第三册，中华书局1986年版，第672页。
[3] 王栻：《严复集》第三册，中华书局1986年版，第556页。
[4] 王栻：《严复集》第三册，中华书局1986年版，第696—697页。

运动苞苴，一日登台，所先用者，必其徒党，曰，此固美、法先进民主国之法程也，蜂屯蚁聚，虽廿二行省全国官僚，不足以敷其位置。吏治官方，扫地而尽。”[1] 有时候，严复的言论也稍稍客观：“民党分子，诚不乏精白乃心、一意爱国之士，然自改革以还，两番举会，虚糜帑禄，于国事进行，毫无裨补，则虽有仪、秦之舌，不能为之置辞，而转为所反对之腐败官僚，阴猾进步之所借口，则无他，坐少不更事，徒为锐进，与国情民俗，毫无加察故也。”[2] 孙中山与国民党，在其奋斗的过程中，面临的挫折和敌人很多，相比之下，严复算不上他们的敌人或对手。虽然严复传播的宗法社会、军国社会的观念，一度引起同盟会诸人的反驳，但大部分时候孙中山及其同志并没有把严复视为自己事业的绊脚石，而且，严复所传播的进化论的思想，也曾对孙中山的反满和革命事业有所助益。但严复在自己心目中却一直把孙中山的革命追求视为对自己的理想和追求的极大伤害，他虽然没有公开表示，但在私下里不断对孙中山的事业和人格表示敌意和轻蔑，其原因发人深思。

我们认为，虽然严复与孙中山的社会观念有许多相似的和接近的内容，但在人格观念和社会追求上两个人却有极大的差别。正像孙中山自己所概括的那样，他是一个革命的行动家。为了实现自己的追求，孙中山一生不停地变换自己的理想观念，不停地变换自己的盟友。他的这种行为方式，对于一个革命的行动者来说，并不算什么特别怪异的，是完全可以理解的。但是对严复这样的思想者来说，就是完全不可理解不可接受的了。严复笃信进化论，笃信教育救国、学术救国、思想救国，对任何企图以越级的、暴力的方式改变社会面貌的行为，都极其怀疑。他是一个外在温良而内心激烈的人，受斯宾塞思想的影响，一直克制自己激烈的观念的爆发，凡是公开表达的思想，他都权衡再三，不使之有任何偏差，不使之对社会有任何不良影响。不过，社会理念的不同还不是最重要的，最重要的是严复在内在中认定自己是大清的臣民，他救国的追求、富强的追求、启蒙的追求，都是在维护大清王朝的存在这一大的框架之下展开的。对于大清王朝，严复的内心实际是很矛盾的。他所生存的环境，他的成长道路，的确与大清王朝有着根与土的关联，他十四岁进入福州船政学堂，三十二岁成为正四品官员，三十六岁升为海军大学校长。他在清王朝的体制和自强政策之下，获得了个人的功名和出路，并且有可能成为清王朝的肱骨之臣。反看孙中山，他的个人成长完

[1] 王栻：《严复集》第三册，中华书局1986年版，第686页。

[2] 王栻：《严复集》第三册，中华书局1986年版，第672页。

全是在清王朝的体制之外，他在檀香山接受了美国人提供的初等和中学教育，在香港接受了英国人提供的高等教育，二十多岁就立志推翻清王朝。他的一个基本观念是："清虏执政于兹三百年矣，以愚弄汉人为治世第一义，吸汉人之膏血，锢汉人之手足，为满人升迁调补之符。认贼作父之既久，举世皆忘其本来，经满政府之多方面摧残笼络，致民间无一毫之反动力，以酿成今日之衰败。沃野好山，任人宰割，灵苗智种，任人践踏，此所以陷入悲境而无如何也。方今世界文明日益增进，国皆自主，人皆独立，独我汉种每况愈下，濒于死亡。于斯时也，苟非凉血部之动物，安忍坐圈此三等奴隶之狱以与终古？"[1] 在孙中山的革命历程中，推翻清王朝是其个人事业的第一步，这种正当性和必要性孙中山从来都没有怀疑过。在这一方面，严复与孙中山完全相反。严复在这一方面的基本观念是：大清国可以改良可以改革，但不能倾覆。严复亲身经历并参与了清王朝的自强运动、戊戌变法、晚清新政，也经历了辛丑年间的国家大动乱，他对清王朝的治国理政能力可说是失望至极，但他仍然希望国家的富强能在大清的国家框架之下完成。他理想的政治体制是君主立宪，即在满族君王名义之下，由一位汉族权臣组成责任内阁，以此实现稳定与发展的双重目标。然而，孙中山与同盟会的共同观念是，满族人的专制体制和治国无能，是造成近代以来中国一系列失败的关键因素，中国要有所进步，推翻清王朝是第一要义。严复不这么认为，他认为近代以来中国的失败，应该由满族人与汉族人共同承担。他说："中国之至于贫弱腐败如今日者，此其过不尽在满清，而吾汉族亦不得为无罪；则此其言一出口，必将蒙首恶之诛，公敌之指，而躬为革命之少年与为其机关之报馆方且取其人而轘裂之矣。然仆亦爱国之一男子，有问于我，必将曰：中国汉人程度真不足，而中国之贫弱腐败，汉人与有罪焉。"[2] 至于他个人，他说："往者不佞以革命为深忧，身未尝一日与朝列为常参官，夫非有爱于觉罗氏，亦已明矣。所以哓哓者，即以亿兆程度必不可以强为，即自谓有程度者，其程度乃真不足，目不见睫，常苦不自知耳。"[3] 虽然这么说，严复对大清还是有强烈的感情依赖的。他虽然没有像张勋、康有为那样发起、参与复辟闹剧，也没有像梁济、王国维那样为大清殉命，但严复与这些人一样，在生命的最终归宿上是属于清王朝的；具体说来，严复的思想学术是世界的、西方的，但是其生命的归属却是属于中国

[1]《孙中山全集》第一卷，中华书局1981年版，第88页。
[2] 王栻：《严复集》第三册，中华书局1986年版，第556页。
[3] 王栻：《严复集》第三册，中华书局1986年版，第610页。

的、属于大清王朝的。严复的社会理想是属于未来的，而其个人感情却是属于古代的、过去的。在为自己设计的墓碑上，严复亲自写下了“清侯官严幾道先生寿域”的碑文。这清楚表明，在民国生活了十多年之后，严复依然认为自己是大清的臣民。这种对生命之根的不同认可，是严复与孙中山的一个最根本的区别。

## 三、两个观念分歧的深层意蕴

严复是中国近代以来最重要的思想家，孙中山是中国近代以来最重要的革命家，但是，历史的事实是，严复的思想对孙中山没有任何影响，孙中山的革命行为也没有进入严复的观察和思想视野，具体说来就是：思想家忽略革命家对思想启蒙的重要作用，而革命家则完全无视思想家对中国革命困难的种种忠告。

从孙中山这里来说，他以革命的全能者自居，一向轻视知识分子在革命运动中的作用。他周围的同志，很大一部分都是从知识分子的层次中转变过来的，但孙中山从来没有从知识分子那里看到过任何有益于革命事业的元素。具体说来，无论是严复、梁启超还是章太炎，他们的思想和观念都没有对孙中山产生过任何影响。孙中山接受过美国人亨利·乔治的观念，也接受过列宁的思想，但对国内思想者的观念和忠告，他从没有理会过。作为翻译家的严复，其真正的身份是思想家，一方面是他的译著对中国近代文化思想的走向产生了影响；另一方面，也是更重要的是他的文章和著述，特别是在他的译著中夹杂的对中国历史和文化的深刻的揭示，都充满了思想的意味，也体现了严复对中国未来走向的全方位的思考。其主要的观念包括：其一，真正改变中国的命运，必须从教育着手，从改变中国人的民智、民德、民力的角度，推动中国的现代化进程。“根本救济，端在教育”[1]，这句话听来虽然迂腐，却透着严复对中国历史和现实的深切把握；革命家不是教育家，但革命家不能忽视改造人的思想观念的重要性。而孙中山在自己的事业中，过于迷恋暴力，过于依赖实力，从联络会党、联络军阀，到联络列强，他一直向往依靠强力改变中国的命运，其正面的影响当然很大，但负面的作用也实在不容忽视。其二，近代中国的落后是一个全方位的塌陷，不是一个简单的军事实力、教育落后、政治组织不到位等问题。严复把中国的问题一直追究到秦朝的体制和宋朝的政策，包括官僚体制、教育方式、科学技术、民德民智等，近代的中国实际是面临与发达国家的不可超越的差距。面对这种差距，特别是面对列强对中国的种种盘剥和侵略，严复很多时候都有绝望的感觉。中国

[1] 王栻：《严复集》第三册，中华书局1986年版，第674页。

问题积累如此严重，解决起来就不可能像日本一样，迅速整合成为一个后起的发达国家，而是要从最基础的元素着手，一点一点地构筑发展的地基。严复的一个最坚持的观念就是，中国的问题不能着急，必须一点一滴稳扎稳打，只要国家的框架不散，发展的目标不偏差，中国就会有崛起的那一天。他说：“宗法之入军国社会，当循途渐进，任天演之自然，不宜以人力强为迁变。”[1] 但是，孙中山的观念完全不同，他没有这样的耐心和毅力，在他的观念中，中国所有的问题集中起来就是一个异族统治的问题，或者是一个护国的问题，或者是一个护法的问题。他就是没有把中国的问题与更为复杂的文化、历史、民情等发生关联，他也从来没有做好从长久的、从基础的方面解决中国问题的计划。他与近代以来所有的政治家一样，希望在一夜间就把中国的所有问题都解决。当年有人劝李鸿章不要只顾练军，要多办教育，李鸿章回答是：我们等不及。其后，康有为搞维新变法，也是指望依靠皇上下一纸诏令，就“雷霆震声，皎日照耀，一鸣惊人，万物昭苏，必能令天下回首面内，强邻改视易听”[2]。而孙中山则批评严复的思想救国是“俟河之清，人寿几何？”这一系列口号和做法，都贯穿着一个意思，就是要把中国的问题在极短的时间尽快解决，使中国超越欧美，进入发达国家的行列。严复批评这些人的行为：“国家欲为根本计划……其事前皆须有无限豫备之手续，而今之人，则欲一蹴而几，又乌可得？”[3] 在这种急迫的追赶超越思想的推动下，政治家的许多做法都沦于在沙滩上搞建筑，瞬间建起，瞬间倒塌，多少努力都归于无用。而严复所期望“转移风俗，奠固邦基”，以及“教育强国根本”[4] 等从根本上改变中国文化和国民素质的呼吁，却得不到重视和回应。

从严复这一方面讲，自从严复掌握了进化论和社会有机论的思想之后，他就以为抓住了可以致中国自强发达的不二法门，终生服膺而且不容他人对此有任何怀疑。与孙中山一样，严复也是一个自信而且自负的人，他为自己书房拟写的联语就透漏出他的这种心迹：“有王者兴，必来取法；虽圣人起，不易吾言。”[5] 这种自信与自负，导致严复看不到其他类型的思想和行为的价值，看不到解决中国问题的复杂性和多样性，特别是严复终生对清廷感情上的依赖，把中国的问题的解决都放在清王朝的背景之下，这使他对孙中山的所有努力都抱有敌视的态

[1] 王栻：《严复集》第三册，中华书局1986年版，第615页。

[2] 汤志均：《康有为政论集》，中华书局1998年版，第221页。

[3] 王栻：《严复集》第三册，中华书局1986年版，第611页。

[4] 王栻：《严复集》第三册，中华书局1986年版，第624页。

[5] 孙应祥、皮后锋：《〈严复集〉补编》，福建人民出版社2004年版，第83页。

度，也使他这个启蒙思想者看不到一个革命行动者的思想贡献。具体到孙中山，作为一个政治家，他的历史功绩集中在政治领域，但其在思想文化领域内的思想启蒙作用也不可忽略。我说的并不是他的《建国大纲》《建国方略》等著述的影响，而是指他的政治努力和政治人格所散发的社会魅力。作为职业革命家，孙中山具有当时社会上其他官僚、政客等所完全没有的：清廉、反抗专制的勇气、百折不挠的毅力、不怕牺牲的冒险气质等。尽管孙中山本人有许多缺点，但你不能不赞成孙中山为中国的富强所付出的无私无畏的努力，不能不敬服孙中山本人人格的纯粹。你也许不支持孙中山的政治主张，你也可以反对孙中山在某些时候提出的政治口号，也可以反对孙中山的让渡国家主权的行为，但你不能不承认在当时“举国若狂，廉耻道丧”[1]的社会风气中，孙中山的人格是何其高标。严复说：“自革命以来，世界日益豪侈，军政两界，皆以攫利为归，百万之室，目为小康，问其所由，大都造业。”[2]唯独孙中山，“尽瘁国事，不治家产”，始终保持一个革命者的清廉形象。在近代龌龊的政治雾霾中，他独开一片清净的蓝天，提升了中国人的思想，净化了中国人的灵魂。眼见得民国的局势一日坏过一日，严复愤愤谴责：“中国目前危难，全由人心之非……而一切操权势者，皆是奴才，所谓地丑德齐，莫能相尚”[3]。他又说：“中国前途，诚未可知，顾其大患在士习凡猥。”[4]在这样一种普遍的奴才治国、凡猥流行、自私短见的社会风气下，孙中山的其“知其不可而为之”的拼命精神和冒险气质，是一种何其高尚的旗帜，对改造中国的风气是一大影响力。可惜严复对此都视而不见。

从更深更远的角度，严复对中国文化的反思和检讨，还有一个核心的目标，就是对中国政治和文化之中的“奴虏”现象的揭示和批评。他说：“盖自秦以降，为治虽有宽苛之异，而大抵皆以奴虏待吾民。虽有原省，原省此奴虏而已矣；虽有燠咻，燠咻此奴虏而已矣。夫上既以奴虏待民，则民亦以奴虏自待。”[5]对比西方的政治传统，严复接着指出：“盖西国之王者，其事专于作君而已；而中国帝王，作君而外，兼以作师。……卒之君上之责任无穷，而民之能事，无由以发达。使后而仁，其视民也犹儿子耳；使后而暴，其过民也犹奴虏矣。……由此观之，是中西政教之各立，盖自炎黄尧舜以来，其为道莫有同者。

[1] 王栻：《严复集》第三册，中华书局1986年版，第690页。
[2] 王栻：《严复集》第三册，中华书局1986年版，第682页。
[3] 王栻：《严复集》第三册，中华书局1986年版，第678页。
[4] 王栻：《严复集》第三册，中华书局1986年版，第619页。
[5] 王栻：《严复集》第一册，中华书局1986年版，第31页。

舟车大通，种族相见，优胜劣败之公例，无所逃于天地之间。”[1] 这种帝王作君作师，而待民如奴如虏的专制体制，发端于秦朝，至清朝达到最高峰。严复指出：“中国自秦政以降，大抵以议法为奸民。然宋元以前，朝政得失，士犹得张口而议也。至于明立卧碑，而士之性灵始锢。虽然，犹有讲学，而士尚可以自通。至于今世，始钳口结舌，以议论朝政为妖妄不详之人，而民之才德识知，遂尽如斯密氏之所指。”[2] 认识了这种政治体制的本质，严复进一步指出其危害，认为中国国家的分裂、民心的涣散、国力的衰败都是以此为主要原因，这也是中国在与近代列强竞争之中步步败北的更深层因素。严复把改变中国这种专制政治和文化的希望寄托在启蒙观念的传播上，但他没有注意到，孙中山的实际行动却是打破中国两千年专制政治和文化的最大的启蒙力量，是改变中国人思想观念的最好课本。孙中山年轻时就“心伤鞑虏苟残、生民憔悴，遂甘赴汤火，不让当仁，纠合英雄，建旗倡义。拟驱除残贼，再造中华，以复三代之规，而步泰西之法”[3]。为推翻清廷专制体制，他不怕牺牲，以个人的奋斗事迹和不屈不挠的信念，启蒙了国人反抗专制自主自立的勇气，为中国精神注入了生气勃勃的现代元素，这实际上是一种任何纸面上的观念都比不了的思想启蒙，是对中国文化观念的最大的革新和改造。孙中山的革命行为与严复的启蒙思想是完全一路的，但严复对此完全漠视，没有给予任何正面的解释。这无疑反映严复的思想的片面性和缺陷。

本来，严复的思想启蒙行为与孙中山的革命行为，是中国近代历史的两大动力，都事关中国富强的未来大计，两者是互为依存不可或缺的。思想家与实行家，本来应该是一枚硬币的两面，是不应该分离的，两者应该相互推崇、相互吸引、相互补充、相互教育，但在中国却正好相反，思想家拒绝承认实行家的价值，实行家看不到思想家的用处，而且更有意思的是，这两位历史的巨人一直相互藐视，对对方的事业和观念都视而不见，这无疑对中国的富强事业造成巨大的扯皮效应。在中国的近代历史上，前进的道路上荆棘遍地，富强的努力挫折无数，先进的追求一唱三叹，这两个先进人物的不合作，无疑是中国近代史的一系列失败的深层原因之一，同时也可以说是历史的一大遗憾。

[1] 王栻：《严复集》第四册，中华书局1986年版，第928—929页。

[2] 王栻：《严复集》第四册，中华书局1986年版，第907页。

[3]《孙中山全集》第一卷，中华书局1981年版，第48页。

## 第四节　严复对未来中国及世界的展望

严复的著述，在一百年前的中国，曾经非常风行。他的译作《天演论》，单在1905年至1927年间，就被加印三十多次，他的其他译著，也是一再被加印。在当时那个时代，上至国家领袖，下至普通学生，读严复的书，是所有人的共同志趣；但是今天，可能只有做文史哲研究的人才会读一点儿。严复的著述，文字精粹，思想和哲理的意味很强。此外，严复不像康有为、梁启超等人，他的著述并不仅仅属于他那个时代，而是属于所有的时代的，即是一百多年后的今天，读起来仍然很有思想的启发。严复本人实际上是一个非常多面的人，陈宝箴在为严复所作的墓志铭中就曾感叹：人们只了解严复的文学才能和贡献，却忽略严复在“战术、炮台、建筑诸学”的成就。作为一个思想家、一个学者，严复在其繁忙的思想和学术追逐中，有一项特别的、不为人所知的个人爱好：喜欢作预言，喜欢对他那个时代的人物、事件、国家等等的未来的命运作出预测或评论。严复所处的那个时代，正是历史的大转折时期，民族、国家、团体、个人的命运瞬息万变；为了在这个“物竞天择”的历史舞台上争强取胜，个个都竞相发挥，使尽手段。严复则身处社会的边缘，热心冷眼，他以深厚的学识、敏锐的观察，对身边的大小事体都有评论，其中最显著的就是对这些事体未来命运的预测。这些预言不是历史学、不是政治学、不是哲学，也不是西学传输，却是严复思想的重要内容，从中可见严复思想的深层奥妙。实际上，严复正是通过一个又一个的预言来展示他的思想张力，显示他把握历史和政治脉络的能力的。严复曾经自拟书房联语：“有王者兴，必来取法；虽圣人起，不易吾言。”这等自夸，着实少见。那么，严复何以如此自负呢？凭他的译著？凭他的文章？其实，在严复的心目中，这些都是他的外在的伎俩，他的内在的能力并不显示于这些成就，而是在他的并不为人所知的一个又一个的预言中，那是他对历史与人性的洞察和深度的把握。尽管严复在现实中是一个失败者，但他对他那个时代的认识还是非常深刻的。

严复入世之初，中国已陷入列强包围，成为它们任意宰割的猎物。国人起初认为“夷狄性如犬羊”，对他们甚是蔑视，很不在意。后来经历了一次又一次失败，转而对他们崇拜而恐惧。虽然英、法、日等都曾经打败中国，但当时国人最惧怕的却是俄国。这个从好几个方向包围着中国的巨无霸，是当时国人心中的噩梦，从林则徐开始，朝野上下就强烈感觉到这个强邻对中华帝国的全面威胁。不仅中国的官方和知识分子，当时整个世界都为俄国势力的扩张惊诧不已。托克维尔说：“当今世界上有两大民族，从不同的起点出发，但好像在走向同一目标。这就是俄国人和英裔美国人。这两个民族在神不知鬼不觉之中壮大起来。当人们的视线只顾他处的时候，它们突然跻身于各国之前列，而全世界也几乎同时承认了它们的存在和强大。其他一切民族好像已接近它们发展的自然极限，除保持原状而别无他图，但这两个民族却在不断壮大。其他民族不是停滞不前，就是历尽千辛万苦地前进。唯有这两个民族，正沿着一条还看不到止境的道路轻松而神速地前进……”[1] 但是，有一个人，那就是严复，对这个国家的实力一直不以为然。他曾经多次属文，深入分析俄国的真实状况，告诉国人俄罗斯外强中干的内情。他说：“世所谓虎狼国，行其先王之遗策，有长驾远驭，并吞六合之心者，非俄罗斯乎？虽然，论者将特震于其外云耳。以言其实，则俄不足畏也。”[2] 他还评价俄国的内幕：“朘剥之利，入于私家；政以贿通，官由宠用，可以见矣。其为国如此，则其外虽强，要不能望其长治。俄用彼得之制以兴，亦将由彼得之制以废。此诚天道，无如何也。”[3] 1904年爆发的日俄战争，是20世纪第一个重大事件，对后来的世界格局产生极大影响。这场战争牵动了世界各国的神经，很多人都为日本担心，中国朝野更是为日本捏把汗。但是严复一开始就断定，战争的结果是俄国必败；严复甚至在日俄战争之前就预言，俄国的最高统治者，“其皇室倾绝，特需时耳”。

俄国之外，另外一个对中国构成极大威胁的是日本。日本通过明治维新，走上近代化之路，随后在甲午战争打败清帝国、日俄战争打败俄国，其一时之气焰，势不可当。中国自戊戌维新就开始把日本作为学习的榜样；日俄战争之后，更是把学习日本当作最重要的国策。但是，严复却对这个国家一直不看好。日本与德国，严复说：“西方一德，东方一倭，皆犹吾古秦，知有权力，而不信有礼义公理者也。……故使果有真宰上帝，则如是国种，必所不福，又使人性果善，则如是学说，必不久行，可断言也。”[4] 严复对日本的预言是：“倭乘群虎竞命之时，将于吾国求所大欲，若竟遂其画，吾国诚破碎。顾从其终效而观之，倭亦未必长享胜利，如此谋国，其眼光可谓短矣。”[5] 在严复的心目中，日本在

[1] [法]托克维尔著，董果良译：《论美国的民主》，商务印书馆2004年版，第480—481页。

[2] 王栻：《严复集》第四册，中华书局1986年版，第934页。

[3] [英]亚当·斯密著，严复译：《原富》，北京时代华文书局2014年，第509页。

[4] 王栻：《严复集》第三册，中华书局1986年版，第622页。

[5] 王栻：《严复集》第三册，中华书局1986年版，第620页。

与中国的较量中虽然暂时占了上风，并从中国获得了极大的收益，但是其终效看来，日本是必败的。1914年，第一次世界大战爆发，与国内的大多数观点相反，严复坚决认为协约国终将胜出，德国一定战败。战争开始，德国在东西两线，节节胜利，但严复却认为，“德皇即残比利时、即长驱以入巴黎，恐终亦无补于危败也”[1]。只是与严复的断言不同的是，德国并没有在短时间内败北，而是把战争拖了四年之久。对于大战之后的世界，严复还有两点预言：其一，经历这次世界大战，世界政治格局和精神面貌将发生巨大的变化，“欧战告终之后，不但列国之局，将大变更；乃至哲学、政法、理财、国际、宗教、教育，皆将大受影响”[2]；其二，“欧战告终之后……而三洲汹汹，弭兵绝无其事，早晚将复出于战”[3]。这是严复1919年的话。二十年后，果然又爆发新的世界大战。

如果说严复对国际局势有着精准的判断，那么，对国内形势，严复的很多判断同样极有预见性。1900年爆发义和团事件，国家被八国联军蹂躏；经此惨败，清廷终于下诏变法，一时朝野颇有一番振作革新的气象；但严复却把此时的清政府称为“专制纸老虎”，认为早晚要“被人戳破”。1911年辛亥革命爆发，严复惊愕之余，陷入悲观之中；他认为，以中国的国情，不但建不成共和，而且其边疆，如蒙、藏、新疆等地区可能出现危机，国家有被分裂的危险。1913年4月，宋教仁在上海被暗杀，很多人对此事并不在意，但严复却认为：“恐从此国事日就葛藤，喋血钩连，殆无时已，而国命与之俱去。”[4]严复说的一点儿不错，这一事件导致中国又开始长久不息的内战。

晚清的袁世凯是一个举足轻重的人物。今人对他的看法有很大的分歧。但不能否认的是，此人能力很强，在权术、政治方面当时很少人能出其右。可能是在小站练兵的时候，严复就已与袁世凯订交。1900年八国联军入侵中国，严复逃离天津，从此与北洋脱离，一时处于失业状态。而此时的袁世凯则在李鸿章之后，继任直隶总督，同时接管了北方中国的通商、外交、军事等大权，成为地方督抚之首。袁世凯在此时曾经多次召集严复，希望严复成为他的幕府人才。但是，严复对袁在直隶任上所推行的所谓改革十分反感，坚决拒绝了袁的征召，并在私下断言：“此几外沽有为之名，内怀顽固之实。死权躁进，茫不自知。不出三年必

[1] 王栻：《严复集》第三册，中华书局1986年版，第616页。
[2] 王栻：《严复集》第三册，中华书局1986年版，第619页。
[3] 王栻：《严复集》第三册，中华书局1986年版，第702页。
[4] 王栻：《严复集》第三册，中华书局1986年版，第609页。

败。”[1] 严复此话说于1904年，1908年，袁世凯就被清廷解除所有官职，赶回河南老家。

当然，严复与袁世凯的关系并不止于这些。1912年，袁世凯重返政坛，严复被聘为北大校长，后又成为袁的顾问参政及约法议员。到此时，严复对袁的评价也不高，他说：“大总统固为一时之杰，然极其能事，不过旧日帝制时，一才督抚耳！欲与列强君相抗衡，则太乏科哲知识，太无世界眼光，又过欲以人从己，不欲以己从人，其用人行政，使人不满意处甚多，望其转移风俗，奠固邦基，呜呼！非其选尔。”[2] 至于最后袁世凯身败名裂的结局，严复虽然事后声称早在他的预料之中，实际上他可能对此并没有什么预感。不过，袁失败后，严复对他命运的总结，却是十分发人深思的。严复认为，袁世凯的失败，其原因并不在复辟帝制：“所谓帝制违誓种种，特反对者所执之词，而项城之失人心，一败至于不可收拾者，固别有在，非帝制也。”[3] 严复说的有道理，试想，法国大革命期间，在那么强烈的革命气氛中拿破仑都可以称帝，所以，称帝本身不一定是错。严复认为，袁世凯的失败，根本原因在于袁“自就职以来，于中国根本问题，毫末无所措注。”其执政期间，没有为国家、为民众做过一件好事，财政没有好转，军旅无法统一。严复认为，袁执政四年，一直是“以运动为正法，以粉饰为成功，极峰自诡，行且即真”，以欺骗、恐吓、暗杀为手段，维持其统治；这样的统治，早已失掉人心，众叛亲离，即是没有称帝这样的借口，国人也会找机会把袁赶下台的。

在众多的预言中，严复也有很多搞错的时候。基于个人的政治理念，严复对国民党、孙中山的事业和追求一直不赞成，对孙中山本人也不怎么看好。他说：“孙文、唐绍仪辈，自仆观之，直是毫无价值之人。比者窜迹广州，既不容于地主，而号诉各国，又为笑资，其无成殆可以决。”[4] 由于政治理念的偏见，严复绝对不会想到，孙中山在中国会成就这么伟大的事业。严复还批评五四运动，对于参加五四运动的学生，严复说：“咄咄学生，救国良苦，顾中国之可救与否不可知，而他日决非此种学生所能济事者，则可决也。”[5] 严复同样没有想到的是，五四的学生领袖，日后很多人成为学界、政界的重要人才；其中虽然分化

[1] 孙应祥、皮后锋：《〈严复集〉补编》，福建人民出版社2004年版，第243页。
[2] 王栻：《严复集》第三册，中华书局1986年版，第624页。
[3] 王栻：《严复集》第三册，中华书局1986年版，第634页。
[4] 王栻：《严复集》第三册，中华书局1986年版，第672页。
[5] 王栻：《严复集》第三册，中华书局1986年版，第695页。

严重，但正是经历五四考验和启蒙的新一代人物，成为再造国家的主力。对于陈独秀、胡适之等人发起的白话文运动，严复也深为不满，认为这是“斡弃周鼎，宝康瓠兮”，结果如同“春鸟秋虫”，也不会长久。尽管严复本人的写作，很多时候也是用白话文，但他却批评中国的白话文运动。他的这种结论，已被历史证明也是误判。

在严复生命的最后几年，也就是二十世纪二十年代之前，中国正经受空前的苦难。中央失政，方镇恣睢；军阀混战，民不聊生；金融停滞，商贾不行。在这样的局势下，严复对自己国家的未来有何预见呢？搜集他的意见，可以得到四点结论：其一，“总觉二三十年中，（中国）无太平希望”。其二，但是，在此之前，“自当先出曹孟德、刘德舆辈，以收廓清摧陷之功”，也就说在中国正式走上太平统一之前，可能出现某个政治强人，扫清眼下政治舞台的混乱。其三，中国“今世一切牵于外交”。本来，中国朝代的兴衰更迭、政治由混乱到统一，有一个周而复始的模式，但是现在列强对中国施加什么影响、哪个国家对中国施加的压力最大，这将是决定中国变局的最重要力量，也成为未来中国不可知的最大因素。其四，严复说：“中国目前危难，全由人心之非，而异日一线命根，仍是数千年来先王教化之泽，足下记吾此言，可待验也。”[1] 先毋论前三个，严复的最后一个预言就特别引人注目。这个用其一生精力学习西学、传播西学，期望用西学来改变中国面貌，帮助中国走上富强之路的思想者，却把最后的希望寄托于所谓的“数千年先王教化之泽”，其变化之大令人惊诧。严复的前三个预言都已被历史所验证，他的最后一个预言是不是会落实？严复的时代已经过去一百来年，中国目前已成为世界第二大经济体，一个统一、安定的中国，发展前景几乎是不可限量的。但推动中国成功的最核心因素究竟是什么？目前各方还在争论不休，严复的预言究竟是不是事实，还要留待历史的检验。

[1] 王栻：《严复集》第三册，中华书局1986年版，第678页。

# 第八章　晚清燕赵史学

## 第一节　莲池书院与莲池学派

在中国古代，学校教育主要有两种类型：官学和私学。官学包括中央的太学、国子监与地方的府学、州学、县学等；私学包括私塾、家塾、义塾、社学等。从隋朝正式确立科举制度以后，这些学校逐渐成了科举制度的附庸，只为应试科举服务了。在此背景之下，中国古代教育机构出现了另外一种类型，即书院。从五代开始，一些学者选择山林名胜、风景秀丽之地，聚徒讲学，同时收藏大量图书，实行教育与研究相结合的教育制度，层次也相当于今天的大学。这就是所谓“书院”[1]。书院后来逐渐收归官府，接近官办。它以研习儒家经典为主，重视读书自学，强调论辩问难，一般由耆学宿儒担任山长（院长）。在近古时期，在官府的支持或控制之下，书院在教育领域起到了重大作用和影响。

位于保定城内的莲池书院，因古莲花池得名。古莲池，初名“雪香园”[2]。1227年，蒙古行军千户、保州等处都元帅张柔[3]移镇保州（即保定），重建州城。“丁亥（1227年），（张柔）移镇保州。保自兵火之余，荒废者十五年，盗出没其间。柔为之画市井，定民居，置官廨，引泉入城，疏沟渠以泻卑湿，通商惠工，遂致殷富。”[4]当时，在临漪亭故址凿池建楼，“重构馆榭，蔚成巨观”。史载，“壬辰（1232年），（张柔）从睿宗伐金”[5]，离开保州，故而古莲池之凿，当在1227年至1232年间。至元二十六年（1289年），建筑被大地震毁坏，仅存深池清水、繁茂荷花，从而俗称之为“莲花池”，明代以后的志书也随此称呼。明代后期，知府查志隆对莲池进行了一次较大规模的整修扩建，把莲池作为一面“水鉴”，并增建一门，上悬“水鉴公署”匾额，以激人励己。从此，

[1] 另有官办的机构，也以“书院”为名，例如唐玄宗时在洛阳开办的丽正书院，但这种机构更像图书的收藏、校勘整理机构，并非教育机构、学术研究机构。这属于同名异实现象。

[2] 姚奠中：《元好问全集》卷三十三《顺天府营建记》，山西人民出版社1990年版，第754页。

[3] 张柔死后，延祐五年（1318年），追封为汝南王。见宋濂等《元史》卷一百四十七《张柔传》，中华书局1976年版，第3476页。

[4] 宋濂等：《元史》卷一百四十七《张柔传》，中华书局1976年版，第3473页。

[5] 宋濂等：《元史》卷一百四十七《张柔传》，中华书局1976年版，第3473页。

“水鉴公署”成了莲池的别称。莲池“夏受荷香，秋受苇翠”，成了达官贵人云集之所，成为保定城中的名胜、中国北方古代园林的一颗明珠。清代乾隆年间，时任清苑知县的时来敏曾作诗《莲漪夏滟》赞美莲池：“一泓潋滟绝尘埃，夹岸亭台倒影来。风动红妆香细送，波摇锦缆鉴初开。宜晴宜雨堪临赏，轻暖轻寒足溯洄。宴罢不知游上谷，几疑城市有蓬莱。”

清朝建立，民族矛盾激烈，为了防止知识分子利用书院进行反清活动，统治者对书院采取了抑制政策。顺治九年（1652年），清政府“题准刊立卧碑，置于明伦堂之左，晓示生员，永为遵守：……各提学官督率教官、生儒，务将平日所习经书义理，着实讲求，躬行实践，不许别创书院，群聚徒党，及号召他方游食无行之徒，空谈废业，因而起奔竞之门、开请托之路。”[1] 但从顺治末年开始，政策逐渐松动。在康熙末年，直隶拥有了四十所左右的书院。雍正元年（1723年），世宗皇帝对书院再次加以限制，下诏：“各省改生祠、书院为义学，延师授徒，以广文教。”[2] 但不久之后，又放松了限制政策，采取扶持和控制两手并重的原则。雍正四年四月，清世宗下旨说：“至于设立书院，择一人为师。”[3] 雍正十一年正月，清政府正式颁布上谕，明令全国各省在省会建立一所省级书院，内云：

> 各省学政之外，地方大吏每有设立书院，聚集生徒讲诵肄业者。朕临御以来，时时以教育人材为念，但稔闻书院之设，实有裨益者少，浮慕虚名者多，是以未尝敕令各省通行，盖欲徐徐有待而后颁降谕旨也。近见各省大吏，渐知崇尚实政、不事沽名邀誉之为，而读书应举者，亦颇能屏去浮嚣奔竞之习，则建立书院，择一省文行兼优之士读书其中，使之朝夕讲诵，整躬励行，有所成就，俾远近士子观感奋发，亦兴贤育才之一道也。督抚驻扎之所，为省会之地，著该督抚商酌奉行。各赐帑金一千两。将来士子群聚读书，须预为筹画，资其膏火，以垂永久。其不足者，在于存公银内支用。封疆大臣等并有化导士子之职，各宜殚心奉行，黜浮崇实，以广国家菁莪棫朴之化，则书院之设，于士习文风有

[1] 蒋廷锡：《古今图书集成·经济汇编·选举典》第十七卷《学校部汇考十一·皇清顺治九年》引《大清会典》，第656册，中华书局1934年影印版，第23页。

[2] 刘锦藻：《清朝文献通考》卷七十《学校考八·直省乡党之学二》，商务印书馆1936年3月初版，考之第5495页。又见《钦定学政全书》卷六十三《书院事例》。

[3]《清世宗实录》卷四十三雍正四年四月乙亥条，《清实录》第7册，中华书局1985年影印版，第631页。

裨益而无流弊，乃朕之所厚望也。[1]

从此，书院得到迅猛发展，再次成为中国教育的一种重要形式，书院的日常管理也完全纳入了政府的管辖范围。清代书院，共有四千三百六十五所，其数量是唐以来到明代书院总和的一点四九倍。各省不但通都大邑设有书院，甚至山村水寨，也可寻觅到书院的踪影[2]。

据《大清一统志》统计，在直隶省，嘉庆以前，全省十七府、直隶州（包括顺天府、天津府）共有七十九所书院，其中最著名、最高级的，就是此次奉旨建造的位于省会保定的莲池书院。

主持建造莲池书院的，就是当时的直隶总督李卫。雍正二年（1724年），清廷将直隶巡抚改为直隶总督，衙署也在保定。李卫，江苏铜山人。雍正十年七月，调任直隶总督。李卫一向重视文教。官任浙江时，曾主动修复了当地的紫阳书院和敷文书院。他一到保定，见城内“楹接枑连，择地不易”，而古莲花池虽然“亭馆就荒，池水阏遏不东注”，但“林泉幽邃，云物苍然，于士子读书为宜。周回余址，宽闲爽垲，乂于冠盖驻宿为便，辄欣然有得”，就有于此建造书院的打算[3]。次年，恰逢皇帝关于全国在省会建造书院的上谕下达，当时他正在浙江海宁协助当地救灾。四月回任后，毫不怠慢，立即行动，召集布政使王謩、按察使窦启瑛、清河道彭人杰、保定府知府米寿图、清苑县知县徐德泰会同商办此事。最终决议由徐德泰承办，以池北“故有南向听事堂，后精舍、便室、东西廊庑、大小曲房若干间”为基础，因旧起废，进行维修、增建，重新置办和装潢栋檐、门窗、阶墙，办起了直隶省的最高学府——莲池书院。同时，在书院东邻建了一座宾馆——皇华亭馆，接待往来宾客；在莲池东南建了南园，“备课士谭燕之所”。书院于五月动工，九月即告完工。隔池相望的两院“东西相属，面清流为限，跨石梁为阈，使节应酬与匡坐，吟诵不相妨杂”[4]。李卫主持和参与了建造莲池书院工作的每一个环节，费心劳神，其对直隶省文化建设的重视是值得称道的。书院落成后，李卫还撰写了《奉诏创建莲池书院记》和《莲花池修建书

[1] 刘锦藻：《清朝文献通考·学校考八·直省乡党之学二》，商务印书馆1936年版，考之第5504页。又见《皇朝政典例要》卷二百二十六。

[2] 邓洪波：《中国书院史》，东方出版中心2004年版，第404页。

[3]《莲花池修建书院增置使馆碑记》，雍正《畿辅通志》卷九十九《记·本朝》，《文渊阁四库全书》本，第506册，台湾商务印书馆1983年版，第383页。

[4]《莲花池修建书院增置使馆碑记》，雍正《畿辅通志》卷九十九《记·本朝》，《文渊阁四库全书》本，第506册，台湾商务印书馆1983年版，第384页。

院增置使馆碑记》两文，为后世研究莲池书院的建设历史留下了宝贵资料。在书院中，省级书院级别最高，而莲池书院虽然建立较晚，却是省级书院中影响最大的一所，被誉为“全国书院之冠”。乾隆三年（1738年），李卫病逝于直隶总督任上。

乾隆时期，清高宗对汉文化极为热爱，对书院的政策更加开放宽容。乾隆元年（1736年），他下旨要求加强书院建设管理，提高书院在各地教育机构中的地位：

> 书院之制，所以导进人材，广学校所不及。我世宗宪皇帝命设之省会，发帑金以资膏火，恩意至渥也。古者乡学之秀，始升于国，然其时诸侯之国皆有学。今府、州、县学并建，而无递升之法，国子监虽设于京师，而道里辽远，四方之士不能胥会，则书院即古侯国之学也。居讲席者，固宜老成宿望，而从游之士，亦必立品勤学，争自濯磨，俾相观而善。庶人材成就，足备朝廷任使，不负教育之意。若仅攻举业，已为儒者末务，况借为声气之资、游扬之具，内无益于身心，外无补于民物，即降而求文章成名，足希古之立言者，亦不多得，宁养士之初旨耶？该部即行文各省督抚学政，凡书院之长，必选经明行修、足为多士模范者，以礼聘请；负笈生徒，必择乡里秀异、沉潜学问者，肄业其中。其恃才放诞、佻达不羁之士，不得滥入书院中。酌仿朱子《白鹿洞规条》，立之仪节，以检束其身心；仿《分年读书法》，予之程课，使贯通乎经史。有不率教者，则摈斥勿留。学臣三年任满，谘访考核，如果教术可观，人材兴起，各加奖励。六年之后，著有成效，奏请酌量议叙。诸生中材器尤异者，准令荐举一二，以示鼓励。[1]

乾隆十年（1745年），古莲池被定为行宫，进入其鼎盛时期。从乾隆十四年开始，新任直隶总督方观承主持修建莲池，使园林的亭台楼榭焕然一新。乾隆二十五年，方观承将莲池景物分为十二组，绘图十二幅，每图都附以图解和图赞。园内还刻有御诗碑、明职碑，并建有御碑亭。乾隆二十六年，清高宗第三次西巡五台山归来，驻跸保定，方观承将装裱好的十二幅莲池景图敬呈皇帝，皇帝也在每幅景图后面一一题诗。莲池十二景，使古莲池和莲池书院赢得了“城市蓬

[1]《清高宗实录》卷二十乾隆元年六月甲子条，《清实录》第9册，中华书局1985年影印版，第487—488页。

莱”的盛誉。清人蒋士铨曾写诗描绘：“池是张柔凿，当年共冶游。流传弦诵地，尺五帝王州。”据统计，清高宗曾七次驾临古莲池，五次视察莲池书院，并赋诗表达他对莲池书院的欣慰之情。他还亲自视察书院的课业情况，并即兴作诗给直隶总督，大力褒扬他们办理书院的业绩。

嘉庆年间，清仁宗巡幸五台山，曾驻跸莲池行宫，并赐给直隶总督、布政使等官员自己写的诗歌。道光二年（1822年），署理直隶总督松筠奏请整顿直隶省的书院，包括莲池书院在内。道光十年，直隶总督那彦成将其家藏的唐以来名贤墨迹和旧拓八种摹刻上石，镶嵌于莲池书院南楼壁间，人称“莲池书院法帖”。道光二十六年，直隶总督讷尔经额重修莲池，又于莲池南广场处开辟校场，扩建绎堂。同年，清宣宗下诏裁撤行宫，改为他用。咸丰十年（1860年），直隶总督官文重修莲池。同治八年（1869年），曾国藩出任直隶总督，他一向重视文教，便借助莲池书院来对直隶文教施加影响。他亲自主持书院课业、考试甚至阅卷，“曾门四学士”中，三人担任莲池书院院长。同治十年，直隶总督李鸿章在莲池设局重修《畿辅通志》，聘任翰林院编修黄彭年为总纂。黄夫人擅长丹青，于是重绘莲池书院十二景图，在图赞中删去了原版中方观承和张叙的题咏，而将清高宗的题咏放在了图解之前，增添其权威性和影响力。李鸿章督直期间，莲池书院处于辉煌鼎盛时期。当时正当洋务运动如火如荼。书院也做了相应改革。例如光绪八年（1882年）在书院东设“学古堂”，直督李鸿章和院长黄彭年置莲花池万卷楼，广储书籍，明立章程。光绪十五年，吴汝纶开设了西文（英文）学堂、东文（日文）学堂，挑选了十余名学生修习外语，学制五年。这些创举，使得“河北风气，因以大开”，莲池也“一变为储才研籍之地矣”[1]。由于“远近来学者日众”，书院狭小不能满足需要，于是投入上千两白银在东、西两院分别增建了十一间、九间，修葺旧房四间[2]。“士子负笈来学者遂日益增多，弦诵讲席，蔚然为北方第一学府矣。”[3]

1898年戊戌变法期间，清德宗下旨要求各省督抚将大小书院一律改为兼习中、西的学校。但直隶总督荣禄阳奉阴违，并未真正实施。不久排外风起，直隶总督裕禄、布政使廷雍等，一向对吴汝纶等开放西学的做法不满，于是“阴袒乱民以阿附政府意旨”，捣乱莲池书院，杀掉外教，吓走吴汝纶，使莲池书院的教

[1] 灊山：《谈谈以往的莲池》，《河北月刊》第5卷第2期（1937年）。

[2] 黄彭年：《莲池书院记》，《陶楼文钞》卷三，光绪庚寅朱刊本，第11—12页。又见《续修四库全书》第1552册，上海古籍出版社1995年版，第628页。

[3] 灊山：《谈谈以往的莲池》，《河北月刊》第5卷第2期（1937年）。

学遭受严重干扰破坏[1]。1900年闰八月，“英、法、德、义诸国联军内犯，驻军保定十余月之久，莲池台榭举成灰烬矣”[2]。1901年夏，侵略军退走后，“莲池亭台林馆，皆已夷为平地，不留寸木片瓦，触目感伤”[3]，莲池书院遭受重创。逃亡在外的慈禧太后，回銮途中曾驻跸保定，以莲池作为简易行宫。随着清末新政的推行，书院改为学堂，光绪二十八年（1902年），莲池书院正式停办，年底改为“直隶校士馆”，体制实际未变。光绪三十一年下半年，科举制度废止，校士馆停办。次年年中，为装点门面，保存国粹，直督袁世凯在莲池书院旧址创办直隶文学馆，聘请光绪年间进士、桐城派学者贺涛作为主持。当年，直隶布政使增韫将莲池改为“莲池公园”。光绪三十三年，杨士骧出任直隶总督，多方筹款，力求恢复莲池原貌，但除了山水形貌依旧外，亭台楼榭规模大减。光绪三十四年，直隶提学使卢靖在水东楼东北建立“直隶图书馆”，即今天保定图书馆的前身。袁世凯调离后，1910年，直隶文学馆停办，贺涛离开了保定[4]。这标志着莲池书院彻底寿终正寝。

作为清代闻名遐迩的省级书院、清代北方学术文化的一个中心，在长达一百七十七年的漫长历史中，无论是教师层面，还是学生层面，莲池书院汇聚了许许多多的优秀人才。以时代风潮为背景，他们都或多或少做出了自己的贡献。

约自1560年开始，中国文化进入以放为灵魂的清时期，崇尚自由解放。鉴于其弊病迅速暴露，明末清初（约自1640年开始），出现反弹，进入了第一波辅流反派时段，一方面恢复道德，一方面强调实用（“经世致用”），并在实用的前提下对宋学（以程朱、陆王为代表）、对专制皇权进行了猛烈抨击。直到康熙末年（以戴名世《南山集》案发、朱熹被官方配享孔庙作为标志），才再次回到主流正派轨道。多数学者一方面不敢再公开诋毁程朱、倡导“经世致用”，一方面敬而远之，实事求是，投身于饾饤考据。表面上看程朱恢复正统地位，其实真正现出勃勃生机的是考据之学。这些在建立不久的莲池书院中就有反映，汪师韩就是典型代表。

汪师韩（1707—1780），字抒怀，号韩门、上湖，钱塘（今浙江杭州）人。

[1] 李景濂：《吴挚甫先生传》，见吴汝纶著，施培毅、徐寿凯校点《吴汝纶全集》第四册《附录一·传状》，黄山书社2002年版，第1128—1129页。

[2] 于振宗：《重修保定古莲花池记》，《清苑县志》卷五《金石下》，《中国地方志集成·河北府县志辑》第29册，上海书店出版社2006年版，第561页。

[3] 吴汝纶著，施培毅、徐寿凯校点：《吴汝纶全集》第三册《尺牍补遗·与刘际唐李佑周》，黄山书社2002年版，第571页。

[4] 李松荣：《莲池余韵——“莲池校士馆”“直隶文学馆”的创办与教育活动》，《阴山学刊》2021年第4期。

年少时就工诗善文，名播四方。雍正十一年（1733年）进士，入翰林院庶常馆学习。散馆后，授编修，又奏直起居注。数月后，闻母病假归。刑部尚书张照为武英殿总裁，荐举他到武英殿校勘经史。乾隆八年（1743年），出任湖南学政。后又受大学士傅恒推荐，入直上书房，教授皇子读书，复授编修官，未几落职。从此客游畿辅，以教学为生。乾隆三十年，直隶总督方观承延请他主讲莲池书院，委以院长之任。碰巧皇帝命令查核天下书院山长（院长），观承因以入奏。皇帝犹有记忆，称赞他“好学问”。汪师韩闻而感涕，作诗四章纪其事。中年以后，一意穷经，诸经皆有著述，对《易》尤其深透。著有《观象居易传笺》十二卷、《孝经约义》一卷、《韩门辍学》五卷及续编一卷、《谈诗录》一卷、《诗学纂闻》一卷、《上湖纪岁诗编》五卷、《上湖分类文编》十卷，又有《诗四家故训》《春秋三传注解补正》《文选理学权舆》《谈书录》等。《韩门缀学》一书，仿照顾炎武《日知录》的体例，考订详洽，为近代说部之佳作。乾隆三十九年，汪师韩辞职离开莲池书院，回故里安度晚年。

此时期有一个人比较特殊，一方面重振程朱，一方面修身经世，有较强的上时段的遗风，他就是尹会一。尹会一（1691—1748），字元孚，号健余，直隶博野东章村（今属河北）人。幼时丧父，雍正二年（1724年）进士，历任广东巡抚、河南巡抚。乾隆四年（1739年）冬，上疏请求回乡为老母养老送终。皇帝知其孝母，赐诗褒之。在官有善政，必归美于母。家居设义仓，置义田，兴义学，谓皆出母意。母卒，会一年已逾五十，居丧一遵古礼。回乡期间，常应邀到莲池书院讲学。十一年，服阕，召授工部侍郎，督江苏学政。十二年，转吏部，仍留学政任。宗主程朱，终生以理学泽人，治学务在力行。一生为官，在民生经济、赈济灾荒以及推行教化等方面较有成就。著作有《君鉴》《臣鉴》《士鉴》《女鉴》《健余先生文集》等。但尹会一虽然力倡理学，博得大名，对于程朱义理却很少发明，造诣不高。《清儒学案》说他“为学务在力行，于古今学术纯驳，审择之而未尝攻斥”[1]。这正是理学生命力已经枯萎的体现。他秉承程朱反对尊君卑臣的观念，结果触怒皇帝，甚至死后还使其子尹嘉铨（曾就学于莲池书院）受到连累被绞死[2]。

乾隆末年（以《四库全书》告成作为标志），考据之弊日益凸显，反弹之声重新兴起，进入第二个辅流反派时段（约1780—1850）。面对社会种种尖锐矛

[1] 徐世昌等：《清儒学案》卷六十二《健余学案》，中华书局2008年版，第2409页。

[2] 徐世昌等：《清儒学案》卷六十二《健余学案》，中华书局2008年版，第2428页。

盾，在延续考据风气的同时，兼采汉宋，再弹“经世致用”老调。其代表人物，与莲池书院有关的，有章学诚、祁韵士等人。

章学诚（1738—1801），字实斋，号少岩，会稽（今浙江绍兴）人。少年时代酷爱史学。二十五岁入国子监肄业，修《天门县志》。二十九岁因生活所迫，投靠朱筠门下，眼界大开。三十五岁，在和州修《和州志》。三十九岁任国子监典籍。次年主讲于直隶定州定武书院，又修《永清县志》。四十一岁才中进士。但他“自以迂疏，不敢入仕”[1]，先后主讲于直隶肥乡清漳书院、永平府敬胜书院、保定莲池书院（1784—1787），担任河南归德府文正书院院长。又修《亳州志》《湖北通志》《续资治通鉴》《史籍考》等。其间曾多次入幕。六十二岁时，和珅倒台，章学诚一反不言政事的习惯，一连写了《上执政论时务书》等六篇文章，抒发他对腐败政治的抗议。

章学诚一生颠沛流离，穷困潦倒，但著述甚丰，可惜佚缺极多。在长期修志的经验基础上，他创立了一套完整的修志义例；又用毕生精力撰写了《文史通义》《校雠通义》等论著，总结、发展了中国古代的史学理论，对后世产生了深远影响。其《文史通义》与唐代刘知幾的《史通》齐名，为中国古代史学理论的双璧。作为一位主要活跃于乾隆末嘉庆初的人，章学诚敢为天下先，其思想有着鲜明的反对考据之学的特征，倡导撰述和理论，重提经世致用。章学诚一方面认为“六经皆史”，“古人未尝离事而言理”[2]，“道器合，而天下无有空言义理之学也”[3]，主张“以史明道”；一方面倡导理论和实用。他在《与汪龙庄书》一文中说：“近日学者风气，征实太多，发挥太少，有如桑蚕食叶而不能抽丝。……拙撰《文史通义》，中间议论开辟，实有不得已而发挥，为千古史学辟其蓁芜。”[4] 在《上尹楚珍阁学书》一文中说：“学诚……读书著文，耻为无实空言，所述《通义》，虽以文史标题，而于世教民彝、人心风俗，未尝不三致意，往往推演古今，窃附诗人义焉。”[5] 在《文史通义·言公》篇中说：“作史贵知其意，非同于掌故，仅求事文之末也。”[6] 在《文史通义·史德》篇中说：“史所贵者义也。”[7] 面对记注（或曰“比类”）与撰述两类史作，他更

[1] 章学诚：《章学诚遗书》卷十七文集二《柯先生传》，文物出版社1985年版，第168页。
[2] 仓修良：《文史通义新编新注》内篇一《易教上》，浙江古籍出版社2005年版，第1页。
[3] 仓修良：《文史通义新编新注》外篇二《四书释理序》，浙江古籍出版社2005年版，第535页。
[4] 仓修良：《文史通义新编新注》外篇三《与汪龙庄书》，浙江古籍出版社2005年版，第693页。
[5] 章学诚：《章学诚遗书》卷二十九外集二《上尹楚珍阁学书》，文物出版社1985年版，第330页。
[6] 仓修良：《文史通义新编新注》内篇四《言公上》，浙江古籍出版社2005年版，第202页。
[7] 仓修良：《文史通义新编新注》内篇五《史德》，浙江古籍出版社2005年版，第265页。

注重后者。在乾嘉考据学如日中天之际，章学诚难免“朋辈征逐，不特甘苦无可告语，且未有不视为怪物、诧为异类者”[1]，但恰恰因此，他才获得了开风气之先的历史地位。

斗转星移，日月穿梭，时间很快来到十九世纪中叶。以太平天国起义为标志，中国陷入严重的内忧外患之中。以此为背景，中国古代文化也进入清时期的第三个主流正派阶段（约1850—1920），并带有了强烈的近代色彩。伴随西学的影响，考据之风、自由解放思想再度复兴，经世致用又逐渐消退。这在莲池书院有着明显反映，其中黄彭年、何秋涛、张裕钊、吴汝纶、贺涛诸人都可算杰出代表。

黄彭年（1823—1890），字子寿，贵州贵筑（今贵州贵阳）人。二十五岁中进士，历任武英殿协修、国史馆协修、功臣馆纂修等职。咸丰初年，请假回家，协助父亲办团练。假满回京，于咸丰九年（1859年）应直隶总督恒福之聘，任莲池书院院长。同治元年（1862年），入四川总督骆秉章之幕，参赞军务。后应陕西巡抚刘蓉之聘，主讲关中书院。同治十年，应直隶总督李鸿章之聘，到保定主持修纂《畿辅通志》，成书三百卷。光绪四年至八年（1878—1882），第二次担任莲池书院院长，书院进入它的鼎盛时期。从光绪八年起，黄彭年重新开始官宦生涯，历任湖北安襄郧荆道、湖北按察使、陕西按察使、江苏布政使、湖北布政使，逝于任上。黄彭年著有《东三省边防考略》《金沙江考略》《历代关隘津梁考存》等，都是经世致用之作。其他著作，后被学生章钰等人收录为《陶楼文抄》和《陶楼诗抄》，此外还主编《畿辅通志》三百卷。

张裕钊（1823—1894），字廉卿，号濂亭，湖北武昌（今湖北鄂州）人。少时即不喜八股时文，而喜欢曾巩及桐城派方苞、姚鼐的文章。师从曾国藩，与黎庶昌、吴汝纶、薛福成并称为“曾门四弟子”。曾国藩十分赞赏他的文章，曾说：“吾门人可期有成者，惟张裕钊、吴汝纶两生耳。”[2] 咸丰四年（1854年），入曾国藩幕。后来一直从事教育工作，从同治十年（1871年）起，先后在江宁、直隶、武昌、襄阳等地的书院任院长，培养出许多优秀人才。他任莲池书院院长，时间在光绪九年（1883年）四月至十四年九月间。主要著作有《濂亭文钞》《张廉卿先生诗文稿》等，2007年上海古籍出版社出版了《张裕钊诗文集》。

[1] 仓修良：《文史通义新编新注》外篇三《与族孙汝楠论学书》，浙江古籍出版社2005年版，第801页。
[2] 蔡冠洛：《清代七百名人传》，中国书店1984年版，第1810页。

张裕钊一生学问，由曾国藩哺育而成。成熟时期的曾国藩学兼汉宋，对他深具影响。张裕钊镕铸汉宋，以礼学为归，意欲经世，预于当时学术主流。其为学首重宋学，理学素养深湛，并能力践其学，有儒者气象。但他也不废汉学，说：“必明乎古音，而后训诂明；训诂明，而后六经之说可得而知。”[1]所校雠的湖北江南书局官书，“人争购致，比之鸿都石经。”[2]他虽不以汉学闻名，但仍撰有《左氏服贾注考证》《今文尚书考证》等专门的汉学著作。

吴汝纶（1840—1903），字挚甫，安徽桐城（今安徽枞阳）人。同治四年（1865年）中进士，授内阁中书，入两江总督曾国藩幕。八年到直隶，十年后先后任深州知州、代理天津知府、冀州知州，施政以教育为先。又曾入江苏巡抚张树声、直隶总督李鸿章幕。光绪十五年（1889年）二月至二十八年初，任莲池书院院长，历时十四年，是我们已知的莲池书院院长中任期最长的。1902年间，离任赴日考察学制，归国后回乡，途中生病，因不信中医耽误病情而溘然长逝。吴汝纶的著作，有《东游丛录》《易说》《诗说》《写定尚书》《尚书故》《深州风土记》《桐城吴先生评选瀛奎律髓》等，1994年黄山书社出版了《吴汝纶全集》。

同张裕钊一样，吴汝纶认为，汉、宋两学各有优劣：“唐宋文人于六经能抉摘隐奥矣，其所短则古训失也。朱子于理学家独为知文，其说得失参半。又其文事未深，故古人微妙深远之文，多以后世文字释之，往往不惬人意。我朝儒者鄙弃其说，一以汉人为归，可谓宏伟矣，唯意见用事，于汉则委曲弥缝，于宋则吹毛求疵。又其甚者，据贾、马、许、郑而上讥迁《史》，蒙窃未之敢信。”[3]因而对汉、宋成说“无所不采，而亦无所不扫”[4]。尤其难能可贵的是，吴汝纶一方面认为中国“旧学不可废”，一方面大量汲取西学的营养，得到了“学贯中西”的评价。光绪二十三年（1897年），他为严复所译《天演论》作序，已经认识到赫胥黎的理论将对中国产生重大启蒙作用，说得到此书，“虽刘先主之得荆州，不足为喻，比经手录副本，秘之枕中”[5]。在西学影响下，他从批评科举制度进而为中国近代学校体制设计蓝图，认为传统科举教育是一种“愚民教育”，

[1] 查燕绪：《濂亭文集》卷一《重刊毛氏古音考序》，《续修四库全书》第1544册，上海古籍出版社1995年版，第7页。又见《张裕钊诗文集·濂亭文集》卷一，上海古籍出版社2007年版，第13页。

[2] 佚名《清国史》第十二册《儒林传后编·张裕钊传》，中华书局1993年版（影印嘉业堂抄本），第741页。

[3] 吴汝纶著，施培毅、徐寿凯校点：《吴汝纶全集》第三册《尺牍辑佚·与王晋卿》，黄山书社2002年版，第615—616页。

[4] 吴汝纶著，施培毅、徐寿凯校点：《吴汝纶全集》第三册《尺牍卷一·答黎莼斋》，黄山书社2002年版，第101页。

[5] 吴汝纶著，施培毅、徐寿凯校点：《吴汝纶全集》第三册《尺牍卷一·答严幼陵》，黄山书社2002年版，第144页。

应该废除科举、兴办学校。这在当时实为惊世骇俗之论。在莲池书院，他创设了西文学堂、东文学堂，聘请外教，教授外语，引起俗人骇怪非议。访问日本期间，他眼界大开，称“一来考览，胜阅报纸、译书者百倍”[1]，参观访问各种学校以及造船、货币、印刷、银行、医院、邮电、法院、警察、监狱、交通等部门，为中国新学制的设计提供了很重要的设想。访日后，他还向教育当局提出推广拼音字母和普通话的建议，这些在后日都得到了实现。

对于张、吴的学问，汝纶弟子邢赞亭（1880—1972）说：“光绪四年（1878年），贵筑黄彭年子寿重领讲席，始增经古课，崇尚‘朴学’。至光绪八年，赴荆襄道任而去。先生纂修之《畿辅通志》，门类烦多，十年书始告成。识者谓其体例芜[2]杂，篇不成文，类似档案。莲池之有经古课，虽由黄开其端，然士子之知有学问，实自张、吴始。张裕钊廉卿（武昌人），光绪九年四月到馆。盖河北敦尚质朴，自宋氏南迁以来，学术人文，不逮东南远甚。先生日以高文典册磨砺多士。一时材俊之辈奋起朋兴，标英声而腾茂实者先后相继不绝。”[3]汝纶之子吴闿生（1879—1950）也说：“自廉卿先生来莲池，士始知有学问，先公继之。日以高文典册摩厉多士，一时才俊之士奋起云兴，标英声而腾茂实者先后相望不绝也。己丑（1887年）以后，风会大开，士既相竞以文词，而尤重中外大势、东西国政法有用之学。畿辅人才之盛甲于天下，取巍科、登显仕，大率莲池高第，江、浙、川、粤各省望风敛避，莫敢抗衡，其声势可谓盛哉！”[4]

在康乾年间的中国古代文化清时期的第二波主流正派时段（约1710—1780），有一个重要文派，即桐城派。其代表人物是方苞（1668—1749）、刘大櫆（1698—1779）、姚鼐（1732—1815）。他们三人既各有特点，又具有共同之处。其中方苞是进入此新时段而有旧的遗风，姚鼐是身处此新时段而有更新的先声，所以都看起来比较保守；相对而言，刘大櫆格外注重“神气”，因而文名不大却更加地道，更具有时代气息。到了咸同年间，曾国藩非常推崇桐城派，世人也推许他属于桐城派。徐世昌说：“自桐城姚姬传氏推本其乡先生方氏、刘氏之微言绪论，以古文辞之学号召天下，湘乡曾文正公廓而大之。……曾公私淑桐城之义法，而恢之以汉赋之气体，闳肆雄放，光焰熊熊，遂非桐城宗派所能

---

[1] 吴汝纶著，施培毅、徐寿凯校点：《吴汝纶全集》第三册《尺牍卷四·与张尚书》，黄山书社2002年版，第403页。
[2] “芜”原误作“无”。
[3] 邢赞亭：《莲池书院回忆录》，收入《河北文史资料选辑》第一辑，河北人民出版社1980年版，第223页。
[4] 吴闿生：《吴门弟子集·序》，莲池书社1930年版。

限。”[1] 甚至有人将其文派称为“湘乡派”，“一时流风所被，桐城而后，罕有抗颜行者”[2]。曾国藩同治七年（1868年）8月调任直隶总督，次年3月到任，同治九年9月卸任。作为曾门弟子，张裕钊、吴汝纶深受其影响。例如张裕钊说：“昭代盛文藻，桐城今所推。崛兴得湘乡，大涂辟千期。”[3] 他虽然笃嗜桐城之文，平生从未斩断与桐城的瓜葛，但他还是希冀在桐城之外另辟蹊径。面对内忧外患，他焦灼、悲愤而抑郁，其诗文最突出的主题就是感时忧国。他认为文以意为主，辞副意，气举辞。他极重声音，明确提出“因声求气”论。他凌跨桐城最显著者，乃在文风方面。吴汝纶说：“桐城诸老气清体洁，海内所宗，独雄奇瑰玮之境尚少。……曾文正公出而矫之，以汉赋之气运之，而文体一变，故卓然为一代大家。近时张廉卿又独得于《史记》之谲怪，盖文气雄俊不及曾，而意思之诙诡、辞句之廉劲，亦能自成一家。”[4] 张裕钊踵武曾国藩之雄奇，又调以方、姚、梅之平淡，终成自家面目。在他规劝之下，吴汝纶也尝试着遏抑雄奇而归于平淡。吴一方面主气贵奇（奇为气之一种），一方面又有着爱国正气。长于议论，是吴古文创作的主要特色。这些论辩文字，大多逻辑严密，如精钢铸就，不可动摇。而其论辩的锋芒，常有摧枯拉朽之势。它们不仅有许多远见卓识，而且强烈地反映了作者忧国忧民的高尚情操。吴门弟子，号为极盛。在古文创作上，有几人也取得了不同成就。钟广生《陶庐文集序》说：“夫桐城流派即曾氏所言观之，其传殆遍于江汉、东南，而大河以北无闻焉。自张、吴两先生主讲保定之莲池书院，先后十余载，北方学者多出于其门。此两先生者，皆尝亲承绪论于曾氏，于是燕蓟之间始有桐城之学。”[5] 郭象升说：“濂亭与吴汝纶氏皆久留畿辅，故北人祀之，言古文者蜂起，而尊张、吴若神。”[6]

鉴于张、吴所形成的巨大声势，“晚清民国以来，即有人或隐或明地以‘莲池派’表彰张裕钊、吴汝纶主讲莲池书院后造就的燕赵古文创作群体”[7]，也有人称之为“莲池学派”或“莲池文派”。只不过，虽然他们深受桐城派影响，

[1] 徐世昌：《贺先生文集叙》，《贺先生文集》，民国三年七月刊于京师，刊者不详，第1页。

[2] 钱基博：《现代中国文学史》，中国人民大学出版社2004年版，第19页。

[3] 张裕钊：《濂亭遗诗》卷一《赠朱生铭盘》，《续修四库全书》第1544册，上海古籍出版社1995年版，第126页。又见《张裕钊诗文集·濂亭遗诗》卷一，上海古籍出版社2007年版，第324页。

[4] 吴汝纶著，施培毅、徐寿凯校点：《吴汝纶全集》第三册《尺牍卷一·与姚仲实》，黄山书社2002年版，第51—52页。

[5] 王树枏：《陶庐文集》钟广生序，《陶庐丛刻》，光绪至民国年间刻本。

[6] 郭象升：《濂亭文集评语》，见《张裕钊诗文集》附录七《〈张裕钊评传〉资料辑存》，上海古籍出版社2007年版，第582页。

[7] 于广杰：《“莲池学派”及其文艺思想研究述论》，《保定学院学报》2017年第4期。

并且吴汝纶本人也是桐城人，但把莲池派简单视为桐城派在清末北方的延续、支脉，或许欠妥，因为它们之间的差别确实不小。

## 第二节　晚清燕赵史学人物

清代学术，成果丰硕，名家辈出。其间风格递变，也是不一而足。乾隆末年开始，考据学派开始由盛转衰，新的学风开始生根发芽，开启了一个新的时段（约1780—1850）。其中一支新生力量，就是常州今文经学派。皮锡瑞说："阳湖庄氏乃推今《春秋公羊》之义并及诸经，刘逢禄、宋翔凤、龚自珍、魏源继之……常州学派蔚为大宗。"[1] 常州学派开清代今文经学之先河，但并未停留在西汉今文经学的义理上，并非其翻版。常州学派倡导经世致用，主张推动社会改革，其理论武器就是《公羊》三世说的历史变易思想和进化观点。例如庄存与（1719—1788）说："变化之为言，天道也。"[2] 在政治、经济方面，他主张贤人政治，有着民本思想。庄存与的学术思想直接影响了两个外孙刘逢禄（1776—1829）和宋翔凤（1779—1860）。刘逢禄是常州学派承上启下的核心人物。他明确提出，治经的目的在于"达政"，"六义贵达政"[3]。在他看来，社会上所有问题的总根子乃在京官和大子身上，所以解决问题，要"先正天子"。宋翔凤也提出："国者天之所与，实民之所与也，故得国以亲民为要云。"[4] 常州学派所倡导的经世致用思想，开创了新学风，在一定程度上改变了雍乾以来"所学非所用，所用非所学"，脱离现实的学风。常州学派还继承了疑古惑经思想。如刘逢禄就作《左传春秋考证》，全部否定了《左传》，认为它完全出自西汉刘歆的伪造。龚自珍（1792—1841）、魏源（1794—1857）进一步阐发了这个思想。在经世思想指导下，嘉道年间，边疆（尤其西北）、域外史地研究兴起，并逐渐形成一股引人注目的学术风气，名家辈出，先后有过祁韵士（1751—1815）、松筠（1752—1835）、徐松（1781—1848）、姚莹（1785—1853）、沈垚（1798—

[1] 皮锡瑞：《经学通论·书经·论刘逢禄、魏源之解〈尚书〉多臆说，不可据》，中华书局1954年版，《书经》第97—98页。

[2] 庄存与：《系辞传论》，清光绪八年重刊阳湖庄氏藏板《味经斋遗书》，第5页。又见《续修四库全书》第22册，上海古籍出版社1995年版，第637页。

[3] 刘逢禄：《刘礼部集》卷十一《古今体诗九十三首·屠琴坞说诗图》，《续修四库全书》第1501册，上海古籍出版社1995年版，第202页。

[4] 宋翔凤：《大学古义说二》，《皇清经解续编》卷三百八十八，南菁书院光绪版，第13页。

1840）、张穆（1805—1849）、魏源等人。梁启超说："此数君者，时代略衔接，相为师友，而流风所被，继声颇多，兹学遂成道光间显学。"[1] 当然，此时段的考据仍有延续，例如以汪中（1745—1794）、王念孙（1744—1832）、刘台拱（1751—1805）、焦循（1763—1820）、阮元（1764—1849）、王引之（1766—1834）、刘宝楠（1791—1855）等为代表的扬州学派，在注重经世致用的同时，在经史诸子考证方面都成绩斐然。不过整体而言，关心时务、经世致用的强烈目的性，也着实伤害了实事求是这一学术精神，导致反向的弊端。例如常州学派疑古惑经，虽然有解放思想的作用，但疑古过甚，流于虚无，同样受人诟病。

延至咸同年间，学术风气转移，考据汉学再次抬头，又开启了一个新的时段（约1850—1920）。曾国藩（1811—1872）可谓处于这个转折点上的代表人物之一。他一方面批评乾嘉考据汉学的缺点，推崇宋学，一方面又不废汉学。钱穆说："涤生（曾国藩）……以姚氏与亭林、蕙田、王怀祖父子同列考据之门，尤为只眼独具。虽极推唐镜海（唐鉴，1778—1861）诸人，而能兼采当时汉学家、古文家长处，以补理学枯槁狭隘之病。其气象之阔大、包蕴之宏丰，更非镜海诸人断断徒为传道、翼道之辨者所及。则涤生之所成就，不仅戡平大难，足以震烁一时，即论学之平正通达，宽闳博实，有清二百余年，固亦少见其匹矣。"[2] 在晚清一段时间，一方面旧时段的色彩逐渐褪去，一方面新时段的色彩逐渐浓郁。例如在经世思潮下的边疆史地研究，仍然代有其人，佳作频现，如何秋涛（1824—1862）、洪钧（1839—1893）、李文田（1834—1895）、杨守敬（1839—1915）、丁谦（1843—1919）、沈曾植（1850—1922）、屠寄（1856—1921）等。当然，更地道的考据学者更是层出不穷，如黄式三（1789—1862）、俞樾（1821—1907）、黄以周（1828—1899）、王先谦（1842—1917）、缪荃孙（1844—1919）、叶德辉（1864—1927）等。不过需要注意的是，晚清是中国传统文化被西方现代文化逐渐瓦解的时期。我们必须看到，有些学者披着旧学外衣，却实际属于新学人物。如前期的康有为（1858—1927），继承今文经学的变易思想，以《春秋公羊》三世说历史观为理论基础，主张维新变法，反对"尊古守旧"，貌似承传常州学派衣钵，实际属于现代资产阶级学术。光绪二十四年（1898年）五月，他在《请励工艺奖创新折》中力陈变法维新的意义，说："窃臣深维

[1] 梁启超：《中国近三百年学术史》第15章《清代学者整理旧学之总成绩（三）》，东方出版社1996年版，第347页。
[2] 钱穆：《中国近三百年学术史》第12章《曾涤生》，商务印书馆1997年版，第655页。

立国致治之故，当审时变消息之宜。孔子时圣，以其知新，故新民为先，礼时为大。吾中国之政教风俗，数千年如一揆也，只有保守，而绝无进化者，盖尊古守旧为之也。”[1] 康有为鼓吹变易进化，期待中国早日进入“人人皆公，人人皆平”，“人与大同”，行“大同之道”的“太平之世”，具有重大进步意义。

我们通常以1840年（鸦片战争爆发）为界划分近代与前近代，但1840年前后的变化要远小于1850年前后的变化，所以，就中国文化（包括思想学术）本身的演化规律而言，以1850年作为近代（晚清）的开端也许更恰当；而可以划入燕赵、河北范围内的晚清学者（尤其史学家），我们可以举出何秋涛、史梦兰、王树枏、贾恩绂等，上述时代特征在他们身上都有不同的体现。

何秋涛，字巨源，号愿船，福建光泽人。因其长期供职京师，最后又在直隶讲学、去世，并旅葬于此，其代表作《朔方备乘》也终成于直隶，故而把他归入燕赵学者。何秋涛祖父何长敦，嘉庆五年（1800年）举人，曾任直隶博野知县；父亲何高华，国子监监生，受封朝议大夫；母亲上官紫凤，当地有名的才女诗人，深通儒家经义。何秋涛出身于书香门第，天资聪明，过目成诵，幼时竟能对天下府厅州县名称及其四至烂熟于心。二十一岁中进士，二十二岁殿试授刑部主事。在京期间，交游广泛，与名人倭仁、曾国藩、张穆、何绍基、苗夔、梅曾亮、朱琦等都有往来，谈学论道，颇受影响，“从诸公游处，未尝以门户标异”[2]。咸丰三年（1853年），曾短暂离京，参与镇压太平天国。“还京师，益究心经世之务”[3]，“于经史小学，靡不研究，而尤长于舆地”[4]，“专精汉学，……其于经史百家之词、事物之理，考证钩析，务穷其原委，较其异同，而要归诸实用。”[5] 受林则徐《四洲志》、魏源《海国图志》的影响，为了经世致用，厘清与俄国相邻的北方边疆的情形，以作朝廷备边的参考，他广泛搜集资料，撰写了《北徼汇编》一书，共八十卷，又有凡例、目录一卷。成书后，何秋涛回家守丧。咸丰八年，兵部尚书陈孚恩向咸丰皇帝举荐他和郭嵩焘，赞扬二

[1] 姜义华、张荣华：《康有为全集》第四集，中国人民大学出版社2007年版，第301页。

[2] 黄彭年：《刑部员外郎何君墓表》，缪荃孙纂录《续碑传集》卷二十《曹司》，周骏富辑《清代传记丛刊》第116册，明文书局1985年印行，第135页。

[3] 黄彭年：《刑部员外郎何君墓表》，缪荃孙纂录《续碑传集》卷二十《曹司》，周骏富辑《清代传记丛刊》第116册，明文书局1985年印行，第135页。

[4] 张伯英：《黑龙江志稿》卷六十《艺文志·书目·朔方备乘》，1932年铅印本，第13页。

[5] 黄彭年：《刑部员外郎何君墓表》，缪荃孙纂录《续碑传集》卷二十《曹司》，周骏富辑《清代传记丛刊》第116册，明文书局1985年印行，第135页。

人“通达时务，晓畅戎机，足备谋士之选”[1]。但他守丧期未满，于是下旨先将《北徼汇编》誊清呈览。皇帝阅后大悦。咸丰十年，何秋涛回京，受到皇帝召见，皇帝称赞“此书于制度沿革、山川形势考据详明，具见学有根柢”，赐名“朔方备乘”（意即“北方全史”），并晋升他为刑部员外郎、懋勤殿行走[2]。但不久，英法联军攻入北京（“庚申之变”），圆明园被洗劫一空，《朔方备乘》书稿散失。侍郎黄宗汉从何秋涛处取得副本，准备缮写后再进呈，不幸黄家突发火灾，副本竟遭焚毁，世人无不为之惋惜，秋涛也以忧离去，“故贫，至是饔飧或不继，而讲诵不倦”[3]。同治元年（1862年），莲池书院院长黄彭年应四川总督骆秉章之邀入幕，遂请何秋涛代任莲池书院院长，何秋涛乃至保定上任。是年，保定府发生瘟疫，何秋涛感染腹疾，误服药物身亡，年仅三十九岁，葬于保定西郭外马池村。何秋涛“博学能文，深识远虑，而穷困以终，遗稿散失，百不存一，《备乘》一书，乃至再毁于火，亦可云奇厄矣”[4]。十年后，黄彭年重回保定，在直隶总督李鸿章支持下，组织畿辅志局人员补缀排类，修复整理《朔方备乘》的草稿。历经十个寒暑，终于光绪七年（1881年）刊行，为后世留下了一部弥足珍贵的著作。《朔方备乘》研究北方边疆史地，衍及俄国史地、中俄关系，被誉为清代俄罗斯学的集大成之作，成为清政府处理我国北部边疆领土、军事和外交问题的重要依据。何秋涛还有《孟子编年考》《王会篇笺释》《一镫精舍甲部稿》《篆隶源流》《校正元太祖亲征录》《蒙古游牧记补证》《延昌地形志》等著作。

《朔方备乘》是何秋涛的代表作，有圣训三卷、圣藻一卷、钦定书八卷、圣武述略六卷、考二十四卷、传六卷、纪事始末二卷、记二卷、考订诸书十五卷、辨正诸书五卷、表七卷、图说一卷。主要据之而言，何秋涛的学术思想具有如下特征：

一、以经世致用为治学目的，有强烈的爱国主义色彩，具体选择边疆史地作为着力点。

[1] 何秋涛：《朔方备乘·上谕》，《中国西北文献丛书》第三辑《西北史地文献》第十八卷，兰州古籍书店1990年影印版，第3页。

[2] 何秋涛：《朔方备乘·上谕》，《中国西北文献丛书》第三辑《西北史地文献》第十八卷，兰州古籍书店1990年影印版，第4页。又见《清文宗实录》卷三〇六咸丰十年正月己丑条，《清实录》第44册，中华书局1987年影印版，第477页。

[3] 黄彭年：《刑部员外郎何君墓表》，缪荃孙纂录《续碑传集》卷二十《曹司》，周骏富辑《清代传记丛刊》第116册，明文书局印行，第136页。

[4] 黄彭年：《刑部员外郎何君墓表》，缪荃孙纂录《续碑传集》卷二十《曹司》，周骏富辑《清代传记丛刊》第116册，明文书局印行，第136—137页。

这一条自然是前一时段特征的遗风余响。《朔方备乘》专谈北方边防、集中研究俄国，其目的就是为了用，“尝谓俄罗斯地居北徼，与我朝边卡相近，而诸家论述未有专书，乃采官私载籍，为《北徼汇编》六卷”[1]。具体有哪些用，作者在《凡例》中说：“是书备用之处有八：一曰宣圣德以服远人；二曰述武功以著韬略；三曰明曲直以示威信；四曰志险要以昭边禁；五曰列中国镇戍以固封圉；六曰详遐荒地理以备出奇；七曰征前事以具法戒；八曰集夷务以烛情伪。”[2] 这八条充分体现了他探究边陲史地，图谋总结经验、保家卫国、服远御敌的拳拳爱国之心。

从十九世纪三十年代开始，沙俄就不断向新疆渗透，引起一些有识之士的忧虑。例如张穆在《蒙古游牧记》中就多次谈及防俄问题。而何秋涛，俄患意识更深。他看到，在北方诸国中，俄罗斯是最强大的，所以必须引起重视，防患于未然：“哈萨克之外，惟俄罗斯为强国，然则边防所重，盖可知矣。夫国家承平二百余年……然常宿重兵于漠北，将帅大臣星罗棋布，东西相望，其所以防患于未然者，意至深远。……我朝边圉之政，至高宗而集其大成，司事诸臣可不深思其故哉！”[3] 由此，何秋涛侧重军事历史地理，强调“揽地利戎机之要”[4]，在《朔方备乘》中，不仅记载了历朝北部边疆用兵得失之故，以备借鉴，还昭边禁，防备和抵御沙俄的侵略，从西北到东北，对北方边疆沿革和攻守地形作了详尽考察。

对西北，何秋涛十分强调“西北塞防，乃国家根本”[5]。他已经隐约感觉到沙俄对中国西北的觊觎与威胁：“俄罗斯地在哈萨克以外，势渐强盛，其距我喀伦虽尚有千数百里，远近不等，而哈萨克诸部皆无城郭，迁徙不常，是以俄罗斯人竟可直至喀伦之外。如嘉庆年间有俄罗斯向哈萨克人索取安集延人口之事，即系至塔尔巴哈台喀伦之外，由伊犁将军奏明办理，其明验也。然则纪北徼喀伦之设，即伊犁等处亦不容或略矣。爰详考道里[6] 远近、添撤移改之故，

[1] 黄彭年：《刑部员外郎何君墓表》，缪荃孙纂录《续碑传集》卷二十《曹司》，明文书局印行，第135—136页。

[2] 何秋涛：《朔方备乘·凡例》，《中国西北文献丛书》第三辑《西北史地文献》第十八卷，兰州古籍书店1990年影印版，第6—7页。

[3] 何秋涛：《朔方备乘》卷十一《考五·北徼形势考·俄罗斯形势考下》，《中国西北文献丛书》第三辑《西北史地文献》第十八卷，兰州古籍书店1990年影印版，第267页。

[4] 何秋涛：《朔方备乘·凡例》，《中国西北文献丛书》第三辑《西北史地文献》第十八卷，兰州古籍书店1990年影印版，第7页。

[5] 何秋涛：《朔方备乘》卷十一《考五·北徼形势考·俄罗斯形势考下》，《中国西北文献丛书》第三辑《西北史地文献》第十八卷，兰州古籍书店1990年影印版，第267页。

[6] “里”，原误作“理”。

备著于篇。”[1] 因而详细介绍该地的情况，并指出一些防备举措：“俄罗斯所以不敢窥伺哈萨克、布鲁特者，皆慑我伊犁兵威也。盖天山、冰岭之间，雄师重镇，实为中国之屏藩，兼司北徼之衔策，固不仅建四镇之幕府、称西域之都护也已。”[2] 事实证明，何秋涛在《朔方备乘》中的担忧是准确的。就在他死后两年，沙俄就通过不平等的《中俄勘分西北界约记》，将巴尔喀什湖以东、以南和斋桑淖尔南北44万多平方公里的中国领土强行割去。对蒙古边境，他也作了详细介绍，例如说乌梁海：“全境北控罗刹，南卫卡伦，峻岭回环，巨川萦绕，洵极边之保障也。”[3]

对东北三省，何秋涛极为重视，对其进行详细分析。其论吉林省，说“其地域广远，东至库叶岛，跨海外数千里，东北至赫哲、费雅喀部落，延袤三千余里，接俄罗斯境，重关巨扃，捍卫天府，实为东北第一雄镇”[4]。对黑龙江省，则说：“北至俄罗斯界，凡二千里。其地势则左枕龙江，右环兴岭，允为东省屏藩、北门锁钥，是黑龙江城之形胜也。”[5] 指出：“吉林东北隅三姓副都统地与俄罗斯密迩，三姓所属打牲、采捕诸部落，即旧时东海诸部，慕德向化，久为编氓，是则为盛京屏障者吉林也，为吉林根本者东海诸部也”，因此“论北徼边防，不可不留意于东海矣”[6]。

不过，需要指出的是，何秋涛对沙俄的防范，总的来说出于预备心理，“边防之事，有备无患”[7]，没有意识到巨大危险已经来临。他甚至乐观地说：“俄罗斯之君长亦不过羁縻为治，地域广袤则诚有之，至谓兵力之强、物产之富有逾他国，斯不然矣。其人喜读中国书，事天朝极恭顺，盖自古以来，朝贡弗绝，渐摩德化已久，异乎泰西他国之犷野。臣独怪昔人之漫弗深考也，故详论之如

[1] 何秋涛：《朔方备乘》卷十《考四·北徼喀伦考·附载伊犁将军所属各喀伦》何秋涛案语，《中国西北文献丛书》第三辑《西北史地文献》第十八卷，兰州古籍书店1990年影印版，第253—254页。

[2] 何秋涛：《朔方备乘》卷十一《考五·北徼形势考·伊犁形胜》，《中国西北文献丛书》第三辑《西北史地文献》第十八卷，兰州古籍书店1990年影印版，第262页。

[3] 何秋涛：《朔方备乘》卷十一《考五·北徼形势考·唐努山乌梁海形胜》，《中国西北文献丛书》第三辑《西北史地文献》第十八卷，兰州古籍书店1990年影印版，第260页。

[4] 何秋涛：《朔方备乘》卷十一《考五·北徼形势考·吉林省形胜》，《中国西北文献丛书》第三辑《西北史地文献》第十八卷，兰州古籍书店1990年影印版，第255页。

[5] 何秋涛：《朔方备乘》卷十一《考五·北徼形势考·黑龙江城形胜》，《中国西北文献丛书》第三辑《西北史地文献》第十八卷，兰州古籍书店1990年影印版，第256页。黑龙江城即瑷珲新城。

[6] 何秋涛：《朔方备乘》卷一《圣武述略一·东海诸部内属述略叙》，《中国西北文献丛书》第三辑《西北史地文献》第十八卷，兰州古籍书店1990年影印版，第121—122页。

[7] 何秋涛：《朔方备乘》卷十一《考五·北徼形势考叙》，《中国西北文献丛书》第三辑《西北史地文献》第十八卷，兰州古籍书店1990年影印版，第254页。

此。”[1] 表明他对俄罗斯的理解还不够深透。

二、重视考订，重拾实事求是精神。

何秋涛之治学，颇具考证精神。例如，《元圣武亲征录》为元人察罕所译，记成吉思汗及太宗窝阔台两朝之事，成书于世祖忽必烈统治时期，有较高史料价值。但该书在流传中章法散乱，舛讹纷出，语句支离破碎，以至扞格难读，读其书如行荆林，“时时牵衣挂肘”。何秋涛在得到该书抄本后，知难而进，花了大量心血予以校正，“尝自言一字一句有疑，十日思之不置”。其方法是：先于题记、行间以蝇头小字眉批，俟意稍疏通后，始“粘缀稿草，铅黄错杂”，及至十得其七八后，方行补正移录。两年间发现讹字讹句几百处，间有脱文至三百余字者，有衍文至百余字者。经过不懈努力，使这部书终能为后学所利用。张穆评其功绩说：“廓清之功，比于武事矣。”[2] 评价可谓恰如其分。王国维后来利用何氏校本，补校后编入《蒙古史料校注四种》。

而《朔方备乘》作为何秋涛的代表作，更加清楚地显现了此点。首先，该书“旁搜博采，务求详备”[3]，取材极其广泛，集诸家之大成。他在《朔方备乘》“凡例”中说：“是书取材之处有四：一曰本钦定之书，以正传讹；二曰据历代正史，以证古迹；三曰汇中外舆图，以订山川；四曰搜稗官外纪，以资考核。”[4]“是书考证，皆以钦定之书及正史为据，其他收入四库之书，如艾儒略、南怀仁、图理琛、陈伦炯、方式济所著，及国朝诸人纂集，如张鹏翩、钱良择、杨宾、赵翼、松筠、俞正燮、西清等简册流传，世所共见，咸加采摭，勿使有遗。至若近人偶有论述，如张穆、魏源、姚莹、王寿同、周成、雅裨理、慕维廉、玛吉士等，或翻译夷书，或偶抒所见，择其尤雅者登载。”[5] 李鸿章在序该书时说，“本钦定之书及正史为据，旁采图理琛、陈伦炯、方式济、张鹏翩、赵翼、松筠以及近人俞正燮、张穆、魏源、姚莹之徒与外国人艾儒略、南怀仁、雅裨理之所论述，并上海、广州洋人所刊诸书。订其舛讹，去其荒缪，上溯圣

[1] 何秋涛：《朔方备乘》卷十一《考五・北徼形势考・俄罗斯形势考上》，《中国西北文献丛书》第三辑《西北史地文献》第十八卷，兰州古籍书店1990年影印版，第264页。

[2] 张穆：《校正元圣武亲征录序》，《㞟斋文集》卷三，《续修四库全书》第1532册，上海古籍出版社1995年版，第280页。

[3] 何秋涛：《朔方备乘・凡例》，《中国西北文献丛书》第三辑《西北史地文献》第十八卷，兰州古籍书店1990年影印版，第7页。

[4] 何秋涛：《朔方备乘・凡例》，《中国西北文献丛书》第三辑《西北史地文献》第十八卷，兰州古籍书店1990年影印版，第7页。

[5] 何秋涛：《朔方备乘・凡例》，《中国西北文献丛书》第三辑《西北史地文献》第十八卷，兰州古籍书店1990年影印版，第10—11页。

武之昭垂，下及窝集之要害，为考，为传，为纪事，为辨正。”[1]甚至扩展至《澳门月报》《澳门新闻纸》的范围。其次，进行了大量考证订讹工作。何秋涛精通汉学，治学严谨，在《朔方备乘》中，运用史料，不仅取材广博，而且考证尤为翔实。在“考订诸书”“辨正诸书”部分，对清初以来有关俄罗斯的记载，如《职方外纪》《奉使俄罗斯行程录》《异域录》《龙沙纪略》《绥服纪略》《俄罗斯佐领考》《俄罗斯事辑》《俄罗斯事补辑》《俄罗斯国总记》《俄罗斯盟聘记》《海国图志》《元代北方疆域考》《康辅纪行》《西域闻见录》《檐曝杂记》《癸巳存稿》《瀛环志略》等，逐一考订，纠正了若干讹误。他还纠正了一些不正确的说法，如皇太极天聪八年（1634年）：“自是年命将出师之后，黑龙江远近部落相率来归，皆号‘新满洲’。厥后俄罗斯始来据雅克萨地，筑城以居，侵掠赫哲、费雅喀诸部，皆顺治二年（1645年）以后之事，是则黑龙江先属于我朝，而俄罗斯之兵争在后，年月班班可考。近人著述，或以为黑龙江至康熙二十二年（1683年）始入版图，失考订矣。”[2]

三、从学术的近现代气息上说，有一定进步，但仍有很强的保守性。

《朔方备乘》的近现代气息，首先表现为视野开阔，“兼方志、外纪之体”[3]，扩大了边疆史地研究的范围。在他之前的边疆史地研究，都是仅限于境内，如新疆、蒙古、东北，对外界并不清楚。而《朔方备乘》，不仅对前人有关新疆、蒙古、东北的史地研究成果充分吸收，而且把研究范围扩大到域外——俄罗斯（包括西伯利亚）、东欧等。努力探求，搜集资料，较为完整系统地介绍了俄国的历史、地理、政区、户口、文化、宗教、民族、习俗和物产等概貌，以及清前期的中俄关系。与当时一般人士对外国情况茫无所知不同，表现出了较为宽阔的视野，类似魏源《海国图志》。

同时，该书记载地点方位，改变了旧方法，一律采用经纬度定位。他说：“北徼星度，古者言天家所未详，史传载各国相距里数，亦多未能核实，惟定北极高度及距京师偏东西度，斯为准确。是书编纂皆本钦定各地图高下远迩，次

[1] 何秋涛：《朔方备乘·李鸿章叙》，《中国西北文献丛书》第三辑《西北史地文献》第十八卷，兰州古籍书店1990年影印版，第5—6页。

[2] 何秋涛：《朔方备乘》卷首一《圣训一》何秋涛案语，《中国西北文献丛书》第三辑《西北史地文献》第十八卷，兰州古籍书店1990年影印版，第19页。

[3] 何秋涛：《朔方备乘·凡例》，《中国西北文献丛书》第三辑《西北史地文献》第十八卷，兰州古籍书店1990年影印版，第7页。

第详载。”[1]对国内地点方位，都按清官方实测所定经纬度；对俄罗斯境内地点，则本诸西人《地理全志》所载经纬度，皆以经北京的经线为子午线，提高了记载的准确性，接近于近代的科学方法。

《朔方备乘》在体例上，还兼综各体，自成一家。此书的体例，既非纪传，又非编年，既非单纯叙事，又非专门考证，而是各体兼而有之。如《元代北徼诸王传》《历代北徼用兵将帅传》等传，取自纪传体；《圣武述略》《纪事始末》和《记》，采用纪事本末体；《考》则为考证论文集；《考订诸书》则近乎注释体；《表》亦系仿正史而来。这种合纪传、编年、纪事本末、考、注释各体于一书的编撰方法，迎合了反映古今中外广泛内容的需要，在体例上显示出独创精神。

但《朔方备乘》在近现代气息方面也存在明显的保守性。例如作者由于缺乏实践，“何敢自矜医国手，药方只贩古时丹”，作品有书生气；“考证皆以钦定之书及正史为据”，“列圣训、圣藻于卷首，诚以载籍浩繁，必折衷于圣言也”[2]；在书中一再“宣圣德”，称颂大清“天威远震，环海镜清”的话随处可见，而对其日益衰微的事实避而不谈；对俄国的先进科技和生产力仅在《北徼方物考》中有所涉及[3]，反而把俄国沙皇称为“王”，其各属地称为“部”，俨然一个番邦部落；对俄罗斯停留在“知夷”程度上，没有要求“师夷”；记叙互市也多从行羁縻、利治边角度考虑，没有看到它关系国计民生的一面；对俄罗斯的威胁仍然估计不足。这些都表明他有着浓厚的封建正统观念、天朝大国观念，比龚自珍、魏源等相差很远。书中对汉、唐、元时北方边疆情形皆有所述，唯独缺乏明代。其实，明初统一东北各地，先后设立辽东都司、奴儿干都司，对巩固东北边疆起了积极作用，也提供了一些宝贵的统治经验。作者对此避而不谈，显然是由于强调“皇朝武功迥超前代，凡今日北方之镇戍，咸当年睿略所经营”[4]和回避明清间的某些忌讳。当然也存在一些事实错误，例如说波罗的路“古为

[1] 何秋涛：《朔方备乘·凡例》，《中国西北文献丛书》第三辑《西北史地文献》第十八卷，兰州古籍书店1990年影印版，第7页。

[2] 何秋涛：《朔方备乘·凡例》，《中国西北文献丛书》第三辑《西北史地文献》第十八卷，兰州古籍书店1990年影印版，第6页。

[3] 何秋涛：《朔方备乘》卷二十九《考二十三·北徼方物考》，《中国西北文献丛书》第三辑《西北史地文献》第十八卷，兰州古籍书店1990年影印版，第579页。

[4] 何秋涛：《朔方备乘·凡例》，《中国西北文献丛书》第三辑《西北史地文献》第十八卷，兰州古籍书店1990年影印版，第7页。

奄蔡国西境”[1]；说俄罗斯就是乌孙，“今按其形貌之符合，察其国名声音之转变，则知俄罗斯实乌孙之遗裔”[2]，就是不准确的。

《朔方备乘》尽管存在某些缺陷，但仍算研究我国北方边疆史地集大成的著作，在近代史学史上占有重要地位，应予以重视、珍惜。李鸿章在《叙》中，称赞何秋涛“究心时务，博极群书”[3]，评价比较准确全面。这虽然与当时中国内忧外患有关，但更与文化时段转换有关，体现出转换的典型特征。

史梦兰（1813—1899），字香崖，号砚农，别号竹素园丁，直隶乐亭县（今河北乐亭）人。曾祖父为县庠生；祖父为太学生，先后晋封修职郎、儒林郎；父史纪瑞早逝，赠奉直大夫。史梦兰生六月而丧父，兼祧伯父史纪元，主要由母亲和祖父抚育。家故富饶，藏书数万卷（“吾家世耕读，书香年逾百”[4]），肆意浏览，凡群经诸史百年之说，靡不淹通，尤嗜宋明儒书，言动奉为师法。二十八岁中举，派充国史馆誊录，议叙知县。三十八岁应选授山东朝城县令，以亲老不就。期间，屡试公车无果，遂绝意科场。

第二次鸦片战争期间，亲王僧格林沁过乐亭，安排防务，史梦兰奉命招募乡勇团练，事平，奖五品衔。同治八年（1869年），直隶总督曾国藩开礼贤馆，征南北通儒硕士，县令推荐史梦兰，推辞不得，遂于十一月赴保定。与曾纵论古今学才得失及地方利病大端，并赠所著《全史宫词》《叠雅》《乐亭县志稿》等，更为曾所器重。曾欲留他主讲莲池书院，他最终以母老辞归。[5] 同治十年冬，直隶总督李鸿章在莲池书院开局重修《畿辅通志》。主持黄彭年知史梦兰熟读经史，尤谙乡邦掌故，对纂修志书颇有心得，于是写信邀请他参加。史梦兰虽然以母老未赴，却与黄彭年时常通过书信商量疑义，对《通志》体例多有建言。黄彭年说：“史先生守远游之戒，不至，而以书与彭年讨论志事，彭年虽不得见史先生，而不啻其克见焉。”[6]

[1] 何秋涛：《朔方备乘》卷十六《考十·波罗的等路疆域考·波罗的路总载》，《中国西北文献丛书》第三辑《西北史地文献》第十八卷，兰州古籍书店1990年影印版，第323页。

[2] 何秋涛：《朔方备乘》卷三十《考二十四·乌孙部族考叙》，《中国西北文献丛书》第三辑《西北史地文献》第十九卷，兰州古籍书店1990年影印版，第3页。

[3] 何秋涛：《朔方备乘·叙》，《中国西北文献丛书》第三辑《西北史地文献》第十八卷，兰州古籍书店1990年影印版，第5页。

[4] 史梦兰：《尔尔书屋诗草》卷一《光绪戊子十月二十九日玄孙喜儿生书示其父桂》，第26页，《续修四库全书》第1541册，上海古籍出版社1995年版，第385页。

[5] 史梦兰：《乐亭县志》游智开序，《中国方志丛书》华北地方第191号，成文出版社1969年影印版，第4页。

[6] 黄彭年：《陶楼文钞》卷六《记新城乐亭两寿母》，光绪庚寅朱刊本，第4—5页。又见《续修四库全书》第1553册，上海古籍出版社1995年版，第2—3页。

同光之交，史梦兰应邀主持修纂永平、乐亭、抚宁、迁安等府县方志，至光绪五年（1879年）相继完成。次年入都，不久转赴保定，访问畿辅通志局，与主纂黄彭年面商《通志》体例。定州王灏刊刻《畿辅丛书》，以古今艺文考相属；游智开守永平，以纂修府志相属，皆设局于史家，往返函商，其被见重如此。光绪十七年奉朱批赏四品卿衔。史梦兰一生家居，以奉母、读书为乐，品端学正，长期隐居而心怀天下，足不出户而著作等身，被誉为"京东第一人"。除上述志书外，还完成了《全史宫词》《叠雅》《异号类编》《舆地韵编》《止园笔谈》《尔尔书屋文钞》《尔尔书屋诗草》《古今谣谚补注》《古今风谣拾遗》《古今谚拾遗》等，共计二十多种四百多卷。光绪二十三年，学政徐会沣奏请为史梦兰加国子监祭酒衔。当时正值慈禧当政，称之为"京东第一人"。光绪二十四年年末（1899年年初），史梦兰病逝，享年八十六，诰授奉直大夫。其墓志由新疆布政使王树枏撰写、津门书法名家华士奎书丹[1]。1904年，入祀畿辅先哲祠。2019年北京燕山出版社影印出版有王婵、刘慧宽编《史梦兰文献辑刊》。

史梦兰博览群书，著作等身，其学术（包括史学）思想，有如下特点：

一、宗奉宋明理学。

史梦兰生于嘉道之际，正当程朱理学复兴，他长期浸淫于这种氛围之中，所受影响是很深的。史传说他"宋明儒书，一言一动，奉为师法"，是比较准确的。例如他在《重修卢龙文庙碑记》一文中不无感慨地说："自世教既衰，释老之徒起而与圣道为敌，盖数千年于兹矣！迄于今，中外通商，洋人麕集，而其教更有出于释老之外者学。士大夫读孔孟书，戴仁抱义，固不至陷溺其中；而井里细民愚蒙无识，往往惑于观听，误入歧途，势将浸淫成为风俗而不可禁。……若夫异教纷来，不一而足，其有害于圣道，如洪水之泛滥于天下者，将何以御之哉！"[2]在这里，他把释老和西洋文化一概排斥，既表明了他的保守和排外心理，也说明了他对孔孟之道的维护态度。

承《大学》之旨，史梦兰非常强调修身，提出"君子重内修"[3]。他对自己要求严格，"无才仰答求贤意，惟矢莲花不染心"[4]。在各种品质中，他尤其

[1] 徐世昌：《大清畿辅先哲传》卷二十六《文学传八·史梦兰》，北京古籍出版社1993年版，第13—16页。

[2] 史梦兰：《尔尔书屋文钞》卷上《重修卢龙文庙碑记》，第11—12页，《续修四库全书》第1541册，上海古籍出版社1995年版，第482—483页。

[3] 史梦兰：《尔尔书屋诗草》卷一《巟言》，第27页，《续修四库全书》第1541册，上海古籍出版社1995年版，第386页。

[4] 史梦兰：《尔尔书屋诗草》卷二《古莲花池歌》，第16—17页，《续修四库全书》第1541册，上海古籍出版社1995年版，第396—397页。

注重好学，认为“质美者之必须学也”[1]，“不为好名名不朽，始知力学是真儒”[2]。光绪十七年（1891年）七月，顺天学使周生霖以学行疏荐，奉朱批赏加四品卿衔，年届八旬的史梦兰一方面“深愧”，一方面还庆幸总算始终保持了书生本色：“所幸儒酸有真面，龙钟仍旧一书生。”[3]他特重孝道，说：“奖励风俗，莫先于孝。……若女子不嫁以养亲，男子割股以疗疾，虽失中庸之道，要其肫诚至性，未可抹煞，故亦叙入，以示劝励。”[4]他不但有言，而且实行，孝养寡母，堪称楷模。其母在他六十六岁时去世，享年八十七。

不过需要提到的是，他对宋明理学的宗奉，态度较为宽松，很少门户之见。史传说他著述“折衷于汉宋诸儒”，“其学以躬行为本”[5]，“梦兰学无偏倚，尝病近世学者于程、朱、陆、王过分门户，非孔门四科之旨，解经无汉、宋之见，训诂义理必折中于一是。……又以士子读书，束于功令，专攻朱注，然先儒异说，皆所以广见闻、翼经传也，于是旁采众义，为《论语翼注骈枝》二卷。”[6]这也是咸同之后的学风特点。

二、心怀天下，学以致用，有忧患意识和批判精神。

史梦兰不但注重个人道德修养，而且心怀天下，主张学以致用。对“先天下之忧而忧，后天下之乐而乐”的北宋名臣范仲淹，他曾作诗赞曰：“出入身兼将相功，勋名只有魏公同。一生忧乐共天下，数万甲兵罗腹中。”[7]好友韩璧轩时任迁安学博，自号“安乐闲官”，曾以“安乐堂”三字嘱梦兰书以额其室。史梦兰却对他说：“士君子利济为怀，当以民安为安，民乐为乐。不自求安乐而安乐益大。”[8]咸丰六年（1856年），史梦兰第七次进京参加会试失利，自此绝意科场，专心著述。不但如此，他还时常教育后辈，要对科场得失保持超然心

[1] 史梦兰：《尔尔书屋文钞》卷上《游首山五泉山记》，第8页，《续修四库全书》第1541册，上海古籍出版社1995年版，第481页。

[2] 史梦兰：《尔尔书屋诗草》卷六《读黄琴坞观察（辅宸）营田辑要书后》，第19页，《续修四库全书》第1541册，上海古籍出版社1995年版，第442页。

[3] 史梦兰：《尔尔书屋诗草》卷五《辛卯七月十六日顺天学使周生霖侍郎以学行疏荐奉朱批赏加四品卿衔纪恩即以志愧》，第23页，《续修四库全书》第1541册，上海古籍出版社1995年版，第433页。

[4]（光绪）《永平府志·凡例》，清光绪五年刊本，第6页。又见《中国地方志集成》河北府县志辑第十八辑，上海书店出版社2006年版，第6页。

[5] 王钟翰点校：《清史列传》卷七十三《文苑传四·史梦兰》，中华书局1987年版，第6064页。

[6] 徐世昌：《大清畿辅先哲传》卷二十六《文学传八·史梦兰》，北京古籍出版社1993年版，第14页。

[7] 史梦兰：《尔尔书屋诗草》卷四《咏史诗·范仲淹》，第9—10页，《续修四库全书》第1541册，上海古籍出版社1995年版，第417—418页。

[8] 史梦兰：《尔尔书屋文钞》卷下《安乐堂额跋》，第9页，《续修四库全书》第1541册，上海古籍出版社1995年版，第517页。

态："千古才华千古学，几人下第比刘蕡。"[1] 光绪六年（1880年），游智开擢永定河道，来函谈及后辈的科名问题，示意他可稍作"变通"，宜早不宜迟。史梦兰复函反对："倘使以逸而获，未必为幸，从此以后唯恐其读书不力。"[2] 他如此反对科举，主要是因为括贴时文于世无补。他说："课士之法，率以制艺试律，一日之工拙，第其甲乙，高下其廪饩，学者亦遂墨守此途，于贴括外不复旁窥一步。间有聪明颖异之士，思欲博古通今、明体达用，又往往苦于僻处穷乡，无书可购。"对"身擢巍科、年登大耋，问以古今传国之次、州郡隘塞之名，及兵农钱谷、时务利病之略，茫然一无所知者"，他完全否定。[3] 反过来，曾国藩内圣外王，学问事功俱显，史梦兰对他则推崇备至："曾文正公以程朱之学，树韩范之绩；而文章奥衍，又不减欧曾诸家，洵为一代伟人。"[4] 曾去世后，他作挽诗道："中兴事业出儒生，附翼攀鳞萃众英。拨乱顿教寰海静，撑天何意泰山倾。程朱学术天人备，韩范勋名将相并。杞梓楩枏归大匠，楚材端赖一人成。"[5]

体现在学术上，有一个表现，就是史梦兰承继史地研究之风，熟知乡邦掌故，对方志非常重视。他编纂方志，突出强调方志的教化作用，在光绪续修《临榆县志》序言中提出："诚以志乘为佐治之书，前事可为后事师也。"[6] 在稍后刊行的《永平府志》凡例中说："总期人有本末，事有源委，足以备一方之掌故，发后世之劝惩而已。"[7] 同光之际，先后参与商订《畿辅通志》体例，主纂《迁安县志》二十卷（1873年刊行）、《乐亭县志》十七卷（1877年刊行）、《抚宁县志》十七卷（1877年刊行）、《永平府志》七十二卷（1879年刊行）四部，并协助定州王灏汇编《畿辅丛书》，主要负责《畿辅艺文考》等。史梦兰所

[1] 史梦兰：《尔尔书屋诗草》卷六《乙酉乡闱报罢口占八截句以勖儿孙之试京兆者》，第30页，《续修四库全书》第1541册，上海古籍出版社1995年版，第448页。

[2] 史梦兰：《尔尔书屋文钞》卷下《上游观察》，第13页，《续修四库全书》第1541册，上海古籍出版社1995年版，第519页。

[3] 史梦兰：《尔尔书屋文钞》卷上《重修永平府敬胜书院记》，第9页，《续修四库全书》第1541册，上海古籍出版社1995年版，第481页。

[4] 史梦兰：《尔尔书屋文钞》卷下《复崔子玉》，第30页，《续修四库全书》第1541册，上海古籍出版社1995年版，第527页。

[5] 史梦兰：《尔尔书屋诗草》卷五《曾文正公挽诗二首》，第16页，《续修四库全书》第1541册，上海古籍出版社1995年版，第429页。

[6] 史梦兰：《尔尔书屋文钞》卷上《临榆志序》，第43页，《续修四库全书》第1541册，上海古籍出版社1995年版，第498页。

[7]（光绪）《永平府志·凡例》，清光绪五年刊本，第9页。又见《中国地方志集成》河北府县志辑第十八辑，上海书店出版社2006年版，第7页。

主修的志书“于旧志厘订矫革之功尤多”，被誉为“名家手笔”[1]。

史梦兰也有着强烈的忧患意识。鸦片战争后，清王朝进入多事之秋，面临“数千年未有之变局”，统治岌岌可危。史梦兰忧心忡忡，在诗中写道：“国家正多事，大厦资梁栋。翘首问时贤，何事可安众？”[2]史梦兰去天津，正遇发生天津教案，“旨派侯相曾公（国藩）赴津查办，抚夷安民，大费调停。是日，余与座客蒿目时艰，并读曾相答夷使威妥玛书，不胜诧叹！”[3]他作诗慨叹说：“寇焰如火不可向，激民如激水过颡。谁能陶顽铸强犷，屋大柱小焉足仗。……举杯谈笑忽凄惘，唾壶击碎神为怳。”[4]“屋大柱小”，无可奈何。果然不久，曾国藩被调回两江总督任上。对自己虽然饱读诗书、忧国忧民但救世无方、回天乏术，史梦兰也同样自责：“自愧无才供世用，忧时惟愿祝年丰。”[5]

史梦兰还表现出深切的批判精神。道咸时期，政治腐败，民不聊生，已经到了无以复加的地步。史梦兰对此进行了尖锐抨击。他说：“胡江《谈剩》：‘遇群马于途，凡脊穿毛脱瘦惫而觳觫者，必官马也；逢数船于河，凡篷破篙折朽败而罅漏者，必官船也。盖乘驾无节，爱惜无人，故易以敝。’呜呼！今之从政，其亦以民为官民乎？”[6]辛辣讽刺了不知爱惜民力的官府暴政。对于富贵阶层的穷奢极欲、为富不仁，史梦兰也加以痛斥。他说：“夫人即富贵，亦同此耳目口鼻之具而已。岂能身衣千袭、日食百牢、夏兼进炉、冬并奏扇，而顾昼夜孳孳乾没不已？其心盖谓：不若是，则权不足以胁人，富不足以甲众。”[7]但需要注意的是，史梦兰虽然批判讽上悯下，但仍是出于“抚民”“养民”“忧民”的民本思想，而非民主思想。所以，当人民不堪压迫，奋起反抗时，他立刻又转向反面。例如咸丰二年（1852年）年底，太平军北伐进抵天津近郊，知县谢子澄率众抵抗，兵败自杀。史梦兰作长诗记录这件事，对“身先士卒”“奋勇捐躯”的谢氏褒赞有加，称其为“真男子”“真将军”，而把太平军将士统统蔑称为

[1] 中国科学院图书馆整理：《续修四库全书总目提要稿本》第33册，齐鲁书社1996年版，第401页。

[2] 史梦兰：《尔尔书屋诗草》卷一《次韵和史君牧见赠七首》，第11页，《续修四库全书》第1541册，上海古籍出版社1995年版，第378页。

[3] 史梦兰：《尔尔书屋诗草》卷八《荫香订于六月二十日，会饮清音园，为雨所阻，翌日补之，即席赋诗，分得二十二养全韵，共百六字》诗中自注，第19页，《续修四库全书》第1541册，上海古籍出版社1995年版，第472页。

[4] 史梦兰：《尔尔书屋诗草》卷八《荫香订于六月二十日，会饮清音园，为雨所阻，翌日补之，即席赋诗，分得二十二养全韵，共百六字》，第19页，《续修四库全书》第1541册，上海古籍出版社1995年版，第472页。

[5] 史梦兰：《尔尔书屋诗草》卷五《初秋感怀》，第6页，《续修四库全书》第1541册，上海古籍出版社1995年版，第424页。

[6] 史梦兰：《止园笔谈》卷二，第15页，《续修四库全书》第1141册，上海古籍出版社1995年版，第142页。

[7] 史梦兰：《止园笔谈》卷三，第8页，《续修四库全书》第1141册，上海古籍出版社1995年版，第153页。

“贼”和“匪”[1]。可以说，他的批判，是深切但不彻底，未能跳出传统士人的局限。

三、微露自由主义精神。

大约自1850年开始，中国文化日益显现自由主义的色彩。这在史梦兰身上也有体现。例如他对科举制度由热衷转向强烈拒斥，虽然主要由于他厌恶八股时文的僵化无用，但也跟他更喜欢科名之外的“副业”——读书作诗有关。他曾有诗自嘲说：“一事近来堪笑甚，每当科举戒吟诗。”[2]说明他内心里更喜欢读书吟诗，只在科考临头时才不得不暂时放弃。史梦兰也在一定程度上表现出归隐出世的态度，其原因之一，跟他面对当时社会的内忧外患深感力不从心有关。他说“不是穷途安用哭，一声长啸上苏门”[3]，以“竹林七贤”之一的阮籍自况。也跟他母亲的教诲有关。道光三十年（1850年），他被选为朝城县令，欲往而为母所止：“人生穷达有命，不必强求。汝承先人余业，衣食粗足。吾年届六旬，汝亦年近四旬，但得母子常相团聚，终吾天年，胜禄养多矣。”从此绝意进取[4]。这其中就包含了不必强求的达观精神。所以同治元年（1862年），他干脆过上了山林隐居的生活。他写道：“（止园）主人好书，兼好山水。所居濒海无山，因于碣石买山田百亩，规以为园。种松三万株，杂果数百，取‘黄鸟邱隅’之意，名之曰‘止园’。距所居百里而遥，每春秋佳日，花开果熟，辄携策往游，游数日辄归，岁以为常。其家宅东旧有园，莳花种菜，抱瓮其中，时奉版舆游焉，因亦以‘止’名之。土山一亭北向，其楹联有云‘千重绿合连村树，一抹青分隔县山’。所谓隔县山者，盖即碣石也。”[5]“屋既成，正值山花盛开时，鸟飞鸣其间，如管弦杂奏。余与客据石而坐，屏息静听，惟恐其惊而散去。叹曰：‘乐哉鸟乎！’客援庄、惠濠上观鱼语，诘之曰：‘子非鸟，安知鸟之乐？’余亦应曰：‘子非我，安知我不知鸟之乐？’因相与大笑。余遂取‘绵蛮黄鸟，止于邱隅’之义，名之曰‘止园’。”[6]“止园”之“止”，意味深长。到晚年，这

[1] 史梦兰：《尔尔书屋诗草》卷二《津门健令行（有序）》，第6—8页，《续修四库全书》第1541册，上海古籍出版社1995年版，第391—392页。

[2] 史梦兰：《尔尔书屋诗草》卷六《偶成》，第9页，《续修四库全书》第1541册，上海古籍出版社1995年版，第437页。

[3] 史梦兰：《尔尔书屋诗草》卷五《戏作》，第13页，《续修四库全书》第1541册，上海古籍出版社1995年版，第428页。

[4] 石向骞：《史梦兰集》一附《尔尔书屋诗文辑补》之二《萱庭寿言·序》，天津古籍出版社2015年版，第366页。

[5] 史梦兰：《止园笔谈·序》，《续修四库全书》第1141册，上海古籍出版社1995年版，第119页。

[6] 史梦兰：《尔尔书屋文钞》卷上《止园记》，第1—2页，《续修四库全书》第1541册，上海古籍出版社1995年版，第477—478页。

种情绪更是浓郁，他有诗叹道："时事悠悠马耳风，半生心迹付冥鸿。公车懒上三千牍，春服欢携六七童。兔走乌飞何日驻，卢赢雉诎总成空。流光自识无多少，笑听人称矍铄翁。"[1] 又有诗道："老氏曰知足，佛氏云随缘。委身名利场，溪壑终难填。登龙罔市利，媚奥窃朝权。已梦半身热，犹望热其全。"[2] 表达了对功名利禄的蔑视。

体现在学术上，他虽然倡导学以致用，但兴趣也促使他的笔墨相当集中于各种稗官野史、异闻杂谈。在《全史宫词》的注释中，史梦兰旁征博引各种史料，引书多达512部，稗官野史，在所不避。在《发凡》中，他提到写作目的，说："自唐王仲初（王建）作《宫词百首》，后之效之者，代有佳什，然皆即事胪陈，述所闻见。若其借仲初之体，抒仲宣（王粲）、太冲（左思）怀古之情，宋元以来率皆偶然托兴。……兹集自黄帝至胜国之季，共得宫词千余首，非敢追驾前贤，亦聊供好事者之谈噱云尔。"[3] 他介绍选材标准，说："古籍流传，真伪多不可辨，然有事新采丽，行世已久，如刘勰所谓'无益经术，有裨文章'者，殆庶几焉。兹并择其言之雅驯者入咏，而后世之稗官野乘，用亦准此。"[4]"聊供好事者之谈噱""无益经术，有裨文章"，虽有自谦成分，但也不可说完全不对。对《止园笔谈》的写作，他也说："园居无事，惟以卷轴破家。偶有所触，辄赫蹄记之以备遗忘。客至，则借为谈柄，谈之快意，则相呼浮一大白。遇有以杂事异闻琐语相告可以资劝惩、广见闻者，亦收拾缀辑，付之毛生，积久成帙。遂亦忘其为我谈，为客谈，为今人之谈、古人之谈，而概目之为'笔谈'云。至如诬谩失真之语、妖妄荧听之言，则不敢阑入焉。嗣有以谈来助者，尚当泚笔以俟。"[5] 这些杂谈，当然未必都与经世致用、救国救民有关。

四、注重考证与辨伪，实事求是。

咸同以来，汉学复振。这在史梦兰身上也有反映。他致力于修志，在"志者，史之一体""志犹史也"[6] 的指导思想下，所修志书尤重考证与辨伪。他说："志之在一邑，虽属蕞尔，而推而广之，即寰宇之规模；引而长之，即史鉴

[1] 史梦兰：《尔尔书屋诗草》卷五《偶成三首》之二，第21页，《续修四库全书》第1541册，上海古籍出版社1995年版，第432页。

[2] 史梦兰：《尔尔书屋诗草》卷一《巟言》之二，第30页，《续修四库全书》第1541册，上海古籍出版社1995年版，第387页。

[3] 史梦兰：《全史宫词·发凡》，《四库未收书辑刊》第二辑第30册，北京出版社2000年版，第495页。

[4] 史梦兰：《全史宫词·发凡》，《四库未收书辑刊》第二辑第30册，北京出版社2000年版，第496页。

[5] 史梦兰：《止园笔谈·序》，《续修四库全书》第1141册，上海古籍出版社1995年版，第119页。

[6] 史梦兰：《乐亭县志》卷首《凡例》，《中国方志丛书》华北地方第191号，（台北）成文出版社1969年影印版，第17、19页。

之体例，其可忽乎哉！故分封必详其沿革，疆域必辨其广袤，山川必究其源委，屯社街市必考其废兴。”[1]他所主纂的几部志书，除《抚宁县志》外，均设“辨伪”一节，列于卷首“凡例”之后，以为重视，这是清代其他府县志书所少有的。关于韩愈的籍贯问题，虽然自宋代以来，已有不少人进行过考证，证明韩愈原籍为河南修武县，而非直隶昌黎县，但永平、昌黎旧志均将其传记收入其中。史梦兰在重修《永平府志》时，经详细核考，确认“韩愈祖父坟墓俱在怀孟，其为修武原籍无疑”，认为“（韩）文公豫产也，其封昌黎伯，盖以门望故，且唐以前之昌黎非今之昌黎也。乾隆《志》因今之昌黎立庙设祀已久，仍徇俗而收其本传。考新旧《唐书》，俱称公为河南邓州人，于斯地何涉？况文公即生于河南，子孙不无迁徙，今浙江西安有孔氏世袭，岂必援宣尼为古越人乎？”[2]毅然将原《永平府志》收录的《韩愈传》削除，而于封荫门详载韩氏世袭，并将昌黎县韩文公祠的历代碑刻文章附于“建置”一门，以备查证。对于某些志书滥收传闻芜沓之病，史梦兰也极力反对。如他在《高氏族谱序》中说：“今人谈世系，往往溯千百年以前，不失之诬，即失之诞，虽扬子云之沈博，魏伯起之才藻，沈家令之详明考古者，犹以附会疏脱为笑，况其下焉者乎？”[3]因而极力赞扬《高氏族谱》的谨慎求实之法。又如旧志于形胜例载八景，并录八景七律于艺文志，乐亭、抚宁两县旧志亦因袭之。史梦兰认为此举“最为陋习”，并批评说：“志犹史也，乃如赋家侈谈子虚，以无为有，可乎？况题咏复多滥存，尤令人生厌。”故而遵康海《武功志》例删之[4]。又如对骊城（也作“骊成”）故县遗址属地问题，历来争论不[illegible]。在《永平府志》中，史梦兰则根据实地观察继续予以考证，说：“今乐亭县西南无碣石遗迹。而世所指天桥柱为碣石者，则在今昌黎城西北、抚宁城西南。是骊城故县当属抚宁，不属乐亭矣。”[5]

史梦兰对词语训诂也有浓厚兴趣，同治初年曾创作《异名类编》二十卷、《叠雅》十三卷。《异名类编》是一部较为全面系统的室名别号工具书，所收人物从周秦直到清中叶，上自帝王下至娼妓，其中绰号、诨号占有相当篇幅，每一

[1] 史梦兰：《乐亭县志》卷一《地理志上·序》，《中国方志丛书》华北地方第191号，成文出版社1969年影印版，第47页。

[2] 史梦兰：《永平府志·凡例》，清光绪五年刊本，第7页。又见《中国地方志集成》河北府县志辑第十八辑，上海书店出版社2006年版，第6页。

[3] 史梦兰：《尔尔书屋文钞》卷上《高氏族谱序》，第46—47页，《续修四库全书》第1541册，上海古籍出版社1995年版，第500页。

[4] 史梦兰：《乐亭县志》卷首《凡例》，《中国方志丛书》华北地方第191号，成文出版社1969年影印版，第19页。

[5] 史梦兰：《永平府志》卷二十六《封域志八·古迹上》“骊城县”条，清光绪五年刊本，第7页。又见《中国地方志集成》河北府县志辑第十八辑，上海书店出版社2006年版，第460页。

条目均注明资料出处，方便读者查证。《叠雅》是一部专门辑释重言叠字的辞书，作者广为搜罗经史子集及诸家注疏中的叠字，共三千二百四十七个，详加注释，具列出处，书末另附《双名录》一卷，辑录古代叠字人名。这种工作，也是乾嘉汉学所偏好的。

史梦兰年高寿长，身历五朝，经过了许多事变，因而他的思想随着时代的变迁，也显得较为驳杂，充满融合、矛盾痕迹，但大概脉络仍然符合由嘉道向同光转化的基本特征。同时，也跟他长期僻处乡间（除光绪五年六十七岁时去过一趟济南外，从未离开过直隶省）有关，他对西方近现代文明的接触和理解也很不够，盲目崇中排外色彩很突出。天津教案发生后，他写诗评论："离照四方正明雨，何事白昼现魍魉。瀛海东西极洪漭，西洋忽聚鲸鲵党。嗅金知良如狼牻，巴蛇鼓腹思吞象。山河之漏缘蚁壤，溃堤讵可轻蚁蛘。豼云豺虎同牢养，魏绛和戎事亦枉。"[1]他嘲笑西方科技，说："世传西法精历家，岂知法亦始中华！奈何数典忘其祖，勾股兢推欧罗巴。数理精蕴出御撰，泰西算法何足算！鬼工巧说夺天工，眩人多与马戏同。"[2]能看到西方列强侵略性、野蛮性的一面，未能看到其先进性的一面，反而不如魏源"师夷长技以制夷"的思想进步开明。

王树枏（1852—1936），字晋卿，号陶庐老人，直隶新城（今河北高碑店）人。出身书香门第，家学深厚。自清道咸以来，其家多以科名显，为当地著姓。祖父王振纲（1807—1877），字重三，号竹溪，清道光十八年（1838年）会试第一名，不仕，读书养亲，居家凡三十余年。同治九年（1870年），直隶总督曾国藩重其学行，聘其担任保定莲池书院山长，辛勤讲学八年，直至终老。起初治学范围广泛，后来专攻程朱理学，没有门户之见，并强调身体力行，具有经世才干。他说："学不本于'居敬穷理'而遽谈国家之事，其知之必不真，行之必无序。居敬，徒矜持于仪容动作，犹外也；穷理，徒泛滥于名物象数，犹末也。必戒欺慎独，身体而力行之，以能改过为归。"[3]讲学授徒，门生弟子上千。著有《群经笔记》二卷、《礼记通义》二十卷、《学庸疏义》二卷、《史类发蒙录》四卷、《儒先语粹》四卷、《选择备用》二卷、《地理择言》十卷等，有《隐斋文集》行世。父王铨，字子衡，号松舫，乙卯（1855年）科举人，选授东

[1] 史梦兰：《尔尔书屋诗草》卷八《荫香订于六月二十日，会饮清音园，为雨所阻，翌日补之，即席赋诗，分得二十二养全韵，共百六字》，第18—19页；《续修四库全书》第1541册，上海古籍出版社1995年版，第472页。

[2] 史梦兰：《尔尔书屋诗草》卷二《意大利里亚国马戏歌》，第28页；《续修四库全书》第1541册，上海古籍出版社1995年版，第402页。

[3] 徐世昌：《大清畿辅先哲传》卷十五《师儒传六·王振纲》，北京古籍出版社1993年版，第482页。

安县教谕，封光禄大夫，卒年四十七。

王树枏自小聪慧好学，十五岁中秀才，二十岁选拔贡，旋随祖父入保定莲池书院学习，又成为黄彭年高足。同治十三年（1874年），李鸿章督直隶，在保定开办《畿辅通志》馆，黄彭年任总纂。在黄彭年的推荐下，王树枏被聘为《通志》修纂，历时五年，还自著《校正孔氏大戴礼记补注》十三卷、《畿辅方言》二卷、《中庸郑朱异同说》、《尔雅郭注异同考》一卷、《建炎前议》一卷、《墨子三家校注补正》三卷，头角初露，文名渐著。光绪二年（1876年）中举。光绪五年协助定州王灏编辑《畿辅丛书》，使二百多种濒危古籍得以流传至今。光绪八年应时任冀州知州的吴汝纶之聘，任信都书院主讲。受吴影响，抛弃骈体，顿改古文，洞明义法。其间著有《夏小正订经》一卷、《夏小正订传》四卷、《尚书商谊》三卷以及《闲闲老人诗集》和《目录考证》《年谱》十四卷。

光绪十二年（1886年），王树枏中进士，散馆后主动申请为地方知县，历任青神、资阳、富顺等县知县，关心民生，政绩卓著。从政之余，撰成《广雅补疏》四卷、《尔雅郭注佚存补订》二十卷、《费氏古易订文》十二卷、《离骚注》一卷和《天元草》五卷、《十月之交日食细草》二卷。光绪二十一年受牵连被革职，往金陵入两江总督张之洞幕，参与洋务，与洋务派一些主要人物交往密切。又应陕甘总督陶模聘请，到兰州督署任职，很快成为陶模的得力助手。在兰州期间，著有《彼得兴俄记》一卷、《欧洲族类源流考》五卷、《蛰叟》七篇，思想倾向于改革。光绪二十五年任河南中卫县知县，写成《欧洲列国战事本末》二十二卷、《希腊学案》四卷。光绪三十一年，由平庆泾固道调任署理兰州道，当年完成《希腊春秋》八卷。光绪三十二年，升任新疆布政使。在任近六年，革除弊政，发展教育，兴办实业，开办邮政，在伊犁设武备学堂，主持督练新军，并总纂《新疆图志》，声绩大著。对《新疆图志》，从创设通志局到亲定体例，再到亲手纂写其中的《国界志》八卷、《山脉志》六卷、《兵事志》二卷、《访古录》二卷、《新疆小正》二卷、《礼俗志》一卷、《道路志》四卷、《土壤志》一卷，还参与了《建置志》《实业志》的编纂，王树枏都贡献最大，出力最多。因遭他人嫉恨而被参劾开缺，宣统三年（1911年）年初，王树枏愤而归里。

辛亥革命后，曾任省议会议员、众议员、约法会议委员、参政院参政等职，写成《武汉战纪》一卷。1914年，北洋政府成立清史馆，王树枏被聘为总纂，奉母进京。王树枏暮年居京，专心著述，孜孜不倦，《清史稿》中咸丰、同治两朝列传，属国列传，食货志、地理志、逸民传、叛逆传，大部由他撰写；同时又代徐世昌纂修《大清畿辅先哲传》《畿辅列女传》《大清畿辅书徵》《将吏法言》等，并参与徐世昌主编的《晚晴簃诗汇》；又自撰《学记笺证》《说文建首释义》《周易释贞》《冀县志》《法源寺志稿》。1928年，王树枏应张学良的聘请，出任沈阳萃升书院主讲，编成《张文襄公全集》二百二十九卷、《奉天通志》。九一八事变后，辞去职务。著有《左氏春秋经传义疏》《新城县志》《焦易说诗》《民国续修临邑县志》，又与高泽畬、华世奎、贾恩绂、张国淦等纂《河北通志》数十卷，惜全书未竣，仅印行一部分。1936年农历正月十五，王树枏无疾而终，葬于北京西山，享年八十六。

在晚清阶段，王树枏最主要的史学作品就是《畿辅通志》《新疆图志》和《彼得兴俄记》等五部外国史书了。下面主要依据《新疆图志》和外国史书，分析一下王树枏晚清时期的学术（包括史学）思想。

一、有强烈的爱国情怀、忧患意识、实用意识、史鉴意识。

王树枏生活于清末民国，正当中国面临亡国灭种危险最烈之时，所以他具有比前人（如史梦兰等）更强烈的爱国情怀和忧患意识。他自幼受过良好传统文化教育，系统学习过经学，撰写了一大批经学研究著作，包括《尚书商谊》《费氏古易订文》《校正孔氏大戴礼记补注》《尔雅郭注佚存补订》等。甲午战争前后，中国危机加深，他说："中国自开海禁，东西强国蜂集海上，鹰瞵鹗视，觊我中华。兵兴以来，蹶于英，偾于法，蹙于俄，覆于日本。"[1]"甲午以还，中国落俄人之陷阱而为所欲为。故英人抗俄制俄之心日益加厉。……天下万起万灭之变，悬乎眉睫，兴亡得失，如环无端。吾为英惧，吾尤为天下之各国惧焉。"[2]"时强邻压境，鹰瞵虎睨，耽耽视我为机（几）俎上肉，主权之不失，仅一线耳。"[3]正是面对国家危机的日益加深，王树枏的学术重心由经学转向史学，以"经世致用""中体西用"为宗旨，开始了对西洋史、国史、地方史的撰述与整理，他强烈的爱国情怀和忧患意识是他不懈努力的强大动力。

出于爱国和忧患，王树枏非常强调学术的实用性。以《新疆图志》为例说明。王树枏谈到写作目的，说："国朝戡定西域，经营缔造，垂二百年。其时草昧初辟，历朝改作之迹略而弗详，加以中更寇乱，南北两疆大小官廨档册焚毁散亡，荡然扫地殆尽。丙午（1906年）之岁，余奉命来藩新疆，慨然念先朝沐栉之

[1] 王树枏：《陶庐外篇·兵事篇·武备学堂》，《陶庐丛刻》，光绪至民国年间刻本，第10页。
[2] 王树枏：《欧洲族类源流略》卷三《德多尼族·英吉利》，《陶庐丛刻》，光绪至民国年间刻本，第24页。
[3] 王树枏：《黑龙江都督兼民政长宋公墓志铭》，卞孝萱、唐文权编《辛亥人物碑传集》，团结出版社1991年版，第475页。

劳，文治武功历时愈远愈益湮没坠失，无可征信，乃招集二三博雅同志之士，分纂《新疆图志》，收亡补遗，勒为一书。”[1] 他当然不仅是为了保存资料，避免湮没坠失无可征信，更是为了治理新疆提供各种帮助。《新疆图志》的实用意识首先体现在门类上。《新疆图志》除卷首外共一百一十六卷，二百多万字，分为二十九类，即《建置志》四卷、《国界志》五卷、《天章志》六卷、《藩部志》六卷、《职官志》六卷、《实业志》二卷、《赋税志》二卷、《食货志》四卷、《祀典志》二卷、《学校志》二卷、《民政志》八卷、《礼俗志》一卷、《军制志》三卷、《物候志》一卷、《交涉志》六卷、《山脉志》六卷、《土壤志》二卷、《水道志》六卷、《沟渠志》六卷、《道路志》八卷、《古迹志》一卷、《金石志》二卷、《艺文志》二卷、《奏议志》十六卷、《名宦志》一卷、《武功志》三卷、《忠节志》二卷、《人物志》二卷、《兵事志》二卷。与乾隆年间官修的第一部新疆通志《钦定皇舆西域图志》相比，《新疆图志》在门类上有了很大改进，尤其是充实了政治、军事、外事、经济、农业、交通、民族、考古以及人物等方面的资料，都深切关乎新疆的社会发展，反映了清末的时代特点。特别是它设置了《国界志》《交涉志》，共十一卷，约占全书总卷数的十分之一。两志把清代的新疆置于世界范围来考虑，记载了新疆和俄、英的外交关系，特别是沙俄侵占我国西北领土的全部过程，对揭露帝国主义的侵略面目、唤醒全国民众大有裨益，也体现了编纂者的拳拳爱国之心。

新疆是多民族地区，《新疆图志》特设了《藩部志》《礼俗志》。《藩部志》六卷分别对布鲁特部（今柯尔克孜族）、哈萨克部、回部（维吾尔族）、旧土尔扈特和硕特部（蒙古族）四个主要藩部的源流、所属户数、人口、牧地迁徙、首领名称、归附、受封等情况作了详细记载，并介绍了1771年土尔扈特部渥巴锡率部众自伏尔加河流域返归祖国，受到乾隆帝接见与受封的经过。《礼俗志》对各民族的饮食、起居、服饰、语言、文字和婚丧习俗均有概括的介绍，对一些特别的习俗，如哈萨克族的“叼羊”、维吾尔族的“偎郎”等也都有解说。这些无疑都是有利于治理新疆、团结各族的宝贵资料。

《新疆图志》的实用意识还体现在该书贯彻了“厚今薄古”“详今略古”的原则，把重点放在了当代。以《奏议志》所录历代奏议为例，汉、唐选入二十二篇，而当朝（清）却有一百六十七篇，其中左宗棠、刘锦棠在同光年间的奏议即达一百一十五篇，占清代奏议总数的三分之二。凡清末有关新疆重要的奏稿，基

[1] 王树枬：《陶庐文集》卷四《新疆备乘叙》，《陶庐丛刻》，光绪至民国年间刻本，第16页。

本上都收入《新疆图志》。

王树枏也有着明显的史鉴意识，尤其关心兴衰成败的因由。例如他在“盛衰兴败之由，古今中外盖一辙也”[1]观念之下，说自己创作《彼得兴俄记》的目的：“吾故窃取孔子之意，近述俄皇彼得变法之效，详记之以为用人行政者警焉。”[2]“彼得不顾一身之利害，不恤人言，不法祖宗，毅然独行，卒显天下，奠奕世子孙丕丕之基，有国家者亦可以幡然知所鉴矣。”[3]对《希腊春秋》的写作目的，说：“余向为《希腊、罗马春秋》二书，手稿半散毁，不复完具，近复重为搜辑，成《希腊春秋》八卷”，正是为了使“古今政学兴替醇疵之故”能“著明于世”[4]。对《欧洲列国战事本末》的写作目的，说：“兵凶战危，古之圣君贤相常兢兢以黩武为戒。……余有感于欧洲分合之局，因采辑列国战事巅末，著之于篇，以为后世法戒焉。”[5]在光绪二十九年（1903年），他仍然说：“吾每读书，反复于往代治乱得失存亡之故，未尝不掩卷痛恨而流涕也。”[6]

二、富有世界意识、学习西方意识、改革意识。

在清末，中国历经多次丧权辱国，终于放弃了“天朝大国”的幻觉，开眼看世界，逐渐醒悟中国仅是世界列国之一，人外有人，天外有天，不再对西方简单以蛮夷视之。王树枏也不例外，所以他才在甲午战后，主动撰写了五部介绍西方的外国史书。他甚至说：“愚种与智种角则智种胜，智种与智种角则尤智种胜。今日欧洲之人，天下所称为种之尤智者也。”[7]不但赞成“优胜劣汰”的理论，而且认为“今日”欧洲之人为优。这种观念无疑是开明的、进步的。

以此认识作为前提，王树枏主张向西方学习，在中国进行改革。1896年，王树枏以李提摩太《列国兴盛变通记》为依据，辅以徐景罗《俄史辑译》、冈本监辅《万国史记》和《万国通鉴》等史书，以其较好的桐城派文学功底加以润色，编纂而成《彼得兴俄记》。此书显然早于康有为1898年的《俄彼得变政记》，可见王树枏的先知先觉。在书中，王树枏赞叹彼得一世：“中外之谈变法、致富

---

[1] 王树枏：《希腊春秋》卷一商帝乙八年丁酉，《陶庐丛刻》，光绪至民国年间刻本，第26页。

[2] 王树枏：《彼得兴俄记·序》，《陶庐丛刻》，光绪至民国年间刻本。

[3] 王树枏：《彼得兴俄记·记变法》，《陶庐丛刻》，光绪至民国年间刻本，第7—8页。

[4] 王树枏：《希腊春秋·序》，《陶庐丛刻》，光绪至民国年间刻本。

[5] 王树枏：《欧洲列国战事本末·序》，《陶庐丛刻》，光绪至民国年间刻本。

[6] 王树枏：《陶庐外篇·兵事篇·攘夷》，《陶庐丛刻》，光绪至民国年间刻本，第4页。

[7] 王树枏：《欧洲族类源流略·序》，《陶庐丛刻》，光绪至民国年间刻本。

强者，必以彼得为称首。伟哉！不可谓非不世出之英主矣。”[1] 详细记载了彼得一世的变政过程与成效，认为俄国的兴盛与强大来自于彼得一世的变法改革。考察西欧后，“彼得既归国，凡西人新法善政，无不一一见之施行，卒平内乱、慑强邻、破瑞典、取东滨海地、建新都而霸天下。鹰瞵虎视，欧洲诸国咸东向听命，一怒一居，系天下安危。呜呼！变法之效，何其彰彰也！”[2]“卒能戡定内乱，屏翰外侮，与英法瑞奥迭为主盟。呜呼！强弱兴衰之机，虽曰天命，岂非人事哉！”[3] 倡导变法正是王树枏编写此书之目的，使彼得新政成为中国人仰慕效法的榜样，推动了维新变法成为社会主流思潮。

在改革思想指导下，王树枏特别重视经济，强调把经济建设和改革放在首位。王树枏从政二十四年，游仕西南、西北各地，兴利除弊，为民造福，始终立足于发展地方经济，提高人民物质、文化生活水平。对新疆，他说：“新疆每岁协饷二百万，近年腹地诸省自顾不暇，来者日希。窃谓新疆地方二万余里，农田、水利、桑绵、瓜果之盛，牧畜之繁，五金之矿，富甲海内。而岁岁观人朵颐，不谋自立，将来必至坐困。余拟开财之源，次第兴作。”[4] 在《新疆图志》中，《实业志》记述的就是新疆的经济史，涉及农、林、牧、渔、蚕、矿、商等七个方面，对开发新疆经济有借鉴价值。《实业志》中的“农”对清代新疆全省农业的发展，种植品种、稻棉产地、技术改进、气候等有比较全面的介绍；“牧”主要记述当时新疆畜牧业的发展过程，清政府官办驼、马、牛、羊的牧场分布、时间，官马调用、拨补办法，畜产品经营，伊犁、巴里坤、焉耆三大名马的特征等；“矿”对新疆各种金属和非金属（如玉石、煤、石油等）矿石的地区分布、开采情况以及清代官办金、铜、铁厂和司金局等都有记载，对后人开发新疆矿产资源也有一定的参考价值。

不过王树枏赞成改革，其立场仍是为了保国保教保种，因而在改革的程度上反对全盘西化，更反对革命。他说：“乙未（1895年）之秋，余在南皮张香涛（张之洞）尚书幕中，有浙人某，欲尽废中国之书及中国之字，谓为无用，不若尽从西人。悲夫！存吾种者教也，存吾教者国也。故保种必先保教，保教必先保国。……今某之为此言者，是自弃其教，而种人之种，以国人之国也。名教之

[1] 王树枏：《彼得兴俄记·记土耳其瑞典诸国战事》，《陶庐丛刻》，光绪至民国年间刻本，第20页。
[2] 王树枏：《彼得兴俄记·记游历》，《陶庐丛刻》，光绪至民国年间刻本，第3页。
[3] 王树枏：《彼得兴俄记·记军政》，《陶庐丛刻》，光绪至民国年间刻本，第9页。
[4] 王树枏：《陶庐老人随年录·光绪三十四年戊申五十八岁》，载章伯锋、顾亚主编《近代稗海》第十二辑，四川人民出版社1988年版，第395页。

忧、社稷之祸，吾滋惧焉。”[1]说明他虽然主张学习西方，但仍然限于“中体西用”的范围，与张之洞的思想非常接近。

对中西政治、文教，他不是简单地肯定哪一方，而是认为各有利弊。在比较中西之后，他常常流露出中西齐头并进的意思。例如他说：“余尝博观西人古籍，见夫巴比伦、埃及、波斯、印度诸国，其所为政治文事及一切卫国养民诸制，多与中国同者。”[2]“伊考其时，中西史学，皆在东周之后，遥遥相望，后先辉映，不奇哉！”[3]所以，他也不怕别人指责他企图“以夷变夏”：“或曰：‘子之意则善矣，其如用夷变夏何？’曰：‘……为人君者亦视乎其调而已。……’”[4]“调”，就是调和，调和中西之意。特别是，他强调君主的作用，认为不应削弱君权，而应加强君权。他说：“今天下世变亟矣！人非其人，政非其政，识时之杰，类能言之，而人与政终未能一得其当者，则以君心之不格故耳。”[5]“吾尝谓非有霸才者不能济王道之穷，非格君心不能为自强之政。管子曰：‘御民之辔，在上之所贵；道民之门，在上之所先。’呜呼！彼得其知之矣。”[6]

《新疆图志》虽然观念进步，但没有也不可能提出革命思想。对于少数民族和人民起义，它仍持歧视污蔑态度。书中凡提到人民起义，一律称为“贼”或“匪”，把太平天国起义军称为“东南发匪”，污蔑甘回“近于禽犊”，等等。《新疆图志》的撰写，正值人民革命四起、清朝统治崩溃的前夕，政府提倡修志，正是为了全面总结统治经验，更好控制各族人民，这部通志不免打上了统治者的烙印。王树枏在辛亥革命之后，更加敌视革命，完全站在了清朝遗老立场上，此是后话。

三、注重资料搜集与史实考证。

张舜徽曾说：“树枏早岁读书，仍沿乾嘉诸儒蹊径，而尝肆心力治朴学，故于文字训诂，亦复研绎甚精。所著如《尔雅郭注佚存补订》二十卷、《广雅补疏》四卷，皆甚精邃，斯又并世文家无能为役者也。”[7]尚秉和也说：“（王树枏）小学特精，常以《尔雅》《广雅》《夏小正》诸书订证经文，俾还旧字，

[1] 王树枏：《欧洲族类源流略》卷一，《陶庐丛刻》，光绪至民国年间刻本，第4—5页。

[2] 王树枏：《希腊春秋》卷一，《陶庐丛刻》，光绪至民国年间刻本，第2—3页。

[3] 王树枏：《希腊春秋》卷四周贞定王二十五年丁酉，《陶庐丛刻》，光绪至民国年间刻本，第32页。

[4] 王树枏：《彼得兴俄记·序》，《陶庐丛刻》，光绪至民国年间刻本。

[5] 王树枏：《彼得兴俄记·序》，《陶庐丛刻》，光绪至民国年间刻本。

[6] 王树枏：《彼得兴俄记·记商务》，《陶庐丛刻》，光绪至民国年间刻本，第11页。

[7] 张舜徽：《清人文集别录》卷二十二《陶庐文集等》，华中师范大学出版社2004年版，第565页。

博通淹贯，如数家珍，皆昔儒所未有。盖自宋元以来，能文章者，笺注训诂或有所不逮；攻考据者，文或拘促黤陋，不副其所学。唯公能兼而有之。”[1]

这种治学精神和态度，在《新疆图志》一书中，就有典型体现。

首先，《新疆图志》在资料上能够做到广征博引。卷首所列参考书，就有五十种，包括官修正史、地理、方志、游记、文集与档案等。其中，《山脉志》所引书目，除了《新疆乡土志》十八种外，尚有《大唐西域记》、《水经注》、《穆天子传》、杜环《经行记》、《新疆识略》、《天山客话》、《莎车行记》、《东归日记》、《从军杂记》、《使准噶尔行程记》、《张匡邺行记》、《西域释地》、《西陲纪略》、《帕米尔山道里记》、《勘察日记》、《勘界公牍》、《回疆风土记》、英人杂记等，合计三十六种。《国界志》引用《海上勘分帕米尔图说》、英人《扬哈里班游记》、俄人《康穆才甫斯基游记》、英人《戈登游记》等书。《新疆图志》广泛吸取了当时各家研究的成果，可谓囊括了有关新疆的主要文献。

其次，《新疆图志》的记叙，非常注重细节，为后代积累了新疆地区自汉至清末丰富翔实系统的资料。《建置志》主要记述全省各地自西汉以来，特别是清代的政治沿革、历史变迁、城镇兴衰以及地理和物产，对了解历史面貌、编写新志都有参考价值。《水道志》概括介绍了全疆几十条主河道的河源、分支渠流经地区及会合处、最后流向。有的河流也联系历史实际，介绍流向和古今名。《水道志》还对许多河道一河多名、古今河名的演变作了详细解说。《沟渠志》记载了全省各渠道的位置、长度、宽度以及灌溉田亩面积等，反映了历经同光兵燹之后，清末新疆疏浚河道及农田水利建设的成就。

总之，王树枏身处1850年至1920年时段的末端，其特征颇具代表性、典型性而偏于中性。他并不赞同暴力革命，对清王朝还抱有较深的感情和幻想。王树枏一生著述甚丰。据谢道弘《陶庐全书书目考》统计，约有五十三种，计六百八十余卷，可谓是当之无愧的经史文学大家。王树枏涉猎广泛，其著作涉及政治、经济、军事、教育等各方面，呼应时代，地位卓然。张舜徽在《清人文集别录》中说他的文章：“刚健之气，浩乎沛然，固当时北方之雄也。”[2] 他的作品中蕴含着非常丰富的学术（包括史学）思想，很值得后人仔细发掘研究。

[1] 尚秉和：《故新疆布政使王公行状》，载章伯锋、顾亚：《近代稗海》第十二辑，四川人民出版社1988年版，第423页。

[2] 张舜徽：《清人文集别录》卷二十二《陶庐文集等》，华中师范大学出版社2004年版，第564页。

## 第三节 《畿辅通志》

章学诚说："志为国史举全体"[1]，方志"是一国之全史也"[2]。地方志以区域为限，综合记述该区域的自然、社会方面的历史与现状。其种类既有全国性的总志、通志、一统志，又有地区性的省志、府志、州志、县志、厅志、乡土志等，还有对于山水、寺庙、书院、古迹、人物、文献、风土的专志等。从《华阳国志》这种书开始算起，地方志整体呈现日益繁盛的局面。清朝继承发扬光大历代修志优良传统，自顺治至宣统间，朝廷多次下诏促令各省修志，各级志书不断涌现，从种类、体例、数量到质量等方面，都明显超过前代，还形成了较为深入系统的修志理论，成为中国封建时代方志纂修的全盛时期。仓修良说："据《中国地方志联合目录》所载，现存清代方志有五千七百零一种，约占现存全国地方志总数八千二百余种的百分之七十。其中康熙、乾隆时期就分别编纂过一千三百九十七种和一千一百五十四种，又成为清王朝修志最旺盛时期。"[3]"清代行政区划主要分省、府、县三级，现存清代二十二个省的通志有八十六种，府州志有九百零一种，县志四千七百一十四种，……全国除新疆及西南个别省份外，几乎所有县一级基层行政单位都修了志书。"[4]

清代北方各省修志也出现热潮。如仓修良所说："从地域上看，清代方志编修有一个显著特点，这就是北方许多省份，如河北、山东、山西、河南等省，方志的编修远比以往发达。从编纂数量来说，流传至今都在三百种以上，远远超过以往修志发达的江苏、浙江等省，从而打破了自宋以来，方志编修独以江、浙等省为盛的局面。以现今尚存统计，山东有三百八十八种，河北三百七十三种，河南三百七十种，山西三百三十二种，江苏三百三十七种，浙江三百七十三种，安徽二百五十九种。"[5]据统计，直隶省（大概相当于今天的京津冀）自明清以来刊修的各种方志现存共约七百四十八种，居全国之冠。在这七百四十八种志书中，绝大多数为清代所修。清代前期，曾出现过两次修志高潮。进入晚清，在光

[1] 章学诚：《章学诚遗书》卷二十八《外集一·丁巳岁暮书怀投赠宾谷转运因以志别》，文物出版社1985年版，第317页。

[2] 仓修良：《文史通义新编新注》外篇四《方志立三书议》，浙江古籍出版社2005年版，第827页。又见《章学诚遗书》卷十四《方志略例一·方志立三书议》，文物出版社1985年版，第123页。

[3] 仓修良：《方志学通论》，齐鲁书社1990年版，第370页。

[4] 仓修良：《方志学通论》，齐鲁书社1990年版，第371页。

[5] 仓修良：《方志学通论》，齐鲁书社1990年版，第371—372页。

绪年间又出现了第三次修志高潮，共修成通志一部，府州县志八十六种[1]。

晚清直隶所修的方志中，名家名作不少。同治十年（1871年）吴汝纶纂修的《深州风土记》可算一篇，颇为世人称道。深州领武强、饶阳、安平三县。《深州风土记》共二十二卷，条理清晰，门目分明，考证详博，文辞精美，是清代方志中的佳作。吴汝纶曾以“字字有本，篇篇成文”自许。该志创立“人谱”一门，前所未有，“网罗散逸，详而不冗”，广征谱牒及史籍文献，梳理望族大姓的演变。“金石”门保留了深州许多碑文资料，所载明洪武学校格式碑可证明代教育制度，尤为珍贵。

出自周家楣（1834—1886）、缪荃孙（1844—1919）之手的光绪《顺天府志》是一部京师方志，集元明清三代京师方志之大成，为我们提供了较为系统完备的历史资料，具有重要的实用价值。光绪五年（1879年）设局修纂，十二年成书，共一百三十卷、三百五十万字。该书曾由张之洞手订修书略例二十七条，其中主要有：宜典核；以官文书为据；引书目最初者；群书互异者宜考订；一事两地俱收者宜考证，不得正误滥收；采用旧方志及各书，须覆核所引原书；引书注明第几卷；记事须具首尾、具年月；各子目须记实，不得但存一名。这种用规章条例作为修志的要求和规则的方式，对于整齐志书的编纂、统一志书的规例、保证志书的质量等，都有一定的积极意义。

清末民初，贾恩绂对方志的修撰、研究贡献颇多。贾恩绂（1866—1948），字佩卿，号河北男子，直隶盐山（今河北盐山）人。与蒋耀奎、崔兰西并称为“燕南三杰”，与张皞如、李焕卿并称为“沧盐三人儒”。光绪十六年（1890年）春入保定莲池书院，师从吴汝纶。吴汝纶欣赏他的才学，委以斋长。光绪十九年中举，光绪二十一年康有为发起“公车上书”，贾恩绂是签名者之一。先后主讲直隶丰润浭阳书院、山西徐沟梗阳书院、直隶定州定武书院、保定崇实学堂、北京陆军贵胄学堂。清末新政，他回到家乡办学。进入民国，他主要从事修志工作，其一生中最大的成就就是晚年对方志学的编纂和研究。他对方志的体例、纲目的安排，不袭前人，独辟蹊径，别具一格，卓然自成一家。他认为修志必须首先要体例、纲目清楚；其次叙事要文贵成章，言词要生动有当；再次内容必须和现实政治结合，做到书贵实用；最后评议要有公正的见识[2]。其方志作品有《盐山新志》、《定县县志》、《河间县志》、《南宫县志》、《枣强县志》

[1] 方尔庄：《河北通史》清朝下卷，河北人民出版社2000年版，第325页。
[2] 参见邓焕然等《方志学家贾佩卿》，《河北文史集粹》文化卷，河北人民出版社1991年版，第18页。

（未刊）、《直隶通志》（未刊）、《河北通志稿》。

此外，乐亭学者史梦兰，如前所述，在方志修撰方面也做出了突出贡献。如《乐亭县志》《迁安县志》《抚宁县志》就是其手笔，还部分参加过光绪《畿辅通志》全书体例的删定工作。

在上述作品之外，清修三部《畿辅通志》，堪称典范。“畿辅”即包括顺天府在内的直隶省，“畿辅通志”即直隶通志。直隶总督李卫曾说：“畿辅为首善之地，经画区置，万方皆取则焉。”[1]在统治者的高度重视之下，直隶省志之修代有佳作，流布至今，其中主要是直隶巡抚于成龙主修的康熙《畿辅通志》、直隶总督李卫主修的雍正《畿辅通志》、直隶总督李鸿章主修的光绪《畿辅通志》。

清康熙十一年（1672年），圣祖皇帝应保和殿大学士卫周祚奏请，下令各省先修通志，然后总发翰林院，最后汇为《大清一统志》，并将贾汉复（1605—1677）主修的《河南通志》《陕西通志》，“朝议取为他省程式”[2]。以此为背景，康熙十九年七月开始正式编纂《畿辅通志》，由直隶巡抚于成龙、格尔古德先后监修，翰林编修郭棻（1622—1690，直隶清苑人）总纂其事，康熙二十一年四月完成。明代修志虽盛，但独无直隶省级通志（“明代以畿内之地直隶六部，与诸省州县各统于布政司者体例不侔，故诸省皆有通志，而直隶独阙”[3]），康熙《畿辅通志》就成了第一部直隶省志。

作为一部重要省志，康熙《畿辅通志》有不少优点：

一、在体例和篇目方面进行了一些改进。例如，以前不少志书将“建置”和“沿革”分列为两目，该志认为如此则“二例难判，倘不合书，必有叠复。《河南通志》及《明一统志》俱作一门，所见良是，兹仿而作”[4]。沿革，其实就是建置的沿革，分而为二，确有不便之处，所以这个意见是很有道理的。该志侧重记人，有关人物的类目竟达二十二卷之多，其中“人物”为十五卷。这也是一个特色，保存了许多宝贵资料。

二、讲求实用，尤重经济内容。例如对盐政，认为是“国课攸关，民生资

[1]（雍正）《畿辅通志》卷首《李卫序》，《文渊阁四库全书》第504册，台湾商务印书馆1983年影印版，第10页。

[2] 参见乔治忠《〈大清一统志〉的初修与方志学的兴起》，《齐鲁学刊》1997年第1期；牛润珍、张慧《〈大清一统志〉纂修考述》，《清史研究》2008年第1期。

[3] 纪昀：《四库全书总目提要》卷六十八史部地理类《畿辅通志》，河北人民出版社2000年版，第1843页。

[4]（康熙）《畿辅通志·凡例》，康熙二十二年刻本。

用，极当备考”；对水利，认为是“最大王政，宜先”[1]。“畿辅地近东北，羽毛齿革、金石草木之产，八郡多同。其有尤异者，亦种类偶殊也。惟枣与栗实资利用，虽微必书。若妖华异草、猘兽毒鱼，一概弗录。”[2]在卷十三“风俗”所附“物产”中，对可资利用的物产作了详细记载，篇幅数倍于“风俗”，所叙物产细分谷、蔬、花、果、木、草、药品、杂产、货、禽、兽、水族、虫等类，每个品类均有详细注释。所记种类之多，内容之详，为旧方志所少见。

三、尊重历史事实，去除了许多牵强附会、虚誉浮夸内容。例如该志认为：“系耿弇于束鹿，载韩愈于昌黎，断不敢雷同其说焉。”[3]该志还批评了“近志几乎有宦皆名”，“赞颂娓娓、牵缀纶纶者”等不良现象，认为记述人物的目的在于“彰往劝来”，所以主张“人贵录实事，戒阿好”，“有实政可纪者录之，余仍听之赞颂之口尔”[4]。

四、对地名注意历史发展，更侧重现今，不厚古薄今。该志说：“山川之名，有见于《禹贡》《山海经》《水经》等书者，皆是名山胜水，及按图而索，沧桑屡变，多所弗符，更有古未之闻而今实称盛者，亦详书之。”[5]

康熙《畿辅通志》当然也有不足。例如该志在“星野”所附“祥异”中，记有由周至清二千三百多年间发生的水、旱、雹、风、虫、疫等各种重大自然灾害一百一十余起，重大地震三十余起，星陨、极光等天文现象二十余起，轶闻、异事三十余件。这些都是反映直隶自然现象的宝贵历史资料。但它以《星野》门附《祥异》，暴露出其科学知识不足，仍然侧重从“天人感应”角度理解祥异现象，不是主要为了防灾抗灾，为了深化科学认识。它以“风俗”附“物产”，其分类也欠缺准确。《风俗》门应反映地方风尚、习俗，物产则不能算作风尚、习俗。“风俗”与“风土”不同，“风土”外延更加宽泛，是可以包括物产的，而“风俗”则不可[6]。由于草率成书，多有遗漏，在准确性上也稍差一些，如唐执玉所批评的：“旧《志》则简而不当，其根源见于经史子集者每缺焉，或取诸类书而与本文讹舛，其他则稗官小说为多。”[7]

《四库全书总目提要》评价康熙《畿辅通志》说：“康熙十一年，大学士卫

[1]（康熙）《畿辅通志·凡例》，康熙二十二年刻本。

[2]（康熙）《畿辅通志·凡例》，康熙二十二年刻本。

[3]（康熙）《畿辅通志·凡例》，康熙二十二年刻本。

[4]（康熙）《畿辅通志·凡例》，康熙二十二年刻本。

[5]（康熙）《畿辅通志·凡例》，康熙二十二年刻本。

[6] 王景玉：《康熙〈畿辅通志〉略谈》，《文献》1986年第4期。

[7]（雍正）《畿辅通志》卷首《唐执玉序》，《文渊阁四库全书》第504册，台湾商务印书馆1983年影印版，第12页。

周祚奏令天下郡县分辑志书，诏允其请。于是直隶巡抚于成龙、格尔古德等始创为之，属翰林院侍讲郭棻董其事。仅数月而书成，讨论未为详确。”[1] 放在历史长河中来看，康熙《畿辅通志》虽属粗缀，但首创之功实不可没。

清世宗即位后，继续督修未完成的《大清一统志》，重组《一统志》馆，严令各省督抚将本省通志重加修辑，并定方志六十年一修的制度，说：“著各省督抚，将本省通志重加修辑，务期考据详明，摭采精当，既无阙略，亦无冒滥，以成完善之书。如一年未能竣事，或宽至二三年内纂成具奏。如所纂之书，果能精详公当而又速成，著将督抚等官俱交部议叙。倘时日既延，而所纂之书又草率滥略，亦即从重处分。至于书中各项分类条目，仍照例排纂。其本朝人物一项，著照所请，将各省所有名宦、乡贤、孝子、节妇一应事实，即详查确核，先行汇送《一统志》馆，以便增辑成书。”[2] 据统计，从雍正七年（1729年）至初修《一统志》三百四十二卷告竣的乾隆八年（1743年），全国修有《江南通志》《福建通志》《河南通志》《广东通志》《江西通志》《湖广通志》《广西通志》《四川通志》《山东通志》《陕西通志》《山西通志》《甘肃通志》《盛京通志》《畿辅通志》《浙江通志》《贵州通志》《云南通志》等通志十八种，是清代通志成书最多的时期。雍正时期，是《一统志》第一次成书的关键时期。这期间，清朝汇集了各省通志，大大加快了《一统志》成书的步伐[3]。

在此背景下，直隶总督唐执玉（1669—1733）、李卫（1688—1738）奉命监修了直隶省第二部省志——雍正《畿辅通志》。于雍正七年（1729年）开始，于雍正十三年成书，由唐执玉、刘于义、李卫修、陈仪、田易编纂，共一百二十卷，共分三十一目，人物、艺文二门又各有其子目。李卫三任直隶总督，使直隶省短短数年间面貌一新，与鄂尔泰、田文镜一起是雍正朝三位“模范”督抚，而完成雍正《畿辅通志》则是他在直隶文化建设上，在创建莲池书院之外的浓重一笔。

相比于康熙《畿辅通志》，雍正《畿辅通志》有哪些改进或优点呢？

一、在体例上，雍正《畿辅通志》重新整合篇目，重要内容单设门类，使门类设计更趋合理。例如，（雍正）《志》将“诏谕”“宸章”“京师”等体现皇权的篇目集聚到一起，冠于全书之首，凸显皇权的核心地位，为后来者所效法；

[1] 纪昀：《四库全书总目提要》卷六十八史部地理类《畿辅通志》，河北人民出版社2000年版，第1843页。

[2]《清世宗实录》卷七十五雍正六年十一月甲戌条，《清实录》第7册，中华书局1985年影印版，第1122页。

[3] 巴兆祥：《论〈大清一统志〉的编修对清代地方志的影响》，《宁夏社会科学》2004年第3期。

重视关隘、津梁的军事价值，一改（康熙）《志》将“关隘”“津梁”附于“山川”之弊，特辟“关津”专篇，列于“兵制”之后；惩（康熙）《志》缺乏“驿站”“河渠”等类之弊，特辟专篇；重视仓廒、盐政、水利营田、陵墓、寺观、物产等，均辟专篇。

二、在内容上，（雍正）《畿辅通志》某些地方更加准确、更加翔实。关于（雍正）《志》的更新变革，李卫说：“至于职官之统驭，郡县之繁简，军伍之多寡，设防立卫、联络屯置之事，皇上既以臣督率群吏，兼理戎政，自应因时制宜，以求允协。于是熟察郡邑之治体，亲历诸边，遍观军屯之形势，悉心讨论，次第修举。其间有断自宸衷、特命变通者，有面承圣训、量加裁益者，有度地制宜、敷陈愚见、奉谕旨而允行者，既经圣明之鉴定，靡不小大相维，轻重同得，皆可为不易章程，故臣于‘职官’‘兵制’诸篇详慎考订，具载新制。”[1]不但在实践中优化直隶的政治、军事设置，而且将之及时反映到续修的《畿辅通志》中，以资旁人了解、借鉴，说明李卫的见识非同一般。（雍正）《志》内容截止于雍正十三年（1735年），当时直隶的疆界与（康熙）《志》时相比已有变更，（雍正）《志》因而以当时直隶疆界为准，划出者削之，划入者补之，越境不书，颇称严谨。“名宦”人物削汰（康熙）《志》滥入者；“艺文”多载奏疏，大抵皆关系直隶时政利弊之作，摒弃（康熙）《志》所录无关直隶的诗文；“田赋”“盐政”“驿站”“水利营田”各篇内容宏富，并附以前代因革；其他诸篇均考以经、史、子、集，以征其实；（雍正）《志》于人物尤为重视，搜访网罗各种文献，博观约取，义例较为精严，内容较为完善。

（雍正）《畿辅通志》也存在一些问题，例如：“山川”“公署”“学校”等篇中，某些条目所记有漏缺，尤其各山脉，大多条目仅记方位而未记特点及走向等；“陵墓”“祠祀”“古迹”等篇中，某些条目仅记位置，未记建置沿革及现状等；记清代直隶户口，仅载丁数及徭银数，未记实际户数及口数；“选举”篇“进士”类中，未能区别“进士”“举人”“秀才”概念的古今不同，同时也存在不少错误[2]，等等。

对雍正《畿辅通志》，《四库全书总目提要》评价较高，说它“订讹补阙，较旧《志》颇为完善云”[3]。总之，雍正《畿辅通志》为后人了解康雍时期直隶

[1]（雍正）《畿辅通志》卷首《李卫序》，《文渊阁四库全书》第504册，台湾商务印书馆1983年影印版，第10—11页。

[2] 参见江庆柏《〈四库全书〉本雍正通志〈选举志〉进士题名讹误举隅》，《中国地方志》2007年第6期。

[3] 纪昀：《四库全书总目提要》卷六十八史部地理类《畿辅通志》，河北人民出版社2000年版，第1844页。

风俗与社会发展提供了更为翔实可靠的史料。初修《大清一统志》有关直隶部分，就取材于此。关于雍正《畿辅通志》成书的意义，李卫写道："嗣是官斯土者，读是书而兴起焉，为干城，为保障，以无忝股肱之任；生斯土者，读是书而向慕焉，戒浮薄，崇古处，以无负山川之秀，将见邦畿千里，永为四方之极，鼓吹休明，辉煌史传，岂独为郡邑之光而已哉！"[1] 我们从中也可以看出直隶总督李卫对于雍正《畿辅通志》的编修质量还是比较满意的。

若以完成时间为准，康熙《畿辅通志》出现五十三年后，出现了雍正《畿辅通志》，又一百四十九年后出现了光绪《畿辅通志》。三部《畿辅通志》的修纂，前后延续了二百年时间。特别是第三部的修纂已经进入晚清，所面临的国内外环境跟前两部迥异，因而表现出更多不同。

晚清三次出任直隶总督的李鸿章（1823—1901），始于同治九年（1870年），光绪二十七年（1901年）病死于任所，是清代任直隶总督时间最长者。在晚清政坛上，李鸿章是一个举足轻重的人物，是所谓"中兴四大名臣"之一。在直隶文化建设方面，李鸿章堪称成绩卓著，如在天津创办了种类繁多的新式学堂，在保定拓展和提升了直隶最高学府——莲池书院的办学规模和层次，在莲池书院主持编纂光绪《畿辅通志》等等。

关于光绪《畿辅通志》的修纂缘由，李鸿章在请求重修奏折中作了说明。主要有四点：一、畿辅为国家重地，应该重视修志，"诚以近畿之地，治化宜先，故尤重其事也。"[2] 二、对雍正以来的发展变化，应予反映，"自应及时纂录，垂示将来。"[3] 三、旧《志》多有错误不妥，"旧《志》之中，体裁未备。如陵寝应当专纪，而附入京师；河渠须考源流，而琐记枝节；艺文不详书目，仅列诗文；释道本属异端，竟跻人物。若斯之类，踳驳殊多。至于河工漕运、兵事海防，皆属大纲，略而不纪。"[4] 补缺订讹，必不可免。四、旧《志》过于疏略，不敷使用，"臣自去年履任，遇有兴除政务，检寻老年卷宗，辄多霉坏。稽之旧《志》，则纪述疏略，亦不足以备考查。"[5]"同治九年

[1]（雍正）《畿辅通志》卷首《李卫序》，《文渊阁四库全书》第504册，台湾商务印书馆1983年影印版，第11页。

[2]（光绪）《畿辅通志》卷首李鸿章《重修〈畿辅通志〉折》，《续修四库全书》第628册，上海古籍出版社1995年影印版，第1页。

[3]（光绪）《畿辅通志》卷首李鸿章《重修〈畿辅通志〉折》，《续修四库全书》第628册，上海古籍出版社1995年影印版，第1页。

[4]（光绪）《畿辅通志》卷首李鸿章《重修〈畿辅通志〉折》，《续修四库全书》第628册，上海古籍出版社1995年影印版，第1页。

[5]（光绪）《畿辅通志》卷首李鸿章《重修〈畿辅通志〉折》，《续修四库全书》第628册，上海古籍出版社1995年影印版，第1页。

（1870年），臣鸿章奉命总督畿辅，上距雍正《志》成之日百四十余年，损益因时，今昔或异，遇事考究，尝患无征。”[1]

由上之故，李鸿章乃于同治九年（1870年）奏请重修《畿辅通志》。同治十年，延聘黄彭年主纂《畿辅通志》，设志局于莲池书院课荣书舫[2]，于同治十年年末在莲池开始编纂，于光绪十年（1884年）完稿，凡三百卷，约一千六百万字。然后成立官刻印书局，招录二百多名工人雕刻印刷，至光绪十二年告竣，雕刻技艺精湛，印刷水平高超，非一般刻书可比。耗资巨大，前后用银11.99万两有余。黄彭年是晚清著名学者，其学问主要涵盖儒学、教育、方志、文论等方面。他发展莲池书院，留下了浓墨重彩的一笔；而光绪《畿辅通志》的问世，又记下了他一桩大功。

作为一部产生于晚清的方志巨著，光绪《畿辅通志》有如下特点和优点：

一、在时空上都作了相应延伸和调整。雍正《志》下限最晚止于雍正十三年（1735年），即该志刊印之年；光绪《志》下限最晚止于光绪十年（1884年），对前志出现以后清代直隶的情况及时予以了反映。雍正时，直隶省辖区约相当于今北京、天津二市及河北省全境，河南省、山东省部分县域，统府十、州二十三、县一百二十；光绪时直隶省辖区较雍正时更有扩大，约相当于今北京、天津二市及河北省全境，辽宁、内蒙古、山东、河南省区部分县域，含府十一、厅三、直隶州六、州十七、县一百二十三。对于这种建置变革，光绪《志》都据实作了反映。

二、在体例结构上，光绪《畿辅通志》作了重大调整和改进。光绪《畿辅通志》体例，一改康熙、雍正二《志》门目体，吸收周应合《景定建康志》、郑樵《通志》、谢启昆《广西通志》、阮元《广东通志》等志的优点并稍加变化[3]，采用了类似正史的体例，全志分纪、表、略、录、传五门，以统其类。

考光绪《畿辅通志》采用史体，实受章学诚志体思想的影响。章氏所撰志书颇富，以乾隆《湖北通志》为例，其纪、图、表、考、略、传无所不备，一如正史。即如上述两广《志》的体例，亦是受章氏志体理论影响的结果。因此可以说，光绪《志》体例之源仍在章氏。在此思想指导下，光绪《志》各篇所记多先

[1]（光绪）《畿辅通志》卷三百李鸿章《叙传》，《续修四库全书》第640册，上海古籍出版社1995年影印版，第749页。

[2] 西晋潘岳《芙蓉赋》中有“课众荣而此观，焕卓荦而独殊”之句。“课荣”，意即品花。课荣书舫又名“钓鱼台”，后改名“君子长生馆”。

[3]（光绪）《畿辅通志》卷首《凡例》，《续修四库全书》第628册，上海古籍出版社1995年影印版，第6页。

以时间为经，再以空间为纬，明显区别于雍正《志》先以府州分，再以时代分的叙事结构。

具体说来，光绪《志》将涉及帝王的诏谕、宸章、京师、陵寝、行宫列为“帝制纪”；将府厅州县沿革及封建、职官、选举列为“表”（表格在以前志书中尚不多见，而该志则大量应用，在全志卷中多达十分之一，实为创举）；将舆地、河渠、海防、经政、前事、艺文、金石、古迹列为“略”[1]；将宦绩列为“录”；将列传、列女传、杂传、识余、叙传列为“传”。在“舆地略”等篇目下又分了许多细目。其中许多门目都是新增，“康熙旧《志》，数月成书。雍正所增，仍多缺漏，今为增目，如漕运、海防、诸表之类。”[2]可以说，全书分类得要，记叙得法，实为可贵。对许多混乱分类重加调整。例如“各省志‘风俗’一门，往往杂采郡邑志乘，重复淆杂。今用士农工商冠昏丧祭，附以岁时，分类编次。”“如‘建置’纪学校、仓廒，‘经政’复纪学制、积储之类，每嫌重复，且难检查。其实建置亦政也。今统归‘经政略’中。”[3]

三、在指导思想上，有明显的维护封建纲常礼教的倾向。光绪《畿辅通志》的修纂目的，还是在为封建统治者服务。如以“帝制纪”居全志之首，为全志轴心，统摄诏谕、宸章、京师、陵寝、行宫之类，分明如正史把帝王本纪居首的做法，是以帝王为核心的观念在志书中的反映，为封建统治者歌功颂德，较康、雍二《志》更鲜明地凸显帝王特殊地位，“冠冕全书，允符史家尊王之义。且地近京畿，体制亦与外服不同也”[4]。其人物传记，把宦绩、乡贤、忠孝作为重点，重视对列女的搜罗与编写，反映了它维护封建礼教的理念；前朝人物即使为清朝建立立下汗马功劳，也必须纳入“杂传”，以别于从一而终的人物，提倡忠诚于一姓的封建道德观念。对于凡官书正史有定评的人物，一律不做改动，“名宦之称，一方俎豆，定自朝廷，非志乘所敢私许”，“如国初人物有国史已列入《贰臣传》者，则未便收入‘列传’，遵诏旨也。”[5]

四、在修纂目的上，更加切于实用。黄彭年说：“志者，政书也。为志而政不备，不足以为书；为政而不遵王者之法、衷圣贤之言，不足以为政。故作书

[1] 张晶：《光绪〈畿辅通志·金石略〉研究》，河北师范大学2018届硕士学位论文。

[2]（光绪）《畿辅通志》卷三百李鸿章《叙传》，《续修四库全书》第640册，上海古籍出版社1995年影印版，第749页。

[3]（光绪）《畿辅通志》卷首《凡例》，《续修四库全书》第628册，上海古籍出版社1995年影印版，第7页。

[4]（光绪）《畿辅通志》卷首《凡例》，《续修四库全书》第628册，上海古籍出版社1995年影印版，第6页。

[5]（光绪）《畿辅通志》卷首《凡例》，《续修四库全书》第628册，上海古籍出版社1995年影印版，第8页。

以明政，而为政在乎人。”[1] 以此作为指导思想，光绪《畿辅通志》设“略”体，记述舆地、河渠、海防、经政、前事、艺文、金石、古迹之类，类下分目若干，为全志的主体。光绪《志》较（雍正）《志》尤其重视经济内容，在“略”体各篇中多所体现，进一步纠正传统方志重政事、轻经济之弊，是修志认识和实践上的一大飞跃。光绪《志》在“舆地略”中新增“方言”，在“经政略”中新增“禄饷”“钱币”“漕运”“庆典”“刑律”等篇以及“前事略”，皆补康、雍二《志》的缺失。与直隶民生休戚相关者，莫大于水利。对于河渠，此前康、雍二《志》只列水名，难以贯通，光绪《志》之“河渠略”，则“以大水为经，所汇各小河泉涧为纬，小水源委，双行附注，并考水利往事及国朝水利营田成案，附记堤闸、津梁之属，条理分明，取便观览”[2]，颇有郦道元《水经注》之意味。光绪《志》增设“海防略”，专列“通商事宜”类，并详绘北洋所辖海图，旁及山东、奉天，充分反映晚清北洋海防时政。其“艺文略”严守史例，只载书目，不载诗文。“于经、史、子、集四目外，增‘方志’一类，凡直隶统部及府、厅、州、县志书，无论是否畿辅人所撰，皆编存其目，取便考查。”[3] 民国《河北通志稿》中的“旧志源流”即宗于此。

五、在资料搜集方面颇见功力。关于光绪《畿辅通志》的取材，李鸿章说：“移檄郡县，颁发采访条款，分门别类，加意搜罗。凡官书所记，案牍尚存，以及故老传闻，私家纪述，采访不厌其详，编择必极其慎。”[4]“招集成学嗜古之士，相与讨论，以为官府牍册断烂罕存，私家纪述寥寥无几。于是广征群籍，凡群经诸史，以及圣训、会典、则例、三通、一统志，暨诸省郡县志书、诸子百家、文集杂著，靡不甄录。又檄郡县采访，月以册闻，铢聚成钧，缕积盈笥，然后条区类别，分授纂编。”[5] 对雍正《志》以来一百四十多年的文献资料网罗略备，其所征集资料之宏富，是可以想见的。特别是，“旧《志》中多杜撰，今惩其弊，每条皆注所采书名。至采取专书，人所共见者，则不复注。”[6] 所引用资料，除常见专书之外，皆注明出处，以便读者核实查考。

[1] 黄彭年：《陶楼文钞》卷八《枣强县志补正序》，光绪庚寅朱刊本，第38页。又见《续修四库全书》第1553册，上海古籍出版社1995年影印版，第51页。

[2]（光绪）《畿辅通志》卷首《凡例》，《续修四库全书》第628册，上海古籍出版社1995年影印版，第7页。

[3]（光绪）《畿辅通志》卷首《凡例》，《续修四库全书》第628册，上海古籍出版社1995年影印版，第8页。

[4]（光绪）《畿辅通志》卷首李鸿章《重修〈畿辅通志〉折》，《续修四库全书》第628册，上海古籍出版社1995年影印版，第1页。

[5]（光绪）《畿辅通志》卷三百李鸿章《叙传》，《续修四库全书》第640册，上海古籍出版社1995年影印版，第749页。

[6]（光绪）《畿辅通志》卷首《凡例》，《续修四库全书》第628册，上海古籍出版社1995年影印版，第8页。

六、保存了极多的珍贵史料。舆图以计里开方之法绘制，每州县一图，附于“舆地略”。以《识余》附于传末，将故老传闻以及难以归属且须待后人考据之事载入其中，保存了许多有价值的历史文化资料。此乃遵奉章学诚“三书”所附“丛谈”之意[1]。此外，“艺文略”方志类，将直隶统部及府厅州县志书编存其目，备列一地文献之名，使读者有按图索骥之便。列女称谓，一改康、雍二《志》仅称“某氏”之弊，改称“某人女”“某人妻某氏”“某人母某氏”，书其父、夫或子之名，无名称姓，较以往大有改进。

七、光绪《畿辅通志》诸篇，特别是人物传记，大多为纂辑各种文献而成，述而不作，考证尤多，体现了对清代考据学风的承继。此为光绪《畿辅通志》的一个特点。对述而不作，当时持异议的张裕钊、吴汝纶两先生，认为光绪《志》“失纂述之体，贻市簿之讥，篇不成文，无异档册”，争论激烈之时，张裕钊竟曾辞去莲池书院讲席，拂袖而去，以示抗议[2]。只能说这是一个硬币的两面，有一得必有一失。光绪《志》对旧《志》之浮词谬见多所删削订正，“一方志乘，何事侈陈。今推测晷度，并仿《广西志》节录正史天文于‘舆地略’中，用《汉书·地理志》例也。星野有图，无裨实用，今并略之。”[3]“旧《志》杂采史文，臆增牵附，今为订正，如人物首仓颉、廉范为渔阳太守之类。旧《志》引书，不尽原文，义乖阙如，语多失实，今为刊削，如名宦不纪实政，空加赞词之类。”[4]该《志》反对淫祀迷信，推崇《福建志》《续河南志》《灵寿县志》不书的做法，认为“皆义正词严，确可宗法”[5]。

当然，光绪《畿辅通志》也仍有若干不足。例如：光绪《志》资料虽称完备，亦仅是相对前《志》而言，事关国家大政之事，如交涉、宗教、交通、厘金、财政预算等，仍缺漏未载，或述之不详；《通商事宜》仅附于“海防略”，而未特辟专篇。此外，光绪《志》的“艺文略”只载书目，不载诗文，“至诗文有关事实者，采注各条之下；无关事实者，虽有佳章，不录”[6]。“艺文”只载书目，是可以的；而“诗文有关事实者，采注各条之下”之法，致使内容淆杂，

[1] 仓修良：《文史通义新编新注》外篇四《方志立三书议》，浙江古籍出版社2005年版，第831页。又见《章学诚遗书》卷十四《方志略例一·方志立三书议》，文物出版社1985年版，第124页。

[2]（光绪）《畿辅通志》于学忠《重印畿辅通志序》，商务印书馆1934年影印版。

[3]（光绪）《畿辅通志》卷首《凡例》，《续修四库全书》第628册，上海古籍出版社1995年影印版，第7页。参见吕书额《浅析清3部〈畿辅通志〉“星野”的因袭与创新》，《中国地方志》2020年第4期。

[4]（光绪）《畿辅通志》卷三百李鸿章《叙传》，《续修四库全书》第640册，上海古籍出版社1995年影印版，第749页。

[5]（光绪）《畿辅通志·凡例》，《续修四库全书》第628册，上海古籍出版社1995年影印版，第7页。

[6]（光绪）《畿辅通志·凡例》，《续修四库全书》第628册，上海古籍出版社1995年影印版，第8页。

连篇累牍，不符合志书分类叙事原则，不如采用章学诚“方志立三书”之成规，于“经政略”下增设“文征”一门，把各篇附载的诗文、奏疏、论说等文字统归于此，显得泾渭分明，归属得体。该《志》所收人物也多有错误[1]。

尽管有些人对光绪《畿辅通志》颇有微词，但一百多年来，史志学家还是对这部皇皇巨著给予了极高评价。它全面系统记述直隶地情，资料充实，考订精审，体例完备，是清代民国时期关于直隶地区历史、人文、自然资料最为翔实、最为专家关注的一部志书，具有重大参考、发掘价值。宣统二年（1910年），直隶总督陈夔龙说：此志“辉辉煌煌，极志乘之大观也”[2]。民国二十三年（1934年），于学忠说：该志“十年成书，艺林称盛。刊行以后，颇孚时望，为畿辅有志以来之所仅见，即在各省通志中亦且推为巨擘也。”[3] 光绪《畿辅通志》不仅远较雍正《畿辅通志》详备，就是后来贾恩绂主纂的《直隶通志》稿二百卷及抗战前由张国淦主纂的《河北通志》稿四十七卷，也不能与之比肩。

[1] 参见秦进才《光绪〈畿辅通志·明列传〉校证举要》，《河北师院学报（社会科学版）》1996年第2期；王昕：《〈畿辅通志〉辽进士考辨与辑补》，《河北师范大学学报（哲学社会科学版）》2016年第4期；秦进才：《清光绪〈畿辅通志·明列传〉人物收录辨误》，《中国地方志》2003年第3期；王昕、王永斌：《光绪〈畿辅通志·选举〉金进士重误举正》，《石家庄学院学报》2020年第5期。

[2]（光绪）《畿辅通志》陈夔龙《重印畿辅通志后记》，商务印书馆1934年影印版。

[3]（光绪）《畿辅通志》于学忠《重印畿辅通志序》，商务印书馆1934年影印版。

# 后　记

在“燕赵学术思想史丛书”的执行主编魏建震先生一再督促和指导下，这部《燕赵学术思想史·明清卷（下）》终于完成了。在即将付梓之际，按照丛书的统一体例，我在书末附加几句话，算是后记。

晚清历史是三千年中华文明的一段特殊时期，简单地说，它是中华文明由中古走向现代的一个过渡阶段。因此，这一段历史的学术思想，兼具古代与现代学术思想的双重特征，一方面是古代三千年以经史子集、诗词曲赋、儒佛汉宋等为主要内容的传统学术概念仍在延续；另一方面，新的思想观念、学术关怀在列强入侵、西学输入的大的背景下，急速地发育生长。这是晚清半个世纪整个中国思想学术的大势。具体到燕赵大地，我曾经在过去的一篇论文中说过，尽管燕赵文化是中国古老的地域文化之一，“但是到了近代，在中国文化面临重大历史转折的关键时刻，燕赵人文精神却有疲惫与断层之势。作为专制帝国的首善之区，燕赵在近代几乎没有产生推动历史进步的事件。首先，河北没有山西、安徽那样骄人的金融业绩，没有江浙繁荣的经济和人文景象，没有两湖激烈的革命斗争，没有广东的对外抗争，甚至山东人开发东北的伟大事迹，也没有河北人的参与。近代中国的两大历史主题：民主与富强，近代河北人没有为它做出应有的贡献”。

这样的论断，现在看来有些过于苛刻，因为在近代百年的历史激荡中，我们的确可以看到“燕赵社会蕴藏的激扬的生命意识和冲动，这种意识和冲动，时而涌现为集体的反抗行为，时而表现为个体的思想智慧与学术探讨；它带有从远古传承下来的坚毅、厚重、奋不顾身、舍生忘死的战斗力，也熔铸了千千万万先进中国人在河北近代汇集的思想启蒙与历史进步观念”。

由于能力所限，晚清河北许多重要的文化学术成就和活动，本书都没有涉及。在这里要特别提到的是，张之洞的书目文献思想被辜鸿铭称为中国的牛津运动的晚清清流派的思想，还有被李鸿章称为当今北学第一人的张佩纶的学术成就，当然还有其他很多。我们之所以未敢涉及这些重要的思想和人物，是因为平时缺乏对他们深入的研究，临时抱佛脚又只能写一些泛泛而谈的文字。这既非我们所愿，又违背了编写出版本套丛书的宗旨。

最后，本书是由我和河北师大历史文化学院的温玉春先生合作完成的。温先生负责撰写第八章。我们一起感谢为写作此书付出很多心思的魏建震先生，感谢我的同事王少军老师细心认真地改正此书在文字、标点、引文等方面的许多错误，感谢我的长辈和同事张圣洁先生为此书付出的极大心血。我们水平有限，功夫也没有做足，致使本书不可避免的会有很多不足。本着文责自负的惯例，我们两位作者对书中可能出现的一切错误，承担所有责任。敬请各位读者细鉴。

郝晏荣

2022年12月